现代国际思想的根基

Foundations of
Modern International Thought

当代外国人文学术译丛

现代国际思想的根基

Foundations of
Modern International Thought

〔美〕大卫·阿米蒂奇 著（David Armitage）

陈茂华 译

ZHEJIANG UNIVERSITY PRESS
浙江大学出版社

总　序

　　改革开放以来，国内人文科学领域的研究人员与一些出版社通力合作，对当代外国人文学科的发展给予了较多关注，以单本或丛书或原版影印等多种形式，引进、译介了不少有影响的研究成果，内容涉及文学、历史、哲学、语言学、艺术学、宗教学、人类学等各个学科，对促进国内学界和大众解放思想、观念转变、学术繁荣起了不言而喻的巨大作用。以当代外国语言学为例，其理论发展迅速，新的理论和研究范式不断涌现，目前国内在引进原版著作方面做得较好，外语教学与研究出版社、上海外语教育出版社、北京大学出版社、世界图书出版公司等先后引进了一批重要的语言学著作。相对于原版引进，译介虽有些滞后，但也翻译出版了不少重要的语言学著作，其中包括一些有广泛影响的当代语言学著作。如，20世纪80年代初，商务印书馆翻译出版了一批经典语言学著作，90年代中国社会科学出版社翻译出版了"当代语言学理论丛书"；近年来，上海教育出版社出版的"西方最新语言学理论译介"丛书，复旦大学出版社的"西方语言学经典教材"丛书，商务印书馆的"语言规划经典译丛"，北京大学出版社的"博雅语言学译丛"，浙江大学出版社的"语言与认知译丛"，世界图书出版公司的"外国语言学名著译丛"、"应用语言学研究译丛"等，都是这方面的成果，总的来看，这些丛书的组织出版大多起步不久，所出书籍种类也相对较少，仍有大量重要的当译之作需要逐步译介。其他当代人文学科的引进、译介情况也大体如此；而有些学科或某一领域，国内学界翻译、研究的注意力和兴趣点，主要集中于该学科该领域的少数几位理论活动在 20 世纪中期以前的著名思想家、理论家，在极大推进对这些伟大思想家的译介、研究的同时，也有意无意地使当代一些开始产生广泛影响的思想家离开了关注的视野。事实上，20 世纪中后期特别是 60 年代、70 年代以来的几十年间，当代外国人文科学各学科领域的研究都极大地向前推进和深入了，产生了许多重要的新理论、新思想，出现了不少有国际影响的著名学者。对这些学者及其著作和思想，除了极少数人以外，我国人文科学界关注不多，翻译很少，研究几乎还是空白。选择若干位目前在国际上已经产生重要影响的当代人文学科各领域的思想家、理论家，翻译他们的代表著作，以期引起国内学界的重视，进一步拓宽国内人文学科的研究视野，对于推动我们对外国人文科学研究的进一步深入，促进跨文化研究的有效开展，提升年轻人文学者的翻译和研究水平，应该是有意义、有价值的。

在西方文化传统中，人文学科的概念和范围经历了长期的变化。早期古代希腊时期，人和自然是一个整体，科学也没有分化而是真正意义上的综合。亚里士多德区分了理论、实践和创制三种科学，提出三者之间的一些差异，但并没有明确将人文科学、社会科学和自然科学区分开来。后来所谓的"人文学"（Humanitas）概念，据说最早由古罗马的西塞罗在《论演讲家》中提出来的，作为培养雄辩家的教育内容，成为古典教育的基本纲领，并由圣奥古斯丁用在基督教教育课程中，于是，人文学科被作为中世纪学院或研究院设置的学科之一。中世纪后期，一些学者开始脱离神学传统，反对经院哲学，从古希腊、古罗马的古典文化遗产中研究、发掘出一种在他们看来是与传统神学相对立的非神学的世俗文化，并冠以 Humanitas（人文学）的称呼。大约到 16 世纪，"人文学"一词有了更广泛的含义，指的是一种针对上帝至上的宗教观念、主张人的存在与人的价值具有首要意义、重视人的自由本性和人对自然界具有优先地位的文化观念和文化现象，从事人文学研究的学者于是被称为人文主义者。直到 19 世纪，西方学者才用"人文主义"一词来概括这一文化观念和文化现象，形成了我们通常所谓的人文主义思潮。近代实验科学的发展也导致和促进了学科的分化与形成，此后，人文学科逐渐明确了自己特殊的研究对象，成为独立的知识领域，有了自己特殊的研究对象。但这样的研究对象，其分界也只是相对清晰和明确。美国国会关于为人文学科设立国家资助基金的法案规定："人文学科包括如下研究范畴：现代与古典语言、语言学、文学、历史学、哲学、考古学、法学、艺术史、艺术批评、艺术理论、艺术实践以及具有人文主义内容和运用人文主义方法的其他社会科学。"①欧盟一些主要研究资助机构对人文科学的范畴划分略有不同。欧洲科学基金会认为人文科学包括：人类学、考古学、艺术和艺术史、历史、科学哲学史、语言学、文学、东方与非洲研究、教育、传媒研究、音乐、哲学、心理学、宗教与神学；欧洲人文科学研究理事会则将艺术、历史、文学、语言学、哲学、宗教、人类学、当代史、传媒研究、心理学等归入人文科学范畴。按照我国现行高等教育的学科划分，人文科学主要包括文学、历史、哲学、语言学、艺术学、宗教学、人类学等，社会学则在哲学与法学间作两可选择。当代人文科学的研究与发展，已出现了各学科之间彼此交叉、相互渗透的趋势，意识与认知科学、文化学等便是这一趋势的产物。

　　按照上述对人文学科基本范畴的理解，考虑到目前国内对当代外国宗教学著作已有大量译介等原因，本译丛选译的著作，从所涉学科上说，主要是语言学（以英语、德语著作为主）、文学、哲学、史学和艺术学（含艺术史）等，同时收入一些属于人文科学又跨越具体人文学科的著作；从时间跨度上，主要限于第二次世界大战结束后出版的著作，个别在此前出版、后来修订并产生重要影响的著作，也在选译之列。原则上，一位作者选译一本著作，个别有特别影响的可以例外；

---

① 《简明不列颠百科全书》第 6 卷，第 760 页，"人文学科"条目，中国大百科全书出版社，1986 年。

选译的全部著作，就我们的初衷而言，都应是该学科领域具有代表性的理论著作，而非通常意义上的畅销书，当然，能兼顾学术性与通俗性，更是我们所希望的。

本译丛将开放式陆续出版。希望它的出版，对读者了解国外人文学科的发展现状与趋势、关注人文精神培育与养成、倡导学术阅读与开放意识、启发从多重视角审视古今与现实、激起追问理论与现实问题的激情，获得领悟真善美的享受，能有所助益。

由于我们的视野和知识所限，特别是对所选译的著作是否符合设计本译丛的初衷，总是心存忐忑，内容表达不甚准确、翻译措词存在错讹也一定在所难免，因此，更希望它的出版，能得到学界专家同人和广大读者的批评指教，成为人文学科译介、研究园地中一棵有生命力的小树，在大家的关心与呵护下苗壮成长。

庞学铨

2011 年 6 月 于西子湖畔浙江大学

序　言

　　在笔者从事国际思想史研究的这十多年里，许多人给予了我极大 ix
的帮助。我首先要感谢的是努德·哈孔森（Knud Haakonssen），他热
忱邀请我参与波士顿大学政治哲学系 2003 年度的罗伯特·本尼迪克
特讲座（Robert P. Benedict）；他和吉姆·施密特（Jim Schmidt）都
是这一令人振奋的系列讲座的重要主持人。我唯一感到遗憾的是，这
些讲座很久之后才出版，并且也确实不是我最初预想的那样——以努
德的方式出版。为了做这个讲座，我有一个学期没有履行我在哥伦比
亚大学的职务：由衷地感谢大卫·约翰斯顿（David Johnston）和吉
姆·扎特泽尔（Jim Zetzel）帮我承担我不在职时所产生的额外负担，
虽然这份道谢姗姗来迟。

　　还有三个机遇让我继续从事我的研究。首先是 2000—2001 年
间在哈佛大学美国史查尔斯·沃伦研究中心（Charles Warren Center
for Studies）收获的一份友谊，在那里，在入江昭（Akira Iriye）、吉
姆·克洛彭博格（Jim Kloppenberg）和已故的厄内斯特·梅（Ernest
May）的引导下，与卓越的沃伦团队进行了许多难以忘怀的讨论。其
次是 2002 年有机会在伏尔加·莎士比亚图书馆（Folger Shakespeare
Library）英国政治思想史中心的资助下主持了一次研讨会。我非常

感激约翰·波科克（John Pocock）的邀请，同时感激他对研讨会和阐明国际思想的近代早期根基的每一个与会者所做出的巨大贡献。最后一次机遇是巴里·辛德斯（Barry Hindess）善意地建议我以访问学者的身份于 2004 年到澳大利亚国立大学社会科学研究院做短期研究，使我得以享受与巴里及其合作者的多次交流。

这些年来，我最初构想的计划有部分已经完成[①]，但我仍在思考这些部分的更大整体。我尤为感激学生们，还有许多新同事，我与他们中的格雷格·艾菲诺盖诺夫（Greg Afinogenov）、亚历克斯·贝维拉夸（Alex Bevilacqua）、保罗·采尼（Paul Cheney）、西奥·克里斯托夫（Theo Christov）、伊丽莎白·克洛斯（Elizabeth Cross）、詹姆斯·德伯格（James Delbourgo）、菲尔·菲尔里（Phil Fileri）、丽莎·福特（Lisa Ford）、尼克·哈丁（Nick Harding）、埃里森·拉克鲁瓦（Alison LaCroix）、杰米·马丁（Jamie Martin）、特德·麦克米克（Ted McCormick）、米拉·斯格尔伯格（Mira Siegelberg）、米兰达·斯佩勒（Miranda Spieler）、特里斯坦·斯坦（Tristan Stein）、菲尔·斯特恩（Phil Stern）、劳里·塔提恩（Lauri Tähtinen）讨论了国际思想史的诸多方面。

对于编辑的建议和鼓励，荣誉应该像往常一样归剑桥大学出版社的理查德·费舍尔（Richard Fisher）。他大力支持我最初的构想，明智地没有询问何时会失去实现构想的一切希望，而是热情洋溢地接受其意想不到的再现。这般耐心和信任超乎任何一个作者的预期。最后，我要特别感谢终审编辑利兹·福瑞德－史密斯（Liz Friend-Smith），感谢菲尔·菲尔里不可或缺的助理研究，感谢伊丽莎白·斯派瑟（Elizabeth Spicer）不费吹灰之力就让文本开印，感谢卡罗琳·豪利特（Caroline Howlett）一刻也不放松的文字编辑工作。

除了导言部分，本书的所有章节都已经有早期版本，虽然有两章是首次的英文版本。在校订的过程中，我尽力删除一些重复的地方和

[①] Grotius (2004); Armitage (2007); Armitage and Subrahmanyam (2010); Armitage (in press); Locke (in press).

过多的局部引文，修正了一些错误，并更新了必要的引文。感谢允许再版和修订以下内容的编辑和出版商。

第一章选自达林·麦克马洪（Darrin M. McMahon）和塞缪尔·莫因（Samuel Moyn）主编的《重新思考近代欧洲思想史》（*Rethinking Modern European Intellectual History*，牛津大学出版社，2013）。

第二章选自狄波拉·寇恩（Deborah Cohn）和莫拉·奥康纳（Maura O'Connor）主编的《比较与历史：跨国视野下的欧洲》（*Comparison and History: Europe in Cross-National Perspective*, 2004）。经泰勒弗朗西斯集团（Taylor and Francis Group），英富曼资讯集团旗下的一家公司的许可而再版。

第三章选自露丝·本－加特（Ruth Ben-Ghiat）主编的《帝国：从远古到当代》（*Gli Imperi: dall'antichità all'età contemporanea*，Il Mulino, 2009）。

第四章选自安娜贝尔·布雷特（Annabel Brett）和詹姆斯·塔利（James Tully）主编的《重新思考近代政治思想的根基》（*Rethinking the Foundations of Modern Political Thought*，剑桥大学出版社，2006）。

第五章选自伊恩·霍尔（Ian Hall）和丽莎·希尔（Lisa Hill）主编的《从霍布斯到纳米尔的英国国际思想家》（*British International Thinkers from Hobbes to Namier*，帕尔累格夫·麦克米伦出版社，2009）。

第六章选自《政治理论》（*Political Theory*）32 卷，2004 年第 5 期。

第七章选自桑克·穆图（Sankar Muthu）主编的《帝国与近代政治思想》（*Empire and Modern Political Thought*，剑桥大学出版社，2012）。

第八章选自朱利安·霍比特（Julian Hoppit）主编的《1660— xi 1850 年的英国议会、国民与身份》（*Parliaments, Nations and Identities in Britain*，曼彻斯特大学出版社，2003）。

第九章选自《观念史杂志》（*Journal of the History of Ideas*）61 卷，2000 年第 4 期。

第十章选自《政治思想史》（*History of Political Thought*）32 卷，2011 年第 1 期。

第十一章选自《威廉与玛丽季刊》（*William and Mary Quarterly*），2002 年 1 月。

第十二章选自阿尔弗雷多·阿维拉（Alfredo Avila）、乔丹娜·蒂姆（Jordana Dym）、奥罗拉·戈麦斯·加尔瓦里亚图（Aurora Gámez Galvarriato）和埃里克·帕尼（Erika Pani）主编的《宣言时代：美国独立的基础文本》（*La era de las declaraciónes. Textos fundamentals de las independencias en América*，墨西哥学院—墨西哥国立自治大学，2012）。

缩略词

BL   英国图书馆，伦敦

Bod.   博德利图书馆，牛津

HRO   新罕布什尔档案馆，温彻斯特

HUA   哈佛大学档案馆，剑桥，马萨诸塞州

LC   国会图书馆，华盛顿

NYPL 纽约公共图书馆，纽约

ODNB 《牛津国家传记词典》

OED   《牛津英语词典》

SCDA 南卡罗来纳州立档案馆，哥伦比亚

SRO   萨默塞特档案馆，汤顿

TNA   国家档案馆，克佑

UCL   伦敦大学学院

导论：重新思考现代国际思想的根基

　　《现代国际思想的根基》是国际思想史领域结构松散的三项研究　1
成果当中的最后一项。[①] 第一项成果是出版于 2000 年的《大英帝国的
意识形态起源》(*The Ideological Origins of the British Empire*)，彼时，
该领域还寂寥无人。没有共同的议题和统一的学术结构，也没有自我
认同的从业者；因此，国际思想史并未在当代历史编纂的广阔版图上
占有一席之地。[②] 连"国际思想史"(international intellectual history)
这个术语都几乎没有公之于众，更遑论有效地利用它去界定一个学术
研究领域了。[③] 到第二部《独立宣言：一部全球史》(*The Declaration
of Independence: A Global History*) 于 2007 年出版时为止，国际思想
史才开始作为一个——对国际问题感兴趣的思想史家和对思想史、文

---

① 另外两项也是阿米蒂奇分别于 2000 年、2007 年完成的。
② 在思想史的陈述中没有出现像 Darnton (1980)，Kelley (1987)，Brett (2002)，
　 Grafton (2006) 那般经典的概述。
③ 该词早期有过与主题无关的一次使用，参阅：Wellek (1955)，p.118，在他的 *Sto-
　 ria della letteratura italiana* (1870–1871) 的 18 世纪部分，论述 Francesco de Sanctis
　 突然转向了"国际思想史"。

化史感兴趣的国际史家都投身于其中——具有自我意识的探究领域面世。[④] 在此后的五年里，国际思想史成了一个可识别的领域，经典著作日益增多，诸多问题不断萌生，研究议程富有创意。我希望本书可以代表最近研究成果的部分记载，也可以成为今后国际思想史家们的一种启发。

此书汇集的这些章节体现的是十多年来阐述国际关系和国际法诸概念的思想史成果，在互动和协商这两种模式之前的那个时期，它们大多数就已经获得了当时的声誉、拥有了学科界限和当代学术权威人士、先驱人物的经典之作的称号。虽然说研究对象的选择不可避免地具有主观性，但也并不是随性而为的。它们基本上源自于一些邀约：把我较早时期所研究的以英语为母语的大西洋世界的思想史延伸至更广阔的语境中去，并涵盖一些新颖的主题。但是，这么做要考虑到持续不断地努力从历史的角度重新审视神话（myths）中的某些东西——从有意义的叙述这个意义上来说，未必是虚妄的谎言，而这些神话中的东西已经贯穿于历史学之外的其他学科的国际研究中。作为一位思想史学者，这种努力引导我关注托马斯·霍布斯（Thomas Hobbes）、约翰·洛克（John Locke）、埃德蒙·柏克（Edmund Burke）和杰里米·边沁的思想。作为一位国际史学者，这一尝试也使我的思想转向国家与帝国、海洋历史与全球交往的特点，思考在其他章节中被拿来作为论点进行剖析的长时段（*longue durée*）背景。作为一位大西洋史学者，这种努力还决定了我对作为国家形成进程之母体的美洲的兴趣，这种国家形成的进程重现于整个现代世界，直至我们这个时代。虽然研究结果迥异，但"作者的观点却具有一种根本性的统一"，汇聚在一起的各章节的共同议题也都具有一种根本性的统一，笔者希望作为一部专辑将会证明再版是有正当理由的，是值得一读的。[⑤]

正是议题和主题的多样性表明了国际思想史本身的探究本质。20世纪末，关于思想史国际面向的研究基本上是碎片化的，相对于更

---

④ 对该领域前景的早期评价，参阅：Bell (2002); Armitage (2004); Rothschild (2006).

⑤ Trevor-Roper (1957), p. 5, 这篇经典的文集辩解文引自：Elliott (2007), p. 14.

宽广的历史学科而言仍然是处于边缘的。政治思想史无疑处于优势地位——甚至在某些领域还处于主导地位——在研究大西洋两岸和日益关注世界各地的思想史学者当中。然而，从事国际思想史研究的主要是具有自我批判意识的国际关系和国际法的一些学者，他们与那些自我界定为思想史家的学者之间几乎没有什么接触和交流。

这种情形让我们想起了 1959 年马丁·怀特（Martin Wight）这位国际关系"英国学派"创始人之一的判断，他在一篇引发激烈讨论的文章中问道："为什么没有国际理论？"怀特为缺乏"对国家社群，或国际团体，或国际共同体"的思考传统而惋惜不已，也对"论述国家的作品"集体性地被认知为政治理论而感到惋惜不已。他以一个著名的评价结束了对这种支离破碎的传统的概述："国际理论处境危险，不仅仅是匮乏的问题，而且还有道德和思想贫乏的问题。"⑥ 将近五十年之后，思想史家们重提怀特当初的问题："为什么没有国际思想史？"这个领域也缺乏一种连续性的探究传统或者一个意见一致的研究对象。不管是道德方面的还是思想方面的贫乏，都或许已经不再是问题，但匮乏却是无疑的。

仅仅在怀特抱怨国际理论的三年前，即 1956 年，剑桥历史学家彼得·拉斯莱特（Peter Laslett）就已经对此作出了一个同样著名的判断："就目前而言，无论如何，政治哲学已死了。"⑦ 这种草率的悼词结果证明是一种有益的挑衅，这一点在后来的岁月里体现得异常明显，当以赛亚·伯林（Isaiah Berlin）的牛津就职演说——《两种自由概念》（Two Concepts of Liberty, 1958）——发表、约翰·罗尔斯的《正义论》（John Rawls, *A Theory of Justice*, 1971）出版时，它们预示着至今还有效的、规范的政治理论那不可比拟的全盛时期的到来。同样地，同一时期还见证了政治思想史那一直富有创意的探究风格之开端，从波科克的《古代宪法与封建法》（J. G. A. Pocock, *The Ancient Constitution and the Feudal Law*, 1957）到昆廷·斯金纳的

3

---

⑥ Wight (1966). 此处就跟整本书一样，我使用"国际关系学"（International Relations）来表示研究被称为"国际关系"（international relations）这种现象的学科。

⑦ Laslett (1956), p. vii.

《近代政治思想的根基》(Quentin Skinner, *The Foundations of Modern Political Thought*, 1978),都采用了拉斯莱特本人编辑洛克《政府论》(*Two Treatises of Government*, 1960)时那独辟蹊径的方式。

政治思想语境论的历史学者们——他们当中的拉斯莱特、波科克、斯金纳和约翰·达恩(John Dunn)——将注意力放在以其国内或者地方自治名义的国家理论的历史上,是不难理解的。这一事实反映出那个时期他们书写的政治理论本身的主要关注点,旨在促进历史学者与政治理论学者之间有一个持续不断的对话。然而,他们对国家内部能力的关注显然助长了对国家外部关系的忽视,因为政治思想史的复兴并未与对国际思想史的兴趣之复苏相伴而生。在此种情况下,斯金纳的《近代政治思想的根基》以"直到17世纪初,国家这个概念——它的本质、它的权力、它服从命令的权利——才逐渐被认为是欧洲政治思想中最重要的分析对象"这一断言结束。对于这一概念而言,基本原则是国家独立于"任何一种外部的或者更高级的权力"。[⑧]除了叙述简洁而又富于启发性地描述国际法新的学术概念以外,斯金纳的著作并未在国家的本质、权力或权利方面将其描述为一个国际行为者,也就是我在本书中所指称的近代国际思想的根基的那些东西。[⑨]

在斯金纳的《近代政治思想的根基》面世之时,果不其然,那些根基并未得到进一步的论述。就在该书出版的那一年,加利(W. B. Gallie)评论道:"对战争的角色、原因及世界上所有人之间的和平的可能性的思考"已经成为"历代首屈一指的能人们的一项事业,而关于他们的思想却毫无例外地遭遇了忽视或回避"。加利认为现代国际思想的根基在很大程度上奠基于18世纪期间的"孟德斯鸠、伏尔泰、卢梭和瓦泰尔(Vattel)等学者的著述之中"。[⑩]这两个观点暗示现代政治思想的根基与现代国际思想的根基不同,它们各自拥有一种独特的时序、系谱和主要思想家的经典之作。二十年的学术研究几乎没有消

4

---

⑧ Skinner (1978), II, pp. 349, 351.

⑨ Skinner (1978), II, pp.151–4.

⑩ Gallie (1978), p. 1. 加利稍先于斯金纳获得剑桥大学政治学教席。

除那种印象，就跟政治思想史学者多半会忽视他们的主题的国际面向那样，国际关系学的学者们在很大程度上也仍然对使他们研究领域所援引的理论具有历史意义这件事情不感兴趣。

可是到了 20 世纪 90 年代中期，这种状况已经开始发生变化。政治思想史学者们不可能完全不受那时的政治理论本身内部所发生的、日益明显的国际关系和全球关系转向的影响。至少在美国，已经开始于越南战争阴影下的这种转向，与罗尔斯的《正义论》和迈克尔·沃尔泽的《正义与非正义战争》（Michael Walzer, *Just and Unjust Wars*, 1977）不期而遇。⑪在罗尔斯的公民服从理论中，他转向国际法，以指导"管理面向其他国家的公共政策"的"政治原则"，包括人们组织起来成为独立国家的"基本平等权"；民族自决及其延伸意义、不干涉的义务；自卫权；信守条约的必然性；以及对战争行为的诸多限制；事实上，罗尔斯从这个领域居于支配地位的文本——布赖尔利的《万国公法》（J. L. Brierly, *Law of Nations*）——那里拿来了一份现代实证国际法基本原则的标准清单。⑫相比之下，沃尔泽的《正义与非正义战争》在某种程度上源于一种忧虑：担心国际法不能再"为我们的道德论证提供一种言之有理或者连贯一致的阐释"，尤其是因为"法律实证主义……已经在联合国时代变得日益乏味"。⑬

"道德论证"与"法律实证主义"之间的差别是实证地理解法律——也就是说，主权国的行为，不管是以国际协议、公约和惯例的立法者的身份，还是以执行者的身份——与规范地理解法律之间所产生的鸿沟之遗产。⑭就像罗尔斯和沃尔泽——他们两位都是具有历史意识的理论家，尽管他们都有规范的雄心壮志——必然意识到的那样，这一差别几个世纪以来在国家理性的历史讨论中，随着自然法学的衰落，已经扩大了。他们已经揭露的基本困境——例如，使"实

---

⑪ Rawls (1999b), pp. 319–43；Walzer (2006).

⑫ Rawls (1999b), p. 332，引自 Brierly (1963)，还指出："该著作包含着我们在这里所需要的一切。"

⑬ Walzer (2006), p. 26.

⑭ 早期对这些对立面进行强大解构的是 Koskenniemi (2005)，1989 年第一次出版。

证"法与"道德论证"分开的严重分歧；将人际准则适用于国际规模的诸多困难；《联合国宪章》中被奉为神圣的中央集权原则与人权的普遍主义假设之间的冲突；地方的主张与全球的正义——激发了一股围绕国际伦理问题而产生的理论狂热，至今仍未消退。⑮ 在政治思想史学者们追随当代政治理论家所开辟的崭新道路之前，这只是一个时间问题而已。⑯

其他迹象正显现于一些新领域当中，包括国际领域和全球领域，对于思想史学者而言，在当代国际关系理论学者当中——特别（但并不仅限于）是在美国以外的国家——出现了一种所谓的"后实证主义"（post-positivist）取向。⑰ 这表现在许多不同的方面：关于国际关系的宏大历史理论的回归⑱；"建构主义"的兴起，或者国际行为体——借助规则、规范和交涉——彼此的自我构建研究⑲；作为一门学科的国际关系的历史研究，不管是作为一种解释当前的诸多不满的方式，还是作为一种据称正处于衰退中的思想工程的更新来源⑳；以及对作为国际政治学语言所产生的一种浓厚兴趣，因为国际关系学所进行的语言学转向解释已经横扫其他人文学科和阐释性社会科学。㉑

这些截然不同但又常常彼此支撑的进展与一种相似的转向——国际法学者当中出现的语言和历史转向——相伴而行㉒，当"新国际史学"自觉关注的文化和观念跟产生于更为传统的外交史学——以国家及其正式机构的档案文件和活动为中心——的权力和利益一样的时候，这种史学是跨越国界的，更为关注国与国之间的联系，而非它们之间的矛盾冲突，更为关注在上下层面发挥作用的各个行为主体和

---

⑮ From Beitz (2010) to Bell (2010) and beyond.

⑯ 该领域最早的专业著作是塔克（Tuck）在 1991 年第一次海湾战争爆发期间所作的牛津卡莱尔讲座基础上完成的（"序言"）。

⑰ Smith, Booth and Zalewski (1996).

⑱ 例如，Bobbitt (2002)。

⑲ Kratochwil (1989); N. G. Onuf (1989); Wendt (1999); Zehfuss (2002); Lebow (2008).

⑳ Dunne (1998); Schmidt (1998); Vigezzi (2005); Guihot (2011).

㉑ Bell (2002a); Bell (2002b).

㉒ 例如，Marks (2000); Koskenniemi (2002); Anghie (2005)。

机构，或者同时关注已经是国际史传统研究对象的国家。㉓政治理论、国际关系、国际法和国际史领域内的这些进展加在一起，就会为所有这些领域内的从业者们之间的共同对话开放新的可能性。

这一序列令人头晕目眩的转向——只提到最显著的语言学的、历史编纂的、跨国的和文化的㉔——同时出现在全球化话语开始统领大众意识和专业意识的这一时刻并不是一种巧合。这种忧惧——界限正在消失，国家正在消亡，不受限制的人口、资本和商品正在全球流动——不管有没有充分的依据，都会不可避免地激发学者们对这些过程的起源和发展产生兴趣。全球互联是世界史相对晚近形成的一个特征吗？还是具有一些早期历史特征的 20 世纪 70 年代之后的产物呢？㉕有过一种回溯至 19 世纪 70 年代、18 世纪 70 年代、16 世纪 70 年代或者甚至更早时期的全球化前史学——或者说有过多重的、非连续性的前史学吗？㉖是什么时候意识到空间的缩小与连锁的知识跨越时间而汇聚在一起的？也就是说，世界史的诸多概念是在何时何地首次出现的？㉗当代史学家应该怎样迎接一个具有自觉意识的全球时代书写全球史的挑战呢？㉘

旨在回答这些紧迫问题的各种尝试促成了如今构成国际思想史的两个研究主体。它们被称为超越国界的思想史（intellectual history of the international）和国际化的思想史（an internationalised intellectual history）。前者现在有时也被认知为国际思想史，或者认知为更狭隘地聚焦于国际政治理论史。一位出类拔萃的从业者最近将它的研究主

7

㉓ Manela, 'International Society as a Historical Subject'（未发表）。感谢 Manela 教授给我一个机会在发表之前拜读这篇重要的论文。

㉔ Surkis, Wilder, Cook, Ghosh, Thomas and Perl-Rosenthal (2012).

㉕ 那时候的重要审视，参见：Ferguson, Maier, Manela and Sargen (2010); Borstelmann (2012).

㉖ O'Rourke and Williamson (1999); Rothschild (2002); Flynn and Giráldez (1995); Grunzinski (2004).

㉗ Subrahmanyam（2005）提供了一个有说服力的回答；Tang（2008）提供了另外一个有说服力的回答。

㉘ Geyer and Bright (1995); Grew (2006); Lang (2006); Neem (2011); Sachsenmaier (2011).

题界定为"前几代思想家们是如何构想政治边界的本质和意义，以及互不相连的共同体之间的关系的"㉙。我会进一步将国际思想界定为理论反思：不仅针对个人、民众、民族和国家所占据的特殊政治领域，还针对为现代初期的其他法人团体比如教会和贸易公司所占据的特殊政治领域。这种反思探讨的是这些行为主体与规范——或者说应该规范——的行为准则之间的相互作用之本质。它在现代时期的核心问题因而是国家间的关系，但对于更漫长的历史而言，它也探讨各种各样的非国家关系，因为在如今这个个体被牢固地确立为国际法研究对象的时代，在这个国际机构和跨国组织源源不断涌现的时代，非国家关系依然在发挥作用。

关乎国际范围的思想史是第二个研究主体，它扩大了思想史的范畴，追溯文本、观念和思想家在国家内外、跨越大洋及广泛的行为主体与读者共同体中的流通、传播和接受。这两条路径显然并不完全相同，但它们却都有相当多重叠和交汇的兴趣点。国际的、跨国的、全球的联系和竞争这种彼此间认识的产生，常常有赖于这种跨文化的宗教、外交和法律的文本转化，正如商业和国际关系的跨国结构促进或者阻碍书籍与其他观念载体的运动那般。

8　　因此，一方面，国际思想史包含国际法的学说史；另一方面，它又利用书籍史那不可化约的物质性。阐释一下康德的话，在国际领域（与在其他领域一样），没有物质史的思想史将是空洞的，而缺乏思想史的物质史也是盲目的。㉚相应地，本书这些章节全都是研究跨越时空的国际思想之传播与接受的历史，尽管显性程度有所不同。两种运动形式都必然包含有意识的挪用和传播行为。在没有可资利用的长期的文本传统或者后来产生的职业准则的情况下，在新学科比如国际关系没有开创持续性系谱的需求的情况下，在新的国家和国际组织没有调整自身渴望的情况下，没有一种国际思想的主体——然而是可塑的、多变的——可能产生。这些进程使得"向上"（upward）和"向

㉙　Bell (2007b), in Bell (2007c), p.1.

㉚　对照达恩顿与斯金纳之间的争论：Darnton (2005); Skinner (2005).

下"（downward）的诠释学成为必要，就像外交官和国会议员、殖民者和反叛者的实践一样，形成规范理论和正式流派。㉛同时，各议员会堂和各委员会办公室里的争论与学者及哲学家们的研究，都试图使阐释全世界各个战场、海事、帝国边境的诸多概念确定下来。现代国际思想的形成本身就是一项跨国的、真正的全球事业。证明这一点将是下一阶段的国际思想史研究的主要任务之一。㉜

《现代国际思想的根基》集中阐述由霍布斯和边沁的公共事业大致界定的那个时期（1629—1832）。我认为现代国际思想是建立在本书试图阐明的这几个世纪的这些基础之上的。比照斯金纳，这本文集的标题受到了他的经典研究《近代政治思想的根基》的启示，我并没有隐含地声称要详尽地或彻底地挖掘所有形成现代国际思想的基本元素。我的目标并不高，就像我尽量称本书为 *Foundations of Modern International Thought*，而非 *The Foundations of Modern International Thought* 所表明的那样。各篇论文在努力追溯 18 世纪晚期至 20 世纪晚期这段时期的国际思想关键元素的兴起和早期发展的时候，都是症候式的，而不是系统性的。这些元素有些仍然存留于 21 世纪初期，但本书聚焦于早期现代性的历史与一个正在日益离我们远去的"现代"世界的历史之间的对话，并透过现代性本身的后现代怀疑主义那更为厚重的面纱去审视它。

从表面上看，我的决定——探明早期现代性内部的现代国际思想根基——是无可非议的，因为先前的一系列病因论叙述，大部分来自国际法和国际关系学科内部，且已经发现了这些根基。例如，近代外交的起源常常被认定为 15 世纪晚期或 16 世纪。㉝16 世纪或许也见证了近代国际关系的开端，即便解释主权、战争、外交和条约缔结实践的理论滞后了五十年或一百年，而到了 17 世纪中期才以可识别的现代形式出现。㉞这个时间顺序追随的轨迹与贯穿于国际法

9

㉛　感谢 Bayly（2012, p. 28）的阐述。

㉜　例如，参阅 Lorca（尚未出版）。

㉝　Mattingly（1955）; Andeson（1993）; Bely（2007）.

㉞　Holzgrefe（1989）.

历史的稍有不同，该起源可追溯至 16 世纪西班牙的萨拉曼卡学派（School of Salamanca）㉟、16 世纪后期意大利法理学家阿尔贝里科·真提利（Alberico Gentili）或者他的荷兰后继者——胡果·格劳秀斯（Hugo Grotius）这位 17 世纪初期的"国际法之父"。㊱1625 年，格劳秀斯的《战争与和平法》（De Jure Belli ac Pacis）的出版，成为叙述国际法历史的起点，但另外一个故事，与国际关系的神话艺术（mythography）更为密切相关，把 1648 年和《威斯特伐利亚和约》优先设想为"传统的"国际法（1648—1815）或"法国时代"（the French age，1648—1815）的国际法律秩序的开端。㊲这些关于早期现代性的叙述最早出现于随后的现代性时代，虽然有点姗姗来迟。因此，它们不是讲述自身或者它们成就的故事主角，而是由后来的历史学家、外交家、国际法学家和早期的政治科学家这些共同体来讲述的创建神话，这些学者在为他们的意识形态课题和初创时期的专业寻求历史的确证。㊳

10

　　本质上，这些后来的假设故事就是两个截然不同的领域——内部的和外部的、国内的和国外的或者（以一种更尊重法律的习语说）地方自治的和国际的——的基本假设。这种二分法或许保留了我们政治生活中一切基本分歧的最无足轻重的调查。尽管在历史和理论上与比如私人与公共、女性与男性、平民与战斗人员这类基本的对立相交，就像女权主义中法律和政治的学术研究一再证明的那样，但这仍然是二分法的做法。㊴正如国内与国际这两个领域分离了，促使其分离的因素还隐藏在记忆缺失的情况下，从而导致了人们心中的困惑。国际关系理论家当中最普遍的解释取决于近代初期"政治、宗教和形而上

㉟　Scott (1928); Anghie (1996); Koskenniemi (2010a)。

㊱　Holland (1874); Kingsbury and Straumann (2010); Pagden (2010); Bourquin (1948); Grewe (1984); Bul, Kingsbury and Roberts (1990)。

㊲　Kennedy (1986), pp. 1–5, 95–98; Grewe (1988), Pt. Ⅲ, 'Droit public de l'Europe: Die Völkerrechtsordnung des Französischen Zeitalters 1648–1815'.

㊳　比较：Koskenniemi (2010b)。

㊴　Charlesworth (1992); Charlesworth (1997); Charlesworth and Chinkin (2000); Simons (2003); Elshtain (2008); Kinsella (2011).

学的等级体系普世说之崩溃"，这一普世说使"国内的政治共同体和
国外的国际政治无政府状态"形成。⑩但或许这只是一种过于粗略的
解释；需要一位首创者，而这位首创者可以在 17 世纪中叶的英国找
到："这一切无疑都会因霍布斯而改变：'创造'了'外面'（outsides）
这个词，政策变成了'对外的'（foreign）。"⑪或者说这种分开在一个
世纪后出现在英国，就像边沁所认为的那样："国内（*municipal*）这
一专有名词……是一位卓越的英国人——威廉·布莱克斯通爵士（Sir
William Blackstone）——提出来的，被用来表示国内普通法，与国际
法和虚设的自然法截然不同。"⑫相反，一个半世纪后，卡尔·施密特
（Carl Schmitt）慎重考虑了这一区别："1910 年之后，变得习惯于区
别内部的（*internal*）和外部的（*external*）。"⑬这样的考虑未必就是不
能和谐共处的：它们可以用来标示一个正在展开但却不时被打断的故
事发展过程中的非连续性阶段。综上所述，这一切都表明需要深入研
究现代国际思想这一最根本的基石。

　　我们如今栖居于一个自觉为后现代的世界，在这个世界里，"国
内外事务之间的差别开始消除"，一位英国首相和他的外交大臣声明
"外交政策不再是外国的"。作为与后现代相对的现代，其国际思想
已经以"承认国家主权和作为结果的国内外事务的分离为前提，禁
止外部对国家主权的干涉"。⑭在国际领域内部，国家是首要的行为主
体，而不是个人、大公司或者其他的非国家行为主体，比如教会、传
教组织或者社会改革运动团体。该领域不存在任何一个能够实施超越
国家准则的最高统治当局：相互承认的主权国守卫它们自己界限内
的秩序，但界限之外就处于国际无政府状态。因此，国际法就是实
证法——条约法和其他国家间的法律文件——而不是自然法，后者日

11

---

⑩　Walker (1993), pp. 16, 33.

⑪　Cavallar (2002), p. 173.

⑫　Bentham (1996), p. 297.

⑬　Schmitt (2003), p. 210.

⑭　R. Cooper (2003), pp.29, 22; Tony Blair, quoted in Garton Ash (2007), p. 633 ('Foreign
　　policy is no longer foreign policy'); Jack Straw, 'Foreword', in Foreign and Common-
　　wealth Office (2004), p.4.

益变得无足轻重或者说荒谬可笑。各国的相互作用发生在一个以欧洲为核心的新兴国家体系内部。该国家体系是根据文明标准按等级定制的，使一些其他的社群处于一种潜在的永久性屈服状态，而按照欧洲列强单独拟定的条件接受另外一些社群加入国际社会。

　　没有一个思想家或者思想流派，将这些现代国际思想的界定特征整合为一体。这些界定特征至少经过一个半世纪才逐渐形成，但它们的标准结构和历史神话却至少在 1836 年时就牢固地存在于欧洲了，当时的法兰西学术院（Académie de France）举办了一次探讨现代国际法进展的论文竞赛。学术院根据欧洲国家体系的实证主义者概念所设定的条款发问："自《威斯特伐利亚和约》签订以来，欧洲的万国公法有何进展？"学术院的大会报告起草人——前外交部长约瑟夫 - 玛丽·伯特利斯（Joseph-Marie Portalis）——承认这是一项浩大的工程，它涉及国际秩序的制定，涉及万国公法、契约和正式声明的过去与未来，涉及历史和历史哲学。

　　根据一位参赛者的看法，1648 年已经标志着一个建立在"民族的独立、政府的合法性、条约的信守……权力的平衡"和不干涉原则基础之上的国家体系的开端。对此次竞赛作出持久贡献的是参赛者美国外交官、法理学家亨利·惠顿（Henry Wheaton），他将国际法的近代历史划分为 1648 年、1713 年（《乌得勒支条约》）和 1763 年（《巴黎条约》）。⑥ 当惠顿将他的《备忘录》扩展为一部未经删节的《欧洲国际法进步史》（*Histoire des progrès du droit des gens en Europe*，1841）时，他选择 1648 年而不是 1625 年作为"现代国际法学科的新时代"，因为"那次伟大的会议记录标志着欧洲文明进程中的一个重要时代"。这位竞赛优胜者通过论证"欧洲诸国是从这个时代开始才拥有自身存在的理由的，文明进程也是从这个时代开始才被正式承认的"来证明上述分析的成立，即使 20 世纪是一个国际法作为国家利己主义而非自然法逐渐统领欧洲协商会议的颓废时期。伯特利斯虽未完全赞成这位优胜者的结论，但却在"接受棘手的诸多法律、历史和

---

⑥　Portalis (1841), pp. 400, 408–409, 410–412, 414, 426, 440, 444.

当代政治问题的普适性"的难题处于重要关头之时，承认了尽善尽美是不可能的。[46]

现代国际思想的传统是在整个 19 世纪和 20 世纪期间的各学科竞争过程中各位学者和专业人士的影响下有意识地形成的。就像接下来的许多章节所呈现的那样，现代国际思想形成过程中的几个关键时刻常常是回顾性重建或挪用的阶段。例如，18 世纪晚期和 19 世纪初期，在美国和法国革命的影响下，诸如"国际法"和"外交"这样的专有名词至少在英国都属首次引进或创造。也是在同一时期，格劳秀斯被确认为国际法之父，国家体系的概念首次出现。[47]现代国际思想叙述的另外一个重大时刻是 20 世纪两次大战之间的那段时期，当时大西洋两岸不同军阶的国际主义者们编制了国际法历史上的一个"经典"原则，创造了国际关系这一现代学科，并汇集了最初的国际思想传统。[48]紧跟其后的是国际关系"英国学派"的学者们，特别是赫伯特·巴特菲尔德（Herbert Butterfield）和马丁·怀特，他们折中地吸收了来自国际法、政治思想和外交著作的思想资源，从而打造人为的但却具有持久影响的国际思想传统，并获得了格劳秀斯、霍布斯和康德这些思想家的认同，同时抬高了像埃德蒙·柏克这样的人物在国际理论原则方面的地位。[49]晚近的学术则批判性地解构了那些虚构的传统，这项有益的、正在进行的事业在很大程度上正是本书的努力所在。

《现代国际思想的根基》并不试图以任何一个起点或一个连续的、不断演变的争论传统来替换更早时期的叙述。本书各章通过批判性地审查在后来的学科原则当中仍然有一席之位的人物，比如霍布斯、柏克和边沁，还有卓尔不群但却又不是最显眼的洛克，来质疑传统的叙述。本书也从思想史的视角重新审查了别的历史故事，比如从一个帝

13

---

[46] Wheaton (1845), p. 69; Portalis (1841), p. 453.

[47] Macalister-Smith and Schweitzke (1999); Orakhelashvili (2011); Keene (2002), pp. 14–22.

[48] 其中有许多著作——Dunne (1998); Schmidt (1998); Sylvest (2009); Coates (2010)——已经开始描述这些进展。

[49] Wight (1991).

国世界到一个国家世界那持续很久的过渡，以及现代国家身份的兴起。对于研究现代政治思想的基础的历史学者们而言，长期以来的核心问题应当是，"我们——不管'我们'是谁——是如何获得国家这个概念的？"相比之下，对于研究现代国际思想的根基的历史学者们而言，他们最关心的应该是"我们——世人——是怎么想象我们所居住的这个由各国构成的世界的？"集体的人类想象这种行为或许是过去五百年政治意识当中最重要的变化。据说它是蒸蒸日上的国际思想史领域主要研究议题中最重要的一个。

第一部分

历史编纂的基础

第一章　思想史的国际转向

　　思想是世界上最漂泊不定的东西。①

　　人们常常认为思想生活自然而然地具有国际性。没有什么比这更胜于事实的了。②

　　就历史专业的大部分时间跨度而言，世界上大部分地区的历史学者都致力于方法论的民族主义研究。跟其他大多数社会科学学者一样，他们假设自我认同的各国——从政治角度组织而成的国家——就是历史研究的主要对象。③与之对应，历史学者的主要任务就是叙述民族国家是如何产生、演变及相互影响的。即使是那些他们的研究明显跨越民族史界限的历史学者也支持类似的假设。外交史学者利用国家档案来重构国家间的关系。移民史学家探究构成现存国家的新人

---

① Lovejoy (1940), p. 4.

② Bourdieu (1990), p. 2.

③ "民族是一个情感共同体，它的充分表现就是一个国家；因此，一个民族就是一个在通常情况下倾向于产生一个它自己的国家的共同体。" Weber (1991), p. 176.

群的到来与同化。④帝国史学者则将各帝国当作民族史学的外部延伸来研究，甚至当作他们通常坚持的大都市史学（主要是欧洲的）与殖民地史学（主要是非欧洲的）之间的一种严格区分来研究。因而，这种历史关涉的是稳定性而非流动性，是固定的内容而非交织在一起的内容。

只有最具有自我批判精神的历史学者，才会注意到这一具有讽刺意味的现象是由以下两个事实造成的：民族国家观的全球传播，以及"持进化论的民族主义者的历史主义"线性史观——跨越国界而受到欢迎，成为"整个世界的主要历史理解形式"。⑤后殖民主义理论学者是最早，也是最尖锐地批评民族主义叙述的学者，但并非只有他们质疑这种将国家置于连贯的历史著述首要地位的做法。⑥为了回应此类挑战，各个领域的历史学者们迅速将各自的研究描述为"国际的"、"跨国的"、"比较的"和"全球的"。他们所尝试的范围、研究对象或动机都各不相同，在如何开展非国家路径的研究以示区别这一点上也没有达成共识。国际史学者们常常想当然地以为存在着一个由各国组成的社会，并超越国家的界限去审视它们之间的各种关系，从外交、金融到移民和文化关系。跨国史学者们调查那些溢出界限的各种进程、运动和机构，例如环境、有组织的犯罪、流行病、跨国公司、宗教和诸如联合国这样的国际机构。比较史学者研究独特的历史对象——常常，但并非总是如此，从民族的角度定义——结合在一起，尽管不总是以实际的历史关联为基础。全球史学者研究全球化的历史和史前史，探究变得全球化的对象的历史与亚全球领域（sub-global arenas）——比如大西洋、印度洋和太平洋——之间的联系。他们的课题之间的这种家族相似性，都旨在超越那种从民族角度定义的国家和以国家为界限的民族的历史之诉求，由此发生了一种国际的转向。⑦

18

④ Wimmer and Schiller (2003).
⑤ Hill (2008); Bayly (2011b), p. 13 (quoted).
⑥ 例如：Duara (1995); Chakrabarty (2008).
⑦ Clavin (2005); Bayly, Beckert, Hofmeyr, Kozol and Seed (2006).

历史书写中的这种国际转向，或许是自 20 世纪 60 年代社会史兴起和 70 年代语言学转向以来最具改革能力的史学运动。为什么这种转向会同时发生在这么多的历史研究领域里呢？对于思想史而言，这是个好问题。然而，这对固守自己领域而从未涉及过国际化，但却有才智的历史学家们而言，也是一种挑战。未涉及过国际化，部分原因要归咎于许多具有历史污点的主流物质主义，这构成了国际化转向。研究资本、帝国和移民的历史学者，与具有全球抱负的社会学者和人类学者一起领导了这场运动的讨论，并出版了许多重要的综合性作品。在他们看来，在该术语的两个意义上，思想史似乎是非物质的：一种彻头彻尾研究来自内部空间脱离实体存在的非实在想象。思想史学者的一个主要挑战是在没有向化约论屈服或者消解他们的领域身份的情况下，跟这种怀疑论作斗争。在这种情况下，取得进展的最好办法或许是向后看，在历史编纂被制度化为民族国家的附属物之前，回顾这一时期思想史自身的世界性根源。　19

思想史可以合理地要求成为国际史的先锋（*avant la lettre*）。正如唐纳德·凯利（Donald Kelley）所表明的那样，最早的思想史从业者，从 17 世纪中叶的英国人托马斯·斯坦利（Thomas Stanley）到后拿破仑时代的维克多·卡森（Victor Cousin），他们的著作具有醒目的世界性特征和内容。他们的历史学起源于哲学上的折中主义传统——可追溯到第欧根尼·拉尔修（Diogenes Laertius），但大部分直接起因于近代的认识论辩论，思想在这场辩论中被视为与它们的起源无关，不管是国家的起源还是其他方面的起源。[8] 这些早期的思想史形式是在其从属关系上和学术交流本质上超民族的文学界的典型产物。文学界（*Respublica literarum*）"拥抱整个世界，由一切国籍、一切社会阶层、不分年龄和性别的人们组成"，它的一位公民提到，法国学者和文学家博纳旺蒂尔·达尔贡纳（Bonaventure d'Argonne）在 1699 年说："一切语言，不管是古代的，还是现代的，都是讲出来的。"在这个从中国到秘鲁的世界共同体内，"思想是不分颜色、年龄、种族、

---

[8]　Kelley (2002), chs. 1–2.

性别的"——可以补充一句，也是不分地域和国家的。⑨

思想史注定是国际的，并且在历史学职业内外的民族主义兴起之后就存在很久了。因此，领土地位的逻辑表明它比其他历史探究的范围狭窄多了。研究对象摆脱民族边界成了思想史学者的一个信念。例如，弗雷德里克·杰克逊（Frederick Jackson）和詹姆斯·哈威·鲁滨逊（James Harvey Robinson）在 19 世纪末的美国开拓的"新史学"，在其诞生之初就质疑民族主义史学，相反，从那些遭到回避的历史现象中汲取了灵感。正如特纳（Frederick Turner）在 1891 年所指出的那样，也就是在他提出那个著名的美国发展的"边疆学说"的两年之前，"思想、甚至是商品，都拒绝国家界限……这在我们这个具有复杂的商业和思想联系方式的现代社会尤为真实"。⑩半个世纪以后，当思想史之父阿瑟·洛夫乔伊（Arthur O. Lovejoy）在 1938 年断言"思想是参与洲际贸易的商品"的时候，他或许回忆起了特纳的话。这些思想是如何生产和流通的，是谁贩运和消费它们的，都不是古典历史学家思考的问题：那是比较文学专家的任务，"理解成国际思想关系研究"。⑪只有随着观念的社会史和书籍史的兴起，对此类材料的关注才开始贯穿于思想史学者们的著作。这种崭新的思想史类型也声明了它的国际主义，作为无国界（*livres sans frontieres*）的一种史学而加入没有边界的观念史。⑫"就本质而言，书籍拒绝被包含在任何一个学科之内"，在回应特纳和洛夫乔伊之前，1994 年，罗伯特·达恩顿（Robert Darnton）提出："它们也拒绝尊重民族界限。"⑬

思想史对民族主义那与生俱来的抵制，或许产生了使这一领域实现国际转向更加困难的一个悖论效果。因为思想史学者跟其他从民族角度转变方法的从业者不同，他们用不着抵制民族范畴或者采取世界性的抉择，从方法论的角度看，它们或许并没有为这样一场运动做好

---

⑨ Bonaventure d'Argonne, quoted in Anthony Grafton, 'A sketch Map of a Lost Continent', in Grafton (2009), p. 9; Kelley (2002), p. 117.

⑩ Turner (1938), p. 57; Novick (1988), pp. 89–95.

⑪ Lovejoy (1948), p. 3.

⑫ Howsam and Raven (2011), p. 1.

⑬ Darnton snd Daskalova (1994), p. 2.

准备。事实上，由于学术界出现了技术跨越式的发展，国际转向最近走向了思想史，在没有完全被民族框架——传统上形成体系的大多数职业历史书写——占据的情况下，这个领域从无国界转向超越国界。这种转向需要面对思想史上的一些缺陷，就像它在传统上被实践的那样，特别是它抗拒考虑文本的空间维度。这需要我们更坚信：思想史的独特贡献能够使这种国际转向更为普遍。然而，正如我期望表明的那样，思想史学者们拥有一些诸如国际和全球之类最有用的历史范畴工具，负责追踪思想的国际传播，应对理想主义、现世主义的挑战和由于国际转向而产生的文本的重新定义。因此，思想史给予国际转向的与国际转向给予思想史的一样多。

这一国际转向通过致力于比国家更大的舞台而复兴了大家对空间概念的兴趣，它不受国家政治界限的限制，通过跨国联系和传播而产生关联。对于大部分有记载的历史而言，世界上大多数人口不是生活在民族国家里，而是生活于帝国——那些遥远的、等级制的政体，为了取消全体居民之间的差异，在没有谋求他们之间的一致性的情况下，凸显了各种不同的普世主义。对于 16 世纪初到 20 世纪初之间这个相对短暂的时期而言，有些帝国是民族文化自然发展的结果，特别是在欧洲和亚洲，但是大多数帝国在构成上是前民族的（pre-national）或超民族的。在近代，海洋空间连接着这些帝国的要素，但是海洋领域，比如地中海、印度洋、大西洋和太平洋也分割主权，成为帝国之间角逐的战场。[14] 根据悠久的帝国史，由现代国际关系观所设想的那个永恒的国家世界似乎很短暂，甚至无足轻重。确实，据估计，一个由真正的民族国家构成的世界，跟帝国分离，在非殖民地化达到顶点的时候才出现，且很快就被冷战后爆发的跨民族主义浪潮所淹没，那时国家的鼎盛时期持续不到一代（大约从 1975 年到 1989 年）。[15] 所有的历史，之前的或者之后的，都是前民族的或者

---

[14]　Benton (2002); Benton (2010); ch, 2 below.

[15]　F. Cooper (2005); Cooper and Burbank (2010).

后民族的。

通过同时产生统一和分裂的方式，帝国刺激了概念的竞争，促进了思想在侨居人群和贸易路线中的传播。⑯从这样的碰撞和传播中，产生了帝国、宗教和政治经济学的"相互冲突的普世主义"，例如，还有与它们冲突或者归入它们之下的扩张性意识形态，比如泛伊斯兰主义、泛非主义、民族主义、反殖民主义及其他"形形色色的世界主义"形式。⑰只要是通过民族形成观去看待历史，这些运动大多数都不显眼。只有当更古老的空间经验——更广泛、更易变、领土边界限制更少——再次提出关于这段过去的诸多问题时，它们才会重新被关注。

空间可能是思想史的最后边界。这个领域充满着空间隐喻——"迁徙的"思想，拒绝民族界限的书籍；相互理解和公共"领域"的"范围"；作为理论领域内具有思想地位决定因素的"地方主义"和"区域主义"；例如，解释学的"包容"（containment）概念和批判的"运动"（movement）概念，但是这类修辞格并未表明与空间、场所的诸多问题有任何实质性的接触。它们为简写所代替，这表明思想缺乏物质方面的决定性因素，它们需要放置到几乎完全建构成暂时的、语言学的文本中，而不是物质的或者空间的文本里。⑱米歇尔·福柯或许是在为思想史学者说话，他在一次采访中说："空间是没有生命的，是固定的、非辩证的、静止的。不过从另外一方面说，时间也是珍贵的、丰富的、充满生气的、辩证的。"⑲

可以从广度和深度来理解空间。就这一点而言，科学史学者有许多东西可以教给国际史学者和思想史学者。科学史上的"空间转向"质疑真理的普遍性，并坚持地方性知识：每种观点都有自己的出处。思想出自严格定义的空间，出自海滨沙滩和实验室的实验台，还出自

⑯ 关于帝国思想史，尤其要参阅：Pagden (1995); Armitage (1998); Ben-Ghiat (2009); Pitts (2010); muthu (2012).

⑰ Bose (2006); Bose and Manjapra (2007); Aydin (2007); Manela (2007); Slate (2011).

⑱ 关于文本，参阅：Burke (2002); Felski and Tucker (2011); Gordon (2013).

⑲ 'L'espace, c'est qui eait mort, fige, non dialectique, immobile.En revanche, le temps, c'etait riche, fecund, vivant, dialectique: Foucault (1976), p. 78.

小酒馆和皇家学院。当以此微观地审视时，抽象知识的无缝之网变成了偶然事件的易碎的马赛克。[20] 如果文学的一个目标是要揭穿假设的科学理性的普遍性，另一个目标是要表明知识片段是如何积累和收集的，以及如何确保它们的可靠性的话。那么"我们不仅需要理解知识在具体的场所是如何形成的，而且还需要理解场所之间的相互作用是如何发生的"，即，思想是如何在"各地盛行"（travel）的，谁传播它们，在它们的传播过程中携带着什么样的成见，以及它们到达后是如何变得驯化和归化的。[21]

这种方法揭示了信息收集那错综复杂的机制，它使科学知识既可能又似乎可信。即使是在身体上最孤立的思想家，比如内陆的艾萨克·牛顿（Isaac Newton），在从未见过大海的情况下，也能够起到"17世纪最后几十年里建立的殖民地信息秩序与经验主义知识体制之间的一个基本环节"[22] 的作用。而法人团体比如耶稣会和英国、荷兰的东印度公司，从远距离的知识成果的意义上来说，给大科学（big science）提供方便。[23] 随后，"帝国网络"（webs of empire）消解了中心与外围之间的区别，因为它们都声称在通过殖民地间的交流来累积帝国档案、验证假设和生成意识形态的过程中，外围获得了中心的位置。[24] 采用这些方法，得到详尽地阐明的这些联系，结合精心培育的场所，通过跨越大陆和海洋的思想与信息的传递，创建崭新的知识地图。

这些研究在布迪厄（Pierre Bourdieu）所指称的"关于文化的国际关系科学"中，为思想史提供了可复制的模型。[25] 当空间概念扩大、意义之网产生关联、交流网络激增的时候，就在它们当中创建了新的文本和预料不到的联系。变动的社交性和通信模式、书籍发行模式，

23

---

[20] Ophir and Shapin (1991); Finnergan (2008); Withers (2009). 更普遍意义上的，参阅：Guldi (2011).

[21] Tresch (2013); Shapin (1998), pp. 6–7 (quoted).

[22] Schaffer (2009), p. 247.

[23] Harris (1998); Cook (2007); Clossey (2008); Winterbottom (2009)。

[24] Ballantyne (2002), pp. 1–17.

[25] '[U]ne science des relations internationals en matiere de culture': Bourdieu (1990), p. 1.

以及知识的空间组织——在房间和大厦里，在街道和广场上，在城市和行政区，在各国和各个大陆，在各帝国和各个海洋——迫使思想家们重新审视他们的读者之禀性，他们的论证之潜在影响和他们的行动范围之广度。例如，为了回答"何为启蒙运动"这个问题，调适到空间的思想史学者现在还必须问道："哪里的启蒙运动？"㉖

正在发生变化的空间概念拓宽了思想观念的语境，同时也开拓了思想的各种可能性。欧洲思想史学者们最熟悉的例子，或许是近代欧洲思想家生成的越洋探险和殖民化那更广阔的语境，因为跨文化之邂逅和印度洋、大西洋及后来的太平洋周围的帝国之激增，检验了其他问题当中的自然、文明、政治共同体、财产、宗教多样性和宽容的诸多概念。㉗例如，约翰·洛克，一位如饥似渴的旅行文学读者，比较了来自五个大陆所描述的多样性、信仰和实践之实例。㉘托马斯·霍布斯，一位更加谦虚的美国文献用户，通过参考民族志中自然状态的描述而形成了他对国际关系的理解㉙；大卫·休谟的政治经济学说则在很大程度上要归功于他的大西洋联系㉚。为一代思想家的书写开放真正全球性的各种思想可能性，则出现在18世纪中叶以后，他们中有史密斯、康德、赫尔德、柏克和边沁，他们建构了普世主义和世界大同主义，还有它们的文化概念及其差别。㉛进入19世纪晚期，由于技术——特别是蒸汽船、铁路和电报——而压缩的空间使得新的政治共同体形式得以想象。福柯认为，空间是动态的，不是静止的。思想的背景扩大到整个地球。因此，现代的思想史学者不得不探究更大范围的思想：大陆的、区域间的、越洋的，最后可能还有行星的。正如海德格尔、施密特和阿伦特在20世纪中叶最早指出的那样：外部空

㉖ Livingstoneand Withers (1999); Withers (2007); Manning and Cogliano (2008).

㉗ Pagden (1986); Brett (2011).

㉘ Carey (2006); Talbot (2010).

㉙ Noel Malcolm, 'Hobbes, Sandys, and the Virginia Company', in Malcolm (2002), pp. 53–79; Aravamudan (2009); Moloney (2011).

㉚ Rothschild (2009).

㉛ Marshall and Williams (1982); Muthu (2003); Pitts (2005a).

间也许是思想史的最终边界。㉜

这场运动避开民族通道，通过国际的、已经从政治上组织起来的国家和民族的人类生活空间走向国际通道。几年前，我曾提出"国际思想史的文艺复兴"正在开启——"历史学学者、政治理论学者和国际关系学者和国际律师之间新的对话。"㉝这场复兴运动正在进行当中，已经产生了思想史的国际转向的第一批成果。民族主义者认为他们的共同体是自然的，但各个民族没有中心点；它们的建构有一段历史，一段相对近代的历史。㉞在过去的两个世纪里，许多州发展成了国家；同样，国家也分解成了许多州，这两种情况的发生频率至少是相同的。这些国家是怎样逐渐形成一个国际社会的，是什么样的规范支配着他们的行为，是什么样的哲学探究传统和政治思想传统产生了那些成为国际思想史一切问题的基准。

国际思想史的复兴标志着思想史与国际史之间最近的三个交往阶段：大约从第一次世界大战末期持续到 20 世纪 50 年代的交战时代、从 60 年代初到 90 年代中期的隔阂时代，以及仍然在前行的友好和平时代。在交战的初始时代，观念史学者常常在方法论上是世界性的，在政治上是具有国际主义预期前景的，而具有历史思维的国际关系学者则公开地论述思想观念，而不是抽象的模型或者理论。不同领域的思想家，比如汉娜·阿伦特（Hannah Arendt）、雷蒙·阿隆（Raymond Aron）、赫伯特·巴特菲尔德、汉斯·摩根索（Hans Morgenthau）、莱因霍尔德·尼布尔（Reinhold Niebuhr）、卡尔·施密特、肯尼兹·沃尔兹（Kenneth Waltz）和马丁·怀特吸收了历史上的经典，即使他们在诸如国家主权和各种国际机构的权威或战争与和平的伦理观之间的平衡之类的问题上根本就无法达成一致的意见。

在随后的隔阂时代里，思想史学者和国际史学者渐行渐远。学科边界变得更加坚固，为其所做的辩护也更加猛烈。方法的改进和专业

25

㉜ Lang (2003); Bell (2007a), pp.63–91; Lazier (2011); Bell (2013).

㉝ Armitage (2004), pp. 108–109.

㉞ Gellner (1996).

化分工的加速，导致领域间的对话更加困难。国内与国际之间的隔阂加剧。"理论"（Theory）——不管是政治的还是国际的——让位于将思想和伦理排除在政治学和国际关系领域外的实证主义模式，这尤以美国为甚。让我们来回顾一番。1954 年 5 月在纽约召开了由洛克菲勒基金会组织的国际政治学会议，有摩根索、尼布尔和其他人参加，这个会议现在看起来是通向国际事务的伦理路径的顶峰——在美国的行为社会科学获胜之前。㉟在此后的十五年里，思想史学者进一步疏远了国际史学者，因为再度兴起的社会史将这两个领域挤到了历史职业的边缘。一位学者对另外一位学者所说的话，就跟一位哲学家书写另一位哲学家那样，显然不受欢迎。就像罗伯特·达恩顿在 1980 年代表美国历史学会出版的文集里沮丧地观察到的那样："一股潜在的不满意识弥漫于思想史学者当中……在过去二十多年的研究重组以后，（思想史）如今地位低下。"就在该文集里，查尔斯·梅尔（Charles Maier）也同样给予国际史悲观的评估："国际关系史……鲜有意识到集体事业，以及最前沿的历史学术。"㊱

正如经常被证明的那样，这种衰退的征兆结果却成了创新的激励因素。始于 1990 年的友好和平时代见证了思想史和国际史的复兴，以及这两个领域相互之间与日俱增的复杂关系。至少有一些国际关系学者发现自己身处一个"后实证主义"阶段，并且重申他们对理论、国际事务史和他们自己学科的历史的兴趣。国际史学者也越来越对文化、意识形态和制度产生更大的兴趣，"国际转向的捍卫者也是思想史和文化史的支持者"，同时，思想史学者正开始论述超越国内领域的各个民族、国家与世界上的其他各种法人团体之间的各种规范及其相互作用——在国际思想史的标题之下。㊲

"国际思想"这一术语最初是英国政论家和文学家的创造，他们支持国联和在两次世界大战之间那些年里刚刚诞生的各种国际机构。在这种情况下，托马斯·哈代（Thomas Hardy）在 1923 年写给他的

26

㉟　Hoffmann (1977); Guilhot (2011).

㊱　Darnton (1980), p. 327; Maier (1980), p. 355.

㊲　Ashworth (2009); Bell (2009a); Zeiler, p.1053 (quoted).

同胞小说家约翰·高尔斯华绥（John Galsworthy）的信中说："国际思想的交流是这个世界的唯一救赎"[38]，因此，它最初的目的在于表明一个可用的过去，而不是创立一种批判的历史。它获得了同样坚定的大西洋国际主义者的支持，例如美国国际律师詹姆斯·布朗·斯科特（James Brown Scott）开始撰写最早的国际思想史经典著作，从巴尔萨扎·阿亚拉（Balthazar Ayala）到理查德·苏支（Richard Zouche）的系列"国际法经典"（1911—1950），都得到了卡耐基国际和平基金会的赞助。[39]可以看出，国际思想史最近的复兴使其研究领域具有更加强大的力量，它不再仅仅作为政治思想史的分类学科，该领域内的学者、问题和运动也是从更加开阔的而不是单纯以目的论为准则的角度来解决的。[40]国际思想现在意味着为当前目的而得到有效利用的权威教义机构，比作为反思国际事务的理论活动的国际思想过去时要少。对此，它与语境论者的政治思想史不相上下，就像过去五十年所践行的那样。

　　国际思想起源的一种人文回归，揭示了诸如格劳秀斯、霍布斯和康德之类的思想家正在从事的研究——或他们并不打算从事的研究——与这些被运用在后来的学科史当中的研究之间的距离。格劳秀斯可能没有"创立"国际法的意图。当霍布斯哲学体系还未完全成形时，这个术语曾经被用来作为讨论国际关系的一个代名词。康德不仅仅是"民主和平"理论家，而且自20世纪初以来，他就为此而遭到了目的论国际主义者的简化。[41]自20世纪以来，我们对各类国际思想家，从诺曼·安吉尔（Norman Angell）和汉娜·阿伦特，到雷纳德·伍尔夫（Leonard Woolf）和艾尔弗雷德·思摩恩（Alfred Zimmern），均从历史学的角度进行了研究。我们的思想还禁锢在小

27

---

[38] Thomas Hardy to John Galsworthy, 20 April 1923, in Hardy (1978–88), VI, p. 192; Galsworthy (1923); Stawell (1929).

[39] Hepp (2008); Coates (2010), pp. 101–105.

[40] Boucher (1998); Jackson (2005); Keene (2005); Jahn (2006); Bell (2007b); Covell (2009); Hall and Hill (2009); Behr (2010); Walker (2010); Cavallar (2011).

[41] Tuck (1999); Van ittersum (2006); Noel Malcolm, 'Hobbes's Theory of International Relations', in Malcolm (2002), pp. 432–56; Muthu (2003); Easley (2004); ch. 4, below.

作坊的范围，而对卡尔·施密特作品的研究则投入了过多的精力。[42]
同时，具有自我批判意识的学科史学者，他们在研究国际关系和国际
法的过程中已经提出，产生于两次世界大战期间的一种"无政府话
语"，是怎样成为后来的国际关系现实主义学派的永久真理的，又是
怎样展现理想主义国际法学家与帝国冒险——从比利时到猪猡湾——
的合谋的。[43]

　　思想史学者们一直在协助具有自我批判意识的国际史学者质疑
他们学科的基本建构。例如，对于国际关系来说，没有哪个日期
比 1648 年和《威斯特伐利亚和约》更具有标志性。破除"1648 年
迷思"——一个彼此承认、互不干涉主权国家的世界之起源——是一
个相对直接的进程。这主要依赖于对明斯特和《威斯特伐利亚和约》
的解读，帝国、联盟和其他分层的或分裂的主权这一认识，比任何所
谓的"威斯特伐利亚"主权更具有政治权威的特征，对北欧以外的世
界的关注，旨在意识到对帝国统治下的许多民族的公认主权有多么的
不尊重。[44]这一威斯特伐利亚迷思反过来加固了界定现代国际思想的
一组假设：国家才是国际事务的首要行为体，而不是个体；国内外领
域，国家内部和外部的范围，都是截然不同的、独立的；实证法胜过
自然法；适用于全球的文明等级标准；国际领域是无政府状态的，并
因此受到国家理性格言的支配。这些基本假设既不是一致的，也并非
是没有争议的，但是它们确实设定了辩论的一些条件至少有一个半
世纪。

　　国际思想史仍然充满各种研究可能性。例如，国际思想的媒介是
什么，以及怎样运用书籍史的方法来理解它们？[45]在始于 17 世纪晚期
并持续至今的那些新颖且持久的书写和出版类型中，有条约集、外交
手册、国际关系史和国际法历史，它们大量产生于与跨国外交军事

---

[42]　Long and Wilson (1995); Owens (2007); Morefield (2005); Odysseos and Petito (2007); Hooker (2009); Legg (2011).

[43]　Schmidt (1998); Koskenniemi (2002).

[44]　Osiander (2001); Teschke (2003); Beaulac (2004); Straumann (2008); Piirimae (2010).

[45]　对于沿着这些思路进行的经济文本的翻译和发行的典范研究，参见：Reinert (2011).

共同体有交集的教权主义的、博学的和人文主义的文化中——进一步审视此类模式有助于我们理解，在其他一些问题当中，为什么康德以一种和约的形式转向“永久和平”。[46]为 18 世纪及其之后迅速发展的国际机构中诡辩的使节、普通的行政人员和当权的知识分子所接受的那些与众不同的哲学人物都有谁？[47]国际思想本身是如何国际化的？举个例子，亨利·惠顿的《国际法原理》(*Elements of International Law*, 1836)——欧美国际思想的一个主要载体——在亚洲的翻译和发行，表明潜在的国际思想的假设正在变得日益跨区域，即使到了 19 世纪中叶都还未彻底全球化。[48]从这个意义上说，世界上大多数地区对普遍受影响的“主权国家的蔓延”的接受度仍需解释，尤其是通过关注它所接受和驯化的决定因素的方式。[49]只有这样，我们才能充分理解 19、20 世纪全球的国家与国际那效果显著的合作。[50]

国际上的国际化也可以通过国际机构的思想史来进行探讨。新国际史的支持者们一直以来都在敦促他们的同行“将国际史国际化”，通过研究国际领域内的非国家行为体：跨国公司、非政府组织，跨 29
国的社会运动及其机构，比如世界卫生组织或者联合国。[51]这一呼吁为国际法学会、卡耐基国际和平基金会、国际联盟、联合国、联合国教科文组织和欧盟——仅说出其中最突出的一些非国家行为体的名称——关乎档案的思想史学创造了崭新的机会。这种研究有些是内在论的和庆祝式的，但大部分的研究均有助于扩大行为体、档案和机构的范围——通过历史学家的考察。[52]这种研究范围的扩大所带来的一个结果便是新的人权史——一个现在正处于第二波浪潮中的领域，

㊻ 在这些方面，启发性的研究，参阅：Lesaffer (2004); Menager (2001); McClure (2006); Hampton (2009)。

㊼ 与 Hunter (2010) 比较。

㊽ Liu (2004), pp. 108–139; Liu (1999b); Gluck and Tsing (2009).

㊾ Armitage (2007a), pp. 107–112; Bayly (2011a).

㊿ Bayly and Biagini (2008); Isabella (2009).

(51) Iriye (2002b); Iriye (2002a).

(52) Koskenniemi (2002); Driot (2005); Sluga and Amrith (2008); Rothschild (2008); Mazower (2009).

因为它从讲故事的目的论阶段进入了一个更有批判性地提醒我们注意语境和断裂的文献阶段。[53] 关系到思想史学者的其他主题——经济思想史、战争和政府的概念、公共卫生和科学史——都可以在国际机构、公司和企业的档案中得到研究。在这方面，现代思想史学者可以向早期的现代主义者学习，后者密切关注构建 17、18 世纪英国和荷兰贸易公司的思想史的科学史学者。[54] 在政治理论学者和伦理学者当中，对他们所关注的国际的和全球的面向所迸发的兴趣，促进了这些发展变化，这产生在由合成词"全球化"所体现出来的跨国人类事务面向那不断成长的公众意识当中。所有这些进展反过来又鼓励和加强了思想史的内部趋势——旨在重建论述民族和国家之外的那些事务的一些论证，我称之为思想史学者当中的国际转向。

到目前为止，对思想史国际转向的叙述一直呈不可抵挡的上升趋势，保持了导读（*tour d'horizon*）的诸多成就，但有些承诺还未履行。但是任何事情都有其两面性。在哪些方面的国际转向会有可能是一个更糟糕的转向呢？这场运动还未进入当之无愧的自我批评阶段，在很大程度上也没有吸引到外界持续的关注。然而，已经有指责这一转向的了，指责它物化、现世主义、阶级优越论和变化中的文本概念。[55] 这些批评没有哪一个是国际思想史所独有的：这些批评常见于过去半个世纪中对观念史的争论。然而，当思想史延伸至更广阔的空间时，它们都变得更加尖锐，因为新的脱节形式在观念与新颖的分析需求之间涌现出来。

物化是一种常见的指责，这至少要追溯到剑桥学派对洛夫乔伊的观念史的批评：似乎相同观念的复述变成清晰的概念，是出于分散和消除歧义的需求，而不是出于融入更广泛的跨时空叙述的需求。[56] 例如，英国的自由主义就与印度的自由主义不尽相同：它们各自在自己

---

[53]　首先，参阅例如：Borgwardt (2005); L.Hunt (2007); Martinez; 其次，参阅：Moyn (2010); Hoffmann (2010); Iriye, Goedde and Hitchcock (2011).

[54]　Van Ittersum (2006); Stern (2011).

[55]　Rothschild (2006); Goto-Jones (2009).

[56]　Skinner (1969).

的微观环境中发展，但却又不能忽略彼此，总是在当地的接受、传播和混杂的舆论中周旋。[57]至少在 18 世纪中叶以后，接受状况都是地区之间的，但越来越具有全球性：印度的"自由主义者"如罗姆莫罕·罗伊（Rammohan Roy），视他们自身对专制主义的反抗斗争为世界范围的运动的一部分，包括英国和葡萄牙在亚洲的殖民地，西班牙在大西洋世界的君主统治，还有英国本土。文本承载思想信息，但总是在翻译和重新诠释的过程中，转变为意想不到的平行文本。这些情况导致文本相似却又有不同，内容完全相悖，可是缺乏可比性的情况则几乎没有。有从比如说接受史（*Rezeptionsge-Schichte*）、书籍史和后殖民理论那里得到的方法论帮助，都应该有可能避免古老死板、永恒的历史的想法，取而代之的应是一种在方法论上更加坚定地超越时间的观念史。[58]

现世主义可能给国际转向造成了一个更严重的后果。"整个计划（国际思想史）本身就是现世主义，在这个意义上，国际转向在一些明显的方面受到了 20 世纪晚期和 21 世纪初期公众争议的'全球化'的影响。"[59]然而，我们不会期望远离当前的争论，也不会否认过去对世界性的、普遍的或全球的联系及其概念的争论的存在。这是一个常理——就跟所有的常理一样，按照定义至少部分是真实的——我们变化万千的现状不断地揭示过去被忽视或不受重视的诸多方面。在这种情形下，就像在跨国史的其他方面那样，有两种方法是可能的：第一种方法会表明各种联系确实存在，而且为过去的各个行为体所知，但是出于某种原因而被遗忘或者抛在了一边。于是，历史学者的任务将会是重新发现这些丢失的踪迹。第二种方法将代替如下假设，历史学者可以扮演电工的角色，通过富于想象力的重构而不是简单地恢复原状的行为来连接电路。[60]第一种方法——连接性的，而非比较性的；

31

[57]　Bayly (2012); 另参阅：Kapila (2010); Kapila and Devji (2010).

[58]　McMahon (2013); Armitage (2012).

[59]　Rothschild (2006), p. 221.

[60]　David Armitage and Sanjay Subrahmanyam, 'The Age of Revolutions, C. 1760–1840: Global Causation, Connection, and Comparison', in Armitage and Subrahmanyam (2010), p. 31.

重构性的，而非恢复性的——更合大多数历史学者的意。但是第二种方法对于制造过去的一些大事与当前的诸多关注之间那必要的历史距离而言也确实是必不可少的。我们无疑欺骗了自己，如果我们设想我们通过一块模糊的玻璃而看不到那些关注点：把它们放在远距离，我们才能更清楚地看到它们。

"阶级优越论"——这种思想观念被认为是"唯一高尚、伟大、受过高等教育的，一直被认为是历史上独立思想或独立个体的主流思想"——也是对思想史常见的控告，而不是处于国际转变关头的思想史当中的一个败笔。[61]约翰·穆勒（J. S. Mill）早在1838年为边沁和柯勒律治辩护的过程中就对此进行了反驳：

> 思辨哲学，表面上看起来似乎离生活事务和人们的外部利益非常遥远，事实上，它是地球上对人们影响最大的一项成就，从长远来看胜过每一项其他成就。与我们对话的作家们，他们的作品几乎从未被大众赏读过；除了少量的一些作品，他们的读者少得可怜：但他们一直都是老师的老师。[62]

在思辨的哲学家与大众之间存在一类思想家，艾玛·罗斯柴尔德（Emma Rothschild）称之为"中间派"或"中级思想"，这些思想太难区分，以至于无法归入个人思想传记，但留下使人反思的印迹却又太过丰富，以至于不能归入心态（*mentalites*）史，特别是——但不是绝对——那些从事各种公众政策的人。[63]这样的人常常是世界旅游观光者和掮客，大规模地横渡大西洋、太平洋和穿过草原的亚洲、欧洲和非洲移民，还有用本地知识和"全球智力"产物做买卖的跨文化代理人。[64]当历史学者重构他们的思维形式、他们的观念的历史时，

32

---

[61] Rothschild (2006), p. 222. 提到的"因为这种控制有暗含的反驳"，参见：Rose (2010); Hilliard (2006).

[62] Mill (1838), p. 467.

[63] Rothschild (2005), p.210; Rothschild (2011b), pp. 774–776.

[64] Schaffer, Roberts, Raj and Delbourgo (2009).

我们可以期待发现甚至比以前更广泛的跨国思想形式的证据。[65]

为跨国史所需的日益灵活的语境定义，不应该让思想史学者却步。有人开始质问，如果语境现在被定义为包括大陆间的交流、多语言的社群或者一些世界体系的扩展，那么思想观念是怎样"在语境中"得到精确的理解的？[66] 在此，机会再次大于风险。根据当代的国际概念或全球概念，必须定义相关性的准则，绘制积极的（至少貌似可信的）传播路线，校准参考的尺度；有了这样的边界，为我们所追踪的思想观念——跨越边界和有界限的话语共同体——重建有意义的空间语境应该是可行的。

历史化的空间概念——国家的、国际的、跨国的和全球的——实际上是国际转向之后的思想史的一个隐含议题，正如历史化的时间概念是19、20世纪思想史的一个主要课题那般。这个议题不可避免地导致了这样一个问题：全球转向对思想史而言究竟意味着什么。全球思想史将包含哪些内容，甚至它的主题会是什么，尽管已经就这些问题进行了激烈的辩论，但到现在都还未弄清楚。[67] 这种全球转向是国际转向的一种逻辑延伸，还是其自身的一种非比寻常的努力，还有待观察。在如此开阔的视野和诱人的前景之基础上，思想史同时迎来了国际的和全球的更好转向，确实不能说时机还未到，因为思想史就是一种简单的历史书写。

---

[65]　例如：Bose and Manjapra (2010); Colley (2010); Rothschild (2011a).

[66]　Goto-Jones (2009), p.14（"历史语境似乎不会与时空文化语境重叠"）.

[67]　Kelley, Levine, Megill, Schneewind and Schneider (2005); Dunn (2008); Sartori (2008); Black (2009); Moyn and Sartori (2013).

第二章　存在一种全球化的前历史吗？

"如果我们现在被问及是否生活在一个已经启蒙了的时代[*aufgeklärten Zeitalter*]，答案是：不是，可我们确实生活在一个启蒙时代[*Zeitalter der Aufklärung*]。"[①]伊曼努尔·康德在他的著作《何为启蒙》（*What is Enlightenment?*, 1784）中，对他所处时代正在展现的成就和未实现的希望那难忘的描述可以成为任何一种全球化思考和历史书写的座右铭。"一个已经启蒙了的时代"与"一个启蒙时代"之间的差别使人们想起了"已经全球化了的时代"与"全球化时代"之间的类似差别，由此推知，作为一种进程的全球化与作为一种状态的全球化也有差别。[②]全球化进程将会使得跨越国界的关系变得复杂，会日益渗透之前不染尘嚣的地区，会出现界定一个普世共同体的一套共同关切。全球化状态则将会是一个完全跨国一体化的状态，这种一体化将世界上所有的人都包含在一个渗透着一种共同的全球意识的经济和文化联系的网络当中。要实现这样一种状态，人文科学显然还差得很远：确实，甚至比康德时代的普鲁士与启蒙之间的距离还要远。

---

① Immanuel Kant, 'Beantwortung der Frage: Was ist Aufklärung?'(1784), in Kant (1964), Ⅰ, p. 59; English translation in Kant (1991), p. 58.

② Compare Starobinski (1993), on civilisation as process and condition.

但这并不意味着目前的全球化进程还没有开始；也并未暗示着全球化进程就必定是作为一种状态的全球化实现的前奏。

就跟最乐观的启蒙运动倡导者一样，最富有激情的全球化倡导者假定全球化具有潜在的普遍性和相对的新奇性。随着全球一体化和跨国合作的进程，全球化（名副其实的全球化）将无所不包，并且在空间上大大扩张。任何不完整的全球范围都将只是一种更宽泛的国际主义、跨国主义甚至区域化的一种形式，无论它们在规模上有多大。因为"全球化"（globalise）可以是及物动词，也可以是不及物动词，"可以同时是不可阻挡的物质发展和有意识的人类进程"③，这意味着一个不可避免的目的论和一大堆偶然的意图。可以有意识地引导那些意图来实现全球化状态；然而，就像那些具有恶性冲突性质的愿景那样，在其所滋生的"非社会的社会性"[*ungesellige Geselligkeit*]中，会产生良性的历史发展轨迹。它们产生于康德 1784 年就提出的"世界公民观点之下的普遍历史观念"中。其后果有可能既是无意识的，也可能是人们预料不到的。④这意味着全球化的特点，就跟康德所想象的普遍历史的特性一样，是目的论的：或许不在此时此地，但是场所会越来越多，速度会越来越快。

全球化的特点和启蒙运动的特点一样，源自于未来而非过去。"全球化史观乍一看在措辞上是自相矛盾的。在过去 20 年的大部分时间里，全球化或国际化被描述成一种现在和未来的状态——一种没有过去的现象。"⑤"全球化"这个词（以及它在其他语言中的同类词，比如法语词 *mondialisation*）的相对新奇使我们相信全球化本身肯定也是最近才有的，如果说并非完全崭新的话。（见表 2.1）

34

---

③ Iriye (2002a), p. 8.

④ Kant, 'Idee zu einer Allgemeinen Geschichte in Weltbürgerliche Absicht' (1784), in Kant (1964), Ⅰ, p. 37; English trans. in Kant (1991), p. 44.

⑤ Rothschild (1999), p. 107.

表 2.1 globalisation/globalization 在 1980–2008 年英文著作中的相对频率

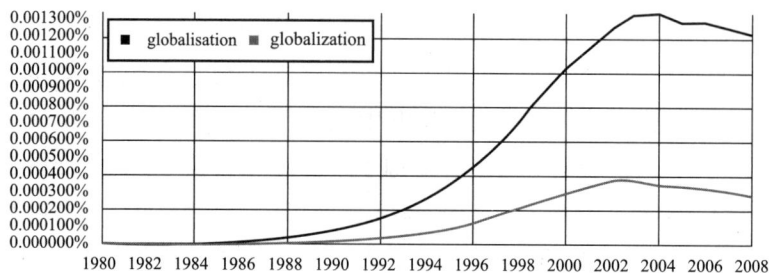

来源：Google Ngram Viewer

一个单纯的唯名论者可能会认为，如果没有"全球化"这个词就
无法确认全球化的存在，不论是其进程还是状态都不可能存在。而
一个更狡黠的唯名论者则会回击说语言是社会变化的一个指标：词汇
的变化和新词的出现是为了描述过去那些难以描述或未被描述过的事
物。不管怎样，20 世纪 80 年代之前"全球化"这个词的缺失表明全
球化只有一代人的历史，无论是作为市场一体化和技术革新的一种进
程，还是作为不断增强的全球性意识本身的一种进程。要将我们所处
的时代称为"一个全球化时代"，就要将其与过去的任何一个时代区
分开来，而这种区分仅以这样的悖论——空间上的无所不包和范围之
广肯定会造成时间上的唯一和集中——为代价。⑥

这种在时间上将全球缩短的做法已经受到历史学家和具有历史
思维的社会科学家的质疑。区分热心支持者的全球化观点的三个
特征——目的论、新奇性、一致性——已经以原因论、系谱、多样性
的形式产生。通过确切地追问语境的特异性和危在旦夕的全球化的特
征和定义的方式，全球化的历史起源研究类似于本土化研究。⑦其研
究结果将全球化的年表推进到更远的过去，超出了活在当下这个全球
化时代的一代人的认知范围。最卓有成效的是，全球化的历史研究将
看似同质的过程分解为一个个各不相同的阶段，它们在时空方面的运

⑥　Mazlish (1993), p. 1.

⑦　就像 Tsing (2000) 的严厉批评那样；F. Cooper (2005), pp. 91–112.

行速度各不相同，而且似乎常常是断断续续的，而非直线性的。

"该全球化年表造成了今天历史上最无果的争论，"费南德兹－亚美斯托（Fernández-Armesto）言辞激烈地写道。[8] 虽然我们可能都认为这是不光彩的，但是全球化历史研究的丰产和进展戳穿了全球化年表争论无果这一断言的谎言：无定论、循环论证且常常是辉格式的，但并不是无果的。相反，关于全球化的史前研究——过去二十年关于全球一体化的起源、前身、类似情况的研究——已经成为近来历史学探究最为活跃的领域之一。费南德兹－亚美斯托戏谑地建议道，我们应该将全球化的前历史推回到前历史本身。"强烈意识的全球化——全球范围的文化的统一性——最后发生于旧石器时代"：随后的整个人类历史都在记录人类与这种原始的统一性的背离。[9] 该论文集引起了其编辑的质疑，并由此提出了一个全球化四阶段理论——"分为原始、雏形、现代和后现代四个阶段"，包含从前工业化时代和前国家时代之前到后工业和后国家时代的各种现象——取代之。[10]

全球化定义的多样性决定了全球化、全球化起源及其运动轨迹的多样性，这些东西都可以在有文字记载之前——即 1980 年以前——的时代找到。例如，如果说全球化意味着"国际商品市场的一体化"由商品价格收敛（commodity price convergence）决定（就像凯文·奥罗克 [Kevin O'Rourke] 和杰弗里·威廉姆森 [Jeffrey Williamson] 书中所说的那样），那么全球化"并不是始于 5000 年前，甚至 500 年前。而是始于 19 世纪初期。从这个意义上说，它是一个非常现代的现象。"[11] 一种更全面的全球化定义可以追溯至 16 世纪一种全球经济的开端，比前一种说法早了 350 年。全球化的起源大概只能发现于新兴的世界经济里的各种联系所产生链接的那个点，尤其是在白银从西班牙的美洲帝国进入中国，由此创造了大西洋世界与亚洲贸易之间的一

36

---

[8] Fernández-Armesto (2002), p. 76.

[9] Fernández-Armesto (2002), p. 76; Chase-Dunn and Hall (2002).

[10] A.G. Hopkins, 'Introduction: Globalization–An Agenda for Historians', in Hopkins (2002), p. 3.

[11] O'Rourke and Williamson (2002), pp. 25, 47; compare Rodrik, Obstfeld, Feenstra and Williamson (1998); O'Rourke and Williamson (2004).

个联系的那个时刻，即，1571 年的马尼拉。⑫ 在此意义上，全球化是一个早期的近代现象。

该系谱的版本有一部著名的历史，可以追溯至马克思和恩格斯对瓦斯科·达·伽马（Vasco da Gama）和克里斯多弗·哥伦布（Christopher Columbus）航海的评价，即，他们两人"为新兴的资产阶级开辟了新天地"，还有亚当·斯密（Adam Smith）明确指出，"美洲的发现和经过好望角至东印度群岛的航道的发现"是"人类历史上所记载的最伟大、最重要的事件"，因为它们标志着全球贸易体系的开端。⑬ 近来的各种全球化历史进一步大大缩短，只有一代人的发展

37 光景，而亚当·斯密和马克思探索的全球化进展约为 500 年。只要人们对全球化的定义性特征还没有达成一致意见——例如商品收敛、洲际贸易联系或一种"世界体系"的出现，那么人们对全球化是否存在一种前历史就不可能达成共识，就更不用说全球化的历史有多悠久了。

如果像大多数全球化定义所同意的那样，全球化（无论如何定义）的事实必定与全球性意识相伴而生，那么这种意识是在什么时候出现的呢？⑭ 它是经济融合的产物还是原因？它是全球性兴起的还是特定地区、特定种族的局部现象？这些问题最有说服力的答案将全球性的意识之起源定位于 18 世纪晚期的欧洲，正如之前引用亚当·斯密和康德的观点所表明的那样。这并不是说此种共时的全球性概念在此之前没有先例。从 16 世纪早期开始，地图绘制者就已经能够窥见（几乎）世界全貌了。⑮ 宇宙学家在 16 世纪晚期就已经能够推测出地球那潜在的人类适居性。⑯ 早在 1685 年，当英国物理学家托马斯·布朗爵士（Sir Thomas Browne）将他在英国的睡觉时间与其他更远时区的人进行比较时，他提出了一个超前的时空压缩猜想："同一时刻，

---

⑫ Flynn and Giráldez (1995); Flynn and Giráldez (2002); Flynn, Giráldez and von Glahn (2003); Flynn and Giráldez (2010).

⑬ Marx and Engels (2002), p. 220; Smith (1976), I, p. 448, II, p. 626.

⑭ Compare Bell (2005).

⑮ Goldstein (1972).

⑯ Headley (2007), pp. 9–62.

美国的猎人起床了，而波斯的猎人才刚睡下。"[17]然而，一个历时的全球性概念是 18 世纪晚期的产物，它所包含的世界历史是空间化的，世界地理则是时间化的。[18]

"自本世纪中叶以来，建立一种崭新的世界历史的呼声日益高涨，从而验证了全球相互依存所引起的经验性变化的深度。"[19]莱因哈特·科泽勒克（Reinhart Koselleck）就是这样推断出世界历史是战后时期的产物的，但是指 1756—1763 年的七年战争，而不是 1939—1945 年的六年战争，因而世界历史是产生于 18 世纪晚期而不是 20世纪晚期。1758 年英国首相纽卡斯尔公爵（Duke of Newcastle）写道："当这个世界的每一地方以这样或那样的方式对我们产生影响时，我们国家的首相们应考虑的是整个地球。"[20]他几乎不知道这种冲突会包含偏远的菲律宾和孟加拉、西非和亚伯拉罕平原这些受到战争威胁的地区。事实在于这有助于激励更广泛的欧洲民众及其出类拔萃的知识分子们——从埃德蒙·柏克和亚当·斯密到阿贝·雷纳尔（abbé Raynal）和康德——从全球的角度去思考历史和从历史的角度去思考全球。苏格兰历史学家威廉·罗伯森的《美洲史》（William Robertson, *History of America*）于 1777 年出版时，柏克给他寄了一封著名的祝贺信，为人类历史上伟大的启蒙运动事业终将有可能出现而感到狂喜："人类的伟大版图即将展开；没有国家和野蛮阶段，而且在我们的观察下只有优化模式。"[21]七年战争后的几十年，包括"第一个全球帝国主义时代"以及这种冰退阶段的历史观，同样是联合的产物，就跟欧洲陆军和海军的洲际遭遇的结果一样。[22]例如，康德（在

38

---

[17] Sir Thomas Browne, *The Garden of Cyrus* (1658), in Browne (1977), p. 387；论述启蒙运动之前的"时空压缩"参阅：Harvey (1990), pp. 240–252.

[18] Tang (2008).

[19] Koselleck (2004), p. 244. Franco Venturi 较早指出七年战争是"整个欧洲的一次危机"——是启蒙运动的世界主义发展的关键，参阅：Venturi (1972), pp. 18–20.

[20] Duke of Newcastle to Earl of Holdernesse, 25 July 1785, BL Add. MS 32882, ff. 65–66, quoted in Middleton (1985), p. 77.

[21] Edmund Burke to William Robertson, 9 June 1777, in Burke (1958-78), III，pp. 350–351; 关于柏克观点背后的"启蒙的叙事"，参阅：O'Brien (1997); Pocock (1999b).

[22] Bayly (1998).

他的《世界公民观点之下的普遍历史观念》一书中）设想在人类各阶段的历史成为一个全球化共同体之前，逐渐废除这种等级化的"野蛮主义"和优化的解释。㉓

全球化的历史表明它一再引发旨在去全球化（de-globalisation）的正反两种反应。这可以在 18 世纪晚期的其他两种全球话语的形成中表现出来，这两种话语阐明了全球化历史范围内的普遍主义的限度——权利的话语与国际法的话语。当然，二者都不是前所未有的：将主观自然权利确认为人类特有的属性至少可以追溯至 17 世纪初期，而后者可追溯到中世纪晚期。㉔ 同样地，要是能在《万民法》或《自然法》中发现国际法的前身，那么国际法可以更进一步追溯至罗马法和斯多葛主义。㉕ 格劳秀斯在 17 世纪初期推广的现代权利理论和自然法理论，就是试图通过引出一种全人类共享的极简主义的核心道德来消除自然法与国际法之间的隔阂，这种道德既为人所普遍理解，又必定是强制性的，即使上帝本身并不存在。㉖ 国际法由此被自然法所同化，因为它似乎为所有理性的人们所普遍遵守，不管他们处于什么样的文明发展阶段——野蛮还是文明，也不考虑他们的宗教信仰。正如孟德斯鸠在《论法的精神》（1748）开头那段时常被引用的文字所提出的那样，"所有的国家都有自己的国际公法，就连那些吞食战俘的易洛魁人也不例外。他们派遣和接受双方使节，他们也谙熟战争与和平时期的权利，遗憾的是，他们的国际公法并非建立在真实的原则之上。"㉗ 1755 年，《百科全书》同样将"国际法"定义为"全人类关于相关事务建立自然理性的法律体系，为所有国家遵守的法律体系"：因此，它同样适用于基督徒和穆斯林、野蛮人和异教徒。㉘

随后的国际法和权利讨论的历史像全球化本身的讨论一样断断续续、可逆转和不规则。于是，18 世纪晚期的普遍主义伴随着一种

㉓ Muthu (2003).

㉔ Tuck (1979); Brett (1997); Tierney (1997).

㉕ Pagden (2000).

㉖ Tuck (1987); Hochstrasser (2000).

㉗ Montesquieu (1989), p. 8.

㉘ *Encyclopédie* (1754–72), v, p. 126, *s. v.*, 'Droit des gens'.

新兴的共识——认为国际法范围所受限制比自然法蕴含的全球范围要小。例如,罗伯特·沃德(Robert Ward)这位第一部英文版国际法历史的作者,于 1795 年论证说:"我们通常所称的国际法,离普遍性还很远;因此,该国际法并不是所有国家的法律,而只是特定阶级的法律;由此或许是一部全球不同地区的不同的万国法。"㉙同样地,詹姆斯·麦金托什爵士(Sir James Mackintosh)1798 年的讲座以自然法和国际法为核心,论述"它们那妄称调节国家间的关系与交往的重要分支,尤其是为了进一步的完善和更直接的使用参考,交往的规则在为文明的基督教国家所用时做了修改"。这显然不是"残忍而又无助的火地岛(*Terra del Fuego*)人⋯⋯温和而又性感的大溪地野蛮人⋯⋯驯服、古老而又不为所动的中国文明人⋯⋯温顺而又奴性的印度人⋯⋯或者粗野而又屡教不改的土耳其人"的法律。㉚

从孟德斯鸠和《百科全书》那里发现的国际法的普遍主义概念到基督教文明法的转变,通常被解释为全球从"纯粹数理合法秩序到国家主宰的合法秩序"这一更大转变时期的殖民主义之产物。㉛东印度群岛的国家和王公们,虽然在 16、17 和 18 世纪时被欧洲国家当作平等的最高统治权代理人,但到 18 世纪晚期和 19 世纪则成为欧洲殖民统治的不平等的主体;在 19 世纪之前,非洲和北非的统治者的财产权和主权也受到尊重,但到 19 时期晚期则成为"非洲争夺战"的受害者,因为"国际法收缩为一个将欧洲国家的想法——包括允许战争以及非军事压迫作为一种主权的特权——强加于欧洲以外的国家的欧洲中心体系"。㉜然而,正如沃德和麦金托什所表明的那样,文明的标准以及确认为基督教国家法律的国际法,最初起源于欧洲内部,而不是非欧洲国家之间的关系当中。㉝

反革命活动,而不是殖民主义,是这一国际法概念的背景。沃德

㉙ R. Ward (1795), I, p. xiv.

㉚ J. Machintosh (1799), p. 25; Pitts (2012).

㉛ Benton (2002), p. 28.

㉜ Alexandrowicz (1967), p. 235; Alexandrowicz (1973), p. 6.

㉝ Gong (1984); Kayaoğlu (2010).

在山岳派狂热反对督政府（French Directory）的顶峰时期开始编写国
际法的历史。尽管他指出，到 1795 年他这本书出版时为止，"法国这
个国家的行为此时已有所改变"，但他还是一再谴责任何撤销基督教
共识的企图：任何一个这么做的国家"可能的确都会设想本国的行为
是合法的，根据自己国家的法律……法国政府一直就是这样做的"。㉞
同样地，麦金托什在他论述自然法和国际法的讲座中，也一直强烈批
判自己早年对法国大革命的热忱："现代哲学、堡垒的外护墙、防御
工事、要塞以及所有的一切，不费一兵一卒就沦陷了……法国大革命
的火山所喷发的烈焰熄灭了，就像稻草烧起来的篝火一样……破坏惊
人，荒芜一片。"㉟ 在一个道德世俗化明显的时代，反革命狂热需要探
求国际职责的崭新基础。呼吁基督教文明，以及国际法的日益缩小，
都表示这是"我们自己圈子里的国家，即，欧洲圈子里的国家"的法
41　律，都起源于对危机四伏的正统的一种捍卫，因为面对的是无神论
的法国共和主义及其后对统一的基督教国家那一体化的信条的怀旧
之情。㊱

　　因此，国际法的现代概念起源于 18 世纪 90 年代反革命与反启
蒙运动的激情。这反过来也加固了更为著名的欧洲"国家体系"的
解释，这些解释的"最初目的是使法国大革命蒙上污名，尤其是拿
破仑帝国体系，就欧洲公共法律和秩序的'传统'原则而言是不合
法的"。㊲ 这一时期也见证了埃德蒙·柏克将术语"外交"（diplomatic）
和"外交手段"（diplomacy）引入到英语里，第一次（1787）是作
为从法语引入的一个外来语，第二次（1797）是用在他的《弑君和
平书》（Letters on a Regicide Peace）中，以描述国际谈判行为。㊳ 法
国大革命的普遍性和拿破仑对整个欧洲君主政体的自命不凡并没有威
胁到欧洲的国家体系，但是却消解了国内与国际事务之间的区别。作

㉞　Phipps (1850), Ⅰ, p. 15; R.Ward (1795), Ⅱ, pp. 237–238.

㉟　Hazlitt (1825), pp. 215, 216; Haakonssen (1996), pp. 278–280.

㊱　R.Ward (1795), Ⅱ, p. 161; 更为普遍的，参阅：Pitts (2007).

㊲　Keene (2002), p. 16.

㊳　Roberts (2009), p. 5; OED, s.vv. 'diplomacy', 'diplomatic'.

为最具影响力的国家体系的反革命学者，阿诺德·黑伦（Arnold H. L. Heeren）指出，"各家的外交关系产生于本国的内部关系，这是这个时代的特性。"[39]后来对欧洲国家体系的所有阐释都源自于阿诺德以及跟他几乎同时代的阿尔萨斯学者克里斯托夫·威廉·科赫（Christoph Wilhelm Koch），由此为现代国际关系理论提供了一种潜在的反革命系谱。[40]直到 20 世纪 60 年代和去殖民化时代之前，这一系谱对于现代国际法的概念而言都起着基础性的作用。直至，一种有意识的反现代——甚至是后现代——国际法概念的兴起，才最终驱除它那隐藏的反革命遗产之残余。[41]

　　反革命的那个时刻已经为作为一种特定的基督教文明的法律的国际法概念奠定了基础，而不是为作为新兴的国际社会的诸多准则的国际法概念奠定了基础。19 世纪时国际法延伸至非基督教国家，比如中国、日本和奥斯曼帝国[42]，但仅仅是借助于积极的协议（比如条约、交易契约、协定以及其他的治外法权），而不是因为国际法自身的普遍性或它的自然法和自然理性的起源。随之而来的文明标准在 19 世纪实证主义者的国际法概念中变得神圣不可侵犯，之后以类似于将美国法学家亨利·惠顿的《万国公法》（*Elements of International Law*, 1836）翻译为中文的方式在世界范围内传播。[43]直到 19 世纪 60 年代和去殖民化时代以前，这一标准都是现代国际法概念的核心。因此，也就不会讶异于人权因帝国主义而被诅咒，或者公共的国际法本身被谴责为"欧洲中心的"，只有自我调节的、利己主义的"文明"的产物，但也不会因此就被当作国际准则唯一的合法来源。[44]抵制人权演讲因此经常表现为反西方优越论、反帝国主义或反美国主义的形式。其传播和渗透或许是"近来新事物——工业化、城市化、交通和信息革命——的产物，这些新事物随处可复制，即使并没有立刻在各地

42

㊴　Heeren (1857), p. 332.

㊵　Marino (1998), pp. 260–265; Keene (2002), pp. 21–26 .

㊶　Koskenniemi (2002), pp. 511–517.

㊷　Kayaoğlu (2010).

㊸　Janis (2010), pp. 49–69; Liu (1999a), pp. 127–128, 136–142, 155–159.

㊹　Onuma (2000); Pagden (2003).

发生"。^⑤没有即刻就发生的这一事实并不保证一定或绝对会发生，正如全球化那各种各样有争议的历史屡次证实的那样。

合法的话语这个例子尤其能揭示这一点，因为它源于"国际的"（international）这一术语出现的话语，而且也源于"跨国的"（transnational）当代概念兴起的话语。"反之，'国际的'意味着国家间的关系，'跨国的'则表明各种类型的跨越国家边界的诸多合作。"^⑥跟所有此类的艺术术语一样，"国际的"和"跨国的"这两个概念取决于能够为它们提供分析的精确度和实用性的更广泛、更复杂的理论。这样的概念可以从最初建立的这些概念的理论中移植，但不可能完全避开这些起源。

在我们过去描述一种历史形式、一套政治关系或人际关系的形式的时候，"国际的"这个词作为一种转移修饰（transferred epithet）而发挥作用。它从法学转移至史学、外交学和政治学。"国际的"是杰里米·边沁引入以阐明（尽管常常晦涩不已）蒙昧的同辈人的那些概念词汇，诸如"最大"、"最小"、"恐怖分子"和"法律编纂"等的创新词之一。^⑦根据边沁写于 1780 年，首次出版于 1789 年的著作所述，"国际法"代表的是"法学的主张"，即，其主体"就其本身而言是主权国家相互间的事务"，而不是从属于"内部的"国内法的个体活动。^⑧因此，它关注的是国家间的关系，是以它们的集体和外部名义进行的，而不是关注相互间的个人或政府的社会地位。人是法律的主体，而不是法律的对象。国际法没有探讨的"各国"的事务，在某种意义上说今天都是普遍可以理解的，即，从文化、民族或者历史的角度去定义人与人之间的关系。作为"主权国家相互间的事务"，国际法可以更准确地定义为"国家间"的法律。在此意义上，它在概念上保持了更早时期的连续性方面也许不是那么成功，但却试图将国际法（*jus gentium*, *droit des gens* 或者 *Völkerrecht*）重新定义为国家

㊺　Franck (2001), p. 198.

㊻　Iriye (2002b), p. 51.

㊼　Mack (1963), pp. 191–195.

㊽　Bentham (1996), pp. 6, 296.

间的法律,称为万民法(*jus gentium interse*,如西班牙的耶稣会士弗朗西斯科·苏阿瑞兹[Francisco Suárez]17世纪早期所称),国际法(*jus inter gentes*,如17世纪中叶英国法学家理查德·苏支更系统地分析过),或称为人们之间的权利(*droit entre gens*,如法国大臣阿格索[D'Aguseeeau]早于边沁50年就使用的说法)。⑩这样的法律形式并没有为作为理性生物的人类所共享,因此不被认为与自然法是同源的;相反,它们由大量新奇而又日益重要的规则、习俗和惯例构成,这些规则、习俗和惯例需要18世纪的一个新名词来代表它们,并将它们与其他的法律形式和人们之间其他的合作类型区分开(见表2.2)。

表 2.2 1900–2008 年英语作品中"全球的"(global)、

"国际的"(international)、"跨国的"(transnational)的相关使用频率

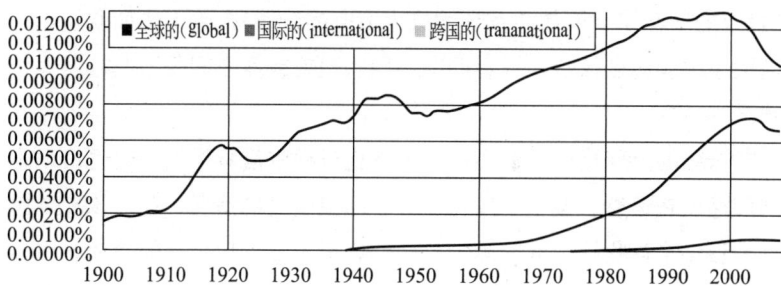

来源:Google Ngram Viewe

规则(regulation)与合作(interaction)的形式的延伸超过了主权国家的行为独自能够包含的范围,这就要求法律词汇能进一步扩展以命名"跨国的法律"(transnational law)。1956年,哥伦比亚大学 44 法学教授菲利普·杰赛普(Philip Jessup)提出要用该词来"囊括一切规范超越国家边界的行为或事件的法律。国际公法和国际私法都包括在内,其他并不完全符合这种标准范畴的规则也如此"。⑩杰赛普承

---

⑩ Suárez (1612), Ⅱ, c. 19, n. 8; Zouche (1650), p. 1; D'Aguesseau (1771), Ⅱ, p. 337, cited Bentham (1996), p. 296 n. x.

⑩ Jessup (1956), pp. 1–2.

认这个语词并不是他创造的，尽管他可能是赋予它持续生命力的第一人，作为一个概念，它显然出现在第二次世界大战后，在联合国建立、《世界人权宣言》颁布之后的十年里。该语词似乎最早使用于语言学语境，1862 年莱比锡语言学家古尔·替乌斯（Georg Curtius）用它来描述国家之外的语言延伸。1916 年，美国政治随笔作家兰道夫·伯尔那（Randolph Bourne）曾提心吊胆地用几乎是黑格尔式的语言将美国那卓越的多民族主义称赞成"所有民族的跨民族性"。1921 年，尽管英国记者诺曼·安吉尔屡次将"跨国的"这一术语运用于欧洲战后的经济状况，但仅仅在过去的半个世纪里，"跨国的"作为一个艺术术语似乎才得以跨越社会科学，然后扎根于人文科学。[51]同时，这份法律地图渐渐地不只是包括国际的和跨国的法律，以及国内的、私人的或市政的法律，而且还包括"超国家的"、"全球的"或"世界的"法律（例如涉及环境或外太空的法律），除了诸如欧盟这种超国家组织的区域法，或者调节不同宗教或族裔之间关系的社区间法律之外。[52]

法律的全球化已经在经济的全球化过程中沿着不同的轨道、以不同的速度在运行。鉴于全球化历史中断层明显的情况，这应该无须感到惊讶。全球化跟之前的国际化一样，都不是一项单一的事业；可以辨别出通向全球化的多条路径，正如抵制全球化的多种运动已经出现的那般。例如，19 世纪初期的大宗商品价格收敛，虽然在该世纪后期与自由贸易的思潮、关税壁垒的降低，以及随之而来的资本和劳动力的自由流动结合在一起，但到 20 世纪 30 年代为止，还是可以看到作为"全球化的一种强烈抵制"（以关税改革、中央银行和移民管制的形式）已经走到了尽头，"自 19 世纪最后三四十年以来就一直逐步发展的抵制全球化活动……将全球主义等同于变化和罪恶，认为道德的再生需要各民族的文化"[53]。以全球化的经济形式来实现这样一种全球情形的过程是短暂的，而且为了以后的全球化时代，它的那些先决

---

[51]　Bourne (1916); Angell (1921), pp. 14, 63, 300; Saunier (2009).

[52]　Head (1994); Delbrück (1993); Twining (2000), pp. 139–140.

[53]　James (2001), pp. 200–201.

条件必须重新建构。

即使经济一体化自 15 世纪初期或 19 世纪初期就已顺利实现，但并未伴随着无摩擦的全球一体化，即法律制度、文化规范或宗教信仰的一体化。更大的经济融合无疑与文化交流的关系相辅相成，但那并不意味着便捷导向的规则趋同会少于有竞争导向的普遍主义的冲突——比如，就像 1793 年马戛尔尼使团在北京与清帝的激烈交锋那样，是英国乔治三世帝国的商业和外交野心与乾隆朝的盲目自信的对抗。^⑤ 由于这样一种无从比较的普遍主义不可能被合并或交涉，从而导致经济全球化———无可争议或不可避免地——成为今天唯一的选择。

不存在单一普遍的全球化进程，人类互动的一切形式在这个进程中步调一致地通向一种不可阻挡的全球化情形。全球化的历史多种多样，其史前史也同样众说纷纭。寻求一部单一的全球化的史前史是荒谬的，不仅因为全球化有多条路径，而且还因为这些路径是完整的。这使得书写全球化的历史更加困难，但是只要我们记得这个过程可以被停止或逆转，就不应该宣告书写是不可能的事。生活在一个全球化的时代里，与生活在一个已经全球化的时代里并不是一回事：毕竟，全球化的进程之前就出现过，例如，15 世纪晚期、18 世纪晚期以及 19 世纪中叶，但三者之中并没有哪个时代产生了一种持续性的全球化情形。因此，历史学家对全球化研究的贡献将提醒我们：我们可能仅仅生活在与全球化多样而又不连贯的史前史距离最近（只是可能但不是最后）的阶段。

---

⑤ Hevia (1995).

第三章 大象与鲸鱼：世界历史上的帝国与海洋

　　帝国史和海洋史已成为近年来最具活力和富有创意的历史编纂之一。从表面上看来，帝国史和海洋史有许多共同点。它们都是跨时间的，因为它们并未试图探究任何一个具体的时期，而是竭力追求浩瀚的时间洪流。它们也都是跨国的，因为它们并未局限于民族国家，而是旨在追踪广袤无垠的空间。它们都并未局限于只研究欧洲，或者说甚至局限于研究欧洲人在欧洲范围之外的世界从事活动的那个时期。事实上，最近一些最有挑战性的海洋史是由前古代和古代历史学家书写的。例如：派瑞格林·霍登（Peregrine Horden）和尼古拉斯·普赛尔（Nicholas Purcell）那包罗万象的前现代地中海研究：《败坏之海：地中海历史研究》（*The Corrupting Sea: A Study of Mediterranean History*, 2000），或者巴里·坎利夫（Barry Cunliffe）那极其全面的研究：《面向海洋：大西洋和它的人民（公元前 8000 年至公元 1500 年）》（*Facing the Ocean: The Atlantic and its Peoples, 8000 BC-AD 1500*, 2001）。[①]同样地，帝国研究也已成为与历史学一样的考古学范畴，它从美索不达米亚地区最早的人类社会延伸至当今，并且在同一个地区

---

① Horden and Purcell (2000); Cunliffe (2001); Harris (2004).

还延伸至同时代大国们的准帝国冒险事业。[2]

　　帝国史和海洋史既交叉又重叠，但却大相径庭。帝国史研究复杂的、常常是多民族的国家组织，统治精英在其中掌控着领土、人口和资源。[3]相比之下，海洋史探究处在控制和计算据点之外的那些联系和交往活动，并且通常超出由特定民族国家史所设定的限制。[4]各帝国的竞争塑造了地中海、大西洋、太平洋和印度洋的历史，但其他力量如贸易、航海和气候也参与其中。海洋是帝国活动的重要战场，但不是唯一的竞技场。甚至像荷兰和英国这样的海洋帝国，在它们变得具有海洋野心之前，都是地方实体，但跟它们的舰队和移民们所到达的地理范围比起来，帝国的领土核心是很小的。尽管各个帝国经历了兴衰成败，但是海洋流域极大地改变了横渡者的观念，并对其充满了想象。[5]而且，各个帝国已经想方设法从被移动中的边疆所包围的统治核心向外拓展。相比之下，各个海洋竞技场大体上已经是多中心的了，在没有推进帝国边境地区的情况下，呈现出一种居民冲突与融合的区域多样性。

47

　　海洋和帝国的历史或许不仅已变成新的时尚，而且还有冗长的系谱。它们取决于陆地帝国和海洋帝国之间那古老而又强烈的对抗，其根源可以从犹太人与希腊人，还有罗马人与非罗马人的传统中找到。为了阐明这一对抗，我在这里采用了《圣经》里的大象和鲸鱼的形象，并把它当作我的文本来详细说明《约伯记》的第40章和第41章。在这些章节中，以色列人的上帝斥责放肆的约伯，使他想起上帝那两个最令人害怕和给人印象深刻的创造物："你且观看那巨兽（龙）。我造你也造它。"上帝指示："它吃草与牛一样……它摇动尾巴如香柏树……它的骨头好像铜管，它的肢体仿佛铁棍。"然后，他问颤抖着的约伯："你能用鱼钩钓上海怪吗？……你能用倒钩枪扎满它的皮吗？或者用鱼叉叉满它的头吗？……在地上没有像它造的那样，无所

---

②　例如：Alcock, D'Altroy, Morrison and Sinopoli (2001); Morris and Scheidel (2009).

③　C. Maier (2006); Cooper and Burbank (2010).

④　Games, Horden, Purcell, Matsuda and Wigen (2006).

⑤　Steinberg (2001); Klein and Mackenthun (2004); Benton (2010).

惧怕"（Job 40：15,17-18；41：1,7,33）。

巨兽（behemoth）和海怪（leviathan）分别是陆地和海洋中最庞大的野兽，在《圣经》注释中有时被认为是公牛和鳄鱼，但大多数情况下指的是大象和鲸鱼。这两个庞然大物，一个统领陆地，另一个则统领海洋，后来演变为控制陆地和称霸海洋的隐喻。因此，托马斯·霍布斯选择海怪作为领土式国家那至高无上的权力的形象，在某种意义上来说具有讽刺意味。⑥ 按照惯例，拿破仑·波拿巴（Napoleon Bonaparte）将英国和法国比作这两只怪物，法国这只大象是欧洲最庞大的陆地强国，而英国这头鲸鱼则是欧洲——不久即为世界——最庞大的海洋强国。⑦

48

就跟大象和鲸鱼一样，认真思考就会觉得帝国史和海洋史都规模宏大且令人畏惧。就这一点而言，它们共同拥有的最重要特征是它们探究的范围。帝国史研究的是人类为自己创建的最庞大、最具变数、最范围广泛的政治共同体：帝国。海洋史研究的同样是人类处理他们事务的最广阔、最具流动性、最包罗万象的场所：海洋。然而，如果说它们的范围让人头晕目眩，那么它们现在也一样受欢迎，甚至极为重要，作为人类历史的研究单元。

对于地球上绝大部分地区的许多历史而言，大多数人所生活的政治共同体迥异于今天看起来对于我们而言是普遍的和必然的政治共同体。一个多国世界的创建在很大程度上是最近两个世纪，尤其是最近五十年的结果。⑧ 这结合了两大进程：基于次要的政治或者领土而发生的各国之联合，以及帝国解体为各个国家。这两个进程的结合解释了自从中世纪晚期以来，可以观察到的国家组织在数量上显著的收缩和扩张模式。在世界的不同区域可以分辨出文化整合和政治集权化的一个长期模式。例如，在东南亚，"从 1340 年到 1820 年，有 23 个独

---

⑥　Hobbes (1651)；与 Hobbes (1679) 比较；Schmitt (1996); Malcolm (2007a).

⑦　Tombs and Tombs (2006), pp. 253–265.

⑧　Frederick Cooper, 'States, Empires, and Politiacal Imagination', in Cooper (2005), p. 190; Strang (1991); Armitage (2007a), pp. 103–107, 137–138.

立的王国崩塌，仅剩下 3 个"。⑨ 类似的模式在欧洲也是显而易见的。在 14 世纪大约有 1000 个独立的政治单元，可是到 16 世纪初期就减少到不足 500 个，然后到法国大革命前夕约为 350 个，且包括神圣罗马帝国的那些小型公国。⑩

1900 年，欧洲最多有 25 个民族国家。1945 年，来自世界各地的 50 个国家聚集在旧金山会议，准备建立联合国。从 1950 年到 1993 年，100 多个崭新的国家通过分裂、非殖民地化和解体的方式而得以创建。到 2012 年为止，193 个国家（连同科索沃和梵蒂冈等）拥有除南极洲之外的地球陆地表面管辖权。南极洲这个唯一的例外是由多个国家造成的。⑪ 至少潜在的一点，国家也拥有管辖这个星球上每个居民的权力：要成为一位无国籍人士，现在就要绕开一个不友好的世界，去寻求一个国家的保护。

在多国世界兴起之前，是一个帝国世界，且已经存在很长时间了。帝国是按照等级组织而构成的政治和经济干预结构。独立的国家地位意味着在内部事务中不存在外部干涉，而且与其他国家的关系在形式上也是平等的。⑫ 从正式意义上说，国家代表着一种对帝国处境的逃避。然而，没有几个国家能甩掉帝国的一些特征；由于结构之缘故，国家与帝国之间常常具有连续性，要么是它们的先辈，要么是它们的遗产。民族史常常忽视或故意抑制国家与帝国之间的这些连续性。跨国史学编纂是反抗以民族和国家为核心的传统史学所强加的诸多限制的产物。

帝国史学受到了后殖民论述的极大鼓舞，也受到了当前更多辩论——21 世纪初期的美国外交政策是否宣告了一个跨越全球的新帝国冒险事业之复兴——的极大鼓舞。而且，对全球化及其前情所产生的历史兴趣的迅速增长，也刺激了海洋史和海事史的研究。⑬ 这是

49

---

⑨　V. Lieberman (2003), p. 2.

⑩　Greengrass (1991), pp. 1–2.

⑪　Agamben (2005).

⑫　Keene (2002), pp. 5–6, 97, 143–144.

⑬　Hopkins (2002); Hopkins (2006).

一套强调交换与互换、流动与流通——无论是货物、资金、人口还是思想观念——的过程，而不是与领土式国家的经典概念相关的稳固性与局限性。仅举一例：大西洋的历史在这些术语中被权威地定义为"共同体的创造、毁灭和再创造是横渡大西洋的结果，也是大西洋盆地四周的人们、商品、文化实践和思想观念迁移"的结果。[⑭]

50　　这些对帝国遗产和全球化影响的当代关切，类似于大陆帝国与海洋帝国之间那持久的对抗。这种对抗在西方历史编纂和政治思想中是最基本，同时也是最少得到研究的主题，至少从公元前 5 世纪的希罗多德到公元 20 世纪中叶的卡尔·施密特，均如此。确实，施密特似乎是唯一全面考察过大陆帝国与海洋帝国之间的关系的学者，最初是在他写给孩子们看的现代世界简史——《陆地与海洋》（*Land and Sea*）（1943）——中，然后是在他的现代史权威研究——《大地之法》（*The Nomos of the Earth*）（1950）——中，他指出："世界史是海洋强国反对大陆强国，以及大陆强国反对海洋强国而引起的战争之史。"[⑮]

　　论证大陆强国与海洋强国、巨兽与海怪、大象与鲸鱼之间的对抗，可能要比施密特走得更远，这无论是从时间顺序，还是从本体论角度看，对于西方的历史编纂而言都是根本性的。确实，可以在希罗多德、修昔底德、色诺芬和后来的波利比奥斯的著作中看到这种对抗与历史思考本身同时发生，在他们的著作中，它与"东方"（亚洲）与"西方"（欧洲）之间的基本对抗有关[⑯]，也与专制（与君主专政相联系）与自由（民主政体就是典范）之间的对抗轴有关。这种对抗成为波斯大陆帝国与雅典海上帝国之间的争夺的标记，由于此类帝国外形的持久重要性。在这一分类法中，对于后来的皇权过渡（*translatio imperii*）的观察者而言，雅典自身排列在一系列海上强国的末端，正

---

⑭　Elliott (2009), p. 259; Abulafia (2004), pp. 65, 75–76, 91–2，正确地指出沙漠（例如撒哈拉和戈壁）和湖泊（例如维多利亚）都可以成为这种流通史学的场所，同时还有海洋。

⑮　Schmitt (1942); Schmitt (2003), p. 5, (quoted); Connery (2001); Derman (2011).

⑯　对古典世界东 / 西方区别重要性的论述，尤其要参见 Bowersock (2004)；一般更多参阅：Pagden (2008).

如它将位居这一系列帝国之首一样。[17]

雅典海军的胜利——最为著名的是在萨拉米斯战役中战胜波斯——助长了雅典作为一个明确的海上民主国家的神话，其战舰不仅保卫雅典人的自由（*eleutheria*），而且它们本身已成为自由的雅典人和由于参战而被承诺给予自由的奴隶们的一所"民主制度学校"。[18]雅典人将民主的价值观和制度装在船只里输出到爱琴海群岛，但是在陆地上仍然很脆弱，就像其他后来的海洋帝国那样，比如威尼斯。公元前 5 世纪的《雅典宪法》——以前被认为出自色诺芬之手，但是现在被认为是亚里士多德之作——论述道：

> 雅典称雄于海上，但就像阿提卡雄踞陆地那般，当其远征时　51就可能遭到敌人的蹂躏……但如果雅典人居住一个海岛上，并且也称雄海上，他们就有能力去伤害他国，而不会有一个国家可以伤害到他们，只要他们一直是海上的主人。

将近两千年后，孟德斯鸠在《论法的精神》（1748）中引用这一段来注解古代与近代海上帝国之间的连续性："你可以说色诺芬打算提及英国。"孟德斯鸠由于注意到雅典"更关注扩张它的海上帝国"，特别是其商业扩张，因而也指出了一个主要的断裂。[19]然而，正是由于陆地上的雅典容易遭到攻击这个特性，雅典才会被描绘为仁慈的海上贸易帝国，与罗马那侵略性的领土帝国（territorial *imperium*）形成对照。作为孟德斯鸠思想的继承者，神父雷纳尔（Raynal）解释说，罗马跟雅典不一样，它"推动不同国家之间的交往，不是通过商业纽带的连接，

---

[17]　Horden and Purcell (2000), p. 24; Compare Momigliano (1944); C.G.Starr (1978). 乔纳森·斯科特 (Jonathan Scort) 最近称这一话语为"海上东方主义"（maritime orientalism）：Scott (2010); Scott (2011), pp. 44–48, 154–155.

[18]　Strauss (1996); P. Hunt (2006), pp. 26, 30, 33.

[19]　Old Oligarch (2008), p. 48 (2. 13-14); Montesquieu (1989), pp. 362–363 (21.7)。对于 18 世纪这种伪色诺芬思想风格更广泛的背景，参阅：Ahn (2008); Liddel (2008); Ahn (2011).

而是强迫它们套上附属国的枷锁"⑳。按照这一分类,罗马较早时期的对手是雅典,正如为了争夺地中海世界的统治权此后它的直接竞争对手将是迦太基这个海上帝国那般。㉑

这些对抗——波斯(或者斯巴达)与雅典、雅典与罗马、罗马与迦太基——都在近代初期和现代经受了欧洲的几次帝国转变。这些转变为已经开始成为历史编纂对象的这些对抗增添了强势的道德和政治评估,而这一点后来被一些历史上的事例和自我维持的神话强化了。此后的欧洲的帝国概念将从通过这些分类法而被传播的正面形象那里汲取力量,也将把它们的消极面作为战争时期的意识形态武器使用,比如,在 17 世纪的英荷战争、西班牙王位继承战争和七年战争期间,法国和英国都公开地利用罗马和迦太基的隐喻来推进他们各自的统治主张。㉒ 对此,英国政治经济学家查尔斯·戴维南特(Charles Davenant)于 1700 年著书反抗路易十四对大陆君主国的侵害,其中不仅提到雅典人的海上帝国——"他们的海军确实是他们强大的理由"—— 来支持英国海军的霸权,而且还警告他的同胞们,仅凭海上霸权并不足以确保在其他方面占有优势:"不管什么样的民族统领大陆,它迟早都会统领海洋,而他们作为海上最强大的民族,将会从事贸易。"㉓

戴维南特在这里用现代商业的国家理性的政治语言表述。该话语基本上重新定义了"帝国"这一术语的确切含义,尽管它来源于古罗马。到尤里乌斯·恺撒和奥古斯都时代,原来作为执法官使用的司法语言的帝国(imperium)概念已经变为指代侵略得来的领土,而被当权者使用的抽象概念的帝国则变得与地方官和将军相分离,并被应用于整个罗马统治的地区——罗马帝国。㉔尽管帝国作为权威或者主权这一抽象语言将理所当然地持续下去,但是罗马的词汇遗产会根深蒂

---

⑳ Raynal (1777), I, p. 7.
㉑ Winterer (2010).
㉒ Dziembowski (1998), p. 365.
㉓ Davenant (1700), p. 287.
㉔ Lintott (1981); Richardson (2008).

固地与权力联系在一起，以排斥其他国家的词汇。于是，帝国逐渐意味着对地域的控制，对"毗邻的政治空间"施予海怪般的权力恐吓，并且"警告人们离开此地"。㉕

由于这种空间都集中于陆地，并且由排外来定义，因此领土帝国是领土国家的直系祖先，有边界的、排外的、从空间上限制的政治共同体都是我们今天所认可的现代世界的主要政治单元。1415 年之后，这些领土化的政体逐渐加入了葡萄牙、荷兰和英帝国的舰队、堡垒和工厂，还有西班牙君主国这个海洋彼岸的帝国。这些近代——意指后中世纪——帝国意识形态的正当理由加剧了大陆帝国（以罗马为模型）与海上帝国之间那较为古老的差异，还有它们的海事基础与渐增的商业基础之间的差异。然而，对于陆地所拥有的主权和财产权之正当理由的论证，不可能轻而易举地就转移到不一样的海洋环境中去。

在近代欧洲，被那些领土论者常常引用的有限章句，出自格劳秀斯的《海洋自由论》（*Mare Liberum*，1609），他在该书中确定陆地和海洋是不可比较的，至少就土地所有权（*dominium*）和统治权（*imperium*）的传统正当理由而言是不可比较的。因为海洋是流动的，不像陆地那样是固定的。在可辨认的边界内是不明确的、没有约束的，不像陆地，它的边界从理论上说可以稳固地镌刻于地球上。海洋 53 也是用之不竭的，在某种程度上说海洋资源（比如鱼类）也如此，而陆地则不是这样。最后一点，海洋的流动性、多变性和可塑性的缺乏都意味着它不可能因人类劳动而改变，这跟土壤不一样。基于以上理由，没有一个大国能够宣称它可以独霸海洋。相反，用 17 世纪约翰·洛克的话来说，"海洋"是"巨大的、尚存的人类公共用地"。㉖跨越地域边界的一切活动日益受到限制，无论是人还是物品，均如此；相比之下，格劳秀斯从海洋及其交易活动的本质来论证跨越这个巨大的公共用地的旅行和商业应该是自由的、不受干扰的。它应该对全体人类开放，让人们不仅得以维持生计，而且通过相互之间的交流

㉕ C. Maier (2000), p. 808; *OED, s. v.* 'territory'; Baldwin (1992), pp. 209–210.

㉖ Grotius (2004); Locke (1988), p. 289; (*2nd Treatise*, §30).

和交换而实现人类互动的天然（甚至是上帝赋予的）欲望。

格劳秀斯反对将海洋排除在外，认为海洋是海上帝国荷兰和葡萄牙竞争的产物。[27]商业的兴起也标志着海洋成为 17 世纪欧洲大陆君主政体的一个根本统治工具，当这些国家将它们的扩张活动推进到欧洲外部世界时。国家商业理由甚至给大陆帝国与海洋帝国之间的对立增添了另外一个维度：一方面是一幅自由流动和不受约束的贸易"通过快乐的航行艺术和飞驰般的桥梁沟通，在两个半球之间确立（雷纳尔的妙语）"的景象[28]；另一方面，在某种程度上讲，这两种确保海上统治的方式，对于企图得到近代大陆普遍君主政体的弱肉强食的统治者们而言，简直就是一个噩梦。

如果在这个语境内去理解，即使是相对良性的海洋扩张意图都会变得邪恶，就像普鲁士自然法理论家塞缪尔·普芬道夫（Samuel Pufendorf）在 17 世纪 70 年代时从多半是内陆君主政体的角度——对欧洲以外的地方几乎没有什么野心——所书写的那样，他说：

> 在海上，我们通过运输的方式将我们的帝国延伸得（比在陆地上）更远，如今已达到最佳状态；（海洋）不仅可用于运输载货，而且同样可以运载马尔斯战神（Mars）穿越尼泊尔帝国，其排兵列阵比他在大陆时的表现更令人惊骇。[29]

然而，对于像英国这样的海洋强国，普芬道夫所描述的这种结合似乎更有可能被看作良性的，而非具有威胁性的。几乎在同一时刻，爱尔兰政治经济学家威廉·配第爵士（Sir William Petty）在一位荷兰海军设计师的帮助下回顾了雅典海上帝国，继而给予了海军技术的地位以更加肯定的评价："就像亚里士多德所说的那样，帝国和自由的渴望

27 Van Ittersum (2006); van Ittersum (2010); Borschberg (2011).

28 Raynal (1777), p. 473.

29 Pufendorf (1729), p. 380（Ⅳ. Ⅴ）.

（Desire Empire & Liberty）推动了造船技术。"[30]

　　普芬道夫和配第都在英法之间为争夺帝国统治而发动的一场具有重大意义的战争前夕写到，这种战争先扩大到欧洲范围之内，然后扩大到欧洲之外的世界。"第二次百年战争"（1688—1815）将给大陆帝国与海上帝国之间那可估量的区别增加了更强烈的意识形态紧迫感。在这场旷日持久的战争过程中，尤其是在英国那自我确证的海军至上意识形态的语境中，商业将与征服对立，海军的优势与来自陆军的危险相抗衡，并且正当陆军作为专制主义的代理人而不被信任的时候，海军却被神话为自由的矢量。这种意识形态对于英帝国这一概念而言将是根本性的，作为一个非领土的、商业的海洋帝国，由船只而不是军队守护，主要从事商业而非征服，其赞歌将会是："统治吧！不列颠尼亚！"[31]

　　英国自我形象的诸多限制在七年战争期间及其后变得非常清楚。英吉利海峡两岸的鼓吹者们已经将英法之间的冲突描述成一场新迦太基与新罗马之间的斗争。"提尔人和迦太基人在商业事务中的不宽容加速了它们的毁灭，"法国批评家埃利·福勒雷（Élie Fréron）在这场战争初期写道，"英国应该担心同样的命运，尽管欧洲为同样的原则、同样的观点和同样的缺陷而指责它们。"[32]法国战败证明了这样的预言是不成立的，但是英国在北美和南亚的领土征服，以及接踵而至的横贯全球的帝国边疆军事化，使英国在承担一个大陆帝国全部责任的同时，竭力维持着不稳定的海上统治。此刻，"语言和词汇开始变化，因为那些与奠基于自由的海洋统治有关联的语言和词汇似乎不再合适了"[33]。

　　在七年战争结束与拿破仑战败之间的这段时期，将会成为帝国历史编纂学和重新关注海军在历史上的重要性的全盛时期。那个时期　55

---

[30]　BL Add. MS 72854, f. 106v, quoting Witsen (1671), sig. *3r; McCormick (2009), pp. 268–270.

[31]　Armitage (2000), pp. 142–145, 170–174.

[32]　Élie Fréron, cit. David A.Bell (2001), p. 103.

[33]　P. J. Marshall (1998), p. 10.

最伟大的两部帝国历史——从雷纳尔的《印度群岛史》(*Histoire des Deux Indes*) 到爱德华·吉本的《罗马帝国衰亡史》(*Decline and Fall of the Roman Empire*)——是当前关切最显著的典范。[34] 吉本的著作是他那个时代最伟大的大陆帝国史,而雷纳尔的著作(各种修订版本)给我们提供了第一部商业全球化的历史,以雅典的制海权为开端,接着描写了其后继者腓尼基人、迦太基人、诺曼底人和阿拉伯人至今的制海权,阐明这一切都源于商业作为一种国家理性的崛起而导致的巨大变革之结果。"自这一变革以来就是如此,"雷纳尔陈述道,"可以说是陆地屈服于海洋,最重要的一些事件已经由海洋所决定。"[35] 亚当·斯密在他的《国富论》(*Wealth of Nations*) 中也分享了这一观点,认为一切最持久的商业历史都是在七年战争的长期阴影下孕育而生的。[36] 与雷纳尔及其合作者一样,斯密认识到国家间剧烈的市场和商品竞争产生了一个通过大洋间的交往而得到整合的单一的全球经济体系,但却受到了目光短浅的一些公司和渴望占有土地的一些国家的帝国野心的威胁。

根据卡尔·施密特对第二次世界大战的直接后果的书写来看,英国这头"鲸鱼"在 1815 年战胜法国这头"大象"的事实,确证了"两种单独的、截然不同的全球秩序在以欧洲为中心的世界秩序中"的最终出现,它们的分离在 16 世纪就已经开始了:大陆秩序和海洋秩序。[37] 当他认为基本的秩序已经被一个以制空权为前提的新奇的世界秩序所取代时,施密特很快就写到,这一威胁会导致建立在大陆与海洋分离基础之上的欧洲全球秩序的解体。即使施密特的担忧现在看起来似乎令人费解,他对近代世界秩序的辩护也是站不住脚的,但他针对角逐的、独一无二的大陆秩序与海洋秩序提出的类型学和谱系学却极具启发性。它们可以说是海洋帝国与大陆帝国相对立的古代(和

---

[34] Pocock (2005), part Ⅳ.

[35] Raynal (1777), Ⅳ, p. 419. 关于雷纳尔的历史编纂中所阐述的更广阔的法国背景,参阅:Cheney (2010).

[36] Muthu (2008).

[37] Schmitt (2003), p. 172 (Schmitt's empjasis).

近代）唯一版本，也是在 20 世纪得到最充分实现的一种理论建构和历史叙述。

　　大陆帝国与海洋帝国之间的这种根本对立的弹性，支撑着一系列　56
长篇叙述，这些叙述以至少自公元前 5 世纪起的帝国为书写对象。我这里的简要概述旨在关注一个被深度遮蔽的比较框架，它在快速发展的帝国历史编纂中几乎不为人知。然而，它也指向当代全球史概念中最深刻的分歧那更深刻的根源。那段历史的两个主要版本可以描述为国际的（*inter*-national）和跨国的（*trans*-national），是一段角逐但却相互承认领土的民族国家对抗的历史，同时也是一种全球化叙述，就像海洋史那样，以无边界化、流动性、至关重要的主权的不在场和领土稳固性的缺失为依据。通过了解各帝国之间持续不断的基本对立，我们就较为可能理解这些大国之间的对立会继续影响后现代世界的历史概念，正如它先前已经开创了近代和现代的先行历史那样。

第二部分

17 世纪的根基：霍布斯与洛克

第四章　霍布斯与近代国际思想的基础

Profecto utrumque verè dictum est,

Homo homini Deus, & Homo homini Lupus .

Illud si concives inter se; Hoc, si civitates comparemus.

（霍布斯,《论公民》）[①]

对于大多数政治理论家和政治思想史家而言，托马斯·霍布斯是 59
"第一位……主权国家的近代理论家"。[②] 这是作为一个具有独立主权
的国家，它凌驾于隶属于它的国家之上，而不是作为众多独立国之间
的一员。霍布斯在他自己的作品中所反映的国家之间的力量均势，将
这一关注的焦点调整到国家内部范围。霍布斯针对国家间关系发表的
观点比许多学者——特别是国际关系理论家——要少。与他对国内权
力和王权权利的研究相比，他对国家法、国家作为行为主体的权利之

[①] Hobbes (1983), p. 73; "有两个格言是真实的：人对人是神，人对人是狼。前者
是公民之间的关系，后者是国家之前的关系"：Hobbes (1998), p. 3. 这段话参阅：
Tricaud (1969).

[②] Quentin Skinner, 'From the State of Princes to the Person of the State', in Skinner
(2002b), II , p. 413.

思考，以及对彼此之间的国家行为之思考是分散的，但简明扼要。为此，霍布斯政治理论的研究者通常认为他的国际理论处于其公民科学核心关切的边缘："利维坦的对外关系处于霍布斯理论的边缘。"③

霍布斯及其哲学评论家对此的相对沉默与他在国际思想的奠基先辈们当中的权威地位形成鲜明的对比："似乎没有一个国际关系理论的研究者能够轻视霍布斯对该领域的贡献。"④ 在国际关系理论的常规分类法范围内，霍布斯跟格劳秀斯、康德一样，是领导三个主要理论传统的天才：霍布斯的国际无政府状态"现实主义"理论、格劳秀斯的国际团结"理性主义"理论及康德的国际社会"革命者"理论。⑤ 在此，显然给历史学家、政治理论家和国际关系理论家留下了一个问题。如果说霍布斯对国际思想的贡献是如此的重要，那这种贡献怎么会被忽视如此之久呢？如果说他对该主题的思考是如此的浅陋，那他又是怎样逐渐地被接受为国际思想史上的一位重要人物的呢？

在将霍布斯视作一位国际理论家的大量评论中，几乎没有一种评论将他描述为一位真正的历史人物。⑥ 因此，本章第一部分阐述了霍布斯在整个学术生涯中所提出的各个国家关系的概念。⑦ 就像这篇概述即将表明的那样，霍布斯的所有著述对具有国际身份的国家的一系列思考，比从对该主题的大多数研究中推断出来的思考更全面、更细

---

③ Forsyth (1979), p. 196. 关于早期的特例，参阅：Gauthier (1969), pp. 207–212.

④ Malcolm (2002), p. 432.

⑤ Wight (1987); Wight (1991).

⑥ 还有：Forsyth (1979) and Noel Malcolm, 'Hobbes's Theory of International Relations', in Malcolm (2002), pp. 432–456，尤其可参阅：Heller (1980); Bull (1981); Navari (1982); Hanson (1984); Airaksinen and Bertman (1989); Caws (1989); Johnson (1993); Malnes (1993); M. W. Doyle (1997), pp. 111–136; Boucher (1998), pp. 145–167; Hüning (1999); Tuck (1999), pp. 126–139; Akashi (2000); Cavallar (2002), pp. 173–191; Schröder (2002); H. Williams (2003); Covell (2004); Sorell (2006); M. C. Williams (2006); Christov (2008), pp. 30–84; Patapan (2009); Prokhovnik and Slomp (2011); Moloney (2011).

⑦ 本章仅研究霍布斯的原始陈述；任何对他的知识和国际关系概念的完整概述，还必须包括他早期翻译 Fulgezio Micanzio's letters to the second Earl of Devonshire on foreign affairs (1615–26), BL Add. MS 11309 and Chatsworth Hobbes MS 73.Aa, 关于此可参阅：Micanzio (1987) 和 Coli (2009); Thucydides (1629)，以及 *Altera secretissima instructio* (1626，英译本，1627)，关于此可参阅：Malcolm (2007b).

致入微。以前没有尝试过探究霍布斯晚年时候的见解，在很大程度是因为自从 18 世纪中叶以来，几乎没有人研究过人们对他这个时期的著作更为普遍的接受问题。⑧本章第二部分将概述霍布斯晚年的国际思想（从 17 世纪到 20 世纪），以证明将霍布斯视作一位——如果说不是独一无二的——国际无政府状态理论家是晚近以来的观点。

国际关系这个主题的最早表现，可能出现在霍布斯的《闲暇 61
时光》（*Horae Subsecivae*, 1620）里的《论法律》（Discourse of
Laws）篇，这一卷本被认为是霍布斯的学生威廉·卡文迪许（William
Cavendish）——后来的德文郡伯爵二世——的杰作。文中的作者（文体鉴定学家的分析表明可能是霍布斯）⑨提供了下述"人类法则触及的三个分支完整传统的定义，且一个比一个严格"：

> 自然法为我们与其他一切生物所共享。国际法一般而言为所有人所共享：每个国家的国内法对于这个国家而言都是独有的、适当的，我们的国内法的对象就是我们英国人。
>
> 自然是万物的基础或根基，创造一切，就像它为一切事物所共享那样，不仅仅为人所独有：例如，性别的混合，我们称之为婚姻、繁殖、教育，等等；这些行为属于一切生物，包括我们。国际法以理性的规则来规定全体人，所有的国家相互承认并遵守这些规则。⑩

这一定义是传统的，因为几乎逐字逐句地援引自《罗马法典》的开篇，

---

⑧ 对霍布斯著作在 18 世纪晚期和 19 世纪的反应的全面考察，还没有人能跟 Parkin (2007) 相比；Noel Malcolm, 'Hobbes and the European Republic of Letters', in Malcolm (2002), pp. 457–545；或者 Glaziou (1993)，也可参见 Francis (1980)；Tuck (1989), pp. 96–98；Crimmins (2002)。

⑨ Reynolds and Hilton (1993); Fortier (1997)。

⑩ Cavendish (1620), pp. 517–518(contractions expanded)。

总的来说，《罗马法典》是近代政治思想十分重要的一个文本。⑪

《罗马法典》的第一段区分了公法（关注的是宗教事务、国家神职人员和官员）与私法。接着将私法划分为三个部分：自然法、万民法和市民法（即自然法、万民法和市民法的合辑）。《论法律》的作者严格遵循罗马法典的言辞，阐述自然法为一切动物所享有，并由此产生婚姻、繁衍、抚育，而万民法是"各民族的法律，所有人类都必须遵守的法"。自然法的来源是本能；万民法的来源是人类协议。它们以不同的方式迫使人类承担责任，并由此达成了万民法："它与自然法则无法共存是很容易理解的，因为自然法是所有动物共同的法，而万民法则仅仅是人类自己的法。"⑫虽然两者都可以区别于市民法这一特定共同体的内部法律，但万民法不可能被自然法吸收。中世纪和近代的自然法理论此后将以自然法与国际法之间的根本差别这一三分法为基础。⑬

《闲暇时光》里的自然法与国际法的定义与霍布斯后来著述的一系列公民科学——从《法的要义》（*Elements of Law*, 1640）、《论公民》（*De Cive*, 1642）到《利维坦》的英文和拉丁文版本（1651、1668）——的标准价值观形成鲜明对比。如果说《论法律》归功于霍布斯，那么他后来论述的自然法和国际法则标志着与早期三组定义的明确决裂。⑭霍布斯那成熟的自然法概念在三个基本的方面有别于《论法律》的论述：第一，它阐明自然法只源于理性；第二，它稳固地区

---

⑪ Skinner (1998), pp. 39–41.; Quentin Skinner, 'John Milton and the Politics of Slavery', and 'Liberty and the English Civil War', in Skinner (2002b), Ⅱ, pp. 289–291, 313; Skinner (2002a).

⑫ *Digest* (1985), I. I, §§ 2–4: 'Ius gentium est quo, gentes humanae utuntur. quod a naturali recederefacile intellegere licet, quia illud omnibus animalibus, hoc solis hominibus inter se commune sit'; Kaser (1993), pp. 64–70. 该节通常被认为是乌尔比安 (Ulpian) 所写。

⑬ Scattola (2003), pp. 10–11.

⑭ 事实是这篇文章就是《罗马法典》的字面解释，对于雷诺兹和希尔顿的那种分析而言是不合适的。霍布斯几乎没有提供有关论述来源的任何信息，因此，没有迹象表明是否有别的文章或是改述。文本中这样的观点借鉴的进一步证据，参阅：Huxley (2004), drawing on Chatsworth Hardwick MS 51, printed in Neustadt (1987), pp. 247–271.

分了自然法与自然权利（后来的作者们比如萨缪尔·普芬道夫的一种区分，就不会像霍布斯那样小心翼翼地遵守）；第三，它将国际法瓦解为自然法。

　　霍布斯后来的阐述在很大程度上更接近罗马法学家盖尤斯（Gaius）的定义，也可以在《罗马法典》的第一章中找到，它将适合于每个特定社会的市民法区别于"自然理性在所有人当中制定的法……在所有人当中得到同等程度的遵守……称之为万民法，就像是所有民族都遵守的法那样"。⑮ 这就产生了法的二分法，在其中自然法可以适用于个人和国家（commonweath）*，而民法则由于君主的绝对权力而有别于自然法。霍布斯对国际法与市民法之间的这种差别之利用，促使两种相互矛盾的霍布斯晚年形象得以确立，即，17、18世纪自然法学科和 19 世纪法律实证主义的奠基性人物。后来他作为一名国际法反对者和一位国际无政府理论家的名声，以及同时作为一名自然主义者和一名实证主义者的名声，就来源于这些相互矛盾的设想，这取决于他是否被看作一位国际理论家或是一位政治理论家。

63

　　《法的要义》是霍布斯对国际法的首次成熟表述，他在其中指出，所有论述自然法的作者们都不可能同意它究竟是代表着"所有民族的认同，还是最明智的大多数公民国家（civil nations）的认同"，或者"所有人的认同"，因为"在由谁来裁决哪个是最明智的民族这个问题上并未达成一致意见"。相反，他推断说："可能……除了理性，没有别的自然法，除了那些向我们宣告和平途径的戒律，也没

---

⑮ Gaius, *Institutiones*, I. 3："自然理性在所有人当中制定的法，在所有民族中得到同样的遵守，成为市民法，就像是所有民族都遵守的法那样"（quod vero naturalis ratio inter omnes homines constituit, id apud omnes populos peraeque custoditur vocaturque ius gentium, quasi quo iure omnes gentes utuntur）（《罗马法典》中也有此表述）; Kaser (1993), pp. 20–22.

* 拉丁词 civitas 是霍布斯著作中的一个关键词。霍布斯大多用它指一般意义上的国家，但有时也用它暗指或特指共和制或通过同意来进行统治的国家。因此，英文一般将该词翻译为 commonwealth，兼得两义。阿米蒂奇在本书中也频繁使用 Commonwealth 一词，但中文找不到一个能兼得两种意思同时表达出来的词，我们只有在大多数情况下将它译为"国家"。不过，我们应该了解，这里说的"国家"与现代意义上的 state 是有差别的。——译者注

有别的自然法（NATURAL LAW）戒律。"后来在这部著作中，他主张"权利［*ius*］就是法留给我们的自由；而律法［*leges*］则通过我们彼此的同意限制相互间的自由"，而在将这种差别运用于根本不同于在《罗马法典》和《闲暇时光》中发现的三分法之前："一个国家（commonwealth）中的任何个人对自由的行使，从法理上说，他都是按照市民法（*jure civili*）、自然法（*jure naturae*）和神法（*jure divino*）在行使之"。这一分类遗漏了国际法，因为严格说来，国际法与一国的内部事务及其作为个体的市民无关，而神法成为公民社会的第三种义务来源。个人不是万民法的主体；国家（commonwealth）具有法人身份。因此，万民法仅仅作为后来的思考出现在《法的要义》的最后一个句子中："因此，非常关注自然法与政治的这些原理和普遍依据。至于国际法，就跟自然法一样。在国家（commonwealth）构成之前，人与人之间的自然法就是主权者之间的国际法。"⑯

霍布斯在《论公民》中详细阐述了这一颇为粗略的表述，该著作的中心主题——"人的义务，首先是作为人，其次是作为公民，最后是作为基督徒"——被他定义为构成了"自然法和国际法的要素［*iuris haturalist gentiumgue elementa*］，构成了正义的源头和力量，构成了基督教的实质"。⑰在再次区分了来自权利的法律之后，霍布斯详细阐明了他的自然法定义，在将其先运用于个人，然后运用于国家时：

> 自然法还可以分为人的自然法和国家的自然法。前者单独被称为自然法；后者也许可以被说成是国际法［*lex Gentium*］——但通常将它说成是国家的权利［*ius Gentium*］。两者的戒律是相同的，但因为国家一旦构成，就吸纳了人的个人特性，所以，我们说起个人的义务时所称的自然法，当它用在整个国家、人民或民族时就被称为国家的权利了。我们一直在说的自然法和自然权利的原理被用到整个国家和民族时，也许就可以被当作国

64

---

⑯ Hobbes (1969), pp. 75, 186, 190.
⑰ Hobbes (1983), p. 77; Hobbes (1998), p. 7.

家的法律和权利的原理［*Et quae legis & iuris naturalisElementa*
hactenus tradita sunt, transla ta ad civitates et gentes integras, pro
legum et iuris Gen tium Eleme ntis sumi possunt］。⑱

这是霍布斯曾经贡献的将国际法的基本原理与自然法的基本原理联系
起来的最清晰的表达。在《利维坦》中，他说："就一个主权机构对
另一个主权机构而言，这从法律上来理解，通常被称为国际法，我不
需要在此多说；因为国际法，以及自然法，都是一回事"，只要"每
个主权者都拥有相同的权利，就可以让他的人民获得安全，让任何独
立的人获得他自己的安全"。⑲霍布斯在这里未言明的东西在《论公民》
中得到了明确表达：国家一旦作为一个法人*而存在，就会呈现出由
恐惧的、自我防御的众多个体所制造的诸多特征和才能。然而，他并
未暗示就可以将处于自然状态中的众多个体相应地理解为拥有"主权
国家的诸多特征"。⑳前公民个体与国家之间的这种分类是有缺陷的，
对于霍布斯而言，唯一有意义的是之前由众多个体组成的国家；要把
众多个体描述成具有国家的诸多特征，就会回避一个国家实际上拥有
哪些特征这个问题。

当霍布斯在他以拉丁文写就的《利维坦》（1668）里提供了自然
法与国际法之间的关联的最后阐述时，他再次重申它们是一回事，并
通过坚持"在众多国家构成之前，无论独立的人能够做什么，一个国
家都可以遵照万民法行事"㉑，从而在英文版的《利维坦》中进一步阐
述他的定义。他说，一个国家到底能够做些什么，可以在他更早时期
阐述自然法的书中找到。霍布斯把它留给他的读者，旨在提供处于自

65

---

⑱ Hobbes (1983), pp. 207–208 (*De Cive*, xiv. 4); Hobbes (1998), p. 156.

⑲ Hobbes (2012), Ⅱ, p. 552.

* artificial person 或译为"人造之人"。——译者注

⑳ Tuck (1999), p. 129.

㉑ 'De officiis Summorum Imperantium versus se invicem nihil dicam, nisi quod contine-
antur in Legibus Naturae supra commemoratis. Nam *Ius Gentium & Ius Naturae* idem
sunt. Quod potuit fieri ante Civitates constitutes, à quolibet homine, idem fieri potest
per Ius Gentium à qualibet Civitate': Hobbes (2012), Ⅱ , p. 553.

然状态中的国家权利的一种阐述，尽管没有任何认可，但随着时间的推移他的阐述已经发生了变化。例如，在《法的要义》中，霍布斯已经具体说明（就像第十二条自然法那样），"人们对彼此之间的贸易和交通无动于衷"，并以雅典人与迈加拉人（Megareans）之间的那场战争为例（更早时期的格劳秀斯在阐述这一相同联系时也采用过）对此进行阐明。㉒

霍布斯随后在《论公民》和《利维坦》里——在没有解释贸易必须顺畅的情况下——对这条自然法的许多列举都被遗漏了。相比之下，第十三条自然法——"所有的和平使者，比如维护人与人之间的和睦关系的使者，都可以安全地来往"，再次出现在后来所列举的条文中，即使在《论公民》中它也是屈指可数的，而在神法中则没有类似的条文。㉓霍布斯可能认为自由贸易的权利不需要单独规定，以前平等地对待其他每个人的普通法就有过陈述，但他显然认为它在自然状态之下是不能强制执行的，那里"没有地球文化；没有航海，也不使用经由海洋输入的商品"。㉔他由此调整了对国际法的解释，以符合他对自然法的解释：自然状态下的个体不可能正当地（或者实用地）主张的东西，几乎不可能成为处于彼此关联的国家所主张的东西。

在将国际法吸纳为自然法的基础上，霍布斯把国际舞台看作一种仍然存在的自然状态。确实，除了"在美洲许多地方有野蛮人"之外，处于彼此关联中的国家为自然状态的存在提供了最引人注目的、最持久的证据。㉕霍布斯似乎是在书写《法的要义》与《论公民》的间隔期间有了这一发现的。在《法的要义》里，他对国际关系的基础的解释就像他对国际法的阐述那样粗略。霍布斯将战争法规（*ius in bello*）当作一件私人独有的事："就战时人们要相互遵守的法律而言，

㉒ Hobbes (1969), p. 87; Grotius (2004), p. 12, alluding to Diodorus Siculus, *Bibliotheca historic*, xii.39, and Plutarch, *Pericles*, xxix.

㉓ Hobbes (1983), p. 115.(*De Cive*, Ⅲ. 19, where diplomatic immunity becomes the fourteenth law of nature); Hobbes (1998), p. 51; Hobbes (2012), Ⅱ, p. 236 (where it is the fifteenth law of nature).

㉔ Hobbes (2012), Ⅱ, p. 192.

㉕ Hobbes (2012), Ⅱ, p. 194; Moloney (2011).

简直无法恭维，战争中每个人的生存和安宁就是他的行为法则。"除   66
此之外，他将国家视作国际行为体的阐述是描述性的，而非规范性
的，并且只关注"征兵的手段，以及拥有金钱、军队、船舰的方式，
还有为防御而准备的一些要塞；在一定程度上，这是为了避免不必要
的战争"。㉖

　　在《论公民》里，霍布斯首次提供的对作为国际行为主体的国家
那全方位的描述性和规范性特征，也可以在《利维坦》中找到，虽然
存在着一些修改和细化的地方。为了回应批评——指责霍布斯过高估
计了恐惧作为自然状态下人类行为的根本动机的重要性，他援引国家
之间的关系作为证据，各国"设置要塞防守他们的边疆，筑墙围住他
们的城市，因为恐惧邻国"；"所有国家和个体都以这样的行为承认了
他们的恐惧和相互间的不信任"。当从外部来审视时，这种恐惧的防
御性阐明的正是国家的本质："除了安扎大量配备卫戍部队的营地来
加固彼此的对抗之外，国家还有什么别的东西，它们的状态……要被
视作一种自然状态，即，一种战争状态吗？"因此，霍布斯推断："不
信任充分体现了这种敌对行为，还有他们的国家、王国和帝国武装的
防御工事和派兵驻守的边界，也以一副角斗士的样态充分体现着这
种敌对行为，如同敌人般地注视着对方，即使在他们没有相互攻击
之时。"㉗

　　在《利维坦》里，这种形象甚至会成为自然状态存在的更加确凿
的证据："虽然从未有过任何时候，处于战争条件下的特定的人们是
相互对抗的；但古今的诸位国王、主权者，基于他们的独立性，而陷
于不间断的妒忌，陷于角斗士的状态和立场；他们的武器指向对方，
眼睛紧盯对方；还有他们的王国边界的要塞、驻防和枪支也如此；并
不断地派间谍到他们的邻国去；这就是一种战争的姿态。"㉘因此，不

㉖　Hobbes (1969), pp. 101, 184.

㉗　Hobbes (1983), pp. 93, 180, 277–278 (*De Cive*, I. 2, x. 17, xv. 27); Hobbes (1998), pp. 25, 126,
　　231–232. 对于霍布斯而言，最容易获得的论述角斗士的信息资料是 Lipsius
　　(1585) 及其后来的版本，Enenkel (2001)。

㉘　Hobbes (2012), II, p. 196.

67　可能指望国家间有和平：正如霍布斯的《一位哲学家与英格兰普通法学者的对话》（*Dialogue between a Philosopher and a Student of the Common Laws of England*, 1666）里的那位律师所解释的那样，"你不要期望两个民族国家之间的这种和平，因为这个世界上不存在惩罚他们的非正义的公共权力：相互的恐惧或许会让他们有片刻的安静，但每个国家只要一有明显的优势，就会去侵犯对方"㉙。然而，霍布斯并未从这种敌视的姿态中推断出相互的恐惧会导致出现一个国际庞然大物，就像王权制度使得个人摆脱了那些危险一样，将各国从自然状态的危险中解救出来。这两种情形是不可比较的，"因为主权者要依靠其臣民事功的支持；如果没有主权，伴随特定的人的自由的就是悲惨"㉚。这种国际的自然状态并不等于人与人之间的自然状态，因而不能对其劣势做类似的补救措施。㉛

　　霍布斯对国际法和国家行为，以及它们二者之间关系的零散思考，使得他的名字与后来国际思想中的两个主要但可区分的概念产生了关联。第一个概念，也是最根本的一个概念，即国际法只是将自然法运用于各个国家。第二个概念，目前可以视为最典型的霍布斯哲学，即国际领域是由恐惧的、竞相角逐的各个行为体构成的一种自然状态。这两个概念在 1641 年霍布斯创作《论公民》之前的著作中都没有发现，而当它们出现在 1651 年发表的《利维坦》里时，他也没有详细说明或者阐明过，除了 1668 年翻译成拉丁文之外。由于他没有系统地详述过这两个概念，因而对他的名声及其政治哲学的接受产生了三个持久的结果。第一，最初出现在 17 世纪，是为了使国际法中的自然主义与实证主义之间的差异变得清晰。第二，到了 18 世纪和 19 世纪，则是为了将他的国际法概念与他的国际自然状态概念区分开。第三，而到 20 世纪，是要把霍布斯视作国际无政府状态的古典理论家。最后一个是最新的，也是最偶然的，但保留了霍布斯作为一位国际关系理论家的声名之基础。

㉙　Hobbes (2005), p. 12.

㉚　Hobbes (2012), II, p. 196.

㉛　Heller (1980); Hoekstra (1998), pp. 69–84；Hoekstra (2007).

实证主义者对霍布斯自然主义的反应甚至在《利维坦》面世之前，源自于保皇党人、牛津大学民法教授理查德·苏支于 1650 年 68 出版的《外事法的解释》(*Iuris et Iudicii Faecialis, sive Iuris Inter Gentes*)。苏支后来被誉为国际法历史上的"第一位真正实证主义者"，就仰仗于他在这部著作中区分了万民法(*ius gentitum*)与国际法(*ius inter gentes*)。㉜ 该著中的万民法包含了各国法律的一切共同元素，比如自由与奴役或者私人财产与公共财产之间的区分。万民法必须有别于国家之间的法律，它包含了不同人民或者民族在相互往来时所遵守的法律，比如战争法和商业法。㉝ 按照这个定义，国际法是公约和协议的产物，而非来源于任何其他法的、自然的和神的资源。然而，在他更早期阐述的手稿里，苏支最初将国际法定义为不同的主权者或者人民所共有的，它来源于上帝、自然或者国家的戒律，该定义来源于盖尤斯在《法学阶梯》中的定义。㉞ 苏支显然已经在 1650 年之前就改变了他对国际法定义的想法，并发现有必要将其区别于万民法和自然法。这一转变的冲动看起来是在他阅读了霍布斯论述的自然法和国际法之后才产生的。到苏支写作《外事法的解释》手稿时为止，没有迹象表明他阅读过霍布斯的任何著作，但《论公民》却出现在该印刷版第一章的脚注中。㉟ 苏支由此成为第一位反对霍布斯将国际法与自然法融合为一体的法学理论家。

在后来的自然法学传统中，从普芬道夫到瓦泰尔(Emer de Vattel)及其他后来的学者，都将霍布斯誉为将国际法和自然法融合为一体的重要创新者。到 18 世纪后期为止，这两种法的形式之间的关系似乎成了决定责任依据本身的主要问题。就像罗伯特·沃德于 1795 年所指出的那样，"总的说来……就其结构的这种模式而论，重大的差异似乎取决于此；国际法要么仅仅是与人相关的自然

㉜　Nussbaum (1947), p. 122.

㉝　Zouche (1650), p. 3.

㉞　'Ius inter Gentes est quod in Communione inter diversos Principis vel populos obtinet, et deducitur ab Institutis divinis, Naturae et Gentium': BL Add. MS 48190, f. 14 r.

㉟　Zouche (1650), p. 3.

法，仅此而已；要么它并不是由建立在一致同意基础之上的实证制度
(*positive Institutions*) 所构成的"。沃德将霍布斯、普芬道夫和布拉
玛奇（Burlamaqui）视作前者的主要代表人物；将苏阿瑞斯、格劳秀
斯、胡柏（E. R. Huber）、宾刻舒克（Bynkershoek），"以及现在的一
些学者视作后者的支持者"。㊱普芬道夫提出了"不管怎样，有与自然
法对照的特定的、实证的国际法吗？"这个问题，并立即援引《论公
民》第十四章第四条："于是，霍布斯先生将自然法划分为人的自然
法和国家的自然法，通常称为国际法。他注意到，两者的戒律是相同
的……从我们的角度来看，这种观点我们欣然赞同。"㊲布拉玛奇在援
引了《论公民》的同一章节后，表示同意："没有给怀疑这样一种国
际法的强制性本质的实证性和必然性留下余地，对于各个民族或者统
治各个民族的君主而言，都应当服从。"㊳直到 1758 年瓦泰尔出版他的
《万国法》（*Droit des gens*）为止，霍布斯的贡献具有基础性，但仍然
有争议："我认为霍布斯是第一位清晰表述国际法观念的作者，虽然
并不完美……这位作者极好地评述了国际法就是自然法适用于各国或
各民族。但是……他认为自然法在适用过程中并未经受任何必然的变
化的这种观念则是错误的——他推断的自然法的诸多准则与国际法的
诸多准则正好是一样的观念"：瓦泰尔指出的这一观念，霍布斯之后
的普芬道夫也表示赞同。㊴

　　20 世纪之前，霍布斯的国际自然状态概念所吸引的评论及认可
不如他的国际法自然主义概念。㊵早期批评家们站在关于人类动机那
站不住脚的一些假设（就像格劳秀斯首当其冲指责的那样）或者将人

㊱　R. Ward (1795)，I，p. 4.

㊲　Pufendorf (1729), pp. 149–150 (*De Jure Naturae et Gentium*, II. 3. 23); compare Shar-
　　rock (1660), p. 229; Rachel (1676), p. 306; James Wilson, 'Lectures on Law' (1790–1),
　　in Wilson (1967)，I，p. 151. (quoting Pufendorf)

㊳　Burlamaqui (1748), pp. 195–196 (*Les Principes du droit naturel*, vi . 5).

㊴　Vattel (2008), pp. 8–9; Jouannet (1998), pp. 39–52.

㊵　早期一位杰出的例外人物是莱布尼茨（Leibniz），他赞许霍布斯将国家间关系阐
　　述为角力的形象：G. W. Leibniz, *Codex Iuris Gentium*, 'Praefatio'(1693), in Leibniz
　　(1988), p. 166.

类文明状态的一些特征引退到前文明状态（就像孟德斯鸠所主张、卢梭所预期的那样）的立场上，来抨击他的人际关系自然状态概念。[41] 然而，他们并没有论证他所阐述的松散的个人之间的关系是不正确的，由于一些类似的原因，他对国家间关系的阐述必定也是不正确的。事实上，正是由于霍布斯对国际关系的经验主义阐述太少，才导致对该主题的论述沉寂了近两个世纪。在整个 19 世纪，最早的国际关系教科书和最早的霍布斯思想研究成果，都没有发现有必要将他视作一位国际理论家。例如，他并未与格劳秀斯、普芬道夫一道出现在使用最广泛的、论述 19 世纪国际关系的美国文本——西奥多·伍尔西的《公法便览》（Theodore Woolsey, *Introduction on the Study of International Law*, 1860）——中，该书也成了美国新兴的政治学的奠基之作。[42] 同样，研究霍布斯的 19 世纪英国学者们也没有一个提及他对国际关系或者国际法的思考[43]，只有等到 1912 年费迪南·滕尼斯（Ferdinand Tönnies）的霍布斯研究再版时，才在其中发现有间接提到过他的国际法（*völkerrecht*）观点。[44]

　　一旦只是将霍布斯确认为一位国际无政府状态的理论家，一种共识就已经达成了：国际领域确实是无政府的。这个共识是 19 世纪和 20 世纪初期正在兴起的现代政治学和国际法学内部演变的产物。[45] 它建立在一系列的命题基础之上，在"无政府论"（discourse of anarchy）之前就不得不确立的每个命题，都可以看作合理而又连贯

70

---

[41] 'Putat inter homines omnes a nature esse bellum et alia quaedam habet nostris non congruentia ': Hugo Grotius to Willem de Groot, 11 April 1643, in Grotius (1928 –2001), xiv, p. 199; 'Hobbes demande *pourquoi, si les hommes ne sont pas naturellement en état de guerre, ils vont toujours armés? et pourquoi ils ont des clefs pour fermer leurs maisons?* Mais on ne sent pas que l' on attribue aux homes avant cet établissement des sociétiés, ce qui ne peut leur arriver qu'après cet établissement, qui leur fait trouver des motifs pour s'attaquer et pour se défender ': Montesquieu (1973), I, p. 10.

[42] Woolsey (1860); Schmidt (1998), pp. 52–54.

[43] Whewell (1852), pp. 14–35; Maurice (1862), pp. 235–290; Robertson (1886); Stephen (1892), pp. 1–70; Stephen (1904).

[44] Tönnies (1896); Tönnies (1912), pp. 165, 169.

[45] Schmidt (1998), chs. 3, 5.

的。首先，必须接受国内和国际领域在分析上的不同；其次，必须确定并区分与每一个领域相关的一些准则。在此基础之上，就可以论证受到任何一种准则约束的具有国际身份的各国，正式地或者强制性地将这些准则适用于他们自己的国民。由此，各国不仅彼此之间是独立的，而且与任何优越感无关。因为他们都是独立的个体，且都是好斗的：在缺乏任何外部权威时，他们的关系仅凭武力操控。他们因此而成为处于一种国际自然状态下的竞相角逐的行为体。霍布斯对自然法和国际法的合并不会支持这样一种明显的分析性区分，即针对国内与国外领域的区分。虽然他承认自然状态下个人的不安全性，严格说来与主权国之间的角逐所导致的不安全性不可比较，但霍布斯还是假设在个人之间的关系与作为国际人格的国家间的关系之间有着根本性的相似之处。

霍布斯的民法概念导致了关于国家内外关系之间的区分的一些不同结论，还有关于国际关系本质的一些不同结论。对于第二代英国功利主义者及其19世纪的继承者而言，霍布斯并不是国际法自然主义的奠基人；相反，他是实证主义法学教父，正如他的崇拜者、分析法学家约翰·奥斯汀（John Austin）指出的那样，其理论是"政治优势者对政治劣势者设定的"命令。如果严格地根据这一点来判断反自然主义者的法的定义，所谓的"国际法"根本不可能称之为法，因为它的发布不是源出于最高权力：因此，它只是如奥斯汀那众所周知的描述："实证的国际道德"（*positive* international *morality*）。[46] 国家间的彼此关系不受任何更高权力的约束，因为国际领域和国内领域特有的一些准则是不同的，并且是不可通用的。黑格尔对法学实证主义传统的贡献要比奥斯汀大，霍布斯差不多也以一个国际法的否定者和区分国内外法的支持者示人。卡尔·施密特在奥斯汀之后的一个世纪写道："国家有其自身的秩序，而不在于外部……霍布斯是第一个准确阐述接受国际法的各国彼此间的关系仍然处于'一种自然状态'的学者。……安全只有在这种状态下才存在（*Extra civitatem nulla*

---

⑯ Austin (1995), pp. 19, 112, 171, 229–233 (note).

securitas）。"[47]

霍布斯并未直接驱使国家间关系这个概念成为根本上的无政府。相反，是国际关系"无政府论"拥护者们借助霍布斯的观点来支持他们自己的理论，而反对者们也同样援引霍布斯的话语来证明其不可信。[48]国家学说的法学理论家认为"理论上的隔绝是其作为一个国家的首要生存条件，而其政治上的独立是它的根本属性之一。   72
这就是霍布斯在说到彼此的含义时，独立的国家要视作一种'自然状态'"[49]。在这样一种情形下，"每个独立的政治共同体，凭借他的独立，在一种自然状态下面对其他共同体"[50]。于是，一些国家"自行其是"，这说明"从一种国际的立场来看，这种世界情形长期以来就是一种彬彬有礼的无政府状态"。[51]批评国际法学理论的多元论者认为，自然状态不仅描述，而且在实际上创造了一种国际无政府状态；他们也援引霍布斯支持他们的论点。[52]遵从主权理论，因为独立确保"国际社会情形确实会成为霍布斯在他那个时代构想的那个样子"。[53]"这种状态是不负责任的，"哈罗德·拉斯基（Harold Laski）下结论说。在他总结这条批评时："除了独自面对其他的共同体或者社群，并没有欠下义务。在国家之间的腹地，人面对他的邻居时就是霍布斯所说的真实地处于自然状态——污秽的、残忍的、野蛮的——之中。"[54]

尽管霍布斯在国际思想奠基者中拥有了他的地位，因为他在阐述国际法及国家间关系方面的贡献。但就像许多后来所称的"霍布斯学派"（Hobbesian）国际关系阐释的批评家们所指出的那样，他意识到自然状态下个人（individuals）与国际主体（international persons）

---

[47] Schmidt (1996), pp. 47–48. 对施密特阅读霍布斯的简明叙述，参阅：Stanton (2011).

[48] Schmidt (1998), pp. 232–233.

[49] Leacock (1906), p. 89; compare Willoughby (1918), p. 207.

[50] Bryce (1922), p. 5.

[51] Hill (1911), pp. 14, 15.

[52] Schmidt (1998), pp. 164–187; 关于多元论者及其他们对霍布斯的感激，参阅：Runciman (1997).

[53] Garner (1925), pp. 23–24.

[54] Laski (1927), p. 291.

之间的类比的分析效用是有限的。⑤他承认，虽然各国可能犹如人际关系中的个人那样恐惧、自负和好胜，但他们不易受伤害，他们的存在也并不脆弱。在人与人之间的自然状态和国际的自然状态下，协议和交流都是可能的。如果说霍布斯学派的国际关系理论基于由国家间的竞争——在没有任何合作可能性的情况下——所决定的国际无政府这一概念，那么霍布斯本人就不属于霍布斯学派。

在不是他本人创造的条件下，霍布斯作为一位国际理论家的标准阐释出现了。实证主义者与自然主义者论战，国家学说的多元论理论家批评法学理论家，政治学家对照国际法和国际关系理论来定义他们的学科。每逢争论，双方都援引霍布斯。自然主义者将他对国际法与自然法的合并视作一种根本性的洞见，而实证主义者则援引霍布斯的法律命令理论来否定国际法作为法律的有效性。英美法学理论家为了他们的法人人格概念而求助于霍布斯，就像他们的德国同行为此而求助于黑格尔那样；批评一元论的主权理论学者则借助霍布斯警告在描述国家间的关系时，引用这样一种理论的一系列后果。在政治学家当中，霍布斯的国家概念为他赢得了近代政治思想奠基人之一的权威地位。在国际关系理论家当中，他则经受住时间的考验而被承认为近代国际思想奠基人之一，就像从前他被誉为自然法学家那样，成了他们学科的一位关键人物。

霍布斯的继承者们认定他是对国内外、国家内部外部作出根本性区分的鼻祖。实证法的内部领域与由自然法和国际法管辖的外部领域之间的差异是建立在进一步区分的基础之上的，也使其拥有了一个霍布斯学派的谱系。随着国际实证主义在 1815 年《维也纳协议》签订后的那个时代的兴起，霍布斯逐步被确认为后来称为主权国的"威斯特伐利亚体系"的最早理论家之一：毕竟，仅仅在 1648 年《威斯特伐利亚和约》缔结三年后，即 1651 年出版的《利维坦》难道只是一个巧合吗？⑥说霍布斯在 1648 年之前就已经在《法的要义》和《论公

---

⑤　E. Dickinson (1916–17); Bull (1977), pp. 46–51.
⑥　举一个最近的例子，参见 H. Williams (2003), p. 1："霍布斯为近代国家辩解的著作的出版，恰巧是'威斯特伐利亚体系'诞生之时。"

民》中首次规定了国际关系和国际法的诸多概念的主要元素，或者说比如他从未使用过任何《威斯特伐利亚和约》的词汇或成果之知识，这跟普芬道夫不一样，但都无关紧要。[57] 即使他作了规定，他也不会从这些元素就推断出主权国家相互认可的一种实证体系的兴起：这会成为后来的"1648 年神话"的产物，几乎先于霍布斯是国际无政府状态理论家这个神话一个世纪。[58]

后现代国际思想已经解构了自然主义和实证主义的对抗，并瓦解了国家内部因素与外部因素之间的区分。[59] 它已经摧毁了威斯特伐利亚秩序那历史的、概念的根基，并宣告"后主权国家"（post-sovereignty）的出现。[60] 这与政治理论的定义本身延伸至包含国际的、全球的和世界性的内涵同时出现[61]，并反过来启发我们在重新界定政治思想史范围的时候要思考这种延伸[62]。这一有条件的、由多种因素决定的理论导致 20 世纪初的霍布斯学派的国际关系理论，不是在理论上使人不安，就是在历史的视角下不可信。矛盾的是，这种修正的有益的效果或许旨在将霍布斯从国际关系理论作品中驱赶出去，而让他进入国际思想史的作品。

74

---

[57] Pufendorf (1690), pp. 135–196; Schröder (1999).

[58] Osiander (2001); Teschke (2003).

[59] Koskenniemi (2005); Walker (1993).

[60] Bartelson (1995); Krasner (1999); Kalmo and Skinner (2010).

[61] 例如：Beitz (1999); H. Williams (1990); Schmidt (2002).

[62] Brown, Nardin and Rengger (2002).

第五章 约翰·洛克的国际思想

75 乍一看，约翰·洛克比托马斯·霍布斯更不可能被纳入国际思想史的系列作品集当中。他出版的主要著作，其中有三封《论宽容》的书信（1689、1690、1692）、《人类理解论》（*Essay Concerning Human Understanding*, 1689/1690）、《政府论》（*Two Treatises of Government*, 1689/90）、《教育漫话》（*Some Thoughts Concerning Education*, 1693）和《基督教的合理性》（*The Reasonableness of Christianity*, 1695）。这些著作从根本上说没有一部关注的任何一个主题会被归于现在的国际关系或者国际法类别中。在这些著作中，洛克的大部分意图都是旨在将人民与国家之间的关系理论化、导出国际关系准则或者描述和分析他那个时代的国际社会，这些都相对简略，由松散的片段组成。对英国外交事务的诸多思考散见于他的书信和手稿中，但在他的有生之年并未得到广泛流传，甚至今天也不为人所知。总而言之，洛克的国际思想这个问题似乎就是个谜，犹如狗在夜晚却不吠叫一样。

洛克的传记至少证明那些怀疑他对国际事务漠不关心或缺乏经验的看法是不正确的。在 17 世纪 70 年代，洛克在法国度过了将近 4 年的时光（1675—1679），后来又在荷兰生活了近 6 年（1683—1689）。30 岁出头时，他作为瓦尔特·温爵士（Sir Walter Vane）的秘书，曾于 1665 年 11 月至 1666 年 2 月期间陪同身负使命的温爵七去见在克莱沃的勃兰登堡选帝候。出使的目的在于阻止选帝侯与荷兰结盟，并要求选帝侯在第二次英荷战争中站在英国一边。在没有任何坚定承诺的情况下，这位选帝侯选择与英国对抗，温爵士遭到挫败。这几次没有结果的谈判让洛克近距离观察了国际外交的运作方式，因为他时刻警觉各种情报，并处理大使的公函。[①] 然而，谈及自己的能力时洛克 76 很谦虚，"如果我的智力达不到你们所期待的水平，要原谅我经验的不足和语言能力的欠缺，而非我意愿不强和努力不够，"他在 1665 年抗议威廉·葛多芬爵士（Sir William Godolphin）时这么说道。但他的上司们并不认同他对自己天赋的低估。1666 年 2 月，他一返回英国就被任命为驻西班牙英国大使的秘书；但他谢绝了这次晋升的机会，也拒绝了同年稍后任命他为出使瑞典代表团的秘书这一职务。[②] 在接下来的几十年里，洛克累积了英国在北美、加勒比海、爱尔兰和非洲的殖民和商业活动方面的知识，可以说是一位实践的世界主义者，比肩于他那个时代的少数几位英国人。[③]

光荣革命后，洛克结束了他在荷兰的流亡生活，打道回府，一位新君主曾经给过他一些新的机会。根据马莎姆夫人（Lady Masham）的回忆，在 1689 年的春天，威廉三世给洛克提供了三份外交工作：出使维也纳宫廷，去见勃兰登堡选帝侯，"第三个地方我记不起来了"。由于敏锐地洞见到"新教与英国的整个欧洲利益"所导致的危机仍然存在，他全部都拒绝了，他抱怨说自己受不了德国的"暖饮"（warme drinking）。1698 年，他本该担任驻巴黎大使的秘书，或者甚至担任大臣一职，但他都不愿意，礼貌地推辞了："对于推荐的这几份工作

[①] Letterbook of Sir Walter Vane, December 1665–February 1666, BL Add. MS 16272 (in Locke's hand); Locke (1976–), Ⅰ, pp. 225–227; Woolhouse (2007), pp. 60–66.

[②] Locke to William Godolphin, 12/22 December 1665; Locke to John Strachey, 22 February 1666, and 28 February 1666; Charles Perrott to Locke, 21 August 1666, in Locke (1976–), Ⅰ, pp. 233, 263, 289–290.

[③] 参见第六、第七章。

而言，我都是个生手。"④洛克在欧洲度过的那段岁月，他获得的那些
职位，以及他的行政经验，都表明他拥有比大卫·休谟这位 19 世纪
40 年代克莱尔将军（General James St Clair）秘书之前的任何一位英
国政治思想家都多的国际经验和外交机会，并在七年战争后陪同英国
大使出使法国。⑤

　　这些人生细节直到书写洛克传记的历史学术和编辑他的著作的成
果正式出版后，才广为人知。这有利于说明为何最具有历史眼光的
国际理论家几乎都对洛克给予他们领域的贡献沉默不语。例如，国际
关系英国学派的几位创始人都只是顺便提到他。在马丁·怀特看来，
洛克是创建大量政治理论的典范，而这常常显得国际理论不成气候：
"这位国际关系学者似乎不可能……在他的政治学分支名著中注意到，
也似乎不可能有亚里士多德或霍布斯、洛克、卢梭那样的声望。难道
是因为它们并不存在的缘故吗？"⑥而在赫德利·布尔（Hedley Bull）
看来，洛克不过是给霍布斯式的国际无政府解释提供了一种选择而
已："洛克的自然状态概念是一个没有政府的社会，而事实上这个概
念提供给我们的是一个类似于国家社会的东西"：无政府的确存在，
因为尽管社会成员必须强制执行他们自己的法律，但最低限度的社会
混乱也仍然存在。这并不等同于一种强烈或鲜明的国际社会观，而且
布尔仅仅用了几句话来解释它。在如此脆弱的基础之上，否定了洛克
的国际理论传统拥有与格劳秀斯、霍布斯及康德一样的地位。⑦作为
一种"洛克文化"（Lockean culture）的国际领域概念，按照"洛克

---

④　Woolhouse (2003), pp. 182–83; Locke to Charles Mordaunt, 21 February 1689;; Locke
　　to Sir John Somers, 28 January 1698, in Locke (1976–), Ⅲ, p. 575, Ⅵ, p. 308.

⑤　关于休谟的出使经历，参阅：Rothschild (2009), pp. 410–12, 415–17; 关于他的国际
　　思想，参阅：Jeffery (2009); Koskenniemi (2009), pp. 27–30, 64–7.

⑥　Wight (1966), p. 17. 可以与怀特对雷蒙·阿隆（Raymond Aron）的评论进行比较，
　　Peace and War（1962; 英译本，1966），援引自 Hall (2006)，Ⅰ，p. 110："书写国际
　　关系的文章非常多，但书写霍布斯和洛克的文章在哪里呢，书写《国富论》的
　　文章在哪里呢？"

⑦　Bull (1977), p. 48; compare Bull (1966), p. 44："洛克对无政府主义下人类生活的推
　　断会使我们很不满意。" Menozzi (1974) 沿着这些路径简要阐述了洛克的国际
　　关系理论。

无政府社会的和平共处逻辑"，国家是权利的拥有者，尊重彼此的主权，并且视彼此为竞争对手，而非敌人，后来衍生出美国建构主义，从而成为霍布斯主义与康德主义之间崭新的第三条路径。然而，直到1999 年亚历山大·温特（Alexander Wendt）介绍之前，它并未得到学界的广泛接受。⑧

　　因而，将洛克当作一位国际理论家的批评著述不仅稀少，而且语无伦次。多亏政治理论家列奥·施特劳斯（Leo Strauss）的研究表达了与布尔不一样的见解，指出洛克实际上是个霍布斯式的学者。这一观点的主要倡导者理查德·考克斯（Richard Cox）指出，"与表面印象相反……洛克刻意要表达的，他的自然状态概念——无论是关于个人的还是国家的——从根本上说实际上与霍布斯哲学相同"；也就是说，他假定外交政策优先于国内政策，并拥护重商主义者"自我保存的权利高于一切"的看法。⑨另外一种阐释则受到了美国自由主义历史学家路易斯·哈茨（Louis Hartz）的影响。哈茨在美国外交政策中发现了一种明显的"洛克"传统，它是权力平衡不可分割的一个部分，是对在国际自然状态下发挥作用的多边组织和"一种自信的实用主义"（a self-confident pragmatism）的一种承诺，西进运动和印第安迁移也一样。⑩最后这个特性也预示了最近将洛克对国际思想的主要贡献阐释为一种财产理论的趋向，这种财产理论通过拓荒来证明殖民地化是正当的："美国殖民者和他们的边疆居民在洛克那里都有他们的自然发言人。"⑪

　　不过如果说在究竟是什么东西显然构成了"洛克"国际关系理论这个问题上达成了共识，那就是他对自然状态下个人权利的解释，以及对约束他们的自然法的解释，重现于一种国际自然状态下，国家在

---

⑧　Wendt (1999), pp. 279–297. 温特对"洛克文化"的怀疑性阐释，参阅：Suganami (2002).

⑨　Cox (1960), pp. xix-xx; 也可参阅：Dunn (1969), pp. 158–164. 对于给予我们"不太坦率但更有启迪意义的霍布斯主义者–斯宾诺莎主义者政治学说"的洛克（及孟德斯鸠），参见：Pangle and Ahrensdorf (1999), pp. 153–157.

⑩　Masters (1967a); also in Masters (1967b), pp. 289–305.

⑪　H. Williams (1996), p. 100 (quoted); Boucher (2006).

其中呈现了这些个人的道德特征，并依据相同的法律行动。⑫就像我们将在本章的结论部分看到的那样，那样的洛克分析为约翰·罗尔斯所分享，罗尔斯是唯一将洛克当作国际思想家的主要哲学家。这一解释也加强了最近的一种尝试，这种尝试旨在表明"洛克……为所有愿意遵守国际法的国家提供了最为坚固的基础"，并"在主权平等的基础上设计了一种国际法"。然而，其他最近书写洛克国际思想的著述不接受这样一种洛克式的"自由主义法律"概念。⑬有人反而认为洛克"对道德的自然法原则能够有效地体现在国际机构中的这一看法毫无信心"，并质疑他是否"将国家情形对等于自然状态下的个人情形了，以及是否允许国家利他地行使自然法的行政权力"，以"虽然洛克允许个人进行利他性惩罚，但他并不允许国家行使他们的强制力做同样的事情"为理由。⑭根据这种关于洛克基本原则的根本性分歧，以及从中得出的这些结论，显然有必要重新讨论洛克主要政治著作《政府论》中的国际思想，还有通常不被认为是这一脉络的一些著作中的国际思想。

当洛克的国际思想显现于他的著作中时，其大体特征又是什么呢？他认为国家准则要在自然法和国际法中创建，但两者不可能相互认同：在此，正如我们即将了解的那样，洛克跟霍布斯很不一样。他的视野是演化的，即便必定是进步主义；可以看到在各个阶段取得的进展，但没有任何决定论，保存的或许是教化中的整个世界，把自然转向人类的自我保存。然而，这些自然律令并不足以证明驱逐非欧洲民族就是正当的，洛克认为他们是有能力参与外交关系和实在协议的国际行为体。确实，这些民族所拥有的"联合"资格是任何结构优良的联邦（commonwealth）的一个独特属性。最后，英联邦是在面对由于再次献身于奥兰治亲王威廉领导的新教事业而招致国内外天主教的威胁时，唯一能够彻底重组的联邦。

---

⑫ Tuckness (2008), pp. 470–471; Covell (2009), pp. 120–130.

⑬ Doyle and Carlson (2008), pp. 660–666, 649.

⑭ L.Ward (2006), p. 704; L.Ward (2010), pp. 266–271; Tuckness (2008), p. 471.Compare Moseley (2005).

从 17 世纪 50 年代洛克在牛津时对英国外交关系的最初评论，到他在 1689—1690 年间得到威廉派的提拔，已经旅行了很长一段路程。他最初的出版物实际上是论述和平与战争的：一首是向奥利弗·克伦威尔表示祝贺的诗歌（"你统治的和平世界是你通过战争赢得的"），另一首则是赞美 1654 年第一次英荷战争缔结的《威斯敏斯特条约》的诗歌（"创造一个世界，并使其安定 / 不同事物存在着差异性，我们要使它们友好并存 / 实现彼此互惠互利的目的"）。⑮ 他首次全面思考了联邦与支撑联邦的规范基础之间的实质性关系，这些思考出现在他作为牛津大学基督教会学院道德哲学学监举办的"论自然法"（约 1663—1664）讲座里。在第五次讲座上，他问大家自然法是否可以由于人们的普遍同意而得知，接着回答说这是不可能的。一个原因是习惯的偶然性产生于明确的同意，"由人们的共同利益和便利所推动，如使节自由通行、自由贸易及其他类似的事情；或者产生于明确规定的契约，如比邻而居的人们之间固定的边界线……以及许多其他诸如此类的事情"。⑯

80

乍一看，这就像是霍布斯在《法的要义》（1640）、《论公民》（1641）或《利维坦》（1651）里所列举的自然法。⑰ 尽管霍布斯在那些法中列入的内容在他的主要著作中有所变化，但他确认它们的立场并未改变："至于国际法，跟自然法一样。在国家构成之前，是人与人之间的自然法，之后则是主权国与主权国之间的国际法。"霍布斯坚持将国际法与自然法关联在一起：许多后来的作者判断这是他对自然传统最具原创性的贡献。⑱

洛克的观点不一样。他论证说"使节安全通行的协议……是实在的，并不意味着就是自然法"，由此站在了反对霍布斯哲学的立场上："根据自然法，所有的人彼此之间都是朋友，均受到了共同利益的约

⑮ John Locke, 'Verses on Cromwell and the Dutch War' (1654), in Locke (1997), pp. 201–203.

⑯ Locke, 'Essays on the Law of Nature' (c. 1663–4), in Locke (1997), p. 107.

⑰ Hobbes (1969), p. 87; Hobbes (1998), p. 51; Hobbes (2012), Ⅱ, p. 236.

⑱ Hobbes (1969), p. 190; 参阅前文：pp. 68–69（英文原书页码，即本书边码。——译者注）.

束，除非（就像有人坚持的那样）在自然状态下人们之间爆发了一场全面战争，产生了永久性的、致命性的仇恨 [*quod aliqui volunt, in statu naturae commune sit bellum et hominibus inter ipsos perpetuum et internicinum odium*]。"自然法并未假设人类被此类仇恨所激怒，或者他们必须"被划分为敌对的国家 [*in hostiles civitates divisos*]"。洛克以亚洲人和美洲人的例子来证明，他们就像欧洲居民一样，并未受相同的实证法的约束："因此，产生于协议的所有人的普遍同意并未证明是自然法，而应该称为国际法 [*jus gentium*]，这不是由自然法强制实行的，而是由共同利益 [*communis utilitas*] 联想到的。"[19] 在他早期牛津讲座之后的几十年里，洛克大大完善了他的政治思想，但他从未同意霍布斯主张的"国际法和自然法是一回事"的这个观点。[20]

当洛克在他的《政府论》中阐述他成熟的政治理论时，他对世界 81 "各国和王国"之间必须有协议的论述比霍布斯更有影响力 (II.45)。[21] 此类明确的法令决定了自然状态与战争状态之间的区别，战争状态"不在于参战数量的多寡，而在于不同参战方之间敌意的程度，因为它们之间没有可以寻求解决问题的更高机构" (I.131)。洛克对自然状态和战争状态的承认，很显然为在公民社会建立后的自然法的继续生效留下了比霍布斯更多的空间。确实，联邦的相互作用就是证明（如果有必要的话）自然状态不仅仅是一个推测性的假设，而且还是一些持续的经验性条件："实际上所有独立政府的君王和统治者们都处于一种自然状态下"，因而"这表明如果没有处在那种状态下的人们，就没有这个世界" (II.14)。

条约和其他实证法令可以将这种自然状态与一种战争状态区分开来，但它们的存在或缺席并没有取消通过结盟而构成的联邦当中的自然状态：

---

[19] Locke, 'Essays on the Law of Nature' (c. 1663–4), in Locke (1997), pp. 107–108; Locke (1954), p. 162.

[20] Hobbes (2012), II, p. 552.

[21] Locke (1988). 所有引自《政府论》的用语都来该版本。

废止人们之间自然状态的不是每一条协议，而是双方同意参与一个共同体，成为一个政治共同体；其他的承诺和协议，人们可以相互制定，但是仍然处于自然状态下。(II.14)

联邦就像个人一样，并不会容忍"自然状态带来的不便之处"(II.13)，因而它们并未参与区域的或者全球的政治实体，而是依然停留在一种持久的国际自然状态下。就其本身而论，"整个共同体在自然状态下就是一个组织，相对于共同体的所有其他国家或者人民而言"(II.145)。

除了国家统治者以外，外国人依然无法触及实证法，并且只能接受在自然状态下发现的自然法，其中"每个人都拥有惩罚犯规者的权利，并且都是自然法的行刑者"(II.8)。洛克问道，统治者在他们的疆域里还能有别的办法处决或者惩罚外国人吗？"那些在英国、法国或者荷兰拥有制定法律至高权力的人，都是针对印第安人，但就像世界其他地方一样，未经授权。"(II.9) 只有凭借保护人类的自然权利，因而通过执行自然法来处罚前公民状态下的犯规者，主权者才能判处违法的外国人。

移民，跟外国人一样，无论他们何时离开一个既定的共同体 82 (Commonwealth)，都会发现自己处在一种国际的自然状态下。洛克认为共同体对任何个人的管辖权都是派生的，"因为政府只对领土拥有直接的管辖，然后成为其拥有者……只有当他居住在那里，并享用那里的一切时"，凭借他给予政府的默示同意（tacit consent），管辖因此是地域的而非个人的。任何人都可以离开，如果他们"通过捐赠、售卖或者其他方式，放弃上述的占有"，可以"自由地将自己并入任何其他共同体，或者同意其他人创办一个崭新的共同体，在一个空位置上（*in vacius locis*）在他们能够找到的自由和不被占有的任何一个地方"(II.121；对照 II.115)。洛克想象有大片土地，特别是在"美洲内陆空旷的地方"，可以供这样的移民开垦和居住 (II.36)。[22]

按照洛克的阐述，共同体通过认可彼此独有的领土权利的明确协

---

[22] Klausen (2007).

议声称拥有地球表面。这样的协议随着时间的推移已经逐渐产生。人类与自然互动的轨迹始于个人的占用以满足自我保存的需要。这反过来允许个人聚集财产，他们寻求共同体保护他们的耕地。只有在货币发明之后，人们才能先是积累，然后交换他们的劳动利润，并从一种自然的共同体状态转向一种私人财产制（II.34—44）。在那重要的发展之后，

> 几个共同体（*Community*）解决他们独立的领土界限——因此，凭借条约和协议，解决劳动和工业开始的财产；几个国家与王国之间的结盟可以产生，不论是明示还是默示，都否认拥有他者所拥有的土地要求和权利……凭借明确的协议，解决他们之间在地球不同地方的所有权。（II.45；对照 II.38）

然而，这些明确限制的领土部分被最初共有的两个剩余部分包围了，它们在自然状态下已经是通用的：也就是说，"海洋，仍然为人类所共有"（II.30），"大片土地……（其居民还没有加入到其余人当中，就同意使用他们共同的财富了）荒芜，数量比人还多，居住在那里的人可以使用"（II.45）。在没有主权、法律和货币的情况下，洛克暗示，大片土地的共有权不可能解释成为土生土长的平民所特有。㉓

　　这些公共用地对所有可以提出产品要求权的人都是开放的，在没有剥夺他人生活资料的情况下。然而，这并不意味着他们就完全处在主权者的实证法界限之外。例如，在将海洋描述为共同的之后，洛克立即解释"任何人占有的龙涎香，都是通过劳动消除其自然状态，辛苦劳动而使其成为他的财产"（II.30）。不同寻常地选择龙涎香——抹香鲸的肠分泌的芳香，常常漂浮在海上——可能得益于洛克参与了美洲的开拓与贸易。他知道龙涎香是在卡罗来纳州和巴哈马群岛发现的：确实，在《卡罗来纳宪法》里，"任何人在卡罗来纳州发现"的

㉓　有关洛克和土生土长的平民的论述，参阅：Greer (2012), pp. 366—370, 385—386.

龙涎香，业主们都拥有其一半的占有权。㉔海洋已经成为一种"超乎寻常的……共有"，但这样一个明确的权利要求仍然可以胜过那些收回劳动成本的人的自然权利。

洛克的"农学家"（agriculturalist）占有权论，就像将劳动施于自然生长的果实或荒废的土地那样，常常被当作对号称更"勤劳理性的"欧洲人强取豪夺土著居民的一种纵容（II.34）。然而，洛克并未假设土著居民就是无理性的，也没有主张因为他们的信仰或者缺乏信仰就可以被强取豪夺。㉕正如我们所理解的那样，洛克从个人财产权推导出共同体的管辖权；这种管辖权存在的一个指导原则就是与其他类似权力机构订约的能力。在《卡罗来纳宪法》里，有两次提到业主们承认"与邻居印第安人或者其他人的条约"，以及有权与印第安人"议和、发动战争、订立盟约与条约等"。㉖在这方面，业主们，据推测还有洛克，都认可"印第安邻居"的权利和权力，凭借详细说明他们使用他在《政府论》里所说的"对外"（Federative）权或缔约权的能力。

《政府论》中关于国际事务方面，洛克对国家外交协议的独特分析能力无疑是他最了不起的创新。在第十二章"论国家的立法权、执行权和对外权"中，他根据英国宪法分析而提出全新的分权理论。立法权掌握制定保护国家法律的权力，但只是定期集会；因此需要有"一个经常存在的权力"来继续执行法律；这就是执行权（II.143-4）。还有一个权力"与加入社会以前人人基于自然所享有的权力相当"：换言之，这就是对外权，包括"战争与和平、联合与联盟，以及同国外的一切人士和社会进行一切事务的权力"。洛克清楚这样的划分很陌生，于是采用了一个新名词来介绍：它"可以称之为对外权，如果愿意的话"（II.145-6），指的是订立条约或 *foedera* 的权力。因为

84

㉔ 正如洛克所了解的那样，龙涎香是在卡罗来纳州和巴哈马群岛发现的：*The Fundamental Comstitutions of Carolina*, § 104 ，"无论是谁发现的龙涎香，其中一半应该属于业主"：TNA, PRO 30/24/47/3, f. 68r, in Locke (1997), p. 180; TNA, PRO 30/24/49, f. 58, endorsed by Locke, "*Ambra Grisia 74*".

㉕ 参阅下文：p. 120–123.

㉖ *The Fundamental Comstitutions of Carolina*, §§ 34, 36, in Locke (1997), pp. 169, 171.

这一权力不可能依照先例来行使，"掌握这种权力的人们应具有深谋远虑，为公共福利而行使"，并且还应该由行政权的拥有者来行使（II.147–48）。用英国宪法词汇说，洛克只是描述了与外国列强打交道的君主权。㉗事实上，他并没有精确地解释这种崭新的权力，也没有在任何前所未有的机构，比如议会里表述这一"对外"权。他创造的这个新名词并没有立即引起反响，而且当后来的思想家们讨论权力分立的时候，他们也忽略了他的区分。㉘

《政府论》所具有的那不可预知的意图与那个时代的国家和国际政治相关。1689 年 11 月出版时，洛克希望此书"足以确立我们伟大的秩序恢复者，现在的威廉国王的王位……向全世界论证英国人民对公正和自然权利的热爱，他们捍卫这些权利，以及国家处于奴役和毁灭边缘时拯救国家的决心"㉙。当然，如果这是此书的唯一目的，那么它就会跟其他无数本小册子一道被人们所遗忘。洛克在《政府论》中将他的主要论点表现为：在世界上那些拥有货币化经济的地区，私人财产制度和政府都要保护它们的臣民或者市民的遗产，这对于所有分担权利的成年人而言都是适用的。从这个论点出发，他们可以推断出一种反抗专制的权利，以及重新获得他们那旨在自我保存的最初的自然权利。简言之，这其实就是一条关乎统治者和被统治者的权利与义务的政治理论，一条关乎国内立法权，以及一个国家内部改革可能性的政治理论。洛克对国家之外的世界（主权者贸易、冲突或共谋的外部舞台）和国家之外的人们（例如外国人、移民和"印第安人"）的简要论述，都被后来的评论者们大大忽略了，他们在洛克这部接近于一种国际理论的著作中对于以上所述一无所获。

1690 年春，仅仅在《政府论》面世后几个月，洛克就书写了他唯一一篇论述国际关系的文章。在这篇没有标题也没有发表的文章里，他为奥兰治亲王威廉所说的"将英国从天主教会和奴役中解救出

㉗ Halsbury's *Statutes* (1985–), XⅧ, 720–1.

㉘ 《牛津英语大词典》（*OED*）里的"对外权"解释。孟德斯鸠的"外交权"只是在语源上与洛克的"对外权"相关，从系谱上来说则毫无关联。

㉙ John Locke, 'The Preface', Locke (1988), p. 137.

来"辩护，并告诫说如果詹姆斯二世"复辟，无论依靠什么样的欺骗手段，耶稣会信徒肯定会统治英国，那么法国就会成为我们的主人"。他以令人不快的词语提出适于英国的外交选择：要么结成"基督教世界安全同盟"以防备法国，要么"让英国身陷天主教的肆虐与报复危险当中"。内部分歧可能被英国的敌人所充分利用，每个人都认识到，一旦威廉恢复了安全，就会庄严宣布"正义，就像宽容一样"是"他的光荣事业"。他描绘了一幅战争会带来"流血、杀戮和毁灭"的骇人画面。基于这些理由，他极力主张"我们当中的每个新教徒、每个英国人"都要考虑"他与同胞的争吵有多致命"，当"信仰、自由、他自己和国家的安全……处于生死攸关之际时，如果我们现在不团结，这一切都将失去"。[30] 这就是一位国际史学家的声音，当然不是我们当代人的声音，而完全是英国人的、新教徒的、辉格党的声音。

在国际思想史这个新兴的领域里，有人时常抱怨在政治理论研究 86
与国际理论研究之间存在着一种哲学和历史的不平衡。至少，国际思想史的一个主要任务是要修正这种不平衡，通过给予过去的思想家们比如洛克对国际事务的思考应有的重视来完成。我将以40多年前，即1969年春，罗尔斯早就拥有的研究成果来结束本章。罗尔斯以该问题作为讨论"道德问题"的哈佛定期讲座"国家与战争"的主题。他坚持认为，这系列讲座的目标——校园以暴力形式反抗越南战争的讲座，与罗尔斯断然否认任何一方的正义相冲突——是"将国家法律的道德基础"视作一个哲学问题而非对当前事件的一种评论来探讨。正如罗尔斯在开题讲座中指出的那样，"相对而言，道德与政治哲学这个部分被我们相对地忽略了。政治思想名著关切的民族国家，就绝大部分而言，是它的制度和它们的道德基础（思考一下霍布斯和洛克、卢梭和康德、黑格尔和马克思等）。当然，他们针对这些问题也发表了一些见解，但并不多。"罗尔斯认为忽略的原因可能源于国家政治体制变革方面相对更巨大的成功，而国际体系基本上没有什么变

---

[30] Bod. MS Locke e. 18 in Farr and Roberts (1985), pp. 395–398; printed as Locke 'On Allegiance and the Revolution', in Locke (1997), pp. 307–313.

化："如果有的话，也是一种受所谓的权力平衡控制的多国体系。"㉛

罗尔斯在系列讲座中所表达的目标是要获得国家法律的全面社会契约论，与他 1971 年出版的《正义论》的原则一致。通常认为罗尔斯仅仅在他生命的最后十年才系统地将他的理论应用于国际领域，出现在 1990 年逐次发表的论述"万民法"（the law of peoples）的文章中；然而，这些 1969 年的讲座表明，他的国际理论与他的政治理论基本上是同时形成的，即便二十年后才出版。㉜就像在《万民法》（*The Law of Peoples, 1999*）里所论述的那样，罗尔斯竭力解决社会与不同道德原则——基督徒与异教徒相对，或者后来自由的人民与"合宜的等级制人民"（decent hierarchical peoples）相对——之间的正义问题，并且认为与"作为公正的正义"（justice as fairness）相似的一种学说对于国际社会而言也是必要的："为了解释清楚，让我们转向洛克片刻。"这样，罗尔斯才有了第二次的尝试——在 1960 年理查德·考克斯之后——重建洛克的国际思想。㉝

阿奎那证明了国家法律中的自然理论；罗尔斯本人则信奉彻底的社会契约理论。他将洛克看作这两种理论之间的一种折中方法。为了保护人们的共同利益，身处社会中的人们创立了共同体，这是一个拥有主权的机构，但就其他共同体而言，这种"法人"设立的政体存在于一种自然状态下。"因为是人为设立的机构，它们不为世界上其他政权所控制"。罗尔斯以洛克来阐明"国际法只是道德原则体系的自然法，为着实践的目的……适用于各国的道德权利与义务"；他承认洛克认识到国家订立条约背后的契约必须得到遵守的根本原则，"但他似乎不认为这些是包括在实证法体系之内的"。㉞作为《政府论》的一种阐述，这无疑低估了洛克国际思想中的明确协议的重要性，特别

㉛　HUA, Acs. 14990, box12, letter file 4 (contractions expanded).

㉜　Rawls (1993); Rawls (1999a).

㉝　HUA, Acs. 14990, box12, letter file 4, 'Lecture VI-Natural Law and Rights: Aquinas and Locke.' 考克斯是罗尔斯在讲座中引用的唯一一位阐述洛克的学者。

㉞　HUA, Acs. 14990, box12, letter file 4, 'Lecture VI-Natural Law and Rights: Aquinas and Locke.' 罗尔斯的注释本，是保存在 HUA、HUM48.I Box I 的彼特·拉斯利特（Peter Laslett）的《政府论》版本。

是低估了那些担保国家领土完整的协议的重要性。正如罗尔斯的"法人"（artificial persons）用语表明的那样，它从洛克那里吸收的东西远远多于霍布斯，特别是在呈现他坚持的自然法与国际法之间的同源性的时候。⑤

洛克认为创建共同体（commonwealth）的人们可以拥有权力，但共同体这个机构不能拥有任何权力。尽管如此，对于这一点，罗尔斯的见解仍然是正确的。恰如处于自然状态下的个人是平等的、自由的、独立的那样，置身于国际舞台的国家也如此。"在国际社会的外交事务中，国家权利源自于组成国家的那些个人。就像个人的基本权利是平等的那样，国家的基本权利也是平等的。"在这一点上，当罗尔斯寻求一种社会契约理论来解释洛克留下的那富于启示却又不完整的国际法时，他进一步对"国家"（nation) 进行了界定："我们的问题在此：洛克把基本的自然法当作一种赋予（*given*）（跟最初的平等状态、平等权利一起）。它最终建立在创造权利的基础之上。我们想要做的是从原初状态观念（the idea of the O[riginal] P[osition]）构想出一种完整的社会契约理论。"⑧洛克在罗尔斯的哲学灵感中永远都不会显得很重要。罗尔斯从《正义论》中抹去了大部分的历史痕迹，也抹去了他的理论的国际应用。他在后来关于该主题的讲座中没有考虑洛克政治哲学的国际维度。⑤当罗尔斯在他生命的最后几年回到万民法时，洛克不是他拟定他的现实乌托邦时所考虑的资料来源。

就没能在洛克的著作中发现一个连贯的国际理论这个事实而言，不止罗尔斯一个人。就像少部分寻找这样一种理论的后继学者那样，他将自己局限于仅仅研究《政府论》，就好像要确认国际思想就只能从这部政治思想经典作品中去挖掘，而不是通过其他反思和辩论的资料来补充它一样。在本章，我尽力追随近期通过洛克的作品——包

88

---

⑤　虽然罗尔斯在别的地方都坚决区分了霍布斯和洛克的诸多"问题"和"假设"：Rawls (2007), p. 105.

⑧　HUA, Acs. 14990, box12, letter file 4, 'Lecture VII–The Full S[ontract] Theory Law of Nations (I) (How to set up).'

⑤　Rawls (2007), pp. 103–155.

括系统的和零碎的、发表的和未发表的——对他进行历史研究的学者们，提醒人们关注获取他的国际思想的其他资料。

洛克的直接介入有许多都与欧洲国家体系内的紧迫情形和新教权力的迫切需要紧密相连，这个欧洲国家体系对大西洋世界和发展迅速的全球商业扩张都有兴趣。当洛克直接探讨外交关系时，常常成为一位"他的国王与国家的情人，一位和平与新教派的爱好者"：确切地说，他是一位为了"欧洲共同利益"而反抗天主教波旁王朝威胁的英国国际思想家。⑧ 他的一个新观念——"对外权"可以认为是一种独立的权力——并未得以确立。后来有人利用他的著作来证明对从康涅狄格州到新南威尔士的那些土著居民的剥夺情况，由此将他的思想观念公之于世，后殖民批评对他而言或许是不公正的（读者将会在下面两章中看到这种情况）。基于这些原因，洛克对后来的国际理论几乎没有什么贡献就是可理解的了。然而，他关切的范围，以及他论述的外交事务这个证据，将足以证明他进入任何一部国际思想史著作都是有正当理由的。

㊳　Farr and Roberts (1985), p. 395; Locke to Edward Clarke, 29 January 1689, in Locke (1976–), Ⅲ, p. 546.

第六章 约翰·洛克、卡罗来纳州与《政府论》

　　长期以来，在自由主义与殖民主义之间存在着一种相互建构的 90
关系，这在今天的政治思想史上是一件平常之事。[1]这种关系可能没
有非常及时地延伸至 15 世纪欧洲之外的欧洲殖民地起源，但现在至
少可以回到主观的自然权利传统内部的自由主义起源去理解它了。
从 17 世纪初起，那些被后人推崇为自由主义者的欧洲理论家们就详
尽地阐述了解决国内和殖民地语境的政治理论。[2]就像理查德·塔克
（Richard Tuck）所论证的那样，"从标志着 17 世纪，以及与格劳秀
斯、霍布斯、普芬道夫和洛克这些名字有着特别关联的自然权利这个
角度来看，道德和政治理论化的飞跃发展是欧洲理论家的一次尝试，
旨在解决他们自己社区（随后的宗教战争）内部，以及欧洲与世界其
他地方（特别是全球范围内的前农业民族世界）之间的深层次文化差

---

① 当然，"自由主义"和"殖民主义"都是过时且不准确的术语，对于适用于 19 世
　　纪之前的任何一个时期而言；但它们却提供了一个方便的概念速记方式，因而拥
　　有犹如艺术学科术语那般的亲缘性优点。
② 参阅：Parekh (1994 b); Parekh (1994a); Parekh (1995); Tully (1995); Leung (1998);
　　Mehta (1999); Ivison (2002); Pagden (2003); Muthu (2003); Pitts (2005); Sylvest
　　(2008); Mantena (2010); Fitzmaurice (2012).

别问题"。③这些 17 世纪自然权利理论家的后继者将他们的兴趣延伸至欧洲之外，在接下来的几个世纪里其影响波及东印度群岛、美洲、南亚、北非和澳大利亚。并不是所有的自由主义者都与殖民主义有牵连，而且殖民主义也并不是只有自由主义者为之辩护。有名气的自由主义理论家要么受雇于海外贸易公司，要么拥有欧洲以外的殖民地和商业方面的专业知识，他们非常出色，且个性迥异，从格劳秀斯和霍布斯到托克维尔和穆勒，莫不如此。

　　约翰·洛克已经成为连接自由主义与殖民主义的历史链条上关键的一环。这么说的原因主要是其个人经历。从 1669 年至 1675 年，卡罗来纳州这个早期殖民地的业主们——他们中有洛克的资助人安东尼·阿什利·库珀（Anthony Ashley Cooper），即后来的沙夫茨伯里伯爵一世——雇用洛克担任他们的秘书。④在 1672 年到 1676 年之间，洛克继沙夫茨伯里伯爵之后成了一家公司的股东和资本合伙人，这家公司经营巴哈马群岛与美国本土之间的贸易。⑤1672 年 9 月，他还获得了垄断奴隶贸易的英国皇家非洲公司（Royal African Company）特许状的任命。⑥从 1673 年 10 月至 1674 年 12 月期间，他在担任秘书的同时，还兼任英国贸易理事会和外国种植园的财务主管。⑦20 年后，从 1696 年直到 1700 年由于重病被迫离职，洛克都是英国贸易委员会任命的第一批委员，该委员会是监管大西洋世界的商业和殖民地的主要行政机关。⑧当他在这个职位上时，他向在弗吉尼亚的一位记者保证："在他适当而又公正的规章之下，种植园欣欣向荣，这是我永远的目标"，只要他虚弱的身体许可，他就会积极提出建议。⑨洛克在过

---

③　Tuck (1994), p. 163; Tuck (1999), pp. 14–15, 232–234.

④　Bod. MS Locke c. 30; TNA PRO 30/24/47, 30/24/48; *Shaftesbury Papers* (2000); L. Brown (1933), chs, 9–10; Haley (1968), ch, 12; Leng (2011).

⑤　HRO, Malmesbury Papers 7M54/232; BL Add, MS15640, ff. 3R–8V, 9r–15r; Haley (1968), pp. 232–233.

⑥　TNA C 66/3136/45, CO 268/1I/11(27 September 1672).

⑦　LC. Phillipps MS 8539, pt. I; Bieber (1925).

⑧　TNA CO 391/9, 391/10, 391/11, 391/12, 391/13; Cranston (1957), ch. 25; Kammen (1966); Laslett (1969); Ashcraft (1969); Turner (2011).

⑨　Locke to James Blair, 16 October 1699, in Locke (1976–), VI, p. 706.

去 40 年间的行政工作和财务投资，使他获得了英国在从纽约到卡罗来纳州的北美、加勒比海、爱尔兰和非洲这些地区的殖民活动和商业活动的实践经验。⑩

直至 1700 年 6 月洛克辞去贸易委员会职务为止，他已经成为 17 世纪晚期对英国大西洋世界了解最充分的两位观察家之一：他唯一的对手是贸易委员会的行政官员威廉·布拉斯维特爵士（Sir William Blathwayt），此人在那时握有英国殖民当局更全面的控制权。⑪ 就职 92 于私人殖民部门和公共殖民当局的经历，为洛克提供了比埃德蒙·柏克之前的政治思想史上的任何权威人物对国家的商业和殖民地更加透彻的理解。在詹姆斯·穆勒（James Mill）和约翰·斯图亚特·穆勒加入东印度公司的行政部门之前，没有过这样一位在欧洲殖民主义制度史上起着如此重要作用的人。除此之外，在 19 世纪之前，没有一位专业的政治理论家能像洛克那样如此积极地将理论运用于殖民实践当中——为殖民地卡罗来纳州书写《基本宪法》。基于这些原因，洛克的殖民兴趣已经被接受的这一事实表明："大英帝国的开明思想与自由主义本身基本上是同时代的。"⑫

如果洛克的殖民活动没有在他的主要著作中留下踪迹的话，它们将仍然与其政治理论之解释不相干。这些踪迹在他的《政府论》里尤为充足，足以支持一种完善的洛克政治理论的"殖民"解读。⑬洛克提到的"美洲"（America）或者"美洲人"（American）（意思是美洲原住民而不是欧洲到美洲来的殖民者）几乎全都出现在《政府论》下篇中。⑭例如，当"一个瑞士人和一个印第安人"在"美洲树林里"（II.14）彼此相遇时，他们仿佛相遇于自然状态之下。读者可以推断出这位印第安人的家庭结构就像他的政治协议那样是松散的："在那

---

⑩ 与殖民事务相关的大多数实践作品即将面世（正在出版）。

⑪ Murison (2007), pp. 33–34.

⑫ Mehta (1999), p. 4.

⑬ 尤其要参阅：Lebovics (1986); Castilla Urbano (1986); Tully (1993); Arneil (1996); Pagden (1998), pp. 42–47; Michael (1998 年); Ivison (2003); Farr (2009); Turner (2011).

⑭ Locke (1988). 所有的引语和段落编号都出自该版本。

些美洲地区，当丈夫和妻子分开时，这种事频繁地发生，孩子们都留给妈妈，跟着她，完全由妈妈照顾和供养。"(II.65)"如果约瑟夫·阿科斯塔（*Josephus Acosta*）的话可以采纳，那么在美洲的许多地区就根本没有政府"(II.102)，特别是在那些"征服之剑触及不到的地区，以及秘鲁和墨西哥这两个伟大帝国完全控制的地区，美洲民族曾经在那里享受他们自己的天然自由"(II.105)。这样的一些民族"对于扩展他们的土地财产，或者竞争更宽广的大片土地而言没有诱惑"，意思是"美洲印第安人的国王""就是他们的军队将领"(II.108)。他们的交换媒介，"美洲人的贝壳串珠（Wampompeke）"，对于欧洲统治者而言就如"从前欧洲银币之于一个美洲人那般"毫无价值(II.184)。

93　　　关于美洲及其居民的阐述出现在《政府论》下篇（共十八章）的七章中，其中一半以上集中出现在题名为"论财产"的第五章。最粗略地浏览一下这一章的论点，发现它揭示了两个关键人物：以果子和鹿肉为食的"野蛮的印第安人"(II.26)——通过理性法则使印第安人所杀死的鹿归他所有(II.30)；还有带着家人前往"美洲一些内陆、无人占有的地方"的种植园主(II.36)。洛克描述了"几个美洲民族……他们无论是富有还是贫穷，都过着舒适的生活"，他们的"国王拥有大片肥沃的领地，那里有食物和房屋，但过得比英国的日工还糟"(II.41)。他作了一个比较："这里年产 20 蒲式耳小麦的一英亩土地和美洲另一英亩土地，倘用相同的耕作方法"可以获得相同的内在价值，但收益价值却不相同(II.43)。他评论道，一个拥有"美洲中部一万或十万亩优质土地的男人，准备耕种和饲养牲畜是无用的，因为在那里他没有这个世界其他地方的贸易希望"(II.48)，由此得出了他著名的结论，"全世界初期都像美洲，而且是像以前的美洲，因为那时候任何地方都不知道有货币这种东西"(II.49)。整部《政府论》中所有的这些论述驳斥了"美洲在《政府论》中并不是洛克主要关心对象"这一论点。⑮

　　　洛克的《政府论》下篇不可以被简化为殖民地的参考资料，其

---

⑮　Buckle (2001), p. 274.

意义也不可以让一种殖民读物来独自决定。[16]然而，参考资料的出现次数和重要性仍然需要解释。对此，詹姆斯·塔利给出了建议，"在据理力争商业性农业生产优越于土著美洲人的狩猎、捕捉和采集的过程中，洛克也一直在为英国的殖民地化优越于法国的毛皮贸易帝国而辩"，可结论却是，"需要对殖民文献进行更多的研究来验证该假设"。[17]然而，在洛克感兴趣的那些法国毛皮贸易文献中几乎没有证据，对其生产力或合法性的任何研究也没有一个是与英国殖民模式有关联的。相反，理查德·塔克认为洛克的目标甚至更具体：查理二世于1681年特许给威廉·佩恩（William Penn）的宾夕法尼亚殖民地。塔克论证说，宾夕法尼亚"体现了洛克在《政府论》下篇中抨击的一切，即，佩恩政府框架的专制主义，以及他将印第安人当作其土地的合法拥有者的做法，即使是拥有特许权的殖民者也必须从他们手中购买"。[18]在这种情况下，有一些洛克关注的证据，通过他对1682年宾夕法尼亚政府框架进行评论的手稿形式出现。尽管洛克批评了宾夕法尼亚州所有者与议会之间的权力平衡，但他没有一个地方提到佩恩获取土地所有权的方式。此外，洛克对佩恩政府框架的评论，其日期可以确定不早于1686年11月，也就是说甚至比《政府论》下篇创作的最新日期（1682年）晚了四年。[19]

94

如果说洛克在《政府论》中参阅的美洲来自一个特定的、可识别的殖民语境，那么从根本上说就要知道这些参考资料进入该著作文本的时间。这些参考资料的解释由此在某种程度上取决于作为一部整体的著作那错综复杂的时间问题。《政府论》首次印刷是在1689年末，但到1690年才印刷标题页，因而也使得几乎三百年来人们都相信该著作是基于1688—1689年光荣革命的回顾性理由而创作的。彼得·拉斯莱特于1960年以他自己的论证推翻了上述结论：洛克创作《政府

---

[16] Ivison (2003), p. 87.

[17] Tully (1993), pp. 165–166.

[18] Tuck (1999), pp. 177–178.

[19] Bod. MS Locke f. 9, ff. 33–37, 38–41, Locke's journal 1686–8, between entries for 8 and 22 November 1986, pp. 518–520.

论》的下篇是在 1679 年到 1680 年的冬季排外危机（the Exclusion Crisis）期间，然后在 1680 年初创作了上篇。[20] 近来的研究普遍质疑拉斯莱特提出的下篇在上篇之前完成这个观点，并逐渐将下篇的创作日期进一步推至 17 世纪 80 年代。[21] 例如，弥尔顿认为，洛克开始创作下篇是在 1680 年末或 1681 年初，1681 年 7 月沙夫茨伯里伯爵被捕后就被暂时搁置在一旁了，然后到 1682 年 2 月又重新拾起，在同年晚些时候完成手稿之前。[22] 理查德·塔克本人证实了这个后来的日期，据他观察，下篇包含了洛克对普芬道夫的《自然法与万民法》（*De Jure Naturae et Gentium*）和《人和公民的自然法义务》（*De Jure Naturae et Gentium*）的含蓄批评，而这两部著作是洛克在 1681 年才得到并进行阅读的。[23] 弥尔顿进一步论证说，下篇有三章（第四章"论奴役"、第五章"论财产"和第十六章"论征服"）包含了一些在风格上不同于其他章节的《圣经》引文，洛克只在晚年时期引用过。关于这一证据，他得出的结论是，除了下篇的其余章节，这三章都被重新编写过（或者说至少是修订过），特别是"第五章……其风格与其他章节大不相同"。他的推断是早于其他章节，因为这一章有许多地方间接提到了美洲，这肯定源于洛克对卡罗来纳州的兴趣："他主要关联的时期要更早，是他在 1669 年至 1675 年期间担任领主秘书长"。[24] 这是一个合情合理的推断（尽管与弥尔顿为第五章后面的日期所作的辩护在逻辑上相抵触），只要假设洛克与卡罗来纳的关系有效地结束于 1675 年，以及直到 1696 年他被任命为贸易委员会委员，书写《政府论》很久之后，他才重新开始积极地投入殖民当局的工作当中。

要接受传统的洛克殖民活动年表，甚至是所提议的书写《政府

---

[20] Locke (1988), pp. 65, 123–126.

[21] Locke (1989), pp. 49–89; J. Marshall (1994), pp. 222–224, 234–258; J. R. Milton (1995); J. Marshall (2006), pp. 50–54.

[22] Milton (1995), p. 389.

[23] Tuck (1999), p. 168. 1681 年这个起点也符合洛克对罗伯特·诺克斯（Robert Knox）的《锡兰晚期关系》的引用（II.92），他在 1681 年 8 月 29 日这天购买了此书：Locke (1988), pp. 55, 327, n 12; Knox (1680).

[24] J. R. Milton (1995), pp. 372–374.

论》最宽泛的日期范围，都给我们留下了一个解释难题。认为书写此书的最早日期是 1679 年，最晚日期是 1682 年，从 1675 年到 1696 年的这二十一年是最初的书写时期，那时的洛克与英国殖民当局显然没有什么关联。下篇中美洲参考资料出现的频率，以及它们显眼地群集于第五章，将会支持这一论点：在自由主义和殖民主义之间存在着一种作为资本主义和现代性孪生后代的可选择性姻亲关系。㉕ 一种更严格的历史解释仍然存在诸多问题，因为在洛克为英国殖民主义服务的那一时期与他创作奠基性自由主义文本之一的这一时间段之间存在着明显的分裂。如果有可能提供证据证明在 1675 年之后，洛克仍然对卡罗来纳州的事务有兴趣，而且他继续关心殖民地政府及其前景，不仅在 1679 年之后如此，甚至迟至 1682 年之后也如此，那么也就有可能证实这种持续不断的怀疑——洛克详述美洲作为《政府论》下篇第五章论点的基础一定有某种急迫的原因。本章接下来的部分将对这种延续的殖民活动给出的正是这样的证据，而结论部分将对下篇的学说语境化的一些阐释性言外之意进行研究。

　　至少从 18 世纪初以来，《卡罗来纳州基本宪法》（1669）就一直是理解洛克的政治理论与其殖民利益之间关系的核心所在。㉖ 对于洛克的崇拜者来说，他那被假定为一部宪法的作者的身份，独特地承认不受限制的宗教宽容，才是真正令他们骄傲的根源。因此，伏尔泰建议我们："把你的眼光投向另一个半球，看看卡罗来纳州，睿智的洛克是其立法者。"㉗ 洛克起草这部《基本宪法》的事实也被用来证实理论在政府实践世界所起到的作用：毕竟，设计一个崭新的共和国，还有谁比这样一位"伟大的哲学家"更优秀？㉘ 而洛克的敌人并没有那么乐观。这部《基本宪法》假设了奴隶制的存在，并断言奴隶主拥有

96

㉕　Mishra (2002).

㉖　Most recently Kidder (1965), McGuinness (1989), Hallmark (1998), Hsueh (2010), pp. 55–82.

㉗　'Jetez les yeux sur l'autre hemisphere, voyez le Caroline, dont le sage Locke fut le législateu': Voltaire (2000), p.152.

㉘　Locke (1720), A3r-A4v; Lee (1764), p. 28; Butel-Dumont (1755), p. 279; Hewatt (1779), Ⅰ, p. 44（quoted）.

生杀予夺的绝对权力。他们还在北美土地上确立了最初的世袭贵族。由一位哲学家所设计的共和国还有什么比由"专制贵族"统治的反民主奴隶社会更糟的？[29]

97 　这部《基本宪法》最初起草的时间是 1669 年，此时洛克正担任卡罗来纳州领主的秘书。秘书既是一个管理职位，也是一个行政职位；这一事实，加上洛克与安东尼·阿什利·库珀的亲密关系，这位领主与《基本宪法》的关系最亲密，如果说他不会在起草过程中起到最起码的主要监督作用，那简直就是一件不可思议的事情。[30]虽然修订频繁，并且常常被殖民者所忽略，但是《基本宪法》还是从形式上为这块殖民地提供了政府框架，且颁布了 40 年后才被殖民者废除。[31]在洛克的有生之年，这部《基本宪法》一再发行，殖民者的手稿副本和各种印刷版本都有，从豪华大纸张印刷（大概是为领主刊印的）到旨在鼓舞移民们的缩略本，应有尽有。[32]确实，这部《基本宪法》是唯一可以与洛克的名字有关联的出版物，在 1689—1690 年这个神奇年代（annus mirabilis）之前，《人类理解论》和《政府论》首次出版。洛克死后，这部《基本宪法》出现在他的逃亡作品集里；至今仍然保留在他的综合性著作中。[33]洛克对这部《基本宪法》的贡献，使他享有了为一个真实存在的社会创造宪法的声誉，在后古典政治哲学家当中，唯有让-雅克·卢梭这位未曾实现科西嘉岛宪法计划（1765）的哲学家——还著有《论波兰的治国之道及波兰政府的改革方略》（*Considérations sur le gouvernement de Pologne*, 1772）——享有过这

㉙　Defoe (1705), p. 8; Tucker (1783), p. 92 (quoted), John Adams, *Defence of the Constitutions of Government of the United States of America* (1788), in Adams (1850–6), Ⅳ, pp. 463–464; Boucher (1797), p. 41.

㉚　Haley (1968), pp. 242–248; J. R. Milton (1990); P. Milton (2007b), pp. 260–265.

㉛　Roper (2004), pp. 99–101; Moore (1991).

㉜　*Fundamental Constitutions* ([1672?]), Houghton Library, Harvard University, call-number * fEC65 L7934 670f, is a unique large-paper copy; *Carolina Described* (1684), pp. 12–16, 33–56, summarises and reprints the Fundamental Constitutions of 12 January 1682.

㉝　Locke (1720), pp. 1–53; Locke (1823), x, pp. 175–199; Locke (1989), pp. 210–232; Locke (1997), pp. 160–181.

一声誉。㉞

　　几代学者都错误地认为在沙夫茨伯里伯爵的论文中发现的《基本宪法》手稿（1669 年 7 月 21 日）出自洛克之手。事实上除了通篇大量的修改之外，只有前两段是洛克写的。㉟这一事实本身并不会反驳他对整个文本的书写：至少在他的职业生涯里，在将其余部分交给一个抄写员转录之前，他似乎就开始书写手稿了。㊱幸存的打印副本没有一份出自洛克之手；确实，唯一具有著作权的副本是送给沙夫茨伯里伯爵的。㊲洛克的贡献显然足以证明这位乡村律师的儿子于 1671 年 4 月获得卡罗来纳州世袭贵族阶层的伯爵这一爵位是有正当理由的，"在解决政府形式和安置殖民地的过程中异常谨慎、博学、勤奋"，这是授予他爵位时的致辞。㊳这一颂词未能精确地定义他的作用，但至少源自于一个接近 1669 年《基本宪法》草创的时刻，在给予支持的那些人中头脑最清醒，并看重洛克成就的是卡罗来纳州的领主们。㊳这也赋予了他比任何其他在美国拥有土地的同类思想家更大的土地主权：48000 英亩的卡罗来纳州土地，虽然他从未接受，但也从未正式否认过。

　　洛克从未明确地承认过编写这部《基本宪法》的责任，但这种沉默本身并未构成对他的参与不利的证据。除《人类理解论》之外，洛

98

㉞　Rousseau (2005); Putterman (2010), pp. 122–145.

㉟　TNA PRO 30/24/47/3。

㊱　P.Long (1959), p. ix；例如，"看到的上帝的一切"（1693），"上帝这个证据基于必要的存在理念的考察"（1696）"弗吉尼亚州现行宪法的主要不满，促使解决这些不满的一篇文章出现"（1697），"调查上校亨利·哈特韦尔（Henry Hartwell）或任何其他谨慎的人，他们了解宪法弗吉尼亚州的宪法"（1697）, Bod. MSS Locke d. 3, f. 1; C. 28, f. 119, e. 9, ff. 1, 39。

㊲　*Fundamental Constitutions* ([1672?]); Bod. Ashmole F4(42): 'made by Anth: Earle of Shaftesbury'.

㊳　Bod, MS Locke b.5/9(another copy in SCDA, Recital of Grants, AD120, pt. Ⅱ [15 November 1682], f. 18). 例如，与其他同时代伯爵的授予比较 ——例如，詹姆斯·科勒顿（James Colleton，1671 年 3 月 16 日）、约翰·伊曼斯（John Yeamans，1671 年 4 月 5 日）和爵士埃德蒙·安德罗斯（Edmund Andros，1672 年 4 月 3 日）——表明这种话语形式只属于洛克。

㊴　比较美国国国家档案馆 CO5/286 的伯爵证书目录，f. 42v。

克不愿意承认他的任何一部主要著作的作者身份，这事众所周知，因为他在 1684 年就严肃地抗议："我不是作者，不仅不是任何诽谤性文章的作者，更不是那些书写善恶美丑或冷漠的论著的作者。"⑩1673年，领主彼得·科利顿（James Colleton）爵士赞颂洛克，"你沉着地参与了优秀的政府形式"。后来，在 17 世纪 70 年代，洛克在法国的两个通讯员写信给他时提到了"你们的宪法"（vos constitutions）和"你们的法律"（vos loix）。⑪洛克既不证实也不否认这些说法，它们本身也并未提供证据以证明他在建构《基本宪法》过程中的角色性质。然而，洛克从未宣称《基本宪法》是他的功劳，也未曾刻意与这些宪法规定保持距离。特别是他好像试图避开与最早出现在 1670 年
99 《基本宪法》修订本中的英国国教教会规定的关系；这可用以表明他意识到否定《基本宪法》的其他条款并无令人信服的理由。⑫

　　这部宪法为不成熟的殖民地分配土地和提供法律和体制框架。在 1663 年第一次给业主颁布特许状的情况下，英国移民的种植园在头五年就失去了活力，开普菲尔河（Cape Fear River，位于现在的北卡罗来纳州）最早的一个居民点也于 1668 年瓦解了。1669 年的《基本宪法》标志着一系列业主计划的一个崭新开端。制定这些计划的目的很明确：为了"避免正在确立的民主精神"，而将一切权力一劳永逸地掌握在"真实而又绝对的领主和业主手中"。⑬在他们之下将是世袭贵族阶层组成的领主，他们将拥有针对更多世袭的永久农奴阶层或庄园领主的管辖权。"由此在白人当中产生了一种倾向（cast）———部带有印度迷信的宪法"，1807 年，一位洛克的拥护者如此抱怨道，他承认这部《基本宪法》里头有这样的一个缺陷"与洛克作为《政府

---

⑩　John Locke to Thomas Herbert, Earl of Pembroke, 28 November 1684, in Locke (1976–), Ⅱ, p. 664.

⑪　Sir Peter Colleton to Locke, October 1673; Nicholas Toinard to Locke, 2 July 1679; Henri Justel to Locke17 September 1679, in Locke (1976–), Ⅰ, p. 395, Ⅱ, pp. 47, 105.

⑫　Locke (1720), p. 42.

⑬　TNA, PRO 30/24/47/3, f.Ⅰ, Locke (1997), p. 162.

论》的作者这个身份十分不匹配"。[44]

业主们拥有卡罗来纳五分之一的土地；贵族阶层拥有五分之一的土地。卡罗来纳的自由民"不承认有上帝，可又受到人们公开且神圣的崇拜"，从而禁止他们居住和拥有其余的土地。最小限度的居留资格也是最大限度的宗教宽容资格，是为了"异教徒、犹太人和来自纯洁基督教信仰的其他持异议者不会产生恐惧，并保持一定距离"。上帝并没有赋予人们仅凭有神论就定夺人们是否可以拥有居留的权利："那个地方的土著居民……可以不信仰基督教，基督教徒的盲目或错误崇拜让我们对他们进行非法驱逐或利用"。宗教宽容也将体现在奴隶身上，"然而，没有一个奴隶会由此被免除他的主人对他的公民主权的掌控，其他的一切依旧是老样子"。因此（正如《基本宪法》中这一最臭名昭著的条款中所陈述的那样），"卡罗来纳的每一位自由民都将对他的黑人奴隶拥有绝对的权力和权威，无论他们持有何种意见或信奉何种宗教。"[45]《基本宪法》中该条款的存在仅仅证实了后来的洛克批评者们的怀疑，即"最卓越的共和党作家们，比如洛克、弗莱彻和卢梭本人，妄称证明使别人成为奴隶是有正当理由的，当他们如此热切地为他们的自由而辩护的时候"。[46]

在《基本宪法》的洛克与《政府论》的洛克之间，存在着明显的时间距离，这让洛克的拥护者松了一口气。在制定《基本宪法》的过程中，不管他的参与程度如何——是作为一位志在创建一个新生的政治社会的政治哲学家而初试牛刀，还是仅仅作为一名听从主人的雇员——洛克不可能完全为他们更严厉、更狭隘的规定开脱责任。如果说"洛克对卡罗来纳州的论述表明他是 17 世纪 70 年代的一个社会保守派"，那么这怎么可能与在 80 年代的《政府论》中发现的那个被认为是更加平等、民主和自由的洛克达成一致呢？[47] 1776 年，约西

100

---

[44]　[J. T.Rutt,]'Defenceof Locke Against Lord Eldon'(9 February 1807), in Goldie (1999), IV , p. 391.

[45]　TNA, PRO 30/24/47/3, FF. 58R, 59R, 60R, 58R, 59R, 65R, 66R, ptd。Locke (1997), pp. 177, 178, 179–180.

[46]　Tucker (1781), p. 168.

[47]　Wootton (1992), p. 79 (quoted) pp. 82–87.

亚·塔克（Josiah Tucker，一个怀有明显敌意的证人）回答了这个问题：“洛克先生当时还是一个年轻人，这部法典面世时，他生活在残暴的斯图亚特王朝（查理二世）的暴政下，他沾染了那个时代的一点恶习也就不足为怪了。”⑱通过求助于作为沙夫茨伯里伯爵委托人的洛克与作为独立哲学家的洛克在时间上的断裂，任何关于推测的 17 世纪 60 年代和 70 年代的“保守派”洛克与 80 年代和 90 年代的“自由派”洛克之间的关系的忧虑都可以消除。

洛克代表卡罗来纳州业主们的正式活动的这一证据并没有大大缩小这种差距。一系列补充卡罗来纳《基本宪法》的临时法律——包括反对奴役印第安人的一条著名规定——存在于自 1671 年 12 月以来的洛克手稿中。⑲他继续担任业主们的秘书，直到 1675 年 11 月离开英国去法国，这通常被认为他实际上辞去了职务，终止了对殖民地事务的直接参与。然而，这样的一种假设不仅让《政府论》下篇中拿美洲人作参考更加难以解释；而且还忽略了洛克从总体上来说对卡罗来纳州前景感兴趣的许多证据，以及具体说来他忠于《基本宪法》诸多条款的许多证据，它们存续的时间大大超过了 1675 年他的秘书任期正式结束之时。

洛克的私人信件和笔记证明了这种印象——他最初的殖民地活动时期与他成熟的哲学时期是有间断的——是不真实的。他有三个时机可以探寻《基本宪法》的副本，一次是在 1674 年的夏天，另外两次是在 1677 年的秋天。⑳许多阐述社会纪律、婚姻法和定居模式的连续性笔记，被洛克题名为《失落的帝国》（Atlantis，1676—1679），都直接或间接地提到卡罗来纳州。㉑在 1679 年到 1681 年之间，他定期

---

⑱ Tucker (1776), p. 104; 比较：[Rutt,]'Defence of LockeAgainst Lord Eldon', in Goldie (1999), IV, pp. 393. 1669 年，洛克 37 岁，按照他那个时代的标准是中年人。

⑲ TNA, CO 5/286, f. 41r, Rivers (1856), p. 353; Hinshelwood (in press)。

⑳ TNA, CO 5/286, f.125V, 29 July 1674: 'Memd send Mr Locke into the Coumtry a Coppy of the F. Constitutions'; Thomas Stringer to Locke, 7 September 1677; Stringer to Locke, 5 October 1677, in Locke (1976–), I, pp. 516, 518.

㉑ Locke, "Atlantis" (1676-9), in Locke (1997), pp. 253–259; de Marchi (1955); Bellatalla (1983).

跟他的法国朋友尼古拉斯·托伊纳德（Nicholas Toinard）和亨利·加斯特尔（Henri Justel）通信，谈论《基本宪法》的一些细节，探讨"洛克岛"（现在的埃迪斯托岛，位于现今南卡罗来纳州境内）的未来，以及他为卡罗来纳这个乌托邦或者甚至是法国的留尼旺岛而逃离腐败的英国所做的打算。[52]1681 年，他在牛津的两个《基本宪法》副本里记录了他的财产；当他于 1683 年逃到荷兰时，至少将三个副本寄放在詹姆斯·提雷尔（James Tyrrell）那里（包括业主们盖章的一个副本）；一个未装订的副本在 1699 年 6 月制作的书单里；1704 年 3 月，他承诺要将一个副本拿给安东尼·柯林斯（Anthony Collins）看；他还拥有两个副本，其中之一或许是他 1704 年去世后留给弗朗西斯·卡德沃斯·马莎姆（Francis Cudworth Masham）的副本。[53]洛克对《基本宪法》的兴趣是持久的，虽然断断续续。在缺乏其他证据的情况下，这并未表明对其条款有任何持久的忠诚，或者对殖民地前景有任何承诺。就此而论，洛克继续参与卡罗来纳州殖民地及其《基本宪法》的其他证据，只有超越了他完成《政府论》初稿的时间，才是必要的。

洛克关心卡罗来纳州前景的间接证据是 1675 年之后他在法国旅行期间。[54]他在那些年里书写的两份最长的手稿，其中一份是《酒、橄榄、水果和丝之观察》（"Observations on Wine, Olives, Fruit and Silk"，1680 年 2 月 1 日）。[55]该文几乎没有人评论过，并且对于洛克思想传记的传统描绘而言，在很大程度上仍然是不能同化的。[56]然而，在考虑到需要卡罗来纳这块殖民地的情况下，如果被视为一项以沙夫茨伯里的名义进行的"农业间谍"行动，那么《观察》就获得了更清

102

㊿ Locke (1976 -), I, p. 590, II, pp. 19, 27, 32（quoted），pp. 34, 40, 47, 68, 95, 105, 132, 141, 147, 441, 444; Bod. MSLockef.28, f.19.

㊼ Bod. MS Locke f. 5, f. 93; MS Locke c. 25, f.31r; MS Locke f. 10, f. 98; MS Locke b. 2, f. 124; MS Locke f. 17, f. 46r; MS Locke b. 2, f. 172v; Locke to Anthony Collins, 6, 9, 13 March 1704; in Locke (1976 -), VIII, pp. 232, 234, 238; Bod. MS Lockec 35, f. 49V.

㊄ 关于洛克的法国之旅，尤其要参阅：Locke (1953); Locke (2005).

㊅ TNA, PRO 30/24/47/35; Locke (1766); Locke (1823), x, pp. 323–356. 洛克这些年里的其他主要著作（至今仍未出版）是：Bod. MS Locke c .34, transcribed in Stanton (2003), II .

㊆ 主要的例外是蒂姆·昂温（Tim Unwin）的一系列研究：Unwin (1998); Unwin (2000); Unwin (2001).

晰的关注。[57]在法国的整个旅行期间，洛克特别留心种植、栽培和养蚕。他细致地记录下不同品种的葡萄、橄榄和无花果，例如，经常针对给他提供信息的人报告的酒、丝绸和橄榄油产量的方方面面提出问题。1677 年至 1678 年的笔记显示，这些都不是没有私欲的调查，而是相反，他关心的是在卡罗来纳州，究竟什么东西才是"合适的"、"好的"或者"有用的"。[58]因而，这些《观察》应该理解为在地中海进口替代种植水果和生产葡萄酒、丝绸及橄榄油的业务中，卡罗来纳州应用经济前景的一幅草图。沙夫茨伯里于 1680 年 2 月收到了洛克的手稿，并"怀着极大的喜悦""贪婪地细细品读"。[59]因此，法国胡格诺派 1680 年 4 月到达这块殖民地并非是巧合，"他们中许多人精通葡萄酒、丝绸和橄榄油的生产制造"。[60]在法国旅行期间，洛克显然是遵照沙夫茨伯里的指令行事，当他将这份《观察》呈给他的这位赞助人时，还在为这块殖民地的物质前景作着贡献。

1680 年的这份《观察》提供的证据表明，在 1679 年打算书写《政府论》上篇的最早日期之后，洛克一直从实践的角度思考卡罗来纳州的前景，那时他的身份是沙夫茨伯里伯爵的一名委托人，如果不是正式意义上的一名仆人的话。最起码，这份《观察》表明，农业改良不仅在洛克和沙夫茨伯里之间提供了一种持久的共同利益，而且也是《政府论》解释性语境的组成部分。[61]然而，当他书写《政府论》下篇的时候，这份手稿本身并不足以解释为什么美洲就应该已经在洛克的头脑里了。毕竟，酒、丝绸和油在"论财产"一文中间接提到的那些产品中显得并不突出。这些产品中有许多都是殖民地的而不是国内的，当洛克拿"种植一英亩的烟草或者甘蔗，与种植一英亩的小麦或大麦进行比较时，而且都是同一英亩地"（II.40）。同样地，"野

⑤⑦　比较：Unwin (1998), pp. 143–145, 150, Unwin (2001), pp. 83–84.

⑤⑧　Bod. MS Locke f. 15, ff. 26, 42, 91; Woolhouse (2007), pp. 122–123.

⑤⑨　John Hoskins to Locke, 5 February 1680, in Locke (1976–), Ⅱ, p. 154; Gray and Thompson (1941), Ⅰ, pp. 52–54, 184–185, 188–190.

⑥⑩　Childs (1942); Committee of Trade and Plantations, 20 May 1679, printed in Rivers (1856), p. 392; Haley (1968), p. 533.

⑥①　Wood (1984), pp. 21–71.

蛮的印第安人"（II.26，30）的饮食中突出的是鹿肉，这表明鹿是有利可图的本地猎物的主要代表，表明北卡罗来纳州——鹿皮贸易是北美英印商业的一项主要商业——是洛克的专属样本，当他在写第五章"论财产"时。

洛克与沙夫茨伯里及卡罗来纳州殖民地有关联的传统年表，并没有解释为什么在他撰写《政府论》时，卡罗来纳州就应该已经在他的头脑里了。理查德·阿什克拉夫特（Richard Ashcraft）反而认为将洛克与沙夫茨伯里联系在一起的这个点的解释性语境并不是卡罗来纳州，而是麦酒店密谋案（Rye House Plot）。阿什克拉夫特给出的洛克卷入沙夫茨伯里反叛计划的理由必定是经过推理和思考的，特别是 1682 年夏天的计划。[62] 然而，通过卡罗来纳州和《基本宪法》，而不是反叛和暗杀阴谋，有来自同一个时期的更为可靠的证据将洛克与沙夫茨伯里联系在一起。1681 年，监禁在伦敦塔的沙夫茨伯里被释放之后，公开表示他主要关注的是卡罗来纳州的未来，特别是《基本宪法》的修订，对潜在移民的吸引，尤其是对法国胡格诺派和苏格兰持不同政见者的吸引。[63] 阿什克拉夫特认为那些在 1682 年与沙夫茨伯里有关联的苏格兰辉格党人，"假装商议……在卡罗来纳州的殖民利益"，以掩护沙夫茨伯里在苏格兰的反叛企图。事实上，他们正在严肃地计划移民，并要求尽可能地更改《基本宪法》，还要求其他的政治让步。[64] 让步的成功有助于解释人种学的精确性——洛克在他的出版物（除了《基本宪法》）的任何地方都仅仅以卡罗来纳州作为参考："居住在那里的卡罗来纳人、英格兰人、法国人、苏格兰人和威尔士人，他们自己移居在一起，根据他们的语言、家族和民族划分他们的土地"（I.144）。[65]

1682 年 1 月，业主们第一次在十年内修订了《基本宪法》，并且

104

---

[62] Ashcraft (1986), pp. 354–355, 372; P. Milton (2000), pp. 647–668; P. Milton (2007a).

[63] Haley (1968), pp. 705–707; Sirmans (1966), pp. 35–43.

[64] Ashcraft (1986), p. 354; *Letters Illustrative of Public Affairs* (1851), pp. 58–60; Karsten (1975–6); Fryer (1998); Roper (2004), pp. 72–82.

[65] 这一段必须追溯至第一批苏格兰人在 1684 年定居之后；然而，卡罗来纳州没有大规模的威尔士社区被记录过，在 18 世纪初之前：Sirmans (1966), p. 168.

随后就发行了印刷版本。(66)1682年3月，他们代表殖民地开始了一场充满活力的、崭新的小册子运动，沙夫茨伯里本人——不顾年事已高和身体有病——据说也参加了伦敦的卡罗来纳咖啡馆，以此回应移民们的质疑。(67)这场运动是如此的热烈，成了后来约翰·德莱顿（John Dryden）讽刺的反辉格党的主题：

> 派系衰落，流氓无赖横行霸道，
> 廉价抄写员检举国家，
> 人们在这个或那个种植园的生活蒸蒸日上；
> 宾夕法尼亚的空气是多么适合贵格会教徒，
> 卡罗来纳的空气是多么适合合伙人：
> 对于疯子和叛徒而言是再好不过的了。(68)

1682年5月初，“为了人们更伟大的自由、安全和宁静”，业主们通过提出委任宫廷官吏和大议会成员的新措施，修订了《基本宪法》，允许大议会和大陪审团对卡罗来纳州议会提出建议，并（讨好苏格兰人）免除新移民的交租义务。(69)在1682年5月下旬至8月中旬这一期间，他们再次全面修订了《基本宪法》，且这次更为彻底。(70)

在这段频繁修改《基本宪法》的时期，洛克什么地方代表了卡罗来纳州？他于1682年5月30日离开牛津去伦敦，直到8月8日才离开伦敦；这期间，他在萨尼特别墅，——沙夫茨伯里的伦敦住宅——

(66) *Fundamental Constitutions* (1682).

(67) *The True Protestant Mercury*, 15–18 March 1682, 18–22 March 1682, R.F.(1682); *True Description* (1682); Wilson (1682).

(68) Dryden, ‘Prologue to the King and Queen’ (1682), in *Poems on Affairs of State* (1968), pp. 372–373. Dryden wrote the prologue between 14 May and 16 November 1682: see headnote, ibid., p. 372.

(69) TNA, CO 5/286, ff. 91V-92V (10 May 1682), printed in Rivers (1856), pp. 395–396. 包含这些更改的副本似乎没有保存下来。

(70) TNA, PRO 30/24/48, ff. 335–351，提供了一份从“第三版”《基本宪法》（1682年1月12日）到“第四版”（1682年8月17日）的更改的详尽清单，TNA, CO 5/287, ff. 24–32。

待了几个星期。[71] 因此，他不可能出席《基本宪法》的第一次审核，这在他到之前的三周就开始了；但在第二次修订期间，他有可能到场 105 商议，这次的修订于 1682 年 8 月 17 日产生了新版的《基本宪法》，这是在他离开伦敦九天之后的事儿。在没有任何其他证据的情况下，关于洛克在《基本宪法》修订中的作用的证据将仍然是间接的、猜测性的，就像认为他深陷沙夫茨伯里叛乱计划的理由那样。没能幸存下来的正是洛克在 1682 年夏天的通信（加剧了这样的怀疑：这些通信可能已经包含了他与沙夫茨伯里同谋的所谓叛乱的证据，因而必须被毁掉）。没能幸存的这个事实表明他对卡罗来纳州并不感兴趣，而在他同一时期的笔记中也没有发现任何这样的兴趣。

就在前一年的秋天，即 1681 年 9 月，洛克的法国朋友尼古拉斯·托伊纳德已经提醒他"许多事情令人难堪，与《基本宪法》中附属于那些地区的人们希望得到的宁静完全相反"，并敦促他"认真思考卡罗来纳州法律的改革"。[72] 虽然托伊纳德似乎相信洛克仍然对业主们有影响，但这是他与洛克之间最近这段时期轻松愉快交流的通信中，唯一一封传达他们幻想逃离欧洲去卡罗来纳州的计划的书信。《基本宪法》的修订是一项洛克不可能主动承担的任务。然而，1682 年整个夏天，他都待在沙夫茨伯里的家里，给他提供了参与改革卡罗来纳州法律的机会。

幸存下来的 1682 年 1 月"第三版"《基本宪法》的印刷副本，被用来草拟 1682 年 8 月"第四版"的修订，这揭示出洛克在工作，自 1671 年以来，首次改进卡罗来纳州的政府框架的一些规定。[73] 挤满了页边空白的修改意见，打印页面删除的记录，还有装订成册的手稿纪要，扩展了零散的讨论，并包含更进一步的必要修改。三个不同的人

---

[71] Bod., MS Locke f. 6, ff. 63, 83.

[72] Nicholas Toinard to Locke, 24 September 1681 ('nous [i.e., Toinard and Henri Justel] avons trouvé bien des choses embarassantes, et tres contraires à la tranquillité que des subalternes cherchent dans ces sortes de païs'), Toinard to Locke, 24 September 1681 ('Songez serieusement à la reformation des loix de la K.'), in Locke (1976–), Ⅱ, pp. 441, 444.

[73] *Fundamental Constitutions* (1682), New York Public Library, call-number*KC+1682.

添加了他们的评论和更改。沙夫茨伯里并未名列其中，据推测，因为那时他身患疾病，仅仅六个月后，即 1683 年 1 月就因病去世：1682 年 7 月，他已经把他在英格兰和卡罗来纳州的土地抵押了给他的银行家们，据推测是为了逃脱没收，但可能也是一种死亡暗示。[74] 相反，大量的修订出自一位不知名的作家之手：既不是业主，也不是沙夫茨伯里家族的主要成员，更不是人们已经知道的跟洛克通信的某个人。其他两位作家容易辨别一些。一位是业主彼得·科勒顿（Peter Colleton）爵士，前辉格党议员、排外主义者、长期在外拥有巴巴多斯岛最大的奴隶种植园之一的地主。他曾与卡罗来纳州及沙夫茨伯里都有联系，因为他在 1667 年就加入了业主行列，并出席了 1669 年《基本宪法》的最初制定。他曾与洛克关系密切，他们一起参加了从 1669 年到 1672 年的业主会议。科勒顿和洛克定期地、亲密地通信，直到 1674 年沙夫茨伯里失宠于查理二世，科勒顿在 1673 年曾称赞"［洛克］沉着地参与了优秀的政府形式"。[75] 不必感到惊讶，1682 年夏天，第三位参与修订《基本宪法》的作者就是约翰·洛克。[76]

洛克、科勒顿和他们的同伴似乎已经仔细检查了 1682 年 1 月《基本宪法》的每一项条款，在修改或替换四分之一以上的现存条款之前。接着洛克全部重新编号，以思考修改计划。洛克和科勒顿的介入程度大致相当，虽然介入意图很不一样：科勒顿质疑更改的许多地方，但洛克则更果断一些。例如，由于区区罪行可能不会致使那些业主们返回英国，从而向政府低头，因此当科勒顿对是否清除卡罗来纳州的业主代理人产生怀疑时，洛克打消了他的忧虑："经过协议，一致同意，不会撵走业主代理人。"无论在地域方面，还是在人员方面，他都为巴拉丁伯爵提供了精兵强将，并做他的代理人。他提出在大议会进行不记名投票，必须有不少于 60 人的议员出席议会，来通过任何人所应受到的判决或审判，并且设立一个"陪审席"并将由一

[74] Haley (1968), p. 725.
[75] Buchanan (1989)chs. 1–6; Henning (1983), II, p. 106, *s.v.*, 'Colleton, Sir Peter'.
[76] The NYPL. Card-catalogue; Powell (1964), p. 94; and Lesser (1995), p. 28，都记录了洛克的到场，但没有进一步的调查。

个 10 岁的孩子抽签决定陪审员。他也为据称是"神圣且不可改变的" 107
《基本宪法》提供修改，只要"人类事务的变化"需要。⑦

　　在围绕修订《基本宪法》的讨论中，洛克显然是一个平等的伙伴。在讨论法律和议会程序（包括会期中止和延期，及排除条款危机期间的关键问题）的过程中，他对细节的思考程度证明，他仍然是一个有利害关系的当事人，而不只是一名雇员：毕竟，洛克自 1671 年4 月以来，作为卡罗来纳州的一名领主已经超过 10 年了。他的贡献也显然受到重视，它们全都进入修订后的 1682 年 8 月"第四版"《基本宪法》中，直至第五版和 1698 年的最后修订版都有效。也有可能他保留的正是包含 1682 年修订内容的"第三版"《基本宪法》的副本：1686 年，英国西部地方的一个朋友写信给洛克，信中提到一本"卡罗来纳州法律副本的页边空白处是你做的笔记，还有一些地方插入了你的笔记"，这个副本洛克花了半年的时间竭力要重新拿回。⑧他对《基本宪法》的关心是显而易见的：也可能因为他似乎已经成为唯一（除了彼得·科勒顿爵士）对 1669 年和 1682 年的《基本宪法》负有责任的人。

　　发现洛克在 1682 年《卡罗来纳州基本宪法》修订过程中的作用，有助于解释《政府论》下篇，尤其是第五章中存在并突出的美洲样本。引用法国毛皮贸易或宾夕法尼亚的政府框架来从历史的角度支撑第五章"殖民地"解读不再有任何必要。相反，卡罗来纳州，这块与洛克关系最密切且一直相关的殖民地，可以显示出它已经成为洛克在 1682 夏天那些可以确认的政治关切中的一个部分。这一事实也与洛克的阅读这一证据是一致的，并暗示 1681 年是撰写大部分《政府论》下篇的最早时期。这也与由洛克的圣经引文实践所提供的无意识证据相一致。这也确证了洛克那个夏天一直在撰写《政府论》下篇的

---

⑦ *Fundamental Constitutions (1682)*, pp. 11, 22, ff. 1V, 2V, 3r, 3V; 洛克修正的条款 14, 34, 39, 40, 52, 59, 67, 70, 73, 75, 116 和 120，都在这个副本里。

⑧ David Thomas to Locke, 25 November 1686, Thomas to Locke, 26 December 1686, note on letter from Edward Clarke, 25 April 1687, in Locke (1976–), Ⅲ, pp. 74, 90, 166; Mary Clarke to Edward Clarke, 30 APRIL 1687, SRO, Sanford (Clarke) Papers.

108 推测，特别是"论财产"，乃为他起草《政府论》的最后部分之一。

第五章独立撰写的进一步证据来自洛克关于手稿的通信，这些手稿是他在 1683 年秋去荷兰之前留在英国的。三年后，在给他的亲戚爱德华·克拉克（Edward Clarke）的一封编码信中，洛克表达了对"红色行李箱"里的三份手稿的特别担忧。洛克告知克拉克，他"至少会找到标有数字 2 的包裹。如果他检查一番，就会找到坚果、橡子、闪闪发光的鹅卵石、龙涎香和其他供给人类使用的天然产物"。"在一个更大一点的包裹（我记得标的数字是 1）里"，克拉克会"找到一些与像创始时就被划分的动物王国相关的东西：划分为三大种类，即海鱼、牲畜和爬行动物"。第三个也是"捆起来的最大的那个包裹里全是经过艺术提炼而具有灵性的、更重要的人工制品"。洛克提醒克拉克，各个包裹里"的东西都是零零碎碎的，弄乱了就很不安全"，因而劝他不要"将它们放在一起"，而是要根据洛克早些时候给他的具体指示来进行整理。⑦

这三卷手稿可以暂且认为与据推测的洛克在 1683 年底前完成的著作有关。"捆起来"的最大的那个包裹通常被认为是论述斯蒂林弗利（Stillingfleet, 1681）的"重要笔记"的手稿。⑧标有"数字 1"的那个包裹，论述"在初创时期就被划分的动物王国"：似乎指向的只是《政府论》上篇，驳斥菲尔默（Filmer）提出的亚当对牲畜拥有原始统治权的论证（I.16，援引《创世记》I:26）。据称最小的那个包裹的内容——"坚果、橡子、闪闪发光的鹅卵石、龙涎香和其他其他供给人类使用的天然产物"——全都出现在下篇的第五章里，且只出现在这一章里：坚果（II.46）、橡子（II.28、31、42、46）、"一颗闪闪发光的鹅卵石"（II.46）、龙涎香（II.30），还有"水果……和野兽……都出自自然之手……供人类使用"（II.26）。⑧这个包裹包含一卷论述

109 财产权及其获得的手稿，篇幅相对短小而独立，似乎基本上可以确定就是我们现在已知的第五章"论财产"。

---

⑦ Locke to Edward Clarke, 26 March 1685, in Locke (1976–), II, pp. 708–709.

⑧ Locke (1976–), II, p. 709.

⑧ 注意到这一节的唯一评论家似乎是：Ashcraft (1986), p. 463.

　　这个证据可以证实第五章相对于下篇的其余章节而言是单独撰写的，然后是在后期阶段插入到文本当中的。[82]第五章的主题明显不同于第四章（"论奴役"）和第六章（"论父权"）。这两章都涉及不同形式的权力和权威，要么涉及主人，要么涉及家长，以及所对应的各种不同的自由和平等。按顺序阅读，它们就形成了非政治性权威的一种毫无漏洞的讨论形式。相比之下，权力与权威、自由与平等之语言，却在第五章难觅其踪迹，关键词语被"劳动"、"产业"和"财产"所代替。词汇上的这种非连续性表明"论财产"这一章是单独撰写的，洛克将它插入他已经在现存论据中打开的一条缝隙之中。[83]文本非连续性的证据与洛克财产权获得理论中的一种重要转变相符。迟至 1677—1678 年，洛克已经针对这一过程提出了一种大体上是格劳秀斯式的解释，认为世界上那个原始的实在社区已经让位于绝无仅有的私人财产制度。洛克认为，这一过程是契约性的，是为了防止资源的无政府主义竞争状态而设计的：

　　　　人们因此必定要么享受共有的一切，要么通过协议确定他们的权利。如果留下来的共有的一切都需要掠夺，那么在这种状态下武力将是不可避免的，如果没有富足和安全，显然就不可能拥有幸福。要避免这种财产契约，就必须确定人们的权利。[84]

这样一种财产起源契约论可能仅仅指的是让当事人平等地进入彼此之间的契约而达成的协议。

　　下篇的"殖民地"解读确立了洛克在第五章里探讨美洲和英国语境的证据。在 17 世纪土著美洲人和盎格鲁美洲人之间的关系语境中，移居者并不总是承认当地人拥有与欧洲人同等的能力，能够通过协议

---

[82]　正如阿什克拉夫（Ashcraft, 1986, p. 463）独自表明的那样；J. R. Milton (1995), p. 372.

[83]　与赫克斯特（J. H. Hexter）对托马斯·莫尔的经典阐述比较，赫克斯特认为将协商对话插入《乌托邦》文本是"打开一条缝隙"：Hexter (1952), pp. 18–21.

[84]　Bod., MS Lockec. 28, f.140, Locke (1997), p. 268; Tuck (1979), pp. 168–169.

110　来确定权利。例如，《基本宪法》（第 112 条）明令禁止卡罗来纳州的居民通过从土著居民那里"购买或者授予"的方式持有或要求任何土地，一个明确的标志就是那里的契约仅为盎格鲁美洲人所控制，因而并不是盎格鲁美洲人与土著美洲人之间的契约。⑧

　　因此，出现在下篇财产权解释中的契约论，表明洛克打算只解释国内的目的，或者支配英国国民之间的关系。下篇中找不到这样的论点；相反，洛克认为"上帝将世界给予人类所共有；但是……不能假设上帝的意图是要使世界永远归公共所有而不加以耕植"（II.34）。

　　这一来自神的命令，即耕作那些不属于任何人的"大片"土地的论点，变成了农学家支持欧洲人管辖美洲土地的理由的经典理论表述。正是这一论点隐藏着业主们提出的主张拥有卡罗来纳州土地的权利，根据英国王室的授权条款。最初在 1629 年颁发的授权书里，称卡罗来纳州是一个"迄今未开垦……但某些地方居住着某些野蛮人"的地区，这种描述在 1663 年查理二世授予上议院业主们授权书里再次得到肯定，该授权书指控上议院的业主们"让流放犯和我们的大批国民……到某个地区……美洲尚未开垦或种植的一些地区，只有一些毫无全能的上帝的知识的野蛮人住在那些地方"。⑧农学家的论据是来自征服和宗教的论据被渐次放弃后赋予剥夺的最好理由。⑧有如英国效法西班牙那般，来自征服的论据只能证明拥有对土著居民的绝对统治权是正当的，而不能证明拥有对美洲土地的绝对主权是正当的。也不能证明拥有对不信上帝的土著美洲人的绝对主权就是正当的。就像我们所看到的 1669 年《基本宪法》的制定者们已经规定的那样，"盲目崇拜的无知或错误使我们无权驱逐或虐待（卡罗来纳州的土著居民）"，该条款仍然保留在后来修订的《基本宪法》的所有版本里。洛
111　克本人后来在《论宽容》（1685）中坚持的正是这一相同的论据："没

---

⑧　TNA, PRO 30/24/47/3, f.66r, Locke (1997), p. 180. 该条款在随后所有修订的《基本宪法》中一直未变。

⑧　Charter to Sir Robert Heath (30 October 1629)and Charter to the Lords Proprietors of Carolina (24 March 1663), in *North Charters and Constitutions* (1963), pp. 64, 76 (我强调的).

⑧　关于来自早期英国殖民思想中的征服的论点，请参阅：Macmillan (2011).

有任何人理应……被剥夺他在人间的享受，由于他的宗教。甚至是臣服于一位基督徒君王的美洲人，也不应该因为没有接受我们的信仰和崇拜而受到身体上或者私人财产方面的惩罚。"⑧唯一保留的论据是（托马斯·莫尔在《乌托邦》里第一次提出其现代形式）统治权向那些最有能力耕种土地的人倾斜，尤其是履行神征服地球的命令（《创世记》I:28，9:1）。因此，可以辨认出，洛克论点的特殊形式具有殖民地的起源，虽然不完全是。⑧

同样可以说，《政府论》中提及的"西印度群岛"——要么表示英国的加勒比海，要么表示英国在西半球的聚居点。它们跟下篇第五章所引用的美洲相比，确定年代就没那么精确了，但同样具有提示性。上述两种情况出现在上篇的同一章中，并且每一种情况指的是一名"在西印度群岛上的人"发动战争的合法性，带领他的儿子、朋友、士兵"或者用钱买来的奴隶"，"去攻打印第安人，在受到他们的伤害的时候，向他们索取报偿"（I.131、130）。⑨与菲尔默相反，洛克认为这样一位种植园主需要的不是起源于亚当的绝对的君权统治来实行他的复仇，而是相反，权力来自他作为儿子的父亲、他同伴的朋友或者他奴隶的主人的角色。由此，他会像下篇所描绘的一家之主那样，将"妻子、儿女、仆人和奴隶"都团结在他的统治之下，而其首要条件是他除对奴隶外，对于家庭中的其他成员没有生杀予夺的权力（II.86）。

这种家长"生死立法权"，等同于"卡罗来纳州的每个自由人对他的黑人奴隶所拥有的权力和权威，无论他的黑人奴隶持什么样的观点或者信仰"（第110条）。该条款似乎正是在《基本宪法》的最早手稿中漏掉的，但它的第一次出现却是符合洛克的习惯用法的，在强调奴隶主"对生命、自由及其奴隶，还有奴隶的后代拥有绝对的专断权

---

⑧ John Locke, *A Letter Concerning Toleration* (1685), in Locke (2010), p. 39.

⑨ Armitage (2000), pp. 49–50, 92–99.

⑩ 关于上篇，第130条，参阅：Drescher (1988); Farr (1989).

112　力"的时候。⑩ 在 1682 年的修订版本中也没有触及，即使洛克把它与其余的条款都重新编号了。因此，他对这一野蛮规定的默许，是一清二楚的，或者他持有的主从关系已经延续至他撰写和修订《政府论》之前及其期间的政治想象力，也是一清二楚的。⑫ 一旦我们知道他曾在 1682 年与巴巴多斯种植园主彼得·科勒顿爵士一起合作修订过《基本宪法》，也许就不会那么惊讶了。

　　早在 1776 年，洛克的保守主义评论家约西亚·塔克就注意到《基本宪法》中奴隶主的生杀大权与《政府论》下篇中所描绘的参与正义战争的奴隶"接受他们的主人的绝对专断统治"之间的一致性。塔克解释说在《基本宪法》里，洛克"将它当作一条不变的准则……'卡罗来纳州的每个自由人都应该对他的黑人奴隶拥有绝对的权力和权威。'"这怎么可能与《政府论》开篇的陈述——"奴隶制是一种可恶而又悲惨的人类状态……简直难以想象，一个'英国人'，更不用说一个绅士，竟然会替它辩护？"——统一起来呢？对于"仁慈的洛克先生！这位人类自然权利和自由的伟大而又荣耀的主张者"就说这么多。塔克认为，在这一点上，洛克正如所有的"共和党人"那样，或者我们会称为自由主义者：赞成摧毁压在他们自己身上的一切等级制度，当"欺压发生时，机遇或者不幸已将他们置于低劣的水平"。⑬ 这可以视作自由主义作为一种"信条"的论据前身，就其本质而言是具有排他性的。五十多年后，在 1829 年 6 月英国废除奴隶制的辩论过程中，杰里米·边沁抨击洛克提出的私人财产是自由和幸福的基础："财产是政府关心的唯一对象。只有拥有财产的人才有代表权。西印度群岛的鼎盛时期正适合这位自由捍卫者的这些原则。"他的证据来自《卡罗来纳州基本宪法》，"从那时起到现在，它从来都不曾是一部

---

⑨① 比较：SCDA, Recital of Grants, , AD120, pt. Ⅱ, ff.41–6(MS copy of the 'Fundamental Constitutions'[1669]), with 'Coppy Of the modell of Government perpared for the Province of Carolina&c', (unfoliated), NYPL, Ford Collection, article 73.

⑨② 对于洛克论述的奴隶制范围，参阅：Dunn (1969), pp. 108–110, 174–177; Farr (1986); Glausser (1990); Welchman (1995); Uzgalis (1998); Waldron (2002), pp. 197–206; Farr (2008).

⑨③ Tucker (1776), pp. 103–104; Tucker (1781), p. 168.

享有盛誉的作品"。[94]洛克自由主义与英国殖民主义的复杂性，最初并　113
不是自由主义者的自我审查揭露出来的，也不是后殖民批评家努力发
掘出来的。塔克和边沁对洛克的抨击可能是恶意的，但从理论上说他
们是敏锐的；鉴于洛克在 1682 年夏天的政治活动，他们一点儿都不
知道，他们的攻击从历史的角度来看也是准确无误的。

---

[94] Jeremy Bentham, *Article on Utilitarianism* (8 June 1829), UCL, Bentham XIV. 432
(marginal note), XIV . 433.

第七章 约翰·洛克：是帝国理论家吗?

114 甚至在 25 年前，追问约翰·洛克是不是一位帝国理论家可能还是一件怪异的事。在简略的政治思想史中，洛克是自由主义之父；在标准的哲学史中，他是经验主义之典范。长期以来，自由主义一直被认为是不利于帝国的，而经验主义与帝国主义之间的主要联系可以在弗朗西斯·培根身上和 17 世纪英国皇家学会的作品当中发现。然而，正如前面的章节已经表明的那样，当前这一代学者已经从根本上修正了对与帝国相关的自由主义的理解，特别是洛克与北美及其他地方移民者殖民主义关系的理解。① 他们沿着洛克这位自由主义奠基人和经验主义创始人的路线进行的研究，其影响是如此的普遍，以至于我们现在有了"洛克是大地产和帝国的捍卫者，是美洲印第安人土地的侵占者"的这一形象。② 洛克最终加入了帝国理论家的行列，但是，他配有这个地位吗?

对于一位帝国理论家而言，这可能意味着受到了 1757 年之后的两个世纪里帝国主义的经验和实践的深刻影响，即，从欧洲在南亚的

---

① 特别要参阅：Tully (1993); Arneil (1996); Ivison (2003); Farr (2008); Farr (2009).

② Israel (2006b), p. 529; 也可参阅：Israel (2006a), pp. 546, 603–605，更温和地承认"把洛克描绘成一个帝国思想家可能并不完全公平"：ibid., p. 604.

军事统治开始，到第一波欧洲之外的巨大的去殖民地化浪潮。詹姆斯·塔利已经简明扼要地概括了这一时期的欧洲帝国观：

> "帝国"这个多义词有三方面的含义。它从假设欧洲文明迈
> 向普世文化的观点出发，将一切非欧洲文化区分为"低劣的"或
> 者"低等的"；它服务于合法的欧洲帝国主义，不是从"正确"
> 这个意义上说……而是从自然和历史的方向，以及一种最终的、
> 正义的、国家的和世界的秩序之前提意义上说；在欧洲帝国主义
> 和联邦制的过程中，它被强加给非欧人民作为他们的文化自我
> 理解。[3]

115

塔利此处所列举的直接例子是康德，通过爱德华·萨义德的《文化与帝国主义》（Edward Said, *Culture and Imperialism*, 1993）这个镜头得以观察，但是对洛克与帝国之间的关系的解释则分享了许多相同的假设。洛克在三种意义上被认为是一位"帝国"思想家：据说是因为他以一种等级秩序来安置世界人民，而在这一秩序中欧洲人位于最顶端；他以一种历史进步主义观赋予了欧洲帝国主义以合法化；他提议将欧洲人的才能——特别是欧洲人的理性——作为一种判断其他种族并领导他们的普遍标准。[4] 于是，现在普遍认为，洛克不仅是一位帝国理论家，而且也是自由主义那"过于普遍的……政治的、伦理的和认识论的信条"的支持者，跟边沁、穆勒或者麦考莱（仅以英国为例）一样。[5]然而，洛克与康德之间的哲学距离，或者洛克和穆勒之间的哲学距离，在证实共识之前都应该多加思考一番。因此，在 17 世纪和 19 世纪应该发现的正是帝国不同的形式及其概念。[6] 这一章的论点是认为将"帝

---

[3] Tully (2008), p. 27 (italics Tully's).

[4] 特别要参阅：Parekh (1995); Mehta (1999). 对于此处概括的假设的强烈质疑，参阅：Carey and Trakulhun (2009); Hsueh (2010), pp. 1–24.

[5] Mehta (1999), p. 1. 对于这种自由主义解读的一种富有启发性的批判，参阅：Pitts (2005a).

[6] 关于康德与帝国，特别要参阅：Muthu (2003), ch. 5; 关于各种不同的帝国，参阅：Armitage (1998); Porter (1999); Tully (2009).

国"这个标签贴在洛克身上并不恰当，因为他不赞成，也没有详细阐述过一种群体等级秩序，尤其是那种将欧洲人置于顶端，乃至排除其他群体的做法，因为他认为理性本身是均匀地分布于全人类的，而文明标记是偶然的、不确定的。

约翰·洛克，殖民地思想家

洛克的殖民地管理经验不仅拓宽了他的知识视野，而且使他切实有效地关注大西洋世界。在 17 世纪的最后几十年里，当他最大限度地参与殖民地事务时，"这是在大西洋与印度洋之间存在着明显的法律差别的证据"。贸易委员会的活动几乎完全集中在大西洋世界，只有当牵涉到例如全球性的海盗行为这样的情况时，他们才会考虑印度洋的事务。⑦ 洛克的经济学著作同样提供了他的殖民主义观与大西洋关系密切的证据。在他的经济学著作中，只有一个地方提及印度洋地区，即，他恳求对手"请记得这笔巨款……每年运到东印度群岛，为我们带来的家庭消费品"。⑧ 在他的著作《论宽容》第二篇（1690）中，洛克只有一次提到过东印度公司，在他谴责一个对手没有看到"公民社会"具有与其他人类社团形式不同的目标时："据此，教会与国家之间不会有差别；英联邦与军队之间也不会有；一个家族与东印度公司之间也不会有；迄今为止这一切都被认为是明显的社会类别，是为不同的目的而创立的。"⑨ 直到离开贸易委员会之后，他才投资新的东印度公司；即便如此，他持有债券不到一年，就在 1701 年夏天卖出

---

⑦ TNA, CO 324/6, ff. 160r–64v, 166v–71r, 175; TNA, CO 5/1116, ff. 1r–17v; 比较：Bod, MS Lockec.30, ff.62–3, endorsed 'Pyracy 97'; Benton (2005), p. 718.

⑧ John Locke, *Some Considerations of the Lowering of Interest* (1696), in Locke (1991), Ⅰ, p. 333.

⑨ Locke (1690), p. 51. 因此，它是极其不可能的，东印度公司独特的表决程序赋予了他灵感，从而在《政府论》中提出了大多数规则这个概念，参阅：Galgano (2007), pp. 327–333, 340–341.

了，还遭受了小小的损失。⑩

相比之下，洛克的帝国观没有许多同时代的英国政治经济学家的内容广泛。例如，威廉·配第爵士的研究范围从不列颠三王国和爱尔兰到大西洋世界，逐步向外扩展，且从一种经济角度来阐明政治概念，英国利益所涉足的那些政体——英国的、美洲的、非洲的、亚洲的——也同样得到阐述。⑪查尔斯·戴维南特和亨利·马丁（Henry Martyn）也不仅关注对英国东印度贸易的分析，他们还认为亚洲商业对于英国的经济财富与更普遍的大洋间及全球贸易的进一步完善而言非常重要。根据他们的分析，来自美洲的大部分金银能够在亚洲交换奢侈品和普遍负担得起的商品，比如从印度大量出口到英国和美洲殖民地的、受欢迎的印花布。在马丁看来，尤其是从印度进口的廉价纺织品可能削弱了国内的英国工业，而保护主义不能为这一相对优势那不可避免的副作用提供任何解决方案："当我们要减少没有任何艺术方式的普通劳动力时，我们至少也跟野蛮的美洲印第安人、非洲霍屯督人，或者新荷兰居民一样活得很好，"他讽刺地评论道。马丁大量借用了洛克的《政府论》下篇（II.41）中对英国与美洲的生产力的比较来支持他的观点，但是这份人情只是突出了亚洲贸易在洛克政治经济学中的缺失。⑫

当我们把他与17世纪对现代自然法学传统作出贡献的其他欧洲学者相比较时，洛克帝国观的局限性甚至变得更加清楚。例如，格劳秀斯论述自然法的代表作，最初起源于他对东南亚海事中荷属东印度公司行为的辩护，在他的著作《自由之海》（*The Free Sea*, 1609）中，最有名的是常被引证的世界大洋自由贸易的章句，这部著作洛克肯定知晓。⑬17世纪晚期，塞缪尔·普芬道夫的人类社交概念暗示了一个潜在的商业社会的全球观念，它通过相互维系的效用与交换系统将世

117

---

⑩　Bod., MS Lockec.1, ff. 106, 107.

⑪　Armitage (2000), pp. 152–153; McCormick (2009), pp. 230–233.

⑫　Hont (2005), pp. 201–222, 245–258; Martyn (1701), pp. 58, 72–73.

⑬　Van Ittersum (2006); Borschberg (2011); Grotius (2004); Grotius (2006). Locke possessed Grotius's *Mare Liberum* (1609)in an edition of Grotius, *De Jure Belli ac Pacis libri tres* (The Hague, 1680), Bod. Locke 9. 99.

界人民联系在一起。⑭ 这一商业社会性的"新亚里士多德"观在 17 世纪晚期的法国奥古斯丁教义中找到了与它最接近的观点，在法国神学家、散文家彼埃尔·尼科尔（Pierre Nicole）的作品中尤为如此。正如尼科尔在他的《和平论》（*Treatise of Peace*, 1671）一文中使用的北欧与东亚贸易的例子指出的那样：

> 这个世界就是我们的城市：作为它的居民，我们与各个人种交往，从他们的优势或劣势中获得一些东西。荷兰人与日本人的贸易，我们与荷兰人的贸易；与世界尽头的那些人通商……一方面，他们与我们联系在一起，或者与其他人联系在一起；所有人都将进入到由于彼此间的需求而将整个人类联系到一起的链条当中。⑮

118　尼科尔的全球商业观仅仅在这里闪现，但它与洛克的商业观念——由于没有履行，几乎完全局限于大西洋世界——形成了鲜明的对比。洛克肯定熟悉尼科尔的著作，因为他在 17 世纪 70 年代中期翻译了《和平论》一文。然而，他的政治经济学和政治理论比尼科尔的更有局限性，他的普遍主义在其参考范围内受到的限制比格劳秀斯和普芬道夫的更多。正如我们即将看到的那样，更加普遍的看法是，普世主义与区域化的结合刻画了洛克普遍主义的特征。

洛克普遍主义的限制

　　洛克有时候跟朋友开玩笑说要移民到新英格兰或卡罗来纳，但他从未去过比他的家乡萨默塞特郡更远的西方。尽管他在英国之外的

---

⑭　Tuck (1999), pp. 167–172.

⑮　Hont (2005), pp. 45–51, 159–184; Nicole (2000), p. 117. 也可以参阅：Cumberland (2005), p. 318.

法国和荷兰度过了近十年的光阴，但直到 56 岁时才在法国的拉罗谢尔见到大西洋。[⑯] 在这一点上，他可以与他的朋友牛顿爵士相提并论，后者成了一个全球性的信息中心，因为他赢得了从东京湾到麦哲伦海峡的记者们的关注。[⑰] 跟牛顿的信函一样，洛克的信函囊括了一个近乎世界范围的网络：在保留下来的近 4000 封他收到或寄出的信件中，有来自加勒比海、新英格兰、弗吉尼亚和卡罗来纳的，也有来自孟加拉和中国的，就更不用提与来自苏格兰、爱尔兰、法国、荷兰、德国和瑞典的朋友与熟人的广泛交流了。在 17 世纪的通信网络中，只有耶稣会士阿塔纳斯·珂雪（Athanasius Kircher）和哲学家莱布尼茨（Gottfrid Wilhelm Leibniz）的信函比他多，而涉及的地域范围之广则与他旗鼓相当。[⑱] 在欧洲的那几年，洛克收集了大量关于欧洲之外的世界的记录。到洛克离世之时，他的旅游文献集成为英国收集文献以来的最大规模之一，它包括 195 本书、许多地图和"来自世界好几个偏远地区尤其是东印度群岛的居民们"的人种学插图作品集，其中包括对拉普兰人、巴西食人族、来自好望角的霍屯督人和爪哇、安汶岛、马卡萨、马来亚、特尔纳特岛、越南、日本、中国和"鞑靼地区"的居民的描述。[⑲]

119

　　洛克在编辑他已经出版的主要作品的过程中，搜寻了他的图书馆中有价值的资料，出版了与医学、神学、人种学、社会和政治相关的全球性资料。它们的最大影响可以在第五版的《人类理解论》（1690—1706）中找到，书中有关人的信仰多样性的信息为他反对所谓的天赋观念的论证提供了至关重要的证据。天赋论的关键性检验是上帝观。如果连这看似最根本的观念都不能被证明是普遍的，那

---

⑯ Locke (1976–)，Ⅰ，pp. 379, 590，Ⅱ，pp. 27, 34, 40, 68, 95, 105, 132, 141, 147, 441, 444; Bod. MS Lockef.28, f.19; Locke (1953), p. 232："这是我第一次看到大海"（1678 年 9 月 7 日）。

⑰ Schaffer (2009).

⑱ Mark Goldie, 'Introduction', in Locke (2002), pp. viii, xviii; Findlen (2004); Lodge (2004).

⑲ BL Add. MS5253; Locke to William Charleton, 2 August 1687, in Locke (1976–), Ⅲ, p. 240.

么其他的观念肯定就不可能是天赋的了，"因为难以想象在没有上帝的天赋观的情况下，天赋的道德原则将如何存在"。洛克提供的证据与"最近几个时代的航海发现"的记载相反。由于不满足于用一两个例子来反对天赋论，他继续补充了一些实证资料，在他去世后出版的《人类理解论》（1706）中，"他引用的权威资料数量已经升至 16 个……这些资料描述的地方从高加索和拉普兰到巴西、巴拉圭、暹罗、中国、好望角，还有其他地方"。因此，洛克比 18 世纪之前的其他英国哲学家更大量地使用了人种学资料。⑳

洛克的旅行文献知识，以及他作为英国殖民事业的仆人所搜集到的信息，都激发了他对人类能力的怀疑和对所谓的欧洲人优越性的谦卑。在他早期的牛津大学讲座——就是现在我们知道的《论自然法》（约 1663—1664）——中，洛克严厉地批判了"原始的、未开化的部落"，"因为它们中的绝大多数部落看起来没有丝毫虔诚、仁慈感、忠实、贞节和其他美德的痕迹或迹象"。从这个意义上说，他并没有区分"亚洲和美洲人，这些人并不认为自己受相同法律的约束，他们区别于我们，是因为他们拥有大片大片的土地，并且不习惯我们的道德规范和宗教信仰 [nec moribus nostris aut opinionibus assueti]"。㉑ 对多样性的认可符合洛克持续批判天赋观念的意图。他对多样性的评估在他后来的著作——始于 17 世纪 60 年代后期和 70 年代初期——中变得更为复杂。在这一点上，洛克正在阐述的论证与一位思想家的帝国模式化论证——将世界各民族按等级排列，而将某些民族安置在自由主义范围内——并不匹配。

那种经常将自由主义追溯到洛克的思考路径，从理论上说具有包容性和普遍性，但从实践上看，则具有排他性和偶然性，现在来看这是很平常的一件事。正如这一观点那最能言善辩而又微妙的支持者所指出的那样，"作为一种历史现象，自由主义史时期显而易见留下了

---

⑳ Locke (1975), pp. 87—88(I. iv. 8); Carey (1996), p. 263; Carey (2006), pp. 71—92; Talbot (2010). 洛克曾在《自然法》的文章中援引巴西和索耳达亚湾居民的无神论（c. 1663–4）：Locke (1997), p. 113; Locke (1954), pp. 172–174, 173–175 (Latin/English).

㉑ Locke (1997), pp. 98, 108; Locke (1954), pp. 140/1, 162/3 (Latin/English).

系统地、持续地排斥不同群体和不同'类型'人种的痕迹"。[22] 自由主义从理论上向全人类承诺，在其利益和权利遭到否认的人群当中，奴隶、妇女、儿童和智力残障人士——那些洛克称之为"疯子"和"白痴"的人——都是各地不同的原住民。用来将这些人排除在外的主要标准是他们缺乏理性，有人认为"美洲印第安人是洛克用来证明此类人缺乏理智的样本"。[23]

然而，当他在 1663—1664 年认识到他们具有不虔敬、残忍无情、不忠、淫乱和其他恶习时，洛克并未以非理性来指责土著美洲人。确实，几年后，当他凭借自己与卡罗来纳的密切关系描写他们"思维敏捷"时，就成为自蒙田（Michel de Montaigne）——多世纪之前曾与在欧洲的土著美洲人会面并询问过他们——以来第一位与他们有密切联系的欧洲哲学家。1670 年，卡罗来纳州基洼克里克镇"镇长"的两个儿子途经巴巴多斯到英国旅行。英国人分别叫他们奥尼斯特（Honest，意为诚实）和加斯特（Just，意为正义）。在他们于 1672 年返回卡罗来纳州之前，几乎无人了解他们的动向，但可以清楚的是，在洛克于 1671 年完成的《人类理解论》第二稿之前，他就提到过他们。[24] 在该书为人所知的"B 草案"中，他把数目计算比作人类的语言，并推断一切计算都仅仅由三种运算构成：加、减和比较。如果一个数目变得非常大，它就不能使用较小的数字加以重新描述，洛克认为，要形成如此巨大的一个总数的概念是不可能的：

> 我这么认为的原因是，我跟一些印第安人交谈过，他们虽然 121
> 思维敏捷，但并不能够像我们一样能够数到 1000。尽管他们可
> 以数到 20，由于他们的语言很贫乏，仅能适用于贫困简单生活
> 的极少必需品，而且他们不知道贸易或数学，但他们的语言中没
> 有一个单词能表示 1000。因此，如果你跟他们谈起那些巨大的

---

[22] Mehta (1999), pp. 46–47（论排斥是引述的），52–64（关于洛克）；比较：Mehta (1990); Sartori (2006); Greene (2010).

[23] Arneil (2007), pp. 209–22, 216（quoted）.

[24] Childs (1963); Vaughan (2006), p. 104; Farr (2008), p. 498; Farr (2009), pp. 50–61.

数目，他们会给你看他们头上的头发，以表示那么大的数目不是他们能够数清的。㉕

当洛克将这一节的修订版合并到已经出版的《人类理解论》(1690) 中时，他将"美洲人"数学知识的诸多制约因素与欧洲人理性能力的类似局限因素进行了对比："我并不怀疑我们自己确实可以用语言计数，大量的数字都远超我们通常的计数，且可以找到一些合适的单位来指称它们。"㉖ 这种认识论上的谦卑将成为他后来著作的特点。与奥尼斯特和加斯特的相遇促成了洛克的土著美洲人理性能力这一概念的形成，并阻止他得出这样的结论：只有欧洲人才拥有优越的文化自我认知，借助自然理性，他们享受到哲学家们无法通过他们的学习和阅读而达到的幸福，在约翰·奥格尔比 (John Ogilby) 的《美洲》(America, 1671) 一书中，他用间接证据表明卡罗来纳州这章的作者可能就是洛克。㉗

只是在《政府论》上篇中，洛克曾经说过土著居民"非理性"，这是称赞他们那未开化的智慧优先于所谓文明国家的世故的一种手段："一个以公平无私的态度来考察世事的人……倒是有理由认为那些因顺从自然而生存得很好的非理性的和没有教养的栖居者所在的山林，比起那些在他人的榜样影响下逾越常规而自称文明和理性的人们所居住的都市和宫殿来，更适合于作为我们行为与生活的典范 (I.58)。"㉘ 洛克发现，通常在特定的人群当中，能力的不平等程度高于他所说的二者之间的这种差别。在这种情况下，他在《理解行为》(The Conduct of the Understanding, 1697) 中论证道："在平等教育的人当中存在着巨大的不平等。美洲的森林就像雅典的学校一样，同样培养了人的好几种能力。"㉙ 因此，"美洲人"与欧洲人之间更根本的区

㉕ John Locke, 'Draft B' (1671)of the *Essay*, §50, in Locke (1990–), Ⅰ, p. 157 (我强调的部分).

㉖ Locke (1975), p. 207 (Ⅱ. xvi. 6).

㉗ 'Carolina', in Ogilby (1671), p. 209; Farr (2009), pp. 67–74.

㉘ Locke (1988), p. 183. 文中的所有引述都是这个版本，除非另有说明。

㉙ Locke (2000), p. 156.

别不在于他们的智力，而在于由他们的环境所形成的偶然性条件、教　122
育及其需求。

洛克在他的著作中坚持认为，上帝把我们送到这个世界来，在没
有天赋观念或任何其他有形的"生活便利"（Convehiencies of life,
使用一个最喜欢的洛克式短语）的情况下。人类有必要将他们的体力
劳动和脑力劳动运用于上帝赐予的其他毫无生气的创造物，这是"人
类生活的条件既需要劳动和从事劳动的资料"（II.35）。[30] 人类既未增
加也未减少神的创造，但是为着他们自身的计划，他们有职责从精神
上和身体上去建构它。我们称之为洛克"建构主义"的人类劳动认
识，与他在《人类理解论》中的认识论基本一致：

> 人的支配权，在他自己理解的小宇宙里，正和在外面可见的
> 大宇宙内一样；他无论有什么奇能妙法，而其力之所及亦只能组
> 合并分离手中那些现成的材料。[31]

我们有责任为自己提供一套观念，正如我们必须将自然改造成为我们
所用的材料那般："如果我们得不到这些观念，那只是由于我们自己
缺乏勤劳和考虑，并不是因上帝缺了恩惠。"（*Essay*, I. iv.16）因此，
甚至可能缺乏的正是上帝本人的观念，正像有形建筑如桥梁或者房屋
那样，如果人类不勤劳，如果不能抓住上帝赐予的机会，或是像"西
印度群岛"的人们那样受贫困生活所限：

> 大自然给我们提供的材料大部分是未经加工的，且不适合我
> 们使用的，需要通过劳动技艺和思想加工才能满足我们的需求。
> 且如果人类的知识没有找到方法来减少劳动，以及改善似乎不是
> 第一眼看上去就对我们有任何用处的若干事物，那么我们将要花
> 费所有的时间给予贫困而又悲惨的生活以稀少的供应。一个充分

---

[30]　比较：Hundert (1972).
[31]　Locke (1975), p. 120（II. ii. 2）.

的实例就是我们居住的地方广袤而又肥沃，而西印度群岛人则过着贫困的、令人担忧的、艰辛的生活，他们的勤劳几乎不能维系生活，或许只是因为人们不知道使用旧世界居民将石头打制成铁的技术。[32]

123 工具或日用品的存在或缺乏完全能够解释特定民族的不同生产力。这样的便利设施是偶然的和外部的：它们与个人或群体那所谓与生俱来的能力无关。

洛克是一个彻头彻尾的反本质主义者，他并不认为各个民族天生就有任何不一样的地方，就更不用说种族了。根据自然赋予他们的材料，任何人都可以扩大或缩小文明的规模："如果铁的使用在我们中间消失了，我们将在几个时代之内不可避免地沦落为古代野蛮的美洲人那样的贫困与愚昧，他们拥有那些最繁荣、最有教养的国家的人们一样的天赋和食物。"[33]他还坚信印第安人的理性，以及那些为欧洲人所欣赏的优势，甚至为他本人这样的哲学家所欣赏的优势，是偶然的："如果弗吉尼亚王亚坡加克诺（*Virginia* King *Apochancana*）在英国受教育，他或许可以比得上英国任何知识渊博的神学家和精深的数学家。"[34]这些优势的缺乏很容易让英国人变得跟印第安人一样不理性，因为他们缺少某种人类的创造物："或许如果没有书籍，我们就会像印第安人一样的愚昧无知，他们的心智就跟他们的身体一样羸弱。"[35]

洛克对美洲土著居民理性能力中的可能性差异和兴趣的体察，在他死后不久就遭到了抨击，并持续了整个 18 世纪。1709 年，沙夫茨伯里伯爵三世——洛克赞助人安东尼·艾希礼·库珀的孙子——严厉

---

[32] Bod. MS Locke f. 2, p. 44, printed in Locke (1997), p. 261.

[33] Locke (1975), p. 646（IV. xii. 11). 关于洛克的反本质主义，特别要参阅：Anstey and Harris (2006), pp. 151–171; Anstey (2011), pp. 204–218.

[34] Locke (1975), p. 92（I. iv. 12). 在 B 稿中，洛克通过使用另外一个弗吉尼亚州印第安人领袖托特珀特迈（Tottepottemay）的例子得出相同的观点：Locke, 'Draft B', §12, in Locke (1990–), p. 120, drawing on：Lederer (1672), p. 7; Farr (2009), pp. 40–44.

[35] Locke, 'Of Study' (27 March 1677), in Locke (1997), p. 367.

指责他："轻信的洛克先生，他提到的印第安人，是野蛮民族的野蛮人故事，别人就没有这样的想法（比如旅行家、博学的作家！还有了解真相的人！以及伟大的哲学家们！都已经告诉他了）。"⑥18世纪晚期，约西亚·塔克这位格洛斯特（Gloucester）的保守派圣公会教长，一再认为在美国大革命期间，殖民者的反叛是由于他们对洛克政治理论的依附所造成的。他诋毁美国革命意识形态的策略是攻击"洛克先生及其追随者"的契约理论，以他们使人误解地利用"野蛮的印第安人部落"作为自然状态下人类社会性的例子为借口："让他们不要在我们耳边唠叨美洲野蛮人的例子了，他们以此作为他们的假设之证据——当深入讨论和如实考察时，结果却正好相反。"洛克和他的门徒们，塔克继续说，不是对土著美洲人的本性无知，"而是他们必须扮演一个假惺惺的角色"，来迎合他们。⑦

124

法国大革命期间，另一个英国国教的护教论者乔治·霍恩（George Horne），这位诺维奇主教同样反对洛克的印第安人例证："这不是一种自然状态，而是世界上最不自然的状态，因为万物都是按照上帝的形象创造的。在这些开明的岁月里，一个有教养的哲学家，居然把我们送到这些切诺基导师的指导下去研究政治！"⑧就土著居民的才能而言，沙夫茨伯里、塔克和霍恩分享了与高贵的帝国观有关联的这种偏见。他们与洛克之间的这种距离是后来的帝国理论在吸收他的观点时存在困难的又一种表现。然而，就像我们已经看到的那样，洛克对偶然性和可逆性的极力强调，使得以后作为更高级文明路标的思想家们认为要把他称作一位帝国理论家是不可能的，因为他是在一种人类历史进步观的范围内来排列各种文化的。

㊱ 3rd Earl of Shaftesbury to Michael Ainsworth, 3 June 1709, in A. A. Cooper (1981–), Ⅱ, pp. iv, 404.

㊲ Tucker (1781), pp. 200–201; Pocock (1985), pp. 167–179.

㊳ George Horne, '*Mr. Locke*, Consideration on His Scheme of an Original Compact'(c. 1792), in Horne Ⅱ, pp. 29–32.

洛克与帝国的合法性

因此，洛克只能被描述为一位狭义帝国定义内的帝国理论家。根据近代初期的用法，"帝国"的含义包含两个主要成分：作为主权的帝国（*imperium*）和作为一种复合状态的帝国。⑲洛克肯定已经将帝国认知为主权或 *imperium*，并将其理解为适用于地域，就像在《政府论》下篇中他所描述的世界上那"几个国家和王国"是如何"通过明文的协议确定了它们之间在地球个别部分和地区的财产权"（II.45）那样。然而，没有证据表明他理解的"帝国"是指一种复合状态：例如，"英帝国"或"不列颠帝国"这个词汇并未出现在他的著作中。洛克也没有在任何地方构想出一个后来的理论家能够认可的帝国词语：作为一个从地域上定义、等级上组织起来的政体，它终止了统一状态内部的多样性，通常是为了一个宗主国或其他中央权威机构的利益。⑩就他那严格的政治理论（特别是在《政府论》里）而言，他是一位共同体（commonwealth）或国家（state）的理论家，而不是一位帝国理论家。那么，他又是怎样被认定为一位帝国理论家的呢？

这个问题可能有两种答案，一种是历史的，另一种是更直接的文本的。第一种答案是，洛克的论点实际上常常被用于世界各地的驻领殖民地，被其他开展欧洲以外的欧洲殖民地的理论家用来为征用土著居民的土地作辩护。例如，在 18 世纪早期殖民者要求得到康涅狄格州莫希干人的土地权的背景下，洛克可能就被引用来论证印第安人是前公民民族（pre-civil peoples），他们对自己所居住的那片土地的所有权少于更加勤劳的英国殖民者。⑪这一"农场经营者"论点经过瑞士法学家瓦泰尔的《万国法》（1758）所传播的重农主义政治经济学而发生了变化，从而赢得了更大的市场。在该著中，瓦泰尔提出，那

㊴　Armitage (2000), pp. 29–32.

㊵　比较 C. 梅尔（C. Maier, 2006, pp. 20–21），论述帝国作为"国内转型社会的一种统治体系，正当其通过从地理上在核心和边缘地带稳定跨民族的不平等时"。

㊶　John Bulkley, 'Preface', in Wolcott (1725), pp. 15–56; Tully (1993), pp. 166–168; Yirush (2011).

些"为避开劳动而选择仅仅依靠狩猎及其羊群生活"的民族，他们所追求的是一种"空闲的生活模式，侵占更多的领土……他们会需要更广阔的领土，因此，他们没有理由抱怨，如果其他民族，更加勤奋，并且受到非常严格的限制，来占有那些土地的一部分"。从该论点出发，接下来便是"在北美大陆建立许多殖民地，只要限制在合理的界限内，就是合法的"。㊷瓦泰尔的论点在 18 世纪晚期和 19 世纪通过帝国圈在全球范围内广泛传播；当时可以感受到这些论点的力量，例如，悉尼《先驱报》（Sydney *Herald*）在 1838 年正式宣布澳大利亚的土著居民只是一个"普通的居民——他们没有在土地上劳动——他们的所有权、他们的权利就跟鸸鹋或袋鼠一样"。㊸这是在一种帝国语境中财产权持有根基的一种理论依据，在形式上符合洛克式的习惯用法。

　　就像洛克论点的这些帝国重述一样，对于将洛克确认为一位帝 126 国理论家这个问题的第二种答案要回到《政府论》中去。在《政府论》中，间接提到的非欧洲民族几乎只来自美洲。《政府论》中只有两篇提到亚洲，一篇提到中国人是"一个非常伟大的、文明的民族"（I.141），另一篇是洛克在 1681 年了解到的罗伯特·诺克斯（Robert Knox）在他的《与锡兰的晚近关系》（late Relation of *Ceylon*, 1680）（II.2）中描述的绝对君主专制的有害后果。㊹与此相反，洛克采用历史和人种学的例子来指涉的"美洲人"，指的是印第安人，偶尔也指克里奥尔移民（creole settlers）*。因此，在《政府论》（上篇）中，洛克借鉴了来自秘鲁的例子㊺，卡罗来纳州这个"美洲许多地方"当中的"小部落"，"我们近期的北美和西印度群岛历史"嘲弄了罗伯特·菲

<hr>

㊷　Vattel (2008), pp. 129–130（Ⅰ. Vii. 81).

㊸　引自：Ivison (2006), p. 197; 关于瓦泰尔派的论点在 19 世纪英帝国思想的持续，参阅：Claeys (2010), pp. 16–18, 108–109, 140, 202, 238, 263, 284–285.

㊹　Knox (1680), pp. 43–47; Locke (1988), p. 327, n. 12; Winterbottom (2009), pp. 515–538.

*　指美国南部早期法国移民的后裔。——译者注

㊺　洛克采用了从加尔西拉索·维加的秘鲁自相残杀的相同例子，载：Locke (1975), p. 71（Ⅰ. Iv. 9). 关于关于洛克和加尔西拉索，参阅：Fuerst (2000), pp. 349–405.

尔默爵士的家长制（I. 57、130、131、145、154）。在上篇中，他两次提到了一位"种植园主"，一个"在西印度群岛上的人，领着他的朋友的儿子们，或同伴们，或雇佣的士兵们，或用钱买来的奴隶们"，来分解菲尔默已经合并了的两种权力形式：政治主权和发动战争的权力。（I.130、131）。

《政府论》下篇中更为频繁的暗指也仍然几乎完全局限于印第安人。正如我们在前一章中所看到的那样，《政府论》中对美洲的暗指引人注目，以及它们在"论财产"一章中的不断出现，从某种程度上说都是洛克在17世纪80年代初期与卡罗来纳州的持续性联系的产物，那时他不得不为在英国和美洲承担的两份工作给出一个拨款的正当理由。他声称"上帝将世界给予人类所共有；但是……不能假设上帝的意图是要使世界永远归公共所有而不加以耕种。他是把世界给予勤劳和有理性的人们利用的（而劳动使人获得对它的权利），不是给予好事吵闹和纷争的人们来从事巧取豪夺的"（II.34）。每个人都对他自己的人身享有一种所有权，由此也就享有身体所从事的劳动："只要他使任何东西脱离自然所提供的和那个东西所处的状态，他就已经掺进了自己的劳动，在这上面参加他自己所有的某些东西，因而使它成为他的财产。"（II.27）只有在土地以这种方式被占有之后，才可能通过"契约和协议"在世界的一些部分进行分配，这些地方已经采用了一种货币经济，土地已经变得稀缺，正如"有些国家和王国……通过明文的协议就在地球上的个别部分和地区确定了他们之间的财产权"，剩下"大块的土地"荒芜不治，"那里的居民尚未同意和其余的人类一起使用他们的共同的货币"（II.45）。

当洛克在1698年之后最后修订《政府论》手稿时，他详述了美洲与他的论点的相关性。修改和补充最多的是"论财产"这一章，这源自于他在17世纪90年代后期担任对外贸易委员会委员的经历。首先，他详细地阐述了他对由耕种和土地圈占所提供的利益的评估："一个人他通过自己的劳动占有土地，不是减少而是增加了人类的公共所有"，十比一，或者更有可能更接近于一百比一。我试问在听凭自然从未加以任何改良、栽培或耕种的美洲森林和未开垦的荒地上，一千英亩土地对于贫穷困苦的居民所提供的生活所需能否像在德文郡的同样肥沃而栽培得很好的十英亩土地上所产出的同样多呢？

几个小节之后，洛克完成了第二次增补，把这种观察转变为威廉三世及其大臣们的国家经济理性的宗旨。在简要地讨论了掺进任何日用品生产的各种劳动形式之后，他起初推断这反映了土地相对不重要的价值："如此之小，以至于我们甚至把完全听凭自然的而未经放牧、耕种或栽培的土地称为……荒地"：

> 这表明人口众多比领地广阔要好，土地的增长和正当利用土地是施政的伟大艺术。一个君主，如果能够贤明如神，用既定的自由的法律来保护和鼓励人类的正当勤劳，反对权力的压迫和党派的偏私，那么很快就会使他的邻国感到压力。⑯

不遗余力地鼓励勤劳对于洛克来说是一件在家乡英国和在美洲都同等重要的事。1697 年，他在一篇论述对外贸易委员会的英国《济贫法》的文章里写道，劳动是"取决于勤劳的责任"。真正的穷人救济"包括为他们找工作，但要当心他们不务正业，依赖他人的劳动而生活"。一个严格的劳动制度会给穷人孩子的教育提供好处，这些穷人将会被安排在学校工作，以确保他们在"面对宗教和道德时不再像他们面对工业时那样成为十足的陌生人"，也许就如卡罗来纳州的那些土著居民一样，在大约 20 年之前，《基本宪法》就已断定他们"对于基督教

128

---

⑯ John Locke, manuscript additions to Locke (1698), pp. 193, 197 (Ⅱ.37, 42), Christ's College, Cambridge, call-number BB 3 7a; Locke (1988), p. 297 n. 对于这些段落的最近的讨论（但这忽略了他们的协议和上下文的证据），参阅：Andrew (2009) and L. Ward (2009).

而言完全就是陌生人"，但不能因此而剥夺或虐待他们。[47]

《基本宪法》、《政府论》与《论济贫法》之间的这些关联表明，就作为一位帝国理论家的洛克的两个结论而言，本章中对他的其他作品的论述提供了更多的证据。第一个结论就是他并未持有一种英格兰人、大不列颠人或欧洲人优越于世界上其他民族的普遍主义看法。他并不认为只有那些被视为"文明的"民族才具有形式上的平等。事实上，就像洛克在《论宽容》中很少得到讨论的那一节里论证的那样，即使是一位基督教徒，如果离乡背井，处于一个陌生且从属的地位，甚至会比他们定居地的"异教徒"更加弱势：

> 一群无足轻重甚至弱势的基督徒，一无所有，来到一个异教徒的国度：这些外国人向当地居民恳求，出于怜悯心，这些居民会给他们一些生活必需品：他们生活在一起，成为一个群体。通过这种方式，基督教扎根于此，并传播自己；但并不会突然地就变得更强大。在此种情形之下，和平、友谊、信任和公正都保存在他们当中。

仁爱要求平等地对待异教徒和基督徒，而软弱则导致了一种易受伤害的宽容。然而，支配的后果和宗教正确的假设带来的不仅仅是不宽容，还有强取豪夺和破坏：

> 最终，法官成了一名基督徒，由此他们的党派变得最为强大。于是，所有的契约立即就被打破了，所有的公民权利遭到侵犯，偶像崇拜可能会被连根铲除：除非这些无辜的异教徒严格遵守公平原则和自然法，决不触犯社会律法，我说除非他们愿意放弃他们的古老宗教，转而拥抱一种崭新的、陌生的宗教，不然他们就会失去他们祖先留下来的土地和财产，或许连命都不保。

129

---

[47] John Locke, 'An Essay on he Poor Law' (September–October 1697), in Locke (1997), pp. 184, 189, 192; TNA, CO 388/5, ff. 232r–48v (26 October 1697); Bod. MS Locke c. 30, ff.86r–87v, 94r–95v, 111r–v.

洛克得出的这个结论从形式上看是大西洋的，但其适用性可能更为普遍："原因在于平等，在美洲和欧洲都如此……不论是那里的异教徒，还是这里的任何一个持有异议的基督徒，都无权剥夺他们的财产……任何一种公民权利都不能因为宗教的缘故而在一个地方比在另一个地方遭到更多的更改或者践踏。"[48]

随之而来的第二个结论：洛克的理论是非等级性的，包容性很强，宣称所有的成年人都拥有相同的理性，因为"美洲和欧洲"（还有中国，例如）的理性是一样的。就像洛克在《政府论》下篇中提到的那样，上帝将地球给予"勤劳和有理性的人们利用"，以劳动作为他们获得土地所有权的手段；但与这节的"勤劳和理性"相反的并不是"懒惰"和"非理性"，而是"吵闹"和"纷争"，即，任何一个人，如果他超过了"理性所规定的可以供他使用的范围"，不公正地"想白占人家劳动的便宜，而他无权这样做"（II.31、34）。拥有一种占有权是合理的，但只有当他们运用自己的勤劳，而又没有侵犯他人的劳动成果时。洛克并未以缺陷——无论是精神上的还是身体上的——为理由来为强取豪夺作辩护：如果所追求的积累在理性所规定的范围之内，"这样确定的财产可能就几乎没有吵闹或纷争的余地了"（II.31）。[49]他完全没有将理性与欧洲人、非理性与土著民族联系在一起。如果后来的定居殖民主义者根据他们假设的天赋理性的优越性和别人的懒惰来为本地的强取豪夺寻找一个论据的话，仅仅由于某种理论上和历史上的误解，他们才能从洛克的《政府论》下篇中摘录这么一个正当理由。

前面两章已经试图在充分调查洛克作品的基础上为他的帝国概

---

[48]　Locke, *A Letter Concerning Toleration* (1685), in Locke (2010), pp. 39–40.

[49]　比较：Locke, *Some Considerations of the Consequences of the Lowering of Interest* (1696), in Locke (1991), I, p. 292："大自然将矿藏赋予世界上好几个地方；但是财富仅为勤劳和节俭的人所拥有。不论他们拜访谁，只有他们留下来，才有勤奋和有节制。"

130　念提供一种解释，例如，根据他人近来对洛克奴隶观的讨论。[50] 我希望展示洛克的思想所经历的变化，展示必然比后来的洛克派哲学家们——无论是他的追随者，还是那些分析过他作品的人——原本以为的更加复杂和更具冲突的历史上的洛克。对洛克理论在语境与概念方面的限制，将提醒我们不同情况的发生，也必然会造成有时积聚为一种单一的帝国"自由主义"思想方面的不同，而洛克现在被奉为这种帝国"自由主义"思想的先驱。

　　1769 年，沃伦·黑斯廷斯（Warren Hastings）曾经表达过这样一种希望：东印度公司应该"每个部门都有像洛克、休谟和孟德斯鸠这样有才能的人"去管理印度。至少在他渴望得到符合语言表达习惯的洛克式管理人时，他将会感到失望。在 18 世纪晚期之前，几乎不存在能够证明洛克在亚洲的英国人当中受欢迎的具体证据。苏门答腊岛的一位东印度公司行政官员 1714 年时正在阅读《人类理解论》。洛克的作品通过亚瑟·韦尔斯利（Arthur Wellesley）——1796 年成为惠灵顿公爵——的行李传到了印度。菲利普·弗朗西斯（Philip Francis）非常了解洛克的经济学著作。[51] 然而，直到 1793 年设立孟加拉永久居留地，洛克式的土地利用（和滥用）的范畴、浪费和生产力的范畴，才开始被英国殖民政府官员们运用于南亚。[52] 洛克只有在一个领域内才成为一位帝国思想家，但他在这个领域几乎没有贡献什么思想，而且他很是反对将他的理念应用于该领域。因此，他没有试图服务于一种庄严的思想体系，就不能让他来为其从未想象过的自由主义负责。

　　毫无疑问，洛克政治理论的形成仰仗于他作为一位殖民地管理者和国家公仆的经历，因为当时英国的国家计划是将其权力扩展到大西

---

[50]　特别是：Farr (2008).

[51]　Joseph Collet to Richard Steele, 24 August 1714, in Collet (1933), pp. 99–100 （"洛克先生首先教我分辨词与物之间的区别"）；Guedalla (1931), p. 55; Parkes and Merivale (1867), Ⅰ, pp. 51–52; Guha (1996), pp. 97–98; Warren Hastings to George Vansittart, 23 December 1769, BL Add .MS 29125, f. 22r. 关于印度本身的"自由主义"的轨迹，参阅：Bayly (2012).

[52]　Whitehead (2012).

洋世界。这些经历也限制了他的普遍性，并确保后来对他的论点的挪用常常会将它们重新表述以适合后来的殖民地突发事件。确实，如果我们要使用不合时宜的、速记的"自由主义"来描述洛克的政治理论，那么我们就必须意识到存在着不同倾向的帝国主义的自由主义和殖民主义的自由主义，而且它们相互之间并不一定具有连续性。如果 131 自由主义本身会被发现、被揭发，并与被消除了的帝国权力有同谋关系的痕迹，那将会不得不以形形色色的、具有历史敏感性的方式被接受，以创立后殖民自由主义可能有能力坚定地吸收其他洛克派哲学家的遗风。⑤

---

⑤　参阅：Ivison (2002)，一种出色的尝试。

第八章　18 世纪的英国议会和国际法

　　对 18 世纪议会和国际法的研究阐明了民族、国家和帝国之间的重要区别。例如，在 1603 年到 1707 年之间，代表一个民族的爱丁堡苏格兰议会，无论何时试图立法——仿佛苏格兰就是一个独立的国家，都会招致英国人的反对。在 1801 年之前，都柏林的爱尔兰议会只能代表一个非常狭义的爱尔兰民族，在 1782 年废除《波伊宁斯法》(Poynings's Law) *之前，并未以立法为借口，将爱尔兰当作一个国家而不是一个独立的王国。唯有威斯敏斯特议会能够宣称国民代表有权为英国——后来的不列颠——和大英帝国立法。18 世纪的整个历程，战争与革命检验了议会主权的诸多限制，特别是在七年战争之后的十年间。这些演变就是在欧洲、帝国和全球的背景下发生，而且帝国背景在最后的三十年中居于首位。①就像 19 世纪英国史的学者们所表明的那样，与 1832 年和 1867 年改革法案的联系中最显著的一点是，国内语境不能独自解释议会历史的进程。②

---

* 　指 1495 年爱尔兰国会通过的一个法案。——译者注
① 　Simms (2007); Ahn and Simms (2010).
② 　C. Hall (1994); Hall, McMlelland and Rendall (2000); M. Taylor (2003a); M. Taylor (2003b).

在"漫长"的 18 世纪中，英国议会史的决定性时刻常常与个别日期联系在一起，例如，1688 年、1707 年、1765 年、1776 年、1801 年、1832 年。在每一个时间点，据说，议会当局的权力、职位或范围都有所变化。在 1688 年和 1832 年——革命和改革这个漫长世纪的传统分界线——光荣革命和改革法案首先改变了王权与议会之间的权力平衡，继而改变了议会与人民之间的权力平衡（尽管是狭义上的）。在 1765 年和 1776 年，在《印花税法案》和美国《独立宣言》通过之后发生的那些危机，预示着论述整个大西洋和不列颠流血事件的那些岁月的到来，在阐述议会的帝国主权的性质和范围之前。1707 年，通过合并，主权延伸至苏格兰；1801 年，主权进一步扩展，延伸至爱尔兰，由此达到了其最大领地范围。将三个王国合并进威斯敏斯特议会的这个过程消灭了爱丁堡与都柏林既竞争又并行的立法机关，犹如 1707 年它也正式废除了英国议会那般。截至 1801 年，议会主权问题显然已经完全在威斯敏斯特与帝国立法中得到了解决，尽管这一立法大大削减了在加勒比海和英属北美地区所依赖的领土之财政权力。[③]

英国议会史的日程表与 18 世纪英国国际史上的公认时刻表并不完全一致。在这份年表中，1688 年和 1776 年必定占有一席之地，但是例如 1713 年、1748 年、1757 年、1802 年和 1815 年，都是更为显著的时刻。这些时刻全都包含在英国与其他欧洲国家积极交往，或是与欧洲之外的准国家代理机构或代理人——如东印度公司和孟加拉行政长官——交往的有争议的历史中。[④] 每一个日期都显示了正式停战、领土割让或是英国权力扩展的时刻，并且成为值得铭记的英国历史记忆。这些大英帝国国际史上的重大事件：并不"只是英国议会的争吵"，就像 J. R. 西里（J. R. Seeley）惹人不快地指出的那样，更是"英国在美洲和亚洲的历史"。[⑤]

光荣革命改变了英国的外交政策，也确定了它的忏悔方向。由于路易十四承认了《乌得勒支条约》中的新教继承权，因而巩固了他在

---

③ Maitland (1908), p. 339.

④ Bowen (1991), pp. 30–47; R. Travers (2007); Wilson (2008).

⑤ Seeley (1883).

欧洲人心目中的地位。当苏格兰议会陈述了它决定继承权的独立资格时，继承权本身在 1703 年的苏格兰与英格兰之间就成了一个国际争议问题。1707 年的《联合法案》通过创建一个新的政治实体——大不列颠联合王国，和在这一进程中废除两个先前存在的国家——英格兰和苏格兰，从而解决了这个难题。英裔爱尔兰同盟并未增加或者减少国家的总数，因为爱尔兰已经没有了独立的或明确的国际地位，除了 17 世纪 40 年代这个短暂时期以外。⑥1801 年之后，一个多民族的、多教派的英国以地域广阔的面貌出现在国际舞台上。⑦

137

竞争性的议会及国际史年表与"认同"（identities）的历史之间的关系，从概念上说是令人担忧的。这在很大程度上是因为"认同"这个术语在 18 世纪最后十年之前的任何时期都是一个模糊的概念。个体性（individaulity）（或"同一性"[identicality]）意义上的"认同"，最早出现于 17 世纪初期，但直到约翰·洛克和大卫·休谟将其运用于哲学之时，才获得了更为普遍的接受。"认同"（identification）含义——更准确地讲，是"自我认同"（self-identification）——的提出并未先于卢梭，在 18 世纪 80 年代之前似乎也并未在英国出现过，当埃德蒙·柏克在一种公认的现代（虽然那时仍然相当前卫）意义上使用它时。⑧ 即便到了那个时候，在它受到"民族的"（national）这个形容词修饰之前，也不得不等上近一个世纪的时间。当"民族认同"（national identity）这个术语首次出现于 1872 年时，也只是尝试性地使用，并且马上就被"种族"（race）之诸多考量所压过："由于个人身份已被确认就存在于个人身份意识之中，因此可能认为……民族认同只存在于民族认同的意识之中。然而，血统论通常在不同程度上维护自己的观点，因此，种族和血统的问题很值得政治学学者关注。"⑨

---

⑥ Ohlmeyer (1995).

⑦ Doyle (2000).

⑧ Force (1997); Wootton (2000), pp. 148, 152–153; C. Taylor (1989); Brubaker and Cooper (2000); Wahrman (2004).

⑨ Beddoe (1872), p. xxvi ; Mandler (2006).

民族"性"或国家"利益",而不是民族认同,将会是 18 世纪更贴切的一个习惯性术语。即便如此,"忠诚、身份、级别、荣誉、亲属、正统和循规蹈矩"——是否适用于个人或者社会群体——对于同时代的英国人而言,有着比"认同"更富有想象力的吸引力和解释力量。⑩ 这确实是可能的,至少直到 19 世纪初为止,要设想"每个民族国家,作为一种有组织的存在,必须有一种个体性原则",因为"这样的民族国家是一个政治法人"⑪,但是这比后来的心理认同的转喻更类似于更早时期的霍布斯的国家个性概念⑫。因此,任何想要把"民族认同"运用于 19 世纪晚期之前的做法,严格地说都是时代错误,并且为种族或政治共同体的竞争性概念所困。

138　　同样,在宗教改革之后,将"民族的"这个形容词运用于任何时间点的认同或议会主权,也都会引起歧义。一个严格的概念可以把民族国家界定为代表人民主体的——并且因此受制于——议会,正如谢尔本勋爵(Lord Shelburne)在 1775 年说过的那样:"没有人会一筹莫展:构成两院中的大多数人就成为这个民族国家。"⑬ 然而,那既不符合英王国现在扩张的情况,也不能缜密地将其规划到大英帝国版图之上。从 16 世纪 30 年代的盎格鲁—威尔士联盟伊始,英国议会就为多个民族立法;由于合并了苏格兰和爱尔兰,还有后来征服的领土,以及从魁北克到孟加拉的非英裔、非白人和非基督教民族,它收入囊中的这些民族的财富,比议会主权所规定的范围获得的要大得多。根据柏克的表象理论,"议会不是由不同的甚至敌对的利益的代表们组成的一个国会,而是有着共同利益的全体国民的协商性代表大会"。⑭由此,他区分了一个可辨认单一利益的同质民族国家与一个异质的"帝国……在一个共同首脑下的许多国家的集合体;不管这个首脑是

---

⑩　Kidd (1999), p. 291.

⑪　Pownall (1803), p. 32.

⑫　Skinner (2007).

⑬　*Parliamentary History* (1806-20), XVIII (1774-7), col. 162.

⑭　Edmund Burke, 'Speech to the Electors of Bristol'(3 November 1774), quoted in Sutherland (1968), p. 1005.

一位君主还是一个首席共和国（presiding republic）"。⑮

议会既不可能为国家地位的形成立法，也不可能消除国家地位的诸多概念，这些概念与 1707 年之后力量日益强大的威斯敏斯特会议所传播的盎格鲁—英国版本一较高低。议会只能凭借其立法和税收资格来决定国家的内部边界。⑯就像七年战争之后的那些英属美洲事件所表明的那样，这种资格（以及最终的边界决定）从根本上说是有争议的。美国独立战争暂时解决了这种争论，但只有以确认大英帝国的跨国性质和议会在三国之外的立法权的有限性为代价。⑰不论是英格兰王国时期，其后的不列颠时期，还是大英帝国时期，议会自从 16 世纪 30 年代以来就已经是跨国的了，但主权危机的出现表明民族和国家是有同一个中心的，但仍有区别。美洲殖民者声称是一个泛大西洋的不列颠民族，但他们企图利用这种民族地位最终推动宣布这 13 个前殖民地各自成为独立的国家。帝国内部的关系，通过议会的调解，此后变成了英国与美国之间的国际关系。一方坚定地主张一元论（由于共同效忠于国王），另一方公开宣称多元论（至少直到 1865 年，那时"美国"成了一个几乎是南北邦联顽固分子和州权捍卫者的实体）。⑱

议会界定和阐述国家利益的能力，特别是在国际语境中，受到制度和宪法方面的限制。"当国家利益面向国内和国际的观众时，议会既可以服务于政治群体能够在其中明确他们身份和表达他们意见的机构，又可以服务于行政方案能够在其中得以详细说明和呈递的机构。"⑲然而，这并不就意味着议会就是此类定义和阐述行为的唯一舞台，例如，还可以出现在非正式的公开出版物里，或正式的律师与外交官当中。只要外交仍然是王室的特权，且议会只能听命于君主及各部长，那么议会维持英国国际地位的作用就必然会受到限制，并且

---

⑮ *Parliamentary History* (1806-20), XVIII (1774-7), col. 503.

⑯ Gunn (1999), p. 177.

⑰ Gould (1997); Gould (1999).

⑱ Pocock (1996), pp. 57–111.

⑲ J. Black (2000), p. 47.

是阶段性的。^⑳

议会在国内事务方面是全能的，与它在外交事务方面的相对无能形成对比。正如威廉·布莱克斯通爵士（Sir William Blackstone）所论证的那样，在议会范围内说明其权力几乎就是一件冒险的事：

> 它在法律的制定、确认、补充、限制、废止、取消、再生效力及详细说明方面拥有主权和难以抑制的权力，就一切可能的教派、教会或世俗、民事、军事、海事或犯罪之事务而论；这里所具有的绝对专制权力，必须在这些王国宪法所赋予的政府所在地行使……它可以调整或以新的模式来继承王位……它可以更改国教……甚至可以改变或重新制定王国宪法和议会自身；就像已经通过的《联合法案》，以及每三年一次和每七年一次的选举法令那样。总之，它可以做每一件从本质说不是不可能的事；因此，一些人毫不犹豫地调动它的权力，通过议会那十分大胆且无所不能的形象。^㉑

140　于是，在国内事务方面，议会的权力是绝对的、专制的，甚至是无所不能的；而在外交事务方面，议会的权力则取决于王室的特权。布莱克斯通认为，这些"要么遵从本国与外国的交往，要么遵从它自己的国内政府和行政组织"。"关于外交事务"，他继续说道：

> 国王是其人民的代表或者说代表人民。国家中的个人，以他们的集体身份来处理跟他们自己的事务一样多的、国家与另外一个共同体的事务，这是不可能的。一致同意肯定需要他们的措施，以及执行他们的建议的实力。于是，国王就像一个中心，他的所有人民都被联合起来，形成一个一致性的、壮观而又强大的联合体，使得外国的统治者对他既畏惧又尊重，无论是谁都会对

---

^⑳　J. Black (1991); Black (1992); Black (1993); Black (2004); Black (2011).

^㉑　Blackstone (1765-9), Ⅰ, p. 156, 'Of the Parliament'(所有的后续引用都是这个版本，除非另有说明)；比较：Chambers (1986), I, p. 140.

订立任何一个条约而感到有所顾虑，因为在此之后都必须由公民大会修订和批准。就外国政权而言，王权所为乃整个国家的行为：如果没有国王的允许，一切活动仅为私人行为。㉒

君主特权包括——确实仍然包括——派遣和接见大使、订立条约、结盟和联合；以及发动战争和议和。㉓王位继承法要求议会同意发动战争以保卫非英国人的利益，虽然在整个18世纪期间，"没有一次是在议会的完全控制下"。㉔正如斯特兰奇勋爵（Lord Strange）在1754年针对《东印度兵变法案》的辩论时提出的警告那样，"倘若对某些邻国君主宣战是必需的：我们难道不知道，我们的君主可以凭借他的特权，而不是凭借议会方案的权威就可以这么做吗？"㉕由此证明制约特权的主要理论在实践中是无法执行的。但是，如果该特权涵盖与外国政权的一切集体交易，那么它对与个体的外国人或与他们的海上船只的交易就不具有排他性权力："我们的法律在某些方面赋予了主体驱使特权的能力；基于需求，在王室大臣们的操纵下颁发捕获敌船特许状"，还授予忧虑中的外国人以安全通行证，使"陌生人自发地前来"。㉖议会限制特权，是通过阻止外国征募和管理外国贷款，以及1783年后与美国的通商实现的。王权与议会之间的分工因而不是绝对的，而是相对的，虽然在外交事务方面，起决定性作用的总是王权。

141

地方事务属于国内法的范畴，而外交事务则要由国际法来处理。基于这些理由，在印花税危机期间，下议院的布莱克斯通和他的继任者——牛津大学的维尼里安讲座教授罗伯特·钱伯斯爵士（Sir Robert Chambers）——均支持议会有权向殖民地征税。正如钱伯斯在

㉒ Blackstone (1765–9), I, p. 245, 'Of the King's Prerogative'; 比较：Chambers (1986), I, p. 158, and Alexander Hamilton, '*The Federalist* on. 69' (14 March 1788), in Hamilton, Madison and Jay (1982), pp. 351–352.

㉓ *Halsbury's Statutes* (1985–), XVIII, pp. 720–721, §§1406, 1407; Richards (1967); Carstairs and Ware (1991).

㉔ J. Black (2000), p. 14.

㉕ *Parliamentary History* (1806–20), xv (1753-65), col. 275.

㉖ Blackstone (1765–9), I, pp. 250, 251.

他的牛津讲座中所记录的那样，"这似乎……是合理的结论，即，所有的殖民地向它们依靠的宗主国交税，宗主国给它们提供保护，英国殖民地也可以……由英国议会征税"。⑳议会可以从国内方面立法，但仅能适用于国际法或纳入本国法。那么君主、帝国议会（就像1533年的《禁止向罗马法庭上诉法令》规定的那样）与国际法——依照布莱克斯通的观点，"一个规则体系，由自然理性演绎而出，并得到了世界文明人类的普遍承认"——之间的关系是怎样的呢？布莱克斯通的回答明确地解释了18世纪中叶传统的法律智慧：

> 因为在英国没有一个王权能够推行一种崭新的法律，或者终止旧法律的执行，于是国际法（无论哪里出现了任何问题，都是本国管辖的对象）在这里就全部被普通法所采用，也因此成为国内法的一部分。议会不时作出执行这种普遍法则，或者要促进其决议执行行为，并不被认为是在推行任何新法规，而仅仅被认为是在宣布王国旧的基本法；而没了这一点，就肯定不再是文明世界的一部分。㉘

布莱克斯通的判断证实了成文法的至高无上和普通法的完整，是通过将国际法包含在它们当中的方式，而不是通过将国际法创立为一种比它们更高的法律的方式。这并非表明国际法可以被用来推翻英国的法律，也不是明确指国际法在立法上可以被当作将外来原则移植到英国的成文法。（然而，布莱克斯通的观点，严格地说是英国人的观点，与1707年之前苏格兰律师们所理解的国内法与自然法之间的关系形成鲜明的对比，对于他们而言，"主权理论强调的是成文法或者习俗；

142

㉗ Ryder (1969), p. 268; Chambers (1986), Ⅰ, p. 292.

㉘ Blackstone (1765–9), Ⅳ, pp. 66–67, 'Of Offences Against the Law of Nations'. 钱伯斯更为谨慎一些："在英国，特别是国内法在这种情况下［关于因债务和民事合同而被逮捕的外交豁免权］，就像大多数情况下那样，如果说并不是所有其他情况下，它本身是完全符合国际法的"：Chambers (1986), Ⅰ, p. 262(我的重点). 关于布莱克斯通与国际法，参阅：Janis (2010), pp. 2–10.

而自然法优先于它们二者"。)㉙ 如果国际法的原则已经载入普通法,如果普通法和成文法必然和谐一致,那么从逻辑上说,国际法就必须与议会自身所制定的法律具有内在的一致性。

然而,国际法与国内法之间的关系并非那么简单明了,或者确实那么古老,就像布莱克斯通想要他的读者相信的那样。1754 年,曼斯菲尔德(Mansfield)在特里凯诉巴斯(*Triquet v. Bath*)一案时的发言,让人们想起了 1737 年的巴布案(*Buvot v. Barbuit*),

> 塔尔博特勋爵(Lord Talbot)宣布了明确的判词——"**万国公法,最大程度上,是英国法律的一部分**"……"**万国公法汇集了不同国家的实践,以及权威的撰写者。**"据此,他从这类案例和格劳秀斯、巴贝拉克(Barbeyrac)、宾克斯胡克(Binkershoek)、威克福(Wiquefort)等权威出发进行论证和作出决定,就这个主题而言,这些卓越的撰写者没有一个是英国人。㉚

曼斯菲尔德(当时仍然是平凡的默里先生)曾经担任巴布案的法律顾问;同样,布莱克斯通担任过特里凯诉巴斯案的法律顾问。㉛ 国际法是英国法律的一部分这个说法由此有一条清晰的传播主线可以追踪,从布莱克斯通到曼斯菲尔德勋爵再到塔尔博特勋爵。然而,曼斯菲尔德阐述的塔尔博特判决,直到 1771 年才出版,而特里凯诉巴斯案的标准报告(1741 年初版)也并未包含对国际法是英国法一部分之要

㉙　Cairns (1995), pp. 254(quoted), 268.

㉚　*Triquet and Others* v. *Bath* (1764), in *Reports of Cases* (1771–80), Ⅲ , p. 1480; Nussbaum (1947), pp. 136–137; D. Lieberman (1989), pp. 105–106. 这里提到的撰写者是雨果·格劳秀斯(1583–1645);简·巴贝拉克(1674–1744),他是格劳秀斯和普芬道夫的瑞士编辑;撰写《论大使在民事和刑事案件中的司法管辖权》(*De foro legatorum in causa civili, quam criminali*)(1721)的荷兰人科内利斯·凡·宾克斯胡克(1673–1743);以及撰写《大使生涯回忆录》(*Me'moires touchant l'ambassadeur et les ministe'res publics*)(1676)的荷兰人威克福(1606–1682)。

㉛　Lauterpacht (1940), p. 53; Adair (1928), p. 296; wore generally, O' Keefe (2008).

旨的陈述。^㉜因此，从已出版的著作追溯该学说，不可能比布莱克斯通的《英国法释义》(*Commentaries on the Laws of England*) 更早。

143　　在巴布案和特里凯诉巴斯案中，争论的焦点一直都是刑事和民事起诉的外交豁免权。在这两宗起诉案件中，外交豁免权都被视为公认的国际法原则，但却并未因此而载入英国法。然而，甚至在英联邦和"空位时期"(Interregnum)[*]，愤愤不平的大使们都是向国务会议或摄政者（就像葡萄牙大使普塔伦德萨的兄弟在 1653—1654 年期间做的那样）呼吁，而不是向议会呼吁。直到 18 世纪初，宣判违背外交豁免权的人有罪的还是大主教法庭，而不是普通法法院。^㉝国际法的这一特殊原则，至少从历史角度看，并未成为英国普通法的一部分。

　　直到 1709 年之前，都并没有正式承认国际法是英国法的一部分这个原则。这一年，议会通过了保证大使及其仆从免遭逮捕或者起诉的《安妮女王法令》，"法律的缺失，对于惩罚外交大臣案件中的凌辱而言是很明显的"。^㉞负债累累的俄国大使安德烈·阿特莫洛维奇·马特维耶夫（Andrei Artemonovich Matveev），他的债权人在 1708 年最后一次会见后就拘捕了他。在这个过程中，抓捕的警长和警员殴打了这位大使，还有他的男仆，把他绑进一辆马车，并且暂时拘留了他。最后，负责传讯并执行抓捕马特维耶夫的 17 个人被判有罪，虽然他们的罪行在法律上从未得到过确定。英国政府承认违反了国际法，但是没有提起刑事起诉，因为这并没有违反成文法和普通法。^㉟当彼得大帝要求依法处决罪犯时，安妮女王签署了一个议案，在议会宣布之前所有对派驻外交官不利的令状或扣押他们财产的诉讼均无效，因为它们"违反了国际法，对大使和其他公使……拥有的神圣而不可侵犯

---

^㉜　*Triquet* v. *Bath* (1737), in *Cases in Equity* (1741), pp. 281–283.

[*]　指查理一世被处死到查理二世上台之间的时期。——译者注

^㉝　Adair (1928), pp. 292–294.

^㉞　7 Anne c. 12, 'An Act for preserving the Privileges of Ambassadors, and other publick Ministers of Foreign Princes and States'; *Parliamentary History* (1806–20), VI (1702–14), col. 792.

^㉟　Frey and Frey (1999), pp. 227–229.

的权利和豁免权一直怀有偏见"。㊱

认为《安妮女王法令》"并不是之前的法律替身"的这种看法似乎源于布莱克斯通，当时他担任特里凯诉巴斯案的法律顾问，其诉讼后来得到了曼斯菲尔德勋爵本人的认可和详尽阐述。㊲布莱克斯通在1765年指出，"由于这一法令的缘故，由此而执行国际法，这些豁免权现在在普通法法庭上通常会获准"㊳。到1766年他的《英国法释义》再版本时，这一段的措辞甚至更加强烈："由于这一法令的缘故，由此而宣布和执行国际法，这些豁免权现在被认为是本国法律的一部分，并时常在普通法法庭上得以获准。"㊳他最初的阐述承认这是法庭近来的一种发展变化（"现在通常得以获准"）；他第二次的阐述，承认《安妮女王法令》已经运用了国际法的原则，影响力和适用性日增（"现在……在普通法法庭时常得以获准"）。于是，甚至连布莱克斯通都承认英国法律与国际法之间的关系已经发生了历史性的变化，在其并入成文法和在法庭上的适用均如此。确实，在《英国法释义》结尾时，他枚举了英国法的"主要转变时刻"，他首先列举的是"庄严承认与大使的权利有关的国际法"。㊵

《安妮女王法令》是漫长的18世纪期间明确提到的国际法仅有的两部成文法之一。㊶它的颁布表明外交豁免权原则并没有适用于1709年之前的英国法，而这种几乎完全缺乏国际法的法定参考的状况，在此后漫长的18世纪中揭示了两种法律类型的区别。英国法

144

㊱ *Parliamentary History* (1806–20), VI (1702–14), col. 793.

㊲ *Reports of Cases* (1771–80)，III，pp. 1479–1479，引自：31 Henry VI c.4，格劳秀斯、宾克斯胡克以及各种不同的英国法庭案例。

㊳ Blackstone (1765–9)，I，p. 248.

㊳ Blackstone (1766–9)，I，pp. 256–257（我的强调）；比较：Chambers (1986)，I，p. 262. 关于布莱克斯通对《英国法释义》的修订，参阅：Prest (2008), pp. 246–253.

㊵ Blackstone (1765–9)，IV，p. 434, 'Of the Rise, Progress, and Gradual Improvements, of the Laws of England'.

㊶ 另一部是：55 Geo. III c. 160, sec.58, 'An Act for the Encouragement of Seamen'；Thomas Erskine Holland, 'International Law and Acts of Parliament', in Holland (1898), p. 193.

与国际法之间的关系显然不是一种明确的声明或者完全的并入。^⑫然而，英国的法律学说就像曼斯菲尔德在 1764 年希思菲尔德诉奇尔顿（*Healthfield V. Chilton*）一案中一直坚定认为的那样，议会法案不能更改国际法。^⑬这一原则意味着自然法不可能只是受到人类法规的影响，就像柏克在 1781 年所论证的那样，"战争权利不为……学院的学术、哲学的领悟、国内委员会的长篇演讲、立法机构的辩论或者代表大会的观念所限。"^⑭这也意味着议会不能制定不符合自然理性的法律，因此国际法产生于理性人类的普遍赞同。虽然英国法与国际法在适用上仍然有所区别，但它们在原则上却是融合的，以至于国际法并未对议会至高无上的地位及其绝对权力形成挑战，也并未成为最高法律的威胁。国际法因此可以适用于民族国家司法管辖权之外的情况，当其适用于海事法庭，或者当商业法逐渐被普通法法庭所接管时^⑮；它也可以通过法定并入的方式被有选择地采用。无论哪种方式，每种法律形式都保持着独立，因而就不会在它自己的正确领域内成为其他法律权威的威胁。

鉴于前面的讨论，议会在 18 世纪与国际法的关系这个问题似乎是完全正常的。毕竟，议会在执行外交政策的过程中并没有发挥正式的作用，因此在直接谈判中受制于国际法。它行使审查权和辩论国际协议的时刻相对而言就非常的少，因此就像在为 1786 的《英法贸易协约》而争论不休的那种场合那样，特别的臭名昭著。^⑯议会法规诉求于国际法的机会几近为零，也不可能（根据英国的法律学说）在立法上取代更高级的法律。

然而，即使把这些重要的反对意见都考虑在内，议会与国际法的关系这个问题也至少在三方面仍然具有真正的启发作用。第一方面是

㊷ Picciotto (1915), pp. 75–108.

㊸ Holdsworth (1937–72), X, p. 372.

㊹ *Parliamentary History* (1806–20), XXII (1781–2), col. 230.

㊺ Bourguignon (1987); baker (1999).

㊻ J. Black (1994), pp. 104–111, 491–492.

在公认的国际法语境中重新思考议会行为，例如，在光荣革命期间、在英格兰—苏格兰联合的谈判过程中，或者在 1782—1783 年讨论承认美国独立的时候。第二方面是议会辩论中国际法的作用，在议会中的辩论总是比在立法机构中的辩论更加显眼，而在七年战争之后就变得更加引人注目了。也就是说，在这个时期，帝国和军队日益控制了威斯敏斯特会议上的商议和讨论。第三方面是国际法本身在议会权力 146 之外的演变，特别是在 18 世纪最后十年里逐渐重新概念化（不只是在英国）。从对国际法的范围及性质的这些讨论中显现出法律在内外部形式之间那传统而又持久的区别，依次反映了国内历史和国际历史之间的差别，并造成了相互之间的不可理解。

无论是国际法与英国的联系，还是后来不列颠对于议会合法性与权力作出的诸多定义，都证明其如此持久的特质与区别所构成的人为属性。这一点在光荣革命与 1707 年英格兰—苏格兰联合之间的那段时期变得尤为明显。与后来辉格党的革命阐释形成对照的是，托利党和激进的辉格党将此次革命理解为欧洲史和国际法范畴内的一次大事件。威廉的入侵，不管是理解为他自己外交政策的势在必行，还是理解为对英国所关切的王朝不稳定性的一种慷慨响应，都是对分裂的国家事务的一种外部干预。光荣革命时期的国际法权威是胡果·格劳秀斯。他列举了一些可使罪行减轻的情况，在这些情况下，抵抗或干预或许是情有可原的，他还为那些在英国希望保卫革命的人提供了权威的支持，理由是这不同于不可抗力。根据那些在 1689—1693 年革命论战期间挪用格劳秀斯论点的人的看法，威廉曾在一场正义的战争中击败了詹姆斯，由此作为一名合法征服者夺得了英国王位。[47] 如果理解为一个主权遭到另一个主权的入侵，那么这场革命就是国与国之间关系的一次大事件，因此适用于国际法而不只是英国法。这样的一些论点出现在小册子里比出现在议会里更受欢迎，但即使在那里——或者不如说在非常议会——有人认为由于詹姆斯的失职，这个国家已

---

[47] Blount (1689); *Parliamentary History* (1806–20), V (1688–1702), col. 69; Goldie (1977).

经恢复到一种自然状态，自然法和国际法均提供了唯一的准则：一位
"绅士大声疾呼，法在何处？当我们无法找到它时，我们就必须求助
于国际法"。⑱

国际法，更具体地说是格劳秀斯对国际法的解释，也给 1707 年
英格兰—苏格兰的联合提供了一个解释框架。在这种情境下，援引国
际法不是为了弥补法律的缺失（就像在 1688 年的非常会议论战中那
样），而是作为理解两个主权立法联合的手段。联合的支持者屡次提
及格劳秀斯对罗马人与萨宾人之间联合的阐释，这位伟大的法学家认
为，这两个民族均没有失去各自的权利，相反，当他们组成一个新的
国家时，还能彼此交流（格劳秀斯，《战争与和平法》，II，ix，9）。⑲
因为英格兰和苏格兰的联合是两个独立国家之间的协商（尽管两个国
家共享唯一的君主），条款中的协定由国际法设定。可是，谈判条约
中各条款的委员由英格兰和苏格兰的议会任命，而不是由王室特权任
命，因而《联合条约》从程序上说并不等同于国际公法所定义的一个
协议。而且，为了接受条约各条款，双方的议会都解散了，而后在威
斯敏斯特创建了一个崭新的不列颠立法机构，并引入了一个全新的
国家——大不列颠联合王国。根据国际法条款，《1707 年条约》不可
能遭到后来的挑战或重新谈判，因为双方不再作为国际实体而存在：
"理由……是，悖论地，国际法关切的——不是民族（比如英格兰和
苏格兰），而是国家（比如联合王国）。"⑳根据该条约规定，例如，两
国在私法事务上仍然是独立的，但依照公法的观点，他们已经成为一
个实体。一个唯一的立法机关与一个唯一的王权相配，两个议会在
执行竞争性的外交政策和商业政策（导致诸多危机的苏格兰达里恩
[Scots Darien] 冒险计划——苏格兰议会推进的企图殖民巴拿马海峡
的尝试——在 17 世纪 90 年代被扩大）时也不再会有冲突，虽然在行
政和立法之间存在着宪法上的区别，并由此在君权和议会之间也存在
着宪法上的区别，自从 1688 年以来就如此：只有在议会使新的财政

147

⑱　*Parliamentary History* (1806–20), V (1688–1702), col. 128.

⑲　J. Roberson (1995a), pp. 18–19; Robertson (1995b), p. 221.

⑳　T. B. Smith (1962), p. 8.

勒索或一项议会法案成为强制执行议会规定的需要之前，才需要制定条约。[51]

　　在联合辩论中突出格劳秀斯的观点，从某种程度上说，是因为近代自然法传统这个核心在苏格兰变成了法律伦理教育，在英格兰也日益如此。[52]然而，在七年战争之前，引用大陆权威们的观点来阐述自然法和国际法的做法绝大多数还只出现在不相干的文献里；到了18世纪后半叶，它们似乎才成为准备充分的议会辩论者的演说宝库的一个重要组成部分。因此，例如，在七年战争开战时，看到下议院辩论中反复引用格劳秀斯的观点就不必感到惊奇了。[53]这样的文本在议会中甚至变得更加突出，因为它们被英国普通法文献更加彻底地吸收了。在这一点上，布莱克斯通《英国法释义》后面几卷更显著的特征之一是它们对大陆法思想的信赖：不只有最近出版的贝利卡的《论犯罪和惩罚》（Beccaria, *Essay on Crimes and Punishments*, 1764，英语译本，1767），而且还有如普芬道夫、宾克斯胡克、孟德斯鸠和瓦泰尔这样作者的著作。[54]同样地，曼斯菲尔德信赖"罗马法、国际法和外国民法学者们的意见"，在他裁决商业法的过程中，还有他那为人所称道的1753年普鲁士中立政策备忘录（这为他赢得了孟德斯鸠和瓦泰尔的赞扬），也使这样的权威人物让英国的律师们和议员们更加熟知。[55]

148

　　对美国战争之后初步的和平条款的讨论，通过一场针对议会和王权的相对权威的关键性辩论，为国际法的实用性提供了一个适用判例。与七年战争不同，美国战争势必造成大英帝国的瓦解，还会重新评估英国的权力，进而重新考虑英国在一个有追随者的世界中的国

---

[51]　Gibbs (1970), pp. 118–124.

[52]　Cairns (1995), pp. 258–259; D. Lieberman (1989), pp. 38–39; D. Lieberman (1999a), p. 363.

[53]　*Parliamentary History* (1806–20), xv (1753–65), col. 554 (Gilbert Elliot), 556 (Welbore Ellis), 568 (Charles Towmshend).

[54]　例如，参阅：Blackstone (1765–9), Ⅰ, p. 43; Ⅱ, p. 390; Ⅲ, pp. 70, 410; Ⅳ, pp. 16–17, 66, 185, 238; D. Lieberman (1989), pp. 205–208.

[55]　Murray (1753); 'Junius'(*sc.* Philip Francis), letter 41, to Lord Mansfield (14 November 1770), in Junius (1978), p. 208; D. Lieberman (1989), p. 112.

家地位，那些追随英国的伙伴们已成为反叛者，而后这些反叛者在扩张的欧洲国家体系内成为独立的行为者。⑤ 虽然国王已经宣布殖民者 1775 秋天的行为为叛乱，但他并没有因此而解除他们对英国王室的效忠。根据任何人不得擅自抛弃国籍的原则，殖民者不可能通过自己单方面的独立宣言就放弃他们的英国国籍。⑤ 承认美国独立也需要

149 正式割让土室在北美的领土。因为王室不可能只通过君权就出让领土，也不可能单方面取消已经包含帝国宪法的议会法案，因此议会不得不在和平条约的框架内进行干预。这种干预当然不是前所未有的：与 1662 年敦刻尔克回归法国、1720 年直布罗陀以及七年战争之后的领土割让问题有关的类似问题已经出现。⑤ 根据《1782 年法案》的条款，议会已经授权王室把英国从前的殖民地割让给美国人，"任何法律，不论是议会的一种法案，抑或多种法案，在任何情况下都会出现相反情况"。⑤ 此举的意图在于避免忧虑——"如果没有议会的约束，王权会将帝国搞得四分五裂；且会为了议和，而放弃在战争期间没有获得的领土，"卡莱尔伯爵（Earl of Carlisle）次年在上议院讨论和平条款时提出。⑥ 例如，和平条款的反对者们认为《1782 年法案》只是授权国王承认美国的独立，而不是将在北美的领土让给美国，或者放弃在纽芬兰和圣劳伦斯海湾的捕鱼权。虽然议会最终批准了该条约的条款，但直到 1890 年赫尔戈兰岛的出让，才使这个更大的问题得到解决，赫尔戈兰岛的出让似乎表明支持解决这个事情的是法规，而不是君权。

1782—1783 年围绕美国独立的这场辩论，被诺斯勋爵（Lord North）称之为"议会讨论中最重要的一个对象"，在一定程度上是用

---

⑤　Conway (2002).

⑤　Plowden (1784); Plowden (1785); Kettner (1976); Martin (1991).

⑤　Gibbs (1970), pp. 125–129（论敦刻尔克和直布罗陀）；A. Smith (1978), pp. 324–325（1762—1763 年的报告），引自：Pufendorf, Cocceius and Hurcheson.

⑤　22 Geo. Ⅲ, c. 46, 'Act to Enable His Majesty to Conclude a Peace, or Truce, with the Revolted Colonies in North America'.

⑥　*Parliamentary History* (1806–20), ⅩⅩⅢ (1782–3), col. 378; 比较：cols. 484, 514–515.

国际法话语进行讨论的，并且借助了最杰出的现代权威人物。[61]那些
权威人物的看法不尽相同，举例来说，布拉玛奇认为一个世袭王国的
统治者可以任意转让他的任何一部分领土；但瓦泰尔否认英国是这样
的一个王国，相反，他认为英国国王"不能转让他们的任何一部分领
土，如果没有议会的同意"。[62]霍克勋爵（Lord Hawke）援引普芬道夫   150
的观点来支持王室有权割让东佛罗里达；为了回应那些"为解释君主
的特权而将他们的贵族身份庄重地介绍给瑞士作家们的"发言人，大
法官瑟洛勋爵（Lord Thurlow），嘲笑"这些外国作者的学术著作和
怪念头"，并且否认"瓦泰尔爵士和普芬道夫爵士"的权威性。[63]

　　很容易购买到翻译为英文和法文的标准国际法欧洲文本，这或
许在一定程度上解释了，或者说甚至是试图为不列颠（主要指英格
兰）律师在对同时期的国际法学贡献过程中那众所周知的落后开脱。
欧洲观察家及后来的历史学家，都只辨别出四部18世纪时英国扩
充国际思想文集的不朽之作：曼斯菲尔德所作的《1753年备忘录》、
杰里米·边沁的《和解与解放》（又称为《普遍永久和平计划》，约
1786—1789年）、罗伯特·沃德的《探究欧洲国际法的基础和历史：
从古代希腊罗马到格劳秀斯时代》（*Enquiry into the Foundation and
History of the Law of Nations in Europe, From the Time of the Greeks
and Romans, to the Age of Grotius*, 1795），以及詹姆斯·麦金托什爵
士的《论自然法和国际法研究》（*Discourse on the Study of the Law of
Nature and Nations*, 1799）。[64]边沁的计划仍然保留在他的论文中，直
到19世纪中叶才得以出版，但是沃德和麦金托什的论著在他们那个
时代获得了更大的声誉。沃德的这部论著成为一部实证主义时代标

---

[61] *Parliamentary History* (1806–20), XIII (1782–3), col. 560.

[62] Marquis of Carmarthen in *Parliamentary History* (1806–20), XIII (1782–3), col. 379（引自：
Burlamaqui (1763), II, pp. 215–216, and Vattel, *Droit des gens*, I . iii . 117); Gibbs (1970),
p. 125, n.40.

[63] *Parliamentary History* (1806–20), XIII, col. 390 (referring to Samuel Pufendorf, De Jure
Natur & et Gentium Libri Octo (1688), VIII . v.9), 431–432.

[64] UCL Bentham XXV, heavily edited in Bentham (1838–43), II, pp. 546–560; R. R. Ward
(1795), Mackintosh (1799).

准的国际法历史。他在著作中对源自于自然法概念的国际规范——明显不具有普遍性——效用表示了怀疑，相反，他所描述的基督教文明的各种法律显然还局限于欧洲和帝国的边缘地区及其继承国，但是也受到了无神论的法兰西共和国的威胁——企图为它自己的国际法概念立法。[65]麦金托什的这部论著成为获得巨大成功的系列讲座的前言——但不幸的是，现在遗失了，该系列讲座折中地来源于德国哲学史、孟德斯鸠的法理学和从格劳秀斯到瓦泰尔的国际法经典作品，是 1799年初他在林肯法学协会大厅（Lincoln's Inn Hall）*给一群包括六位同行和十二位议员贵宾做的讲座。[66]然而，这些权威人物中最著名的无疑就是使"国际法诸要素和原则这一人类伟大纽带"引起议会关注的埃德蒙·柏克，他一再利用黑斯廷审判中的那些原则，还有争论瓦泰尔与为法国督政府战争辩护之间的相关性的查尔斯·詹姆斯·福克斯（Charles James Fox）。[67]

151

这些权威人物对国际法的重视，表明在 18 世纪的最后二十年里，对国际法本身的定义产生的兴趣迅速增长。这种兴趣并不局限于议会或者英国；它的对象本身在范围上就具有跨民族的性质。边沁在 1780 年时创造了"国际"这个词汇来表示专门处理主权国家之间的关系的法律体系，而不是处理民族或者人类之间的关系的法律体系，无论是个体意义上的还是集体意义上的："州际法律"（imter *state* law）因此会有一个不那么模糊的名称。[68]他的这个新词有二十五年的时间在母语是英语的国家中都没有得到更为普遍的使用，尽管"国际"这个词的必要性是国际法（或者我们可以说是各国）区别于自然

---

[65]　Ward (1795), Ⅱ, p. 338.

*　英国四大法学协会之一。——译者注

[66]　BL Add. MS 78781; J. Mackintosh (1835), Ⅰ, pp. 108, 111–115（摘录于第一次讲座）; J. Mackintosh (2006), pp. 250–258（《论自然法和国际法的研究》的附录：摘录于系列讲座）.

[67]　Edmund Burke, *First Letter on a Regicide Peace* (20 October 1796), in Burke (1991), p. 240; Charles James Fox, 'Address on the King's Speech at the Opening of the Session'(21 January 1794), in Fox (1815), Ⅴ, p. 156; Stanlis (1953); Whelan (1996), pp. 287–291; Hampsher-Monk (2005).

[68]　Bentham (1996), pp. 6, 296; Suganami (1978); Janis (1984), pp. 408–410.

法（在传统上被认为几乎完全是一致的）的一种标志。它因此而与习惯法或者实证法更紧密地联系在一起，与它们之间的国家行为和积极协议紧密地联系在一起。这反过来又产生了对作为国际规范证据的条约文集的更大需求。就像查尔斯·詹金森（Charles Jenkinson）在他编著的《1785 年条约文集》的序言中所指出的那样，"这样一部著作的实用性对于绅士和政治家而言是显而易见的。对于政治家而言，它就是一部法典，或者法律体系；因为一部条约文集之于他，就如同一部法令汇编之于律师一般，具有相同的功能"。[69]

　　在七年战争之后的几十年里，对国际法的理论及其实践不断增加的兴趣，与威斯敏斯特议会的帝国法案和国外法案的扩张如影随形。致力于帝国和其他（包括国际）法案的立法活动比例——而不是致力于地方、国家或"英国"的立法——在 18 世纪减少了；然而，帝国法案和国际法案的绝对数量却在 1763 年后急剧增加。[70] 当然，议会的治外法权意愿在 18 世纪晚期并不新奇；例如，自 17 世纪 50 年代以来的《航海条例》已经限制了全球的贸易，《反海盗法》也已经在 1720 年之前的半个世纪里清理了海上的非国家行为体。[71] 当然，奴隶贸易的萎缩是议会执行国际法规范的欲望最引人注目的证据——把奴隶贩子视作人类的敌人（人类公敌），就像传统上对海盗的认定那样——但这几乎不是唯一的。[72] 从 19 世纪初期起，议会就不只是为不列颠和爱尔兰的民族，以及包括王国的领土立法，甚至还为王室保护下的更广阔的领土立法，比如洪都拉斯或塔希提岛（《海外谋杀法案》，乔治三世时）、太平洋群岛（乔治四世时）、中国香港（威廉四世时）或者海岬（威廉四世时）。[73] "这是更为明显的一个（帝国议会）：管理着好几项事务的一个议会，相互影响但却独特的政治文化实体"：但显然不只是在不列颠和爱尔兰的范围之内。[74]

152

---

[69]　Jenkinson (1785), Ⅰ, pp. iii-iv.

[70]　Innes (2003), p. 19.

[71]　Perotin-Dumont (1991), pp. 214–218; Ritchie (1986); Benton (2005).

[72]　Davis (1998), pp. 113–119; Allain (2007); Keene (Keene)(2007).

[73]　Holdsworth (1937–72), XIV, pp. 81–86.

[74]　Innes (2003), p. 38.

整个 18 世纪的变化原因在埃德蒙·柏克看来都是很明显的：

> 当贸易以其优势和必要性，开始了与其他国家更大规模的交流；当自然法和国际法（一直以来都是英国法律的一部分）逐渐形成；当帝国越来越扩大；当崭新的观点和联合展现出来……旧式的严谨和过分的苛刻让位于对人类种种顾虑的迁就，并为其指定了各种规章制度，而人类顾虑并不屈就于那些制度。⑦⑤

国际法在议会辩论中那特定的突出地位，以及议会在域外立法的意愿，会有助于强化而不是削弱国内法与国际法之间的区别。法令的显赫地位，加上如果没有立法的威力，强制执行国际规范显然是不可能的这个条件，促使实证法理论家否认国际"法"是法律，其中最著名的是约翰·奥斯汀，他们认为恰恰是因为国际法缺少了一个主权立法者，因此不能解释为一项命令，也不能在没有可实施的制裁的情况下就通过它。⑦⑥国内法和国际法之间的区别强化了本国历史和国际历史之间那由来已久的区别。

议会史通常被理解为国内立法及辩论的历史，因此被理解为本国史而不是国际史的一部分。从某种程度上说，对议会身份的这样一种描述源自于行政和立法之间的宪法分类；然而，只要法律制定和讨论越来越多地包括帝国问题，并且用国际法的语言给予表现，议会的辩论就会变得更具国际规模，甚至跨越国界，同时立法日益以超越国界的方式调整诉讼或者重大事件，无论在不列颠还是爱尔兰或是远离它们的国家，因为在帝国竞争、全球战争及共和革命的一个世纪里，英国议会不得不日益关注国际法规范。

153

⑦⑤ Report on the Lord Journals (30 April 1794), in Burke (1998), p. 163.
⑦⑥ Austin (1995), pp. 123, 160, 171, 175–176.

第九章 埃德蒙·柏克与国家理性

埃德蒙·柏克是极少数受国际理论家们重视的政治思想家之一。[①] 154根据马丁·怀特这位"英国学派"国际理论奠基人之一的看法，柏克"是……从政治理论完全转向国际理论的唯一政治哲学家"。[②]然而，对作为一位国际理论家的柏克重新燃起的兴趣，并未在如何将他在国际理论传统中进行分类这个问题上达成共识。怀特把思想家分为现实主义学派、理性主义学派和革命主义学派；马基雅维利学派、格劳秀斯学派和康德学派；或者国际无政府理论家、惯常交往理论家和道德一致性理论家[③]；更多近期的国际理论家对这些范畴进行了完善或补充，为了构建现实主义、自由主义和社会主义，以及经验实在论、普遍道德秩序和历史理性三位一体的相似传统。[④]柏克到底属于哪个传统这个问题仍然是不确定的。争论他究竟是一位现实主义者抑或一位理想主义者，一位理性主义者抑或一位革命主义者，结论各不相同：

---

① 对于将柏克视作一位国际理论家的介绍，参阅：Burke (1999); Burke (2009).

② Wight (1966), p. 20.

③ Wight (1911); Wight (1987); Bull (1976), pp. 101–116; (reprinted in Wight (1991), pp. ix–xxiii); Porter (1978).

④ Doyle (1997), pp. 18–20, and *passim*; D. Boucher (1998), pp. 28–43, and *passim*.

一位"保守主义斗士"抑或一位"历史经验主义者",一位过时的二元论者抑或一位事实发生前的冷战分子,或者最恶劣的说辞——"一位原型马克思主义者,或更精确地说是一位原葛兰西式的"霸权理论家。⑤ 事实是,柏克非常明显地逃避这些定义,质疑这种严密界定各种国际理论"传统"的分析工具。⑥

155 　　柏克与国家理性诸概念的关系为这样的分类法内部的混乱状态提供了一个更精确的样本。根据一位国际理论历史学者的看法,柏克为国际关系的保守主义方法"奠定了基础"……"贯穿着国家利益和国家需要这两个现代概念,以国家利益为重的理由";然而,换句话说,"柏克……强烈反对国家理性这一观念,也不赞同国家利益凌驾于道德准则之上这种观点"。⑦ 基于每个判断的这些假设显然都是不能同时成立的:一方面,外交事务领域的"保守主义方法"意味着支持国家理性被定义为至高无上的"国家利益和需要",确实,柏克对此是承认的;另一方面,国家理性被更确切地定义为"国家利益凌驾于道德准则之上的这一观点",柏克并不赞同,因此不能将他阐释为一位国家理性的理论家。当然,在柏克漫长的写作和政治生涯中,他对此类不同的核心问题持有不同的观点,或者为不同语境中的国家理性的不同概念作出论证,都是可能的。要验证这样一种假说,需要对柏克与其同时代人及前辈们持有的国家理性诸理论之关联进行一种历史的阐释。

　　将柏克定位于国家理性的传统似乎犯了一个简单的范畴错误。别忘了,他极度鄙视"时髦的马基雅维利式政客",强烈反对"马基雅维利式政策那令人厌恶的格言",谴责"马基雅维利那可怕的格言——干大事的人要有十足的邪恶",并将《李维史论》(*Discorsi*)

⑤　Vincent (1984); D. Boucher (1991), pp. 308–329; Harle (1990), pp. 59, 72; K. Thompson (1994), p. 100; Halliday (1994), pp. 108–113.

⑥　Welsh (1995), pp. 6–9, 172–180; Welsh (1996), pp. 173–177, 183–186; Burke (1999), pp. 38–39, 51–56. 关于国际理论中的"各传统",更常见的是:Nardin and Mapel (1992); Dunne (1993); I. Clark (1996); Jeffery (2005).

⑦　Knutsen (1992), pp. 141, 143; D. Boucher (1998), p. 14.

确定为法国共和主义的煽动性教科书。⑧他对马基雅维利和马基雅维利主义的苛评，已经被证实先于弗里德里希·梅尼克（Friedrich Meinecke）所提供的经典的国家理性之现代阐释，这种阐释"一方面与以国家利益为重的理由相对立，另一方面与伦理道德和法律相对立"，而且追溯了与这位不信神的佛罗伦萨人——曾经为该传统提供了熟悉的绰号——分道扬镳的过程。⑨对国家理性和马基雅维利的这种阐释，强化了长期以来将柏克解释为最后一位中世纪自然法理论家的这一看法，对于这些中世纪自然法理论家来说，并非只有人类诸多利益之计算能够无视神圣理性之要求。如果说国家理性阐述了政治上的权宜之计将会取代道德准则这一学说，那么柏克就只能是它（和马基雅维利主义）的敌人：他的"政治学……立足于将上帝赋予的普遍理性法则及其公正理解为一个良好共同体的基础。按照这一理解，政治与道德之间的那种马基雅维利式分裂就愈合了，可恰恰就是在这一点上，柏克远离了那些主张贬低他的现代实证主义者和实用主义者"。⑩要接受相反的观点，就会使他再次落到那些权宜之计的阐释者——功利主义者和世俗主义者——的手中。

对国家理性和自然法的这些阐释，无疑取决于一种对现代自然法理论的错误理解，而柏克就是这种错误理解的继承人。首先复兴自然法理论的是胡果·格劳秀斯，而后由其后继者们详尽阐述，从斯多葛派那里获得了自我保存的根本原则。为了将自我保存的范围确定为一个实用通则，总是根据结果论者的标准来要求竞争性商品的估计。⑪这对于国家及其统治者而言是真实的，对于私人而言也同样是真实

156

---

⑧ Edmund Burke, *Reflections on the Revolution in France* (1790), in Burke (1989), pp. 66, 132; Burke, *Fourth Letter on a Regicide Peace* (1795–6), in Burke (1991), p. 69（暗指：Machiavelli, Discorsi, Ⅰ.27); Burke, *Second Letter on a Regicide Peace* (1796), in Burke (1991), p. 282.

⑨ Meinecke (1998), pp. 28, 29. 梅尼克早期认为柏克"给予了在18世纪自然法则基础之上形成的各个国家概念决定性的一击"，并且接受了马基雅维利及后来支持现实政治的人也承认的"国家生活的非理性因素，诸如传统力量、习俗、直觉及冲动情感"之重要性：Meinecke (1970), p. 101.

⑩ Burke (1949), p. xv.

⑪ Tuck (1987); Tuck (1993), pp. 172–176.

的。在政治领域，这一根本的决定性因素在任何一种结果的计算中都将是必要的。就国家而言，需要作为一种政治行动的原则，只能通过诉诸"人民的福利就是最高的法律"——西塞罗的名言（《论法律》[De Legibus] 第三卷，第三章——）来证明其正当性。西塞罗对国家范围内的此类计算设定了严格的限制，将其限定于自卫、安全之底线，或者自由之保护；为追求这些目标所采取的行动也必须避免声名狼藉，并要遵照共和政体的宪法行事。⑫在后来的修订版中——除去西塞罗著作中特别提到的罗马共和国时期的法律语境——此类理论可以使自然法的各个原则与为了共同利益而受到严格限制的需要诉求得到和解；它们也可以超越国内领域而扩展至国际领域。⑬

157   这一自然法学的"现代"传统，以斯多葛派伦理学的诸多论点为基础，就其所依赖的与特定目的相关的竞争性商品的标准化而言是功利主义的。把柏克列入源自于该传统的国家理性理论，这表明在他的思想中并没有前后矛盾之处。"马基雅维利式的"权宜之计的反对者同样是西塞罗的"必然性"（necessity）的支持者：两者的区别取决于有效利用的标准、可以诉诸的情况和渴望或想象的结果。将柏克归入近代国家理性理论体系中的一员，也使得人们能够鉴别"基于权宜之计的思考，他的思想占有多少权重。这种利害只是被当作实际的后果而加以考虑"。⑭此外，该传统中的国家理性是结果论者的构想，正是因为它以自然法的新斯多葛派（neo-Stoic）的理念为根据，从而在该语境下将柏克视作一位国家理性理论家，恰好避免了毫无新意的辩论——他的政治思想之真正特征究竟是功利主义的还是自然法学的。⑮只要被人们讨论的自然法学传统是格劳秀斯所开创的"现代"传统，只要人们讨论的功利主义是结果论者所开创的那种传统，那么它就可以被描述为功利主义或自然法学。"自然法传统与结果主义的

---

⑫ De Sousa (1992), ch. 2.

⑬ 阐述国家理性的"人文主义者传统"之根基，可追溯到西塞罗，参阅：Tuck (1991), pp. 18–23, 29–31.

⑭ Winch (1996), p. 196.

⑮ Dinwiddy (1974), pp. 107, 153–155.

深层次对抗"这一断言，因此并不是自然法学乃至结果主义的一切形式的真实情况^⑯；也没有必要在它们之间选择其中之一来描述柏克的政治或国际思想之诸多特征。

柏克的国家理性理论同样适用于国内宪法和一国的对外关系。如此，它的范围超出了西塞罗规定的内部政治决定因素，达到了像格劳秀斯这样的现代自然法理论家们所阐述的国际领域。于是，国家理性有两副面孔，就像它的近代政治思想概念上的近邻——主权和权力平衡———一样。^⑰ 跟它们一样，国家理性越过政治理论之间的边界，被定义为国家内部的权力合法性理论和权力分配理论，以及国际理论。在这两个领域，国家理性承认必然性的各种强制性行为；其独特的理论关切由此而具有偶然的、非凡的和不可预见的特点。"一种高度的因果必然性，"梅尼克论证道，"主体本身习惯于被构想成是绝对的、不可避免的，感受最深刻的是……由国家利益所推动的一切行动中的精髓部分。"^⑱ 由于事急而无法（*necessitas non babet legem*），因此国家理性不可能被编纂为法典或者制定成法律。国家理性不可能单独决定哪种状况是真正极其必要的，因此一些确切的理由使习俗和法律成为最为重要的东西。它只能制定来源于这些例外的各种准则，更常见的看法是，它提供了一种适用于自然法准则的结果主义方式。从这些方面来看，国家理性近乎也讨论极端情况和紧急状态的反抗理论。然而，反抗理论认为在规定的紧急情况下反抗是有正当理由的，即使只是回顾过去，也为不同的主体作出必然性的判断提供了可能性，甚至切中了民主主体的要害。国家理性理论中所需要的这种强制性行为的必然性被假设为普遍公认的，但只有在特殊情况下，由特定的主体——通常是君主——做出。会使必然性变得明显且具有说服力的这些情形，从来没有得到过任何精确的界定；因此，必然性的适用要求君主或议会具有自行决定权。这些必要条件牢固地将它列为国家机密（*Arcana Imperii*），也使其遭受如此指责（特别是那些根据判断

158

---

^⑯ Boyle (1992), p. 119; 比较：Friedrich (1957), p. 31–32.

^⑰ Hinsley (1986), chs. 4–5; Anderson (1993), pp. 150–154.

^⑱ Meinecke (1998), p. 6.

被排除的人）：必然性纯粹就是主观的、任性的和不受约束的。

因为国家理性，不管是国内的还是国际的，在道德上都是矛盾的，这两种国家理性可以合法地推断出，一个是自然的，因而是正当的，另一个只不过是推定的，因而是应受谴责的。[19] 在柏克之前的英国辉格党传统，包含着这两种国家理性的实例。例如，哈利法克斯侯爵（Marquis of Halifax）在 1684 年的时候提出："存在着一种自然的国家理性，它是一种基于人类共同利益却不能定义的东西，是永恒的。并且在一切变革和革命的过程中仍然保有其拯救一个国家的原始权利，当法律条文破坏它时。"[20] "真正的必然性，"后来他申明，"是不会遭到抵抗的，而伪装的必然性则是靠不住的。"[21] 尽管政客们依然宣称必然性，但人们根本就不相信它是"国家机密"，约翰·托兰（John Toland）在 1701 年时抱怨道："现实中的国家理性只不过是管理国内外事务的正当理由，根据政府的宪法，以及其他国家的利益和权力。"[22] 由于难以判断国家理性究竟是自然的、合法地指向共同体的利益的，还是只为统治者的利益而策划的，因此造成了有争议的、开放的相反解释，甚至在一位理论家的思想中也如此。正如柏克本人在他的《论弑君以求和平的第三封信》（*Third Letter on a Regicide Peace*，1796—1797）中所指出的那样，"必然性，由于它没有法律，因此也就没有羞耻；但是道德上的必然性不像形而上学的必然性，或者甚至不像有形的必然性。在那个范畴里，它是一个意义含糊的词，将不同的观念传达给不同的人。"[23]

柏克一直在与国家理性这个词汇交锋，从他的第一部政治著作《为自然社会辩护》（*Vindication of Natural Society*，1756），到最后一部《论弑君以求和平的第三封信》。在这封信中，他附带评论道："国

---

[19] Viroli (1998), p. 6.

[20] George Savile, Marquis of Halifax, *The Character of a Trimmer* (1684), in Halifax (1989)，I, p. 191.

[21] Halifax, 'Prerogative'(1685–8?), in Halifax (1989)，II, p. 41.

[22] Toland (1701), pp. 93–94.

[23] Burke, *Third Letter on a Regicide Peace* (1796–7), in Burke (1991), p. 344.

家理性和常识是两回事"[24]；30 年前，在《为自然社会辩护》中，他以同样的思路讥讽同一时代的结果主义：

> 论述政策学（Science of Policy）的所有作者都同意：为了维持自身，所有的政府都必然要频繁地侵犯正义规则；事实必须为虚伪让步；诚实为实际利益让步；人性为绝对利益让步。这一整个罪恶的秘密被称为国家理性。我承认这是我洞察不了的一种理性。什么样的保护要靠侵犯各项权利才能维持普遍权利？什么样的正义要靠破坏自己的法律才会有效？……就我而言，比如说一个普通人在这般境况下会说什么。我永远都不会相信，遵照自然，且适合人类的任何一种制度，无论在任何情况下都能够发现它是必要的，或者甚至是有利的，这是人类最出色、最有价值的本能告诫我们要避免的。[25]

1754 年出版的博林布鲁克（Bolingbroke）的自然神论著作为《为自然社会辩护》那具有讽刺意味的企图——通过归谬法（或反证法）来削弱支撑自然信仰的那些论据——提供了最直接的理由。[26] 然而，柏克在《为自然社会辩护》中抨击的对象不是博林布鲁克，而是大卫·休谟。在其《人性论》（*Treatise of Human Nature*, 1739—1740）中，休谟坚持认为国际法并没有取代自然法。个人和国家均受维护财产和承诺的相同责任的约束；但是，君主的义务弱于个人的义务："君主与个人在道德上的范畴是相同的，但其效力却不相同"，国家与个人从

160

---

[24] Burke, *Third Letter on a Regicide Peace*, in Burke (1991), p. 300.

[25] [Edmund Burke], *A Vindication of Natural Society* (1756), in Burke (1997), p. 154. 与让－雅克·卢梭的理论几乎同一时期的《战争状态》（*c.* 1755–6）里的评论相比较，载：Rousseau (1997), p. 163："根据君主绝对独立的理念，他们以法律为幌子对公民们演说，以国家理性为幌子对外国人演说，从而使得后者丧失政权，前者丧失反抗的意愿，最终到处都是仅仅充当暴力盾牌的徒劳的正义之名。"

[26] Weston (1958); Burke (1993), pp. 4–6. Hampsher-Monk (2010), pp. 245–266，对卢梭《论人与人之间不平等的起源和基础》的传统认同的令人信服的质疑，成为柏克在《为自然社会辩护》中抨击的其他类似对象。

财产安全、司法和审判公正获得的好处并不相称，他论证道。㉗当休谟在《道德原则研究》（*Enquiry Concerning the Principles of Morals*, 1751）中回到这个问题时，他以国家理性的用语重申了这一差别，从而为柏克在《为自然社会辩护》中的讽刺提供了最直接的理由：

> 奉行正义，虽然在多个国家当中是有用的，但像在个人与个人之间那么强大的一种必然性则没有得到保护；并且道德义务与有效性相当。所有的政客和大多数哲学家都会认为，国家理性可以——尤其是在紧急情况下——摒弃正义原则，也可以使任何一种条约或同盟失效，严格遵守正义的地方，在相当大程度上，对于缔结条约的任何一方都是不利的。但它简直就是最极端的必然性，承认可以为个体毁约或侵犯他人财产辩解。㉘

柏克对休谟修订本的讥讽，让依照国家理性行事这个论点的理论基础安然无恙。除非公民社会本身是非法的，这种国家理性才会是不合理的。如果——就像柏克后来在《法国革命论》（*Reflections on the Revolution in France*）中论证的那样——政府是一种必要的"人类智慧的设计，为人类提供需求"，"人类有一种权利，即通过这种智慧提供这些需求的权利"，由此可以推断出政府被授权可以通过任何一种必要手段以提供这些需求：公民社会的个体成员已经将他们的"自卫权利，这个首要的自然法则"委托给政府，并由此将必然性之裁决让与他们的统治者。㉙

161　　柏克认为，甚至在国内，任何法律都可能会被暂停，虽然只是在极端必要的强制之下，并且是为了政治共同体之保存。康纳·克鲁斯·奥布莱恩（Conor Cruise O'Brien）认为这样一种说法是"那些

㉗　Hume (2000), pp. 362–364 (Ⅲ. ii. Ⅱ, 'Of the Laws of Nations').

㉘　Hume (1998), p. 100(Section Ⅳ, 'Of Political Society').

㉙　Burke, *Reflections on the Revolution in France*, in Burke (1989), p. 110. 论述柏克对政治理性主义的怀疑的深层背景，由此推理出任何一种广泛分配的权力都会作出必要性的理性判断，参阅：Hampsher-Monk (1998).

令人痛苦的问题之一，它们大量存在于柏克式领域内，通常，有一些掩饰是恰当的"。㉚ 然而，该原则似乎并未给柏克带来什么痛苦，也几乎没有给他带来任何意外的发现。就像他于 1780 年告诉下议院的那样，不可能以经济改革的名义清除财政部专利局，因为官员是终身任职，这是一种财产形式，而且是能够否决合法占有原则的唯一必然性。然而，他承认"有些公共需要的场合是如此之大、如此之清晰、如此之明显，以至于取代了所有的法律。法律的制定只考虑共同体的利益……没有一种法律能够违背所有法律的根据与动机而创立"。㉛ 唯有这样的征服冲动，根据公共必然性（西塞罗式的公共利益或国家利益）定义，可以证明呼吁国家理性是正当的。基于同样的理由，他公开指责抗罗宗同盟（Protestant Association）对天主教信仰的反对，他们"借国家理性、宪法和国家安全之名义抬高身价"，只是一张"由可憎的预谋、怯懦及怠惰混合而成的政策收据"，因此不是该原则的合法援引。㉜ 因为对必然性的呼吁仅仅是为了在整个共同体以及最终保存社会本身的时候可以证明其具有正当性，可以合法地被援引的这些理由必定是：就像柏克在弹劾沃伦·黑斯廷斯期间坚持认为的那样，不可能在政府的正式原则内提出。㉝

柏克认为，在英国近代史上，满足了这些严格的条件只有光荣革命，从而提供了一个与判断后世的公共必然性主张相反的可靠标准。理查德·普赖斯（Richard Price）的断言：废除国王成为英国宪法的一条正式原则的 1688 年事件，促使柏克完善了国家必然性这一理论。 162

㉚ O'Brien (1972), pp. 34–35.

㉛ Edmund Burke, 'Speech on Presenting to the House of Commons, a Plan for the Better Securty of the Independence of Parliament, and the (Economical Reformation of the Civil and Other Establishments'(1780), IN Burke (1803–27), Ⅲ, p. 310. 他还认为专利局应该受保护，因为"每个国家的国家理性"都要求给予公共事业这样的资助：ibid, Ⅲ, p. 310.

㉜ Edmund Burke, 'Speech at the Guildhall in Bristol, Previous to the Late Election in that City, Upon Certain Points Relative to his Parliamnetary Conduct'(1780), in Burke (1803-27), Ⅲ, p. 418.

㉝ Cone (1957–64), Ⅱ, pp. 205–207; Greenleaf (1975), pp. 549–567; Whalan (1996), pp. 188–193, 199–202.

柏克反对普赖斯的观点，他认为光荣革命是"必然性的一次行动，从最严厉的道德意义上说，在行动中可以接受必然性"，但不能由此而将其确立为宪法的一个先例。这一形势的极端性表明"协调……一个不容变更的法则和一个偶尔的背离两者的用途"是可能的，这是在政府没有完全解体的紧急情况下的唯一补救途径。③1688年事件之后，这一观点复苏了托利党与辉格党的古代宪法学说进行辩护的手段；由于采用了这一方法，柏克也在1712年追随神经质的辉格党检察官亨利·萨谢弗雷尔（Henry Sacheverell）的指引。③这一来自必然性的特殊观点，最初被托利党人比如埃德蒙·波罕（Edmund Bohun）和托马斯·朗（Thomas Long）当作法国大革命的一个正当理由来使用，而辉格党人比如查尔斯·布朗特（Charles Blount）亦如此，他们全都利用格劳秀斯来为一种受限制的反抗权利辩护，就跟事实理论家比如17世纪初期的安东尼·阿斯克姆（Anthony Ascham）一样。③在《战争与和平法》（*De Iure Belli ac Pacis*, 1625）第一卷里，格劳秀斯承认，即使某种神律在千钧一发之际也载有一些缄默的特例，但如果放弃对公共利益的考虑，在任何情况下都是站不住脚的。在这种保守派的理由下，对一个放弃他的政府权威、他的王国，或者与人民为公敌的统治者的反抗就是正当的。③抛开它那显而易见的格劳秀斯根源，虽然仍然坚持呼吁自我保存，但此论点为弹劾辉格党财务管理人萨谢弗雷尔提供的正是他们极力反对不抵抗主义（the doctrine of non-resistance）所需的武器，在没有唤起一种普遍的、不受限制的反抗权利这个幽灵的情况下。③柏克在《新辉格党对旧辉格党的呼吁》（*Appeal from the new to the Old Whigs*, 1791）中详尽地引用了萨谢弗雷尔审讯记录，表明（用罗伯特·沃波尔［Robert Walpole］的话说）仅有的

㉞　Price (1789), p. 34; Burke (1989), pp. 68, 72.

㉟　Goldie (1978b), p. 328; Pocock (1987), p. 381.

㊱　Goldie (1977); Wallace (1968), pp. 32–35; Ascham (1648), reprinted in1689 as Ascham (1689).

㊲　Hugo Grotius, *De Iure Belli ac Pacis* (1625), Ⅰ4.7–14, cited for example by Blount (1689); T. Long (1689), pp. 22, 35.

㊳　Holmes (1973), p. 139; Miller (1994), pp. 79–81.

"最大必然性应该……是与一国交战，为捍卫自身、保卫整个国家"。[39]

在讨论法国大革命时，格劳秀斯传统中的国家理性为柏克提供了一个表明 1688 年事件（英国）与 1789 事件（法国）相似的论据，因为它们都表明了在危险逼近的情况下，武装干预是正当的，因此满足"必然性"的条件。[40] 这一来自必然性的论据，为柏克提供了反对那些将法国大革命比作光荣革命的英国雅各宾派们的一件武器，也有助于他表明 1789 年革命站不住脚的原因恰恰就是 1688 年革命可证明为正当的原因。柏克接着论证法国大革命是无与伦比的威胁，因为它危及欧洲各国的真正利益，而这是它们自然状态下的国家理性。基于这些理由，针对法国大革命的讨伐会是"最正义最必要的战争，任何一个国家都会参与"[41]，这与由埃米尔·德·瓦泰尔制定的国际法原则是一致的。在柏克看来，关键的区别在于：1688 年之前的英格兰好似 1789 年之后的法兰西，但却不似 1789 年之前的法兰西。尽管英国的雅各宾派想把法兰西共和主义者视为辉格党的对应者，但在柏克看来，他们不仅相当于雅各宾派，而且实际上更像他们渴望的世界帝国的路易十四。

柏克对必然性的呼吁，揭示了光荣革命与法国大革命之间的概念差别。前者受到了人民安全这一原则的严格限制；后者则把公平设置为放纵无尽的后果，使之成为将会危及所有国家完整性的无原则的、不受限制的国家理性。这至少是《法国革命论》出版后的那几年里柏克的论证方向，标志着他的国家理性观在 1790 年至 1793 年间的一种转变。然而，源自于必然性和建立在罗马与新罗马国家理性理论基础上的这一基本论证，就包含在《法国革命论》里。光荣革命和法国大革命可以根据它们所激发的必然性之真假呼吁而加以区分。在万民法的条款内，1688 年的英格兰和 1793 年之后的法兰西成为概念上的对

㊴　Burke, *An Appeal from the New to the Old Whigs* (1791), in Burke (1992), p. 131; 柏克的审讯使用参阅：ibid., pp. 124–144.

㊵　关于干预，柏克变化的观点之详细相关解释在 1792 年的夏天和 1796 年的夏天，参阅：Hampsher-Monk (2005).

㊶　Burke, *A Letter to a Noble Lord* (1796), in Burke (1991), p. 168.

应者，乃是因为两个国家都从内部分裂了，它们都受到了一种迫在眉睫的危险之威胁，或者说它们本身遇到了一种迫在眉睫的危险，因而可以言之有理地成为被迫以武装干预的正义一方。源自于 1793 年之后的法兰西（处于好战的、暴虐的、对外侵略的督政府统治之下）的差别被等同于 1688 年的英格兰（处于詹姆斯二世的专制统治之下）。就像柏克在《法国革命论》中令人震惊的一节中所指出的那样，那些建立在征服观之上的经典典故最初来自于托利党，而非辉格党：

> 法律在武力之下就得俯首听命保持沉默；审判官也就随着他们那无法再维护的和平而一齐倒台。1688 年的革命是由一场正义的战争而取得的，那是一场可能是正义的战争，尤其是一场内战的唯一个案。"战争当其不可避免时，就是正义的（Justa bella quibus *necessaria*）。" [42]

柏克在此处提到了两句引用最频繁的证明武力大于法律的经典格言——西塞罗的格言：法律在战时归于沉寂（《为米洛辩护》（*Pro Mlione*, IV. II)），以及萨姆尼特人庞修斯的演讲中的论点——卡夫丁峡谷一战之后，罗马拒绝了萨姆尼特的安抚性提议，认为他们开战的必然性理由是正当的：必然之战皆正义（*iustum est bellum, Samnites, quibus necessarium*）（李维，《罗马史》，第 9 卷第 1 章，第 10 页）。在《战争与和平法》中，格劳秀斯同样认为一个特殊共同体的国内法是"沉默的……在战事中"，且自然法依然有效。格劳秀斯进一步认为，任何一个给出不同战争正义理由的人，在他们受到攻击时都不能自称正在防守；正如萨姆尼特人在卡夫丁峡谷一役之后对罗马人的进攻被证明是正当的那样。[43] 当罗马人那难以安抚的状态要求用非常手段作为回答时，对于那些被剥夺了所有希望的人而言，战争

---

[42] Burke, *Reflections on the Revolution in France* (1977), in Burke (1989), p. 80.

[43] Grotius, *De Iure Belli ac Pacis*, 'Prolegomena' 26; II. I. 8. 论述格劳秀斯对古典引证的使用，特别是来自于西塞罗、李维和波里比阿斯的引证，参阅：Bederman (1995–6), p. 32; 更常见的，参阅：Straumann (2007).

变成了一种必然性，战事变得合法。正是由于上述这些条款，柏克推断出废黜詹姆斯二世已经成为一种类似于"一场战争而不是一项宪法的个案了"，"国家的一个特殊问题，并且是完全超乎法律之外的"。[44]

新教奥兰治亲王和他的军队在这种情形之下实施的外部干预，已经在英格兰内部事务中被证明是合法的，作为国内法边界外的一场内战，变成了万民法原则下两位亲王之间的一场公开战争。在这样的一场竞赛中，胜利产生了合法的征服呼吁；基于这些理由，把威廉在1688年的干预视作一场正义战争的范例，以及将他对詹姆斯的胜利视作一种合法的征服行动，就是可以想象的了。[45]有可能柏克在这里主要是作为一位爱尔兰人在思考：1690—1691年的詹姆斯二世战争（Jacobite War），标志着爱尔兰阶段的光荣革命确实是一场征服之战，因为在詹姆斯二世和未来几乎不在英格兰的威廉三世之间形成了不流血的僵局。[46]然而，此处更容易用文献证明的是柏克对瓦泰尔的感激。在《万国法》（1758）中，瓦泰尔认为每个外国势力都有权帮助一个被压迫的民族，如果难以忍受的暴政迫使他们反抗的话，正如1688年"英国人理由充分地抱怨詹姆斯二世"那样。"无论何时……事态发展到引起一场内战，外国势力就可以援助在他们看来似乎正义的一方"；此外，"每个外国势力都有权帮助那些恳求他们援助的受压迫的民族"。基于这些理由，奥兰治的威廉理由充分地干预了受损害的一方——英格兰人民。[47]

瓦泰尔利用光荣革命为外国势力的干预进行辩护，以及柏克认为光荣革命呈现了一个正义战争之案例，事实上，他们两人的论点是相同的，他们均得出结论：1688年战争之所以成为一场正义之战，正是因为根据瓦泰尔的标准来自外部的干预被证明是正当的。柏克正是利用这一论点，在瓦泰尔的直接支持下，在《法兰西事务思考》

165

[44] Burke, *Reflections on the Revolution in France*, in Burke (1989), p. 80.

[45] M.Thompson (1977), pp. 33–46; Goldie (1978a).

[46] 柏克的爱尔兰特性划分改变了他的整个政治思想过程这一论点，当然，是奥莱布恩（1992）的主旨。

[47] Vattel (2008), pp. 290–291, 648–649（Ⅱ. iv. 56; Ⅲ. xviii. 296). 论述瓦泰尔赞同和反对干预的论证，参阅：Hampsher-Monk (2005), pp. 75–77; Zurbuchen (2010).

（*Thoughts on French Affairs*, 1791）中表明，“在这种情况下（王国分裂的情况下），按照国际法，大不列颠，就像每一个其他国家一样，可以自由地加入合她心意的任何一方”。“对此，”他早前曾忠告他的儿子，“向极其拥护共和政体的作者瓦泰尔请教吧。”[48]对瓦泰尔的这种求助要追溯到一场较早时期针对战争的道德问题的争论上去，当时——在美国战争期间，1781 年英国夺取了荷属圣尤斯达求斯岛——柏克搬出“瓦泰尔，称其是最近最优秀的［自然法阐述者］，他偏重自然法的证据；因为，作为一位现代作者，他表述了我们所生活的这个时代的观念”。[49]然而，就法国大革命而言，正义这个问题更棘手、更有争议。根据瓦泰尔的看法，这是“一个非常著名的问题，也是一个最重要的问题”，不管一个邻国的扩张有没有充足的正
166 义战争理由。[50]尽管格劳秀斯和后来的克里斯蒂安·沃尔夫（Christian Wolff）都明确地认为，“为了削弱一个发展中的势力而拿起武器”——仅仅因为该势力有可能成为一种危险——永远也不可能成为战争的一个正当理由[51]，但瓦泰尔不同意这种观点，他给柏克提供的恰好是后者需要用来为一场反抗督政府的圣战辩护的国家理性观。瓦泰尔认为一个国家的安全可能会受到一个正在逼近的邻国的重大威胁，因此，为了自由和整个欧洲秩序而先于侵略行动起来是正义的，就像在西班牙王位继承战时的那种情况一样。[52]他进一步认为，从长远来看，现代的欧洲目前是一种共和政体，所有在这个共和政体内的国家，之前都是各自为政的，现在却由于共同的利益而联合在一起。势力均衡是这

---

⑱ Edmund Burke, *Thoughts on French Affairs* (1791), in Burke (1992), p. 207; Burketo Richard Burke, Jr, 5 August 1791, in Burke (1958–78), Ⅵ, p. 317.

⑲ Edmund Burke, ‘Speech on the Seizure and Confiscation of Private Property in St Eustatius’, 14 May 1781, in *Parliamentary History* ((1806–20), XXII (1781–2), col. 231; Hurst (1996); Abbattista (2008).

⑳ Vattel (2008), p. 491 (Ⅲ. iii. 42).

㉑ Grotius, *De Iure Belli ac Pacis*, Ⅱ. i. 17; Ⅱ. xxii. 5；Christian Wolff, *Jus Gentium Methodo Scientifica Pertractatum* (1749), §§ 640, 651–652; Vagt and Vagts (1979), p. 562; Tuck (1999), pp. 189–190.

㉒ Vattel (2008), pp. 491–494 (Ⅲ. iii. 42–44). 关于瓦泰尔与现代国家理性的论述，参阅：Nakhimovsky (2007); Devetak (2011).

些共同利益的保障，并为确保欧洲自由提供方法。一种纯粹功利的推断并不足以证明防御性的侵犯行为就是正当的，只有一种先发制人的回应——针对一种逼近的伤害——可以成为战争的充足理由。邦联可能是对抗此类伤害的最佳方式，但是，如果此类伤害失败了，为了这个伟大邦联的利益，根据正义与正直的原则威胁欧洲自由的一种显然具有侵略性的势力就会遭到反对和削弱。⑤ 迈克尔·沃尔泽认为柏克反对对拥护势力均衡的干预——维系欧洲"共和政体"稳定性，而瓦泰尔则对这种干预表示支持；然而，不管 1760 年时柏克的观点是什么，到 1793 年为止，他开始同意瓦泰尔的观点，认为捍卫势力均衡的这种干预是无可非议的。⑤

对于此类可以证明为正当的预防措施，瓦泰尔的关键性历史例子是西班牙王位继承战。在这场战争中，就像辉格党当时所认为的那样，也犹如瓦泰尔半个世纪后所赞同的那样，路易十四已经可怕地威胁到了整个欧洲的秩序，因为他企图搞世界帝国。⑤ 而柏克同样根据 1688 年事件来理解 1789 年事件，他认定这场反抗督政府的战争在概念上相当于西班牙王位继承战。《乌得勒支条约》终结了那场将势力均衡尊奉为国际秩序主要调节原则的战争，对抗来自一种势力的威胁，比如路易十四统治下的法兰西那样的世界帝国。1713 年之后的国家理性由此而使防御性侵犯成为正当的，在捍卫均衡，以及反对野心勃勃的世界帝国时。这种辉格党主义的世界帝国惯用语和数次战争的记忆，显然发展为柏克在《论弑君以求和平》中的警告："法兰西通过发动一场普遍的革命，在她的新体制和财富基础上形成了一个世

167

---

⑤ Vattel (2008), pp. 492–494, 496–497 (Ⅲ. iii. 44, 47–49).

⑤ Walzer (1999), pp. 76–80, quoting Burke's *Annual Register* (1760). 关于柏克与势力均衡的论述，尤其要参阅：Vincitorio (1969).

⑤ Robertson (1993), pp. 356–358.

界帝国。"⑯这在逻辑上是对柏克的论点——在《法国革命论》中根据
光荣革命理解法国大革命及其后果——的继承。这种类比是有用的,
恰恰是因为欧洲文明和安全的共同准则遭到了法国"新体制"异常险
恶的威胁,而这种"新体制"庄严地载入了《乌得勒支条约》,并得
到了瓦泰尔的支持。⑰瓦泰尔的论点在某种程度上是七年战争开始阶
段的产物,他那时假设——就像博林布鲁克、休谟、罗伯逊和古本也
假设的那样⑱——乌得勒支均势是欧洲国际秩序的基础。柏克一脉相
承,他论证说:"如果说阻止路易十四将他的宗教信仰强加给我们是
正义的,那么阻止路易十四的凶手们将他们的不信教强加给我们的一
场战争也是正义的。"⑲

革命战争会在适当的时候打破欧洲的均衡,正如保罗·施罗德
(Paul Schroeder)所论证的那样,从而不可逆转地改变欧洲政治。⑳
柏克是这种改变的预言家,他在瓦泰尔的帮助下预见到此种改变,
依照后乌得勒支条约的国家理性。在《论盟国政策》(*Remarks on
the Policy of the Allies*, 1793)中,他援引瓦泰尔以表明干预权在某
些情况下变成了一种责任,根据为"是否对一方而言是一种真正的
(*bonafide*)善意,而对于自身则是一种谨慎的预防措施"。 就像柏克
从瓦泰尔那里所摘抄的一份附录所表明的那样,针对法国的干预对于

168

---

⑯ Edmund Burke, *Third Letter on a Regicide Peace*, in Burke (1991), p. 340. 托马斯·L. 潘
   格尔(Thomas L. Pangle)和彼特·J. 阿伦斯多夫(Peter J. Ahrensdorf)认为,"柏
   克对普遍帝国的憎恶、他的国际关系概念,都与他最喜爱的另一个权威——古罗
   马爱国者西塞罗——的观点相去甚远",虽然这未能区别'普遍帝国'的不同概
   念(关于以西塞罗为例的论述,参阅:*De Officiis*, Ⅱ. 27);Pangle and Ahrensdorf
   (1999), p. 184.
⑰ 论述后乌得勒支国家理性的起源,以及维系其的欧洲伟大联邦之展望,参阅:
   Pocock (1999a), pp. 109–113, p. 133–134, 138–139; Pocock (1999b), pp. 170, 219,
   275–277.
⑱ Bolingbroke (1932); David Hume, 'Of the Balance of Power '(1752), in Hume (1987),
   pp. 338–341; Whalan (1995); Black (1997), pp. 225–228.
⑲ Edmund Burke, *First Letter on a Regicide Peace* (1796), in Burke (1991), p. 238; 比较:
   Burke, *A Letter to a Member of the Nation Assembly* (1791), in Burke (1989), p. 306:
   "欧洲的各位君主,在本世纪初,不甘忍受法国君主制吞没他国,他们现在不应
   该,在我看来,忍受一切君主国和联邦在这个败坏的无政府鸿沟里被吞没。"
⑳ Schroeder (1994).

欧洲各国而言会是一种"谨慎的预防措施"，恰恰是因为法兰西共和国对它们的国家理性——他们的利益、他们的安全，尤其是他们作为欧洲国家伙伴所共享的政治格局——显示出了一种史无前例的威胁。[61]近距离、附近地区，以及对危险的合法忧惧，都证明干预行为是正当的：就像柏克对 1796 年处境的简明扼要地概括那样，"我对我卧室里的一只野猫的恐惧必定甚于在阿尔及尔沙漠中咆哮的所有狮子"。[62]

柏克在《法兰西事务思考》（1791）中辩论道，尽管欧洲各国政府都有许多内部变革，但没有一次（甚至光荣革命也没有）的影响超出了他们自身那有限的地域。然而，他补充道：

> 目前的法国大革命在我看来完全就是另一种特色和性质；仅从政治原则方面讲，也与那些出现在欧洲的任何一种革命几乎没有什么相同或相似之处。**这是一场主义和理论教条的革命（*It is a Revolution of doctrine and theoretick dogma*）**。它更类似于那些以宗教为基础的变革，改变信仰的精神是其中最根本的部分。
>
> 这是发生在欧洲的最后一次教义和理论的革命，是宗教改革（Reformation）……其作用在于将其他利益集团引入所有国家，这些利益集团不同于那些由它们本国和自然环境而产生的利益集团。[63]

引入外国利益集团——就像宗教改革曾经有过的那样，就像大革命所威胁的那样——特别是为了引入外国利益集团而宣称的普遍适

---

[61] Edmund Burke, *Remarks on the Policy of the Allies* (1793), in Burke (1989), p. 474; 该版本删除了摘自瓦泰尔的"附录"。柏克的作品中有一个未完成的部分是对瓦泰尔的阐述，参阅：Sheffield Archives, Wenworth Woodhouse Muniments, BKP10/27(转录自：Vattel, *Droit des gens*, Ⅱ. Xii. 196–197, printed in Burke (1793), pp. 207–209).

[62] Burke, *First Letter on a Regicide Peace*, in Burke (1991), p. 259（反对查尔斯·詹姆斯·法克斯所声称的应该宽容法兰西共和国，基于同样的理由为保持阿尔及尔的领事辩护）。

[63] Burke, *Thoughts on French Affairs*, in Burke (1992), p. 208（柏克的重点）。

用性——比如因信称义或人权——而解散了一个国家的自然状态与其所生成的地地道道的利益集团之间的必然联系。因此，"如果说它们没有完全摧毁，但至少也削弱和分散了爱国主义的所在地"[64]，以及那决定性的、有机的国家理性。

在整个 18 世纪 90 年代，特别是在跟督政府打仗的头几年里，柏克坚持认为不列颠及其盟国参与反对法国的是一场"宗教战争"，是"一场道德战争"——反对"以世界帝国为目标的一个宗派"的那种"武装学说"。[65] 当然，并不只是他一个人论证这场反对督政府的战争是一场宗教之战；这样一种论点是这场战争开始那几年里英国国教论战的主题。这一"崭新而又前所未有的征服与扩张计划……完全颠覆了每一个合法政府、一切秩序、一切财产，以及所有国教"，这种完全的颠覆只可能遭到一场"正义和必然之战"的抵抗，沃克·金（Walker King）于 1793 年在格雷律师学院（Gray's Inn）说道。"国家带着我们进入战争状态，"查尔斯·曼纳斯·萨顿（Charles Manners Sutton）在次年告诉上议院的议员们，"从表面上看，这是一个不信上帝的国家；除非它请求上帝宽恕他的人民，否则我们的法律、自由和宗教，都必然会丢失。"这样"一场反对所有宗教的战争，就在基督教世界的中心进行，由算得上是迄今为止最文明的民族之一发动"，乔治·戈登（George Gordon）同一天在埃克赛特告诉他的听众，"这可是历史上的一件新奇之事"；反对它就要求有"一场具有紧迫需要的战争，从结果上讲具有最严格的正义的战争"。[66] 然而，柏克对世界帝国的谴责暗示法兰西共和国就像近一个世纪前的路易十四一样，是欧洲的大共和政体之共同准则的一个巨大威胁。在他的国际理论中，就跟在他的政治理论中一样，柏克仍然忠于英国辉格党的思想遗产，尤其是由于他如此地倚重于瓦泰尔——其英国崇拜具有明显的辉格党

---

[64] Burke, *Thoughts on French Affairs*, in Burke (1992), p. 209.

[65] Burke, *Remarks on the Policy of the Allies* (1793), in Burke (1989), p. 485; *Fourth Letter on a Regicide Peace* (1795–6), in Burke (1991), p. 70; *First Letter on a Regicide Peace* (1796), in Burke (1991), p. 199; *Second Letter on a Regicide Peace*, in Burke (1991), p. 267; Ryan (2010).

[66] King (1793), pp. 12, 10–11; Sutton (1794), p. 14; Gordon (1794), pp. 10, 26.

色彩[67]，他的国际法学说与柏克的殊途同归：捍卫最初由《乌得勒支条约》所担保的欧洲均势和新国际形势下的国家理性。

柏克并不仅仅是一位大革命的共谋理论家，尽管他同情那些像神父巴吕埃尔（Barruel）一样的人，这些人看到了 1789 年及其此后的诸多事件背后的自由思想家、共济会和犹太人[68]；他也并不仅仅是在面对法国大革命无神论时最疯狂最著名的英国国教辩护者，尽管无神论这种看法也有道理。事实上，他是格劳秀斯复兴、瓦泰尔修正的自然法传统中典型的近代国家理性理论家。在柏克看来，国家理性使内部和外部领域的国家政策可以相互理解；在没有损害安全、财产或法律的情况下，它还给他提供了一个论据，以确保处于绝境当中的安全；它还为欧洲国家体系的瓦解、均势失败和为法国大革命所迫而急需的自我保存提供了最有说服力的分析。[69]柏克政治思想中的这种张力表明，国家理性在 1789 年之前并没有失去它的理性依据（领先于莱因哈特·科泽勒克）[70]；它也证明将一个国家的国内准则与其外交政策分开，并不是国家理性理论的一个必然结果（领先于梅尼克）[71]；它还证明，令柏克满意（犹如曾经也令瓦泰尔满意那样）的是，国家理性在定义上并非是"法律或固有的道德原则"的反对者（当然，几乎领先于所有人）[72]。

瓦泰尔和柏克排在这一国家理性传统的尾端。毕竟，同是处在 18 世纪晚期战争的语境中，康德和边沁为永久的和平构想出各自的计划，都试图构想出会致使这种国家理性变得不实用而又过时的有合

170

---

[67]　参阅：Vattel (2008), pp. 89–80, 97–98, 127, 131, 132（Ⅰ. ii. 24；Ⅰ. iv. 76；Ⅰ. viii. 85, 87, etc.）. 论述柏克反思国际关系的传统辉格党教义，也可以参阅：Simms (2011).

[68]　J.M.Roberts (1971); Hofman (1988); McMahon (2001).

[69]　Onuf and Onuf (1993), pp. 8–9, 188–189.

[70]　Koselleck (1988), pp. 17, 39.

[71]　Meinecke (1998), p. 13.

[72]　在此种情况下，可参阅：D.Boucher (1991), p. 135.

作精神的、透明的国际准则和制度。^⑦ 他们也质疑那种站在赞成辉格党原则的立场上，自鸣得意地描述光荣革命的做法，而这种描述正是柏克理论依赖的历史基础，康德质疑是因为这种描述例证了对"紧急法权（*ius in casu necessitatis*）"的一种"可怕的"诉求，以及没有限制地反抗的一种不言而喻的、永久的权利，边沁质疑则是因为他不可能将这种描述理解为国家利益（而不是"革命中的贵族领导人的特殊利益"）有好处。^⑦ 康德的绝对命令和边沁的最大幸福感原则为这一国家理性传统提供了相互矛盾但又同样致命的选择；他们强烈谴责这一

171　传统使源于梅尼克的工具主义解释在道德与政治之间出现了鸿沟。将柏克置于这一论点的一边或另一边，总是要冒曲解其思想的历史阐释的危险，无论是在政治领域还是国际领域；它也使得这两个领域之间的差别——无论是在国家理性的近代理论家还是在柏克本人会认可的那些方面——变得清晰。柏克在国际思想史上的地位应该由此而更接近于他在政治思想传统中的地位，因为长久以来都谴责强求一致的分类法和过于草率的挪用身份。

---

⑦　Immanuel Kant, 'Perpetual Peace: A Philosophical Sketch'(1795), in Kant (1991), pp. 93–130; Jeremy Bentham, 'Pacification and Emancipation'(1786–9), UCL Bentham XXV, printed (in a heavily edited version) as 'A Plan for an Universal and Perpetual Peace', in Bentham (1838–43), Ⅱ, pp. 546–560; Conway (1987), pp. 803–809.

⑦　Immanuel Kant, 'Über den Gemeinspruch: Das mag in der Theorie richtig sein, taugt aber nicht für die Praxis'(1793), in Kant (1964), Ⅰ, pp. 156, 160; English translation in Kant (1991), pp. 81, 83–64; Jeremy Bentham, 'The Book of Fallacies'(1818), in Bentham (1838–43), Ⅱ, pp. 447–448.

第十章 全球化的杰里米·边沁

最近，政治思想史学者们在拓展其研究范围的过程中实现了两次 巨大的跨越。第一次是"国际转向"（international turn），这一具有长期预见性的构想立即产生了丰硕的成果。国际思想史大部分是对国际舞台上的国与国、民族与民族、种族与种族、个人与个人，以及法人行为体相互之间关系的种种反思，这种研究已经在惯用语上重构了调整它们交互作用的诸多规范。在过去近十年里，这种充满活力的历史编纂已经确立了一种健全的思想家及其诸多问题之准则。① 第二次是政治思想史上被称为"全球转向"（global turn）的跨越，但目前还不太成熟。政治理论学者、哲学历史学者及其他学者都在不同程度上提倡跨国的思想史或政治思想史的全球化。这会成为一种使来自世界各地的思想传统融合在一起的历史吗？还是会成为一种各种观念全球流通的历史呢？可以肯定的是，这样一种历史的各种可能性——或甚至是在这一范畴下的多种历史——仍然很诱人。

任何一种全球性的政治思想史，都必定会包含政治史和其他针

---

① 最近涉及该领域的著作，例如：Keene (2005); Jahn (2006); Bell (2007b); Hall and Hill (2009).

对全球联系及其归于"全球化"这一语词保护之下的这种现象的思考方式。[2] 过去那些试图构想这个世界的思想家们,全面地探究人民和政治体制都是不可或缺的。本章就探讨一位这样的思想家——杰里米·边沁,他构想了一个更大的目标:一部全球政治思想史。与一些杰出的前辈或同时代的人——比如狄德罗、杜尔哥、史密斯、赫尔德、康德或歌德——不同,通常,人们不会用此类全球性语词去深思边沁。[3] 然而,只有在未能严肃地研究他本人的自我概念的情况下,历史学家们才忽略了这位全球性的边沁。[4] 在1831年2月边沁83岁生日的前一天,他清楚地表露了他的雄心壮志:"杰里米·边沁有最雄心勃勃的抱负。他的帝国——他所渴望的帝国——不断延伸,由一切地方的整个人类组成——在地球上所有宜居的地方,在未来的任何时刻……只限于地球上的人。"[5] 这也是跟他意气相投的同时代人威廉·黑兹利特(William Hazlitt)所认为的本杰明身上的特征。有些预言者也许在自己的国家没有得到敬重,但是距离却足以使他的影响力倍增。"他声名远扬;而他的思想光芒,以更强烈的光亮照耀到地球的另一端,"威廉·黑兹利特在1825年写道,"他的名字在英国鲜为人知,在欧洲大陆有更多的人知道,而在墨西哥的平原和矿区则广为人知。他为新世界提供了宪法,为未来立法。"[6] 这就是1826年被中美洲改革家何塞·德尔瓦列(José del Valle)誉为"世界立法者"(*Ligislador del mundo*)的边沁。[7] 也正是1830年被美国编辑约翰·尼尔(John Neal)判断为"不为绝大多数英国人所知"的边沁,但"在欧洲各个公共图书馆都可以找到……一些章节在世界各地传阅——

---

[2] Bell (2009a).

[3] Muthu (2011); Rothschild (2004); Muthu (2003), ch. 5; Muthu (2005); Tang (2008); Bartelson (2009); Cheney (2010).

[4] 一些研究已经指向这种"全球性的边沁",如:Niesen (2006); Kaino (2008); 艾瑞克·霍布斯鲍姆似乎是第一位使用该词的学者:Hobsbawm (1992)p. 27, n. 33.

[5] Jeremy Bentham, 'Memorandum-Book'(1831), in Bentham (1838-43), XI , p. 72, quoted in Twining (2000), pp. 15–16.

[6] Hazlitt (1825), p. 3.

[7] José del Valle to Jeremy Bentham, 21 May 1826, in Bentham (1968-), XI, pp. 217–218; Bentham (1998), p. 370.

北部与南部、新世界和旧世界都抢着同时使它们公之于众"。⑧ 到边沁 1832 年去世时为止，他和他的助手已经将他的影响力从美洲扩大到孟加拉国、从俄罗斯扩大到新南威尔士，经由日内瓦、希腊和的黎波里。⑨ 因此，他已经实现了自己在 1786 年表达的抱负："全球是作者渴求拥有主权的领地。他利用的是出版社、发动机和他的兴趣所在——人类陈列馆。"⑩

　　然而，边沁是出了名地不愿与出版社打交道，因此多半是在他的两位早期编辑——艾蒂安·杜蒙（Étienne Dumont）和约翰·宝灵（John Bowring）——的努力下，执拗的边沁才允许他的手稿出版，并畅行于世界各地。⑪ 他们俩经常删去促使边沁产生诸多论点的一些特殊事件及背景之踪迹，为了让他的手稿可以顺利出版。这种最初由杜蒙和宝灵编辑，后来又由约翰·穆勒编辑的去情景化的"历史性边沁"（historical Bentham），显得更具有世界性，为了不是那么以本土为根，他们做了大量的编辑工作，从边沁未发表的遗稿中重新获得了更具有惯用语特征的"真正的边沁"（authenticity Bentham）。⑫ 从边沁已发表和未发表的著作中挖掘全球性的边沁，需要关注他的当下情境和他的世界主义野心。他的事业跨度几乎就是其同时代人正在宣称的"革命时代"那一整个时期，即，近代晚期的历史学家称之为"世界危机"的那个时期，包括从七年战争到 19 世纪 30 年代这几十年。⑬ 在本章中，我追溯了边沁的普世主义野心，从在他最早期的作品当中挖掘其根源，到揭示体现在他生命中的最后课题之一——打算编纂

174

---

⑧　John Neal, 'Biographical Notice of Jeremy Bentham', in Bentham (1830), p. 11.

⑨　Bentham (1990); Rosen (1992); Blamores (2008); ch. 9, 'The Impact of the Traités: Benthamism Goes Global.'

⑩　Jeremy Bentham, 'Pac. & Emanc. - Introd.'(1786), UCL Bentham XXV. 26; Bentham (1838–43), Ⅱ, p. 546.

⑪　关于杜蒙，参阅：de Champs (2006); Whatmore (2007); Blamires (2007); de Champs and Cléro (2009), pt. Ⅱ, 'Bentham et Dumont: les premieres traductions francaises'. 对宝灵的论述，参阅：Conway (1991), Todd (2008).

⑫　D. Lieberman (2000), p. 108.

⑬　Bayly (2004), ch. 3, 'Converging Revolutions, 1780–1820'; Darwin (2007), ch. 4, 'The Eurasian Revolution'; Armitage and Subrahmanyam (2010).

"国际"法法典（该计划流产了）——中达到的顶点，"国际"法是边沁本人在 18 世纪 80 年代就已经创造出来的一个语词，传播迅猛（"看看书评和报纸就知道，"边沁于 1832 年自豪地指出），并且这个语词可能是他最持久的全球思想遗产。[14]

边沁这一代人，大约出生于 18 世纪中期，也许是欧洲历史上伴随着一种在世界上有一定地位的、广泛的全球视野成长起来的第一代人。[15] 这种全球视野是许多相关演变的产物：海上探险，大洋间商业贸易的苦心经营，欧洲帝国在大西洋、印度洋和太平洋的扩张，各种地图、历史纪事和游记的传播，以及由于商品和思想观念的流通和交换而创建的各种纽带。在 18 世纪 70 年代那伟大的帝国与贸易的全球史中可以找到这种全球视野最永恒的不朽作品，所有的这些著述边沁都翻阅过：雷纳尔（Raynal）神父的《两个印度的历史》（*Histoire des deux Indes*）、亚当·斯密的《国富论》、威廉·罗伯森的《美洲史》。[16] 边沁在其著作《政府片论》（*Fragment on Government*, 1776）的开篇就道出了这一世界观，该书写于詹姆斯·库克（James Cook）1775 年第二次航海归来后："我们所生活的时代是一个繁忙的时代；知识正迅猛地朝向完整的方面发展。特别是在自然界方面，好像每一件东西都在被发现和改进。地球上最遥远和最偏僻的角落都被踏遍、被开发……其他的一切纵使都不存在，光是这些也足以明显地证明这一令人高兴的真理。"[17]

边沁这一代人出生在战争年代，成长和受教育于七年战争期间。他在七年战争的最后几年（1760—1763）进入牛津大学，在他那些最早的文学著述中，有一篇探讨的就是这场战争的结局。1763 年，为了研究一些拉丁诗的主题，边沁在哈瓦纳定居，英国在前一年占据

---

[14] Bentham (1996), p. 297; Suganami (1978); Janis (1984).

[15] Bowen (1998).

[16] 边沁对斯密和瑞纳神父的兴趣，可参阅：UCL Bentham XXV. 121; BL Add. MS 33564, ff.41v, 43r; 对罗伯森的兴趣，可参阅：UCL Bentham CIX.1–2.

[17] Bentham (1988), p. 3.

了哈瓦纳。早些时候，塞缪尔·约翰逊（Samuel Johnson）就曾力劝那些表现不凡的学者探究这场战争中英国胜利的一些其他问题，但是边沁指出，"北美的征服并未促使我产生任何想法"，也未促使我"能够更好地发现马尼拉这个主题的重要性"。他决定坚持"研究哈瓦那诗歌"，认为英国应该恢复其在西班牙的占领地，"而且商业贸易会以一种更和平的方式将它（佛罗里达）提供给我们"。⑱

15 岁的边沁也许对英国在这场战争中数次征服所得到的好处心存疑虑，但是当他长大一些时，他就更不能理解这场战争对英国和法国所产生的长期后果了。就像他后来在《内阁没有秘密》（Cabinet No Secresy，1789）这份手稿中所指出的那样："一个截断一条腿的人，一旦残肢痊愈，单腿跳比一个躺在床上双腿骨折但能走路的人要快，这是事实。因而你可以证明英国经过这场光荣的战争比没有经历过战争的处境更佳，因为法国仍然处于更糟的境地。"⑲显然，这一定论在和平主义者宝灵看来过于严苛了，当他参与编辑这些作为边沁《普遍永久的和平计划》（1786—1789）的材料时。宝灵提供的这条战争参考资料重整体而轻细节，正如他在有密切关联的文本中剔除了大部分边沁的其他历史参考文献那样。⑳边沁作为一位普世立法者的形象由此得以承认，但却以废止形成他的论点的那些精确的相关证据——以及那常常引起论战的影响力——为代价，在此处和其他地方均如此。

176

边沁人生中的另一次剧烈冲突是美国战争，这次战争导致他首次接触到 18 世纪晚期新兴的国际秩序中诸如脱离邦联、承认和处于变动中的国际法结构等此类关键性问题。㉑在涉猎所有这些议题的过程

---

⑱　Bentham to Jeremiah Bentham, 6 May and 29 June 1763, in Bentham (1968-)，I，pp. 72, 78-79. 这首诗没有保存下来。

⑲　UCL Bentham XXV. 58；比较：UCL, Bentham XXV. 29, f.12, 对于这场战争结局的相似的判断。

⑳　Bentham, 'Plan for an Universal and Perpetual Peace', in Bentham (1838-1843)，II，p. 560："因此，你可以证明英国在消耗一场光荣的战争之后，状况没有发生战争的时候还要好；因为法国或其他一些国家，却由于这场战争而陷入了更糟的境况"（我的重点）。关于这些手稿的编辑，参阅：Hoogensen (2005), pp. 40-54.

㉑　对比：Boralevi (1984), pp. 121-123; Valentini (1993); Olivieri (2006); Rudan (2007).

中，1775—1776 年是边沁富有成就的两年。1755 年春天和 1776 年夏天之间，边沁撰写、起草、与别人合著、出版了一系列法律和政治方面的著述，这预示着这些兴趣将会影响他后来对一些相同主题的思考。这一切至少都可以在某种程度上视为美国战争的突如其来，这场战争对于形成边沁成熟的世界观起着关键性的作用，就像七年战争曾经塑造了他最早的全球帝国交流互动等诸多概念那般。

1776 年边沁的主要出版物是匿名发表的《政府片论》，这本书抨击了威廉·布莱克斯通在其《英国法释义》（1765—1769）一书中的政府起源论述。布莱克斯通以自然法的普世主义为论述依据："这条自然法则，是与人类同生共存的法则，是上帝规定的义务，它当然比任何其他法则都具有更高的约束力。在全世界、在所有国家、在任何时候，这条法则都具有约束力，任何人类的法则倘若与此法则相矛盾，便丧失了其效力。"[22]边沁以他自己的"基本原则——最大多数人的最大幸福是衡量对错的标准"，取代了布莱克斯通的这一论述。这也是一个普世的原则，尤其是当被用来为他所指称的"审查性"法学（censorial jurisprudence）服务——有别于更注重实效的"阐释性"法学（expository jurisprudence）——以生成规范性命题时："在不同的国家，法律迥然不同；然而，在所有国家在很大程度上应该是相同的。因此，阐释者始终都是这个或那个特定国家的公民；而监察官是或者应该是世界的公民。"[23]在余下的学术生涯里，边沁恰恰将这种法学上的世界主义设计作为他所有的主要著作之基础，尤其是在他晚年时期，因为他能够为全球各地更多目光狭隘的法律解释者提供更高的智慧。

布莱克斯通将法律划分为不同的分支——一般的法律、自然法、天启法、国际法和国内法——《政府片论》中边沁最关注的就是国内法。然而，在美国战争的背景下，跟国际法相关的问题，比如主权分裂和脱离邦联的合法性，不可能轻易地就从国内法事务中分离出来。

---

[22] Blackstone (1765-9), I, p. 41. 边沁抨击布莱斯通那与自然法一致的学说，载：Bentham (1988), pp. 94–95.

[23] Bentham (1988), pp. 3, 8.

布莱克斯通曾经引人注目地将政治社会中的主权定义为："至上的、不可抗拒的、绝对的、不受控制的权威，从其中有政府与社会……存在于其中。"他将此定义适用于英国议会的"绝对专制权力"，因为后者控制了美洲殖民地，这可以从他在下议院罕见的几次演讲之一推断出来。在这次演讲中，他支持议会在印花税法案危机期间有向美洲殖民地征税的权力："如果殖民地拒绝征税的法律，那就可能会反对任何其他法律，就会成为一个更为明显的独立的自治领。这个国家的所有自治领都隶属于议会"，即便唯有加莱曾派过代表到威斯敏斯特。㉔边沁同意他对手的观点——最高权力应该是不受控制的，并且在 1775 年时甚至同意这样的观点——议会中的国王有权向殖民地征税。㉕然而，边沁认为"明确的协定"（express convention）会容许其他分裂权力的倾向。要坚持自己的主张，否则将会否定整个欧洲或历史上的联邦制这一确定的事实："那就等于说在德意志帝国、荷兰联省共和国、瑞士联邦、古代亚该亚同盟（Achaean league）中也不曾存在过政府这样的组织。"㉖言外之意，这也会否定一个解决 18 世纪六七十年代大西洋危机的可行性方案：英国议会与殖民地议会之间的一种联邦的权力分配。㉗

　　到 1776 年 4 月，边沁出版《政府片论》时，旨在解决不列颠大西洋帝国诸多问题的任何联邦方案都不复存在了。脱离联邦极有可能是该危机的一个结果。这种可能性也许已经在边沁的脑海里了，当他追问检验布克莱斯通对政治社会起源的论述时： 178

> 　　假定组成了不容置疑的、大的政治社会，从它中间分裂出一个小的团体，通过这种分裂，对于和大社会的联合关系来说，这个小团体和大社会就不再处于一种政治联合状态：小团体使它自

㉔　Blackstone (1765–9)，Ⅰ，pp. 39–46; Ryder (1969), p. 268; Prest (2008), pp. 201, 205.

㉕　[Jeremy Bentham] 'The Design', in Lind (1775), pp. 15–16; 比较：Bentham, 'Preparatory Principles-Inserenda' (c.1776), UCL Bentham LXIX. 156. 边沁在 1803 年回到了王权有权独立地为其殖民地立法这个问题上来：Bentham (1803), pp. 30–36.

㉖　Bentham (1988), p. 101.

㉗　论述针对帝国危机的各种联邦方案提议，参阅：LaCroix (2010), pp. 104–126.

身处于一种自然状态——我们可以通过什么样的手段去确定发生这种变化那准确的关键时刻呢？在这种情况下，我们应该把什么东西作为特殊的标志呢？

边沁以荷兰叛变脱离西班牙专制统治而成为"独立国家"为例。他们何时不再成为那种专制统治的一部分，何时进入一种自然状态，各国"还很难达成一致的意见"。（在脚注中，他表明莫卧儿帝国"印度富人的叛变"是同类难题更确切的一个历史例证，尽管读者不甚了解。）"简而言之，"他继续说，"哪个时间是我们应该视为一场反叛发生的时间呢？哪个时间又是我们应该视为一场反叛获得了这样一种程度的成功——赢得独立——的时间呢？"㉘

边沁在美国论辩的语境中对这个问题的回答肯定不会是"1776年7月4日"。他跟他的朋友——年轻的律师和评论家约翰·林德（John Lind）——一起匿名撰写由诺斯勋爵（Lord North）内阁赞助的《答美国国会宣言》（*Answer to the Declaration of the American Congress*，1776）。㉙边沁对这本册子的主要贡献是《简评宣言》（"Short Review of the Declaration"）㉚，他在其中驳斥了美国《独立宣言》第二段中特别表达的"政府理论"。㉛边沁得出结论，殖民者采用不一致的、适得其反的论据，只会增强英国的理由，如今这个世界看到美国人一直以来的目标就是独立："全体国民会……教训这群反叛者，将他们与我们结合在一起的那种联系，被解散或者主动解散对于他们来说都是一回事；要实现他们的独立并不像宣告独立那般容易。"㉜

㉘ Bentham (1988), pp. 46–47.

㉙ [Lind and Bentham](1776)。关于林德，参阅：Avery (1978); Rudan (2007), pp. 11–25.

㉚ Jeremy Bentham to John Lind, September 1776, 'American Declaration, Hints B', BL Add. MS 33551, ff. 359r–60v, in Bentham (1968–), I, pp. 341–344, [Jeremy Bentham] 'Short Review of the Declaration', in [Lind and Bentham](1776), pp. 119–132; Armitage (2007a), pp. 173–186.

㉛ Hart (1982), pp. 63–65; D. G. Long 1977), pp. 51–54; Armitage (2007a), pp. 75–80.

㉜ [Bentham]'Short Review of the Declaration', in [Lind and Bentham](1776), p. 131; printed in Armitage (2007a), p. 186.

边沁在《政府片论》和《劳动法案》(*View of the Hard Labour* 179
Bill, 1778)之后出版的首部重要著作是《道德与立法原理导论》
(*Introduction to the Principles of Morals and Legislation*),早在 1780
年即付梓,但迟至 1789 年才出版,在某种程度上说是为了回应威
廉·佩利(William Paley)四年前出版的《道德和政治哲学原理》
(*Principles of Moral and Political Philosophy*)。㉝ 相较他之前的著
述,这部著作中功利主义的运用更为彻底,法律体系也更为全面。
正是在这部著作中,边沁首次公开探讨了国际法,为了描述国际
法,他采用了自己创造的那些最经久不息的新词中的一个:"国际的"
(international),用该词来表示"法学分支",以论述"主权国家之间
的相互协定"。边沁承认这是一个"崭新的词汇,明白易懂,且可类
比",而且作为传统的"国际法"(law of nations)的一个替代词非常
有用,但他推断这一术语作为适用于同一国家,而不是不同国家的法
律的一种文字描述会更好:也就是他称之为的"国内法学"而非"国
际法学"。㉞

国内法和国际法之间的差别在 1780 年尤为突出——甚至比在
1789 年更为突出——在美国战争的顶峰,可是,在此之前英国的战
败似乎就已经是不可避免的了,1781 年之后英国就战败了。如果殖
民者的独立主张是可以驳倒的、可以忽略的,那么他们和大英帝国之
间的关系就是严格意义上的国内法学问题;唯有独立这一成就(或承
认),才能归于作为居住在独立国家的不同民族之间的协定这一国际
法类别。

边沁此前对《独立宣言》前提的抨击,加强了他的判断力:需要
用"国际的"这个语词来命名日益突出的法律主体。如果承认大陆会
议是一个合法的执行机构,那么它的《独立宣言》就可以解释为国际
法领域内的一种积极行为。然而,如果《独立宣言》本身被认可为这
样的一种积极行为,即,赋予国会作为一种最高权力机构的国际人

㉝　Bentham (1996), p. 11; Schofield (2006), p. 187.
㉞　Bentham (1996), pp. 6, 296.

格，那么就只能以这种方式得以承认。独立怎么可能由一个从国际法这个意义上去理解已经独立的一个主体去宣布和接受呢？

然而，即使在英国通过 1783 年签订的《巴黎条约》而承认美国独立之后，边沁仍然不认为《独立宣言》中所援引的那些原则会支撑这些结论。[35] 边沁没有质疑后来被他称之为"我们以前的殖民地；现在幸运独立（它们或许将长久保持！）的美利坚合众国"的合法性，但是他严格地将他对美国独立这个结果的赞美和该结果最初依靠的哲学论据区分开。就像他在生命尽头的一次谈话中悲伤地指出的那样，"美洲殖民地确实没有证明他们的革命的合法性，他们考虑的不是对他们不利的公共事业和受益权"。[36]

边沁对作为法律或权利基础的自然主义的批判始于美国战争期间，这一批判后来成为他政治和法律思想的定义的特征之一。尽管这是事实，即在美国革命期间，他撰文辩护英国保留美洲殖民地的权利，而在法国大革命期间，他则撰文强烈要求法国解放他们的殖民地。"我根本没想到，"他在 1827 年的时候告诉约翰·宝灵，"我注定会在 15 或 16 年之内给法兰西联邦（French Commonwealth）写一份演讲稿，凭借适用于所有母国的论据，以达到使他们答应解放他们殖民地的这个目的。"[37] 边沁对自然权利的一贯反感被这一转变掩盖了。立法是国内领域唯一的坚实基础；类似地，在国与国之间的关系当中，唯一实证的法案是构成一部实在"国际法"主体的主权国之间的协定。

边沁改革和编纂国际法的活动，比起他为了功利而对自然权利发起的抨击来，则鲜为人知。然而，这一改革和编纂活动也来源于相似的基本关注点，并且在他后来的职业生涯——从 18 世纪 80 年代到 19 世纪 30 年代——中以不同的观点再现。边沁在一份为《道德与立

⑤ Bentham (1996), p. 311 n. c; Bentham (1838–43), X, p. 63; 见下文，pp. 204–205.

㊱ Bentham (1802), p. 1; 'Bentham's Conversation'(1827–8), in Bentham (1968–), x, p. 584.

㊲ Bentham to Hohn Bowring, 30 January 1827, in Bentham (1968–), XII, pp. 307–309, 参阅：*Emancipate Your Colonies! Addressed to the National Convention of France* (1793), in Bentham (2002), pp. 289–313.

法原理导论》所作，但却未发表的序言草案中陈述了他的基本目标：

　　那些书写被称为自然法这个主题的书籍，全都是那种令人厌烦的浪漫。这些书籍的任务就是制定规则，制定关乎处在一种想象的事物状态——自然状态——当中做什么或应该做什么的规则。它们提供的规则适合于地球上任何一个地方遵守吗？不，它们并没有提供这样的规则。适合于颁布的规则在哪？也许在月球上：不是在地球上的任何一个地方。㊳

　　181

一部真正世界性的、普世性的国际法的唯一基础，将是所有国家共有的、平等的实用价值（'l'utilité commune et egale de toutes les nations'），受特殊情况下的权宜之计的制约。㊴

　　边沁第一次尝试构想国际法的改革是在 18 世纪 80 年代的后半期，那时他在大标题"1786 年国际法"（Law Inter National 1786）和"和约与解放"（Pacification and Emancipation）（约 1786—1789）之下起草了一系列的提案。这些文本就是被"肢解、重新组合和任意缝合在一起的'科学怪人'（Frankenstein）"，作为"国际法原则"而为人所知，由约翰·宝灵和他的助理编辑理查德·斯密斯（Richard Smith）在 19 世纪 30 年代装配而成。㊵边沁的和平提案受到了和平主义者（尤其是在第一次世界大战后的国际联盟时期）和后来的国际关系理论家越来越多的关注，这一关注可比他同一时期论述国际法的著述得到的关注多得多。㊶论述国际法的这些著作所提供的边沁发展中的立法者概念之证据，源于《政府片论》和《道德与立法原理导论》里更早得到详细阐述的法律哲学，而他的和平提案有更多的部分是来源于边沁

㊳　UCL Bentham ⅩⅩⅦ. 143; 对比：UCL Bentham ⅩⅩⅦ. 174，"这部作品与论述自然法的作品之间的区别"。边沁在类似语境中调用月球，参阅：Pitts (2005b), p. 82 n. 5.

㊴　UCL Bentham ⅩⅩⅤ.1, UCL, Bentham ⅩⅩⅦ.143.

㊵　UCL Bentham ⅩⅩⅤ.1–9, 26–49; 'Principles of International Law', in Bentham (1838–43), Ⅱ, pp. 537–560; Hoogensen (2005), p. 44（转引）.

㊶　也可以 参阅：Schwarzenberger (1948); Hoogensen (2005), pp. 94–100; Guillot (2011a); Guillot (2011b).

在 1789 年对年轻人皮特（Pitt）的外交政策的批评。[42] 早在 1782 年，边沁就已经起草了一份简洁的"草案"（Projet Forme-Entre-gens），阐述国际法之下的各主权国家之间的责任和权利汇编，他论述该主题的最后一篇著述来自美国战争时期。[43]

边沁 18 世纪 80 年代后期的国际法著作，不仅将功利原则适用于主权国家之间的关系，而且还适用于主权国与被当作一个集合体的其余人之间的关系。边沁认为，如果立法者以牺牲其他所有人的福利为代价来提升本民族福利，但却没有遭到起诉的话，这种最大幸福原则就有必要涵盖所有国家。"以最普通的方式表达，一位公正立法者的国际法目标将是所有共处国家的最大幸福。"由此产生的国际准则将会拥有作为它的"实体"法的和平法，而战争法"将成为它的程序法"。[44] 可以通过更系统地解决纠纷的各种原因的方式来阻止战争——比如无常的王位继承战、内战、边界争端或宗教仇恨之战——通过阐明不成文的习俗、详细阐述新的国际规则，更宽泛地说，"通过完善各种法律形式，不管是国内的还是国际的法律形式"。[45] 尽管边沁沿着功利主义的路径，认为国内法理学和国际法理学的改革时机都成熟了，但是他坚定地将这两个领域分开，而且并未在它们二者之间看到更深层次的同源性。在区分的过程中，边沁当然最终远离了自然法的自然法理学传统，以及他在他所有法律和政治著作中不断谴责的国际法的自然法理学传统。

边沁国际法概念的独创性，可以通过与同时代阐述国际法的两部著作的比较来进行扼要说明，这两部著作在边沁系列著作发表的十年内出版于英国，它们分别是罗伯特·沃德的《探究欧洲国际法的基础与历史》（1795）和麦金托什爵士的《论自然法和国际法研究》

---

[42] Conway (1987); Conway (1989), pp. 82–86.

[43] UCL Bentham XXIII. 81–82; Bentham (1838–43), III, pp. 200–201；日期参阅：Conway (1989), p. 100 n. 112.

[44] UCL Bentham XXV. 2–4; Bentham (1838–43), II, pp. 538–539.

[45] UCL Bentham XXV. 4; Bentham (1838–43), II, p. 540.

（1799）。⑥边沁拥有沃德的这部著作，麦金托什承认边沁创造了"国际法"这一术语，但他们之间却没有任何相似之处。⑦在沃德和麦金托什看来，国际法是自然法适用于处于一种自然状态的、作为国际主体的多个国家和主权国的一种延伸。因此，在他们看来，这是道德哲学的一个分支，而不是像边沁所认为的那样是一门独特的立法科学。他们都采纳了一种历史主义的、演进的国际法阐释，这种阐释发现于对欧洲其他地方和德国对公法传统的全面考察，比如格奥尔格·弗里德里希·冯·马顿斯的《概述建立在近代欧洲国家的条约和习俗基础之上的国际法》（G. F. von Martens, *Summary of the Law of Nations, Founded on the Treaties and Customs of the Modern Nations of Europe*，1785）、奥姆特达的《论述自然的公民权利和积极的公民权利的所有文学》（D. H. L. von Ompteda, *Litteratur des gesammten sowohl natürlichen als positiven Völkerrechts*，1785）和岗瑟的《和平时期的欧洲公民权利》（Karl Gottlob Günther, *Europäisches Völkerrecht in Friedenszeiten*，1787—1792）。这些著述为国际法作为自然法理学史的一个方面提供了一种阐释。例如，奥姆特达将国际法划分为几个时期——古代、中世纪、近代和现代，然后进一步将现代时期细分为由最伟大的欧洲实践者——从格劳秀斯到普芬道夫（1625—1673）、从克里斯蒂安·沃尔夫到莫泽（J. J. Moser）（1673—1740）、从那时起到他自己这个时代（1740—1785）——来定义的时代。⑧

　　这样的时期划分被证明直到19世纪还具有持久的影响力，尤其是因为它确立了格劳秀斯及其《战争与和平法》（1625）的原初贡献。⑨通过赋予格劳秀斯一个如此显赫的地位——确定这位荷兰人为现代自然法理论的奠基者和在康德之前最伟大的伦理学开创者——奥姆特达把自己表现为伟大的18世纪德国伦理学史的继承人。⑩麦金托什正是

183

---

⑯　R. Ward (1795); J. Mackintosh (1799).

⑰　BL Add. MS 33564, f. 39v; J. Mackintosh (1799), p. 6.

⑱　Martens (1795); Ompteda (1785); Günther (1787—92); 更概括的看法，参阅：Alexandrowicz (1961); Koskenniemi (2008).

⑲　例如，参阅：Reddie (1842), pp. 7—87.

⑳　Hochstrasser (2000).

从这些史学中汲取了营养，从而著述了《论自然法与国际法研究》，就像他为介绍该著所做公开演讲的研究笔记所充分揭示的那样。[51]

同样，沃德的《探究欧洲国际法的基础与历史》梳理了国际法，从处在希腊人和罗马人统治下的野蛮初级阶段，到经历了封建时代的衰落，然后在基督教和骑士精神等多种因素的综合作用下逐渐复兴，直到这个决定性的时刻："哲学家代尔伏特（*Delft*）［格劳秀斯］像黑暗中升起的一颗星星"，"给这个世界呈现了一部经得起时间考验的论著"。[52]沃德由此将道德哲学史与更广泛的启蒙进步叙事方式联系起来。"国际法，如国内法，遵循进步的方式，"一位英国评论家在1790 年同样这么认为，"而且这是最简单的，也是最准确的粗野标准或优雅标准"：基督教、骑士精神、商业和文明的进步都改善了古代战争那凶残的个人主义，并且在各国之间引入了更为人道、更为公正的战争规则。[53]麦金托什赞同他的评价："性格和举止方面的普遍温和，是因为受到了骑士精神、商业、学问和宗教的综合的、进步的因素之影响。"[54]

沃德和麦金托什在法国大革命和接踵而至的督政府的几次战争之后提笔写作，因而他们特意以道德的、文明的叙述来反对革命。沃德是埃尔登勋爵的委托人，威廉·皮茨的副检察长，他在这两人的建议下开始编纂历史；同样，麦金托什在他论述自然法和国际法的演讲中否定了他较早时期的作品《为高卢人辩护》（*Vindiciae Gallicae*，1791），并且朝着相反的方向几乎走向了另一种尖刻的保守主义。[55]

在沃德和麦金托什看来，有约束力的国际法的唯一基础是启示教（revealed religion，而非自然宗教）；唯一名副其实的启示宗教是基督教；因此，唯一具有约束力的国际法是基督教世界的法律。这样的判断为作为文明的法律——特别是定义为基督教文明的法律——的国

[51] BL Add. MS 78781; BL Add. MS 78784A, ff.1–7，包含早期演讲的一些笔记，但都没有出版。

[52] R. Ward (1795), II, pp. 614–615.

[53] R. Brown (1790), pp. 11, 20–21, 23–24, 25–27.

[54] J. Mackintosh (1799), p. 13.

[55] Panizza (1997), pp. 43–82; J. Mackintosh (2006), pp. 203–249.

际法概念奠定了基础，而且反过来加强对欧洲"国家体制"的阐释，其"初始目的在于指责法国大革命，尤其是拿破仑的帝国制度，因为根据'传统'欧洲公共法律和秩序的原则，这种阐释是非法的。"法国大革命的普世主义和拿破仑标榜的欧洲范围内的普世帝国，不仅威胁到了欧洲的国家体制，而且消除了国内关系与国际关系之间的区别。⑤⑥

边沁不会认同在沃德的《探究欧洲国际法的基础与历史》和麦金托什的《论自然法和国际法研究》中找到的国际法阐释的点点滴滴。他跟康德一样，都对人们宣称的传统国际法的改善力量不抱幻想。他也跟康德一样，希望中断这种叙述——自然法理学的大师们在这种叙述中起着关键性的作用，并公开谴责格劳秀斯、普芬道夫等辈仅仅是幻想，是不切实际的普世主义者。⑤⑦当边沁在《自我肖像》(*Auto-Icon*，1831—1832) 中深思自己的成就时，他猜想弗兰西斯·培根祝贺他严格区分了"应然与实然。被格劳秀斯、普芬道夫、他们的前辈，还有他们的继承人布拉玛奇之辈不断搞混：通过审查掌权者的常规工作，他们推断，或者说想当然地认为，这就是正确的"。⑤⑧

185

边沁的普世主义也不会接受任何将其狭窄化运用于任何一种单一的文明中的做法，他也不能接受法理学同化于任何非功利的道德哲学。他竭力坚持将各国的内外关系分开，因此他区分了国际法和传统上认为的国际法（nation）。边沁不可能没有意识到他的同时代人所支持的这种叙述，但他从没对此表达过他的意见。然而，他的编辑，也是他的弟子，艾蒂安·杜蒙（边沁已经将沃德的《探究欧洲国际法的基础与历史》和瓦泰尔的抄本借给了他），表达了自己的看法。杜蒙在表现出对沃德的自然主义者基础不屑一顾时，他的看法就是无可挑剔的边沁主义学说：

　　沃德论述自然法和国际法的英文著作，是一部对发生于国际

---

⑤⑥　Keene (2002), pp. 16, 21–26.

⑤⑦　对于边沁与康德在这方面的更广泛比较，参阅：Niesen (2006); Niesen (2007).

⑤⑧　Bentham (1842 ?), p. 14.

慣例下的几次革命的历史描述。如果这位作者借鉴了休谟的哲学和罗伯森的优雅，构思该主题的方式会是巧妙的、有启发性的。可是，他的论证就像格劳秀斯和瓦泰尔对自然法和道德责任的论证一样。[59]

晚年时分，边沁哀叹自然法传统对国际法的持续伤害，因而积极寻找一种补救方法。"没有什么事情比一部国际法的编纂更有待改进了"，据报道，他在 1827 年还是在 1828 年说："瓦泰尔的提案是最婆婆妈妈的，常常同义重复。竟然到了如此地步：法律就是自然——自然就是法律。他的表述模糊不清。当他表达任何意思的时候，总是从功利的原则的模糊感觉出发；但往往又发现不了任何意义。他的许多格言实际上意味着：做不合法的事情就是不合法。"[60] 几年之后，他找到了共同编纂国际法这项重要工作的合作者。他选择杰伯斯·亨利（Jabez Henry）承担这项任务，这是一位中殿律师学院（Middle Temple）的高级律师，从事跨国法律职业，他曾辞去担任三年的德梅拉拉（Demerara）和埃塞奎博（Essequibo）法院主席一职，此时正担任科孚岛和爱奥尼亚群岛的首席法官。[61] 最初捕捉到边沁对国际法的关切的人就是亨利，当时他正在处理一起国际破产案，该案件产生了各种法律冲突中的重要问题。[62] 亨利将他写的《欧洲各贸易国国际破产法计划纲要》（*Outline of a Plan of an International Bankrupt Code for the Different Commercial States of Europe*，1825？）送给了边沁。在这

186

---

[59] 'L'ouvrage anglais de Mr Ward sur le droit de la nature et des gens, est un tableau historique des revolutions qui ont eu lieu dans les coutumes internationales. Cette manie`re d'envisager le sujet seroit curieuse et instructive, si l'auteur eu^t emprunte' la philosophie de Hume, et l'e' le' gance de Robertson. Mais il raisonne comme Grotius et Vattel sur le droitnaturel et les obligations morales'：Dumont (1829a), p. 23（我的翻译）. 边沁于 1806 年 2 月 3 日将瓦泰尔和沃德的抄本借给了杜蒙：BL Add. MS 33564, f. 39v.

[60] 'Bentham's Conversation' (1827–1828), in Bentham (1838–43), X, p. 584.

[61] 关于亨利，参阅：Graham (2001); Graham (2005); ODNB, *s.v.* 'Henry, Jabez (1775–1835)".

[62] Henry (1823).

本书中，他严格地遵循功利主义学派的概念来纂写国际破产法。⑥ 当边沁挑中亨利"承担一项新的瓦泰尔式工作"时，他送给了亨利一份题名为"国际法"（International Law）（1827 年 6 月 11 日）的计划副本。边沁提议在"所有文明国家"间成立一个立法联盟，他承认"在目前这就等于说，所有的国家都声称信奉基督教"，每一个国家都由在国会里拥有司法权威和立法权威的一位特使做代表。他拒绝了神父圣皮埃尔（St Pierre）那不切实际的体制计划，也认为瓦泰尔的提案不能胜任一个崭新的国际秩序的基础工作：唯有"基于最大幸福原则……才可行，如果该计划和实施都比瓦泰尔的提案更道德、更理智，那就有一种取代它的可能性，并正在被优先提到"。⑥

边沁的"新瓦泰尔"计划从未实现过。编纂国际法的想法仍然是其追随者们的一种强烈愿望。詹姆斯·穆勒在《不列颠百科全书》一篇阐述"国际法"的文章里，以边沁的笔记为基础设计了这样一部法典，尽管没有什么明显的价值，不管是积极的还是消极的价值。⑥ 艾蒂安·杜蒙指出，在努力去编纂他自己那不确定的、夭折了的国际法之前，国际法的既有传统就存在着多方面的缺陷。杜蒙认为这样的一部法典可以建立在仅有的两种制裁形式上：公众舆论和战争威胁。⑥ 缺乏一位积极的立法者，也缺乏能够对违反法典的行为实施惩罚的机构，然而，这都不是法规汇编的一种阻碍，对他来说是如此，但对边沁而言却并非如此。这使边沁的另一个弟子——约翰·奥斯丁（John Austin）——对回到法律本身意义可获得的约束力持怀疑态度，否认国际"法"是任何可感知的"法律"；相反，它只可能是一种积极的国际道义，"一般由盛行于国家间的舆论和情绪构成。因此，恰当地 187 说，它并不是所谓的法律"。⑥ 这无疑是一个源自某种地道的功利主义前提的非功利主义结论。

---

⑥ Henry ([1825?]), presentation copy to Bentham, Bl pressmark C. T. 55 (I); Nadelmann (1961).

⑥ BL Add. MS 30151, ff. 15v–16r; Nys (1885).

⑥ James Mill, 'Law of Nations', in Mill (1825); UCL Bentham XVI. 189.

⑥ Dumont (1829b); Dumont MSS 60.

⑥ Austin (1995), pp. 112, 124.

"奥斯丁的幽灵"将萦绕在后来的尝试——把国际法放在坚实的实证主义基础上——周围。如果奥斯丁的分析是正确的,那么许多跟边沁自己反对自然法理学的相同指控就可以适用于国际法:不具约束力、确实模糊不清、只有劝告。如果国际法因这些缺点而不成功,那么它就需要一些其他的基础做支撑,比如由神圣的启示或基督教神学来赋予它道德上的功效。[68] 与 20 世纪国际律师告诉自己他们这个学科的起源的标准叙述相反,从自然主义到 18 世纪后期和 19 世纪的实证主义,不存在平稳的过渡:确实,"综合的自然法"(synthetic natural law)这一称谓在自由民族主义时代仍然十分盛行。[69] 考虑到自法国大革命以来的那几十年里欧洲已经发生了自然法普世主义的逐渐狭窄化,就不应该感到惊奇了。它已成为完全忠于一种理论的普世主义,以仅仅是一种自我界定的文明惯用原则为基础,这种文明日益声称将那些价值观输出给世界其他地方是他们的一种使命。[70] 该使命的帝国基础及其殖民成果,不久后就使欧洲的普世主义名誉扫地。但是我们应该谨防在摒弃普世主义者的同时,连同排他主义者也摒弃了。正如已经证明的那样,将边沁这位殖民主义怀疑论者与他的功利主义追随者分离是可能的[71],因此,将边沁这位普世国际法的支持者与他那些态度更为怀疑的继承者比如如奥斯丁区别开来也是可行的。对于这样一位在同时代人中几乎是唯一具有世界声誉和影响力的人物,判定这是否是他本人演化中的普世主义,需考虑他所生活的全球局势,抑或更多本土条件的结合对他的塑造。这也是未来全球政治思想史研究的紧迫任务之一。

⑱ Sylvest (2009), pp. 63–68; Rumble (2005); Varouxakis (2009), pp. 119–123.

⑲ Fitzmaurice (2009); Sylvest (2009), pp. 77–80, 90–91.

⑳ Pitts (2007); Pitts (2012); 也可以参阅:Orakhelashvili (2006).

㉑ Pitts (2005b); Pitts (2011).

第四部分

构建基础：1776 年以来的国家形成

第十一章 《独立宣言》与国际法

现代史上最重要但却最得不到广泛理解的演变是从帝国之世界到国家之世界这个漫长的过渡期。至少直到 19 世纪晚期，在许多地方则是几十年之后，世界上的大部分人口都还生活在领土辽阔、内部迥异、按照等级组织起来的政治共同体中，这个政治共同体被称为帝国。我们政治世界的一个显著特征就是人类现在被分成了如此之多的国家，但同样重要的是，不再存有任何一个自封的帝国。尽管许多评论家认为，美国在总统乔治·布什当政期间的所作所为就像一个帝国，但"帝国"并不是 2001 年之后美国那咄咄逼人的外交政策最坚定的支持者正式采用或公开宣扬的一个名称。确实，最后一个自封的（*soi-disant*）帝国在 1979 年就已经消亡了，那时法国军队打倒了让－贝德尔·博卡萨（Jean-Bedel Bokassa）这位中非帝国——现在的中非共和国——的拿破仑皇帝。

为了理解从帝国之世界进入我们的国家之世界这一伟大转变，有必要回溯至 18 世纪晚期和 19 世纪早期。这是一个各帝国竞争激烈、扩张顺利的时期，从清朝统治下的中国到汉诺威王室统治下的大不列颠均如此。但这也是一个其他帝国遭到挑战的世纪，从南亚的莫卧儿王朝到欧洲和大西洋世界的波旁王朝和哈布斯堡王朝。我们可以意识到主权国的政治组织数量相对较小，而且他们中的大多数——特别是在欧洲——在形成或拥有一个帝国并统治不同的、遥远的民族的过程中，谋求更重要的声望和资源。把由国家所定义的世界之起源理解为早在 1648 年签订《威斯特伐利亚和约》——常常认为由此开创了一种相互得到承认的独立国家的"威斯特伐利亚秩序"——的那个时候会犯的时代错误；即使在 200 年后的 19 世纪中期——此时帝国仍然正处于上升态势——找到以国家为基础的国际秩序根源也是一种时代错误，19 世纪晚期，整个世界从墨西哥到俄国都在发展中。然而，把 18 世纪晚期和 19 世纪初期大西洋世界发生的重大事件当作 200 年后会出现在全球其他地方的一种先期活动，是一种恰当的做法。这一连串事件肇始于美国革命。

美国革命是一次主权危机，以一系列相当常见的地方性抗税起义为开端。它后来演变为一个帝国的内战，至少在北美大陆前英国殖民者的眼里是一次帝国内战，1776 年之后，它再次演变为英国与美国之间的一场国际冲突，很快就有欧洲大国以盟国的形式参与。①这一英国的"大西洋危机"预示了 1808 年之后席卷大西洋伊比利亚世界那场甚至更大规模、更多变化之危机的诸多要素：它包含了一再声称的地方自治、君主制危机、反叛、内战、主权的再分配、独立的主张和一种新公民社会的出现，以及大西洋世界重新构成的国际社会中新生国家地位背景下的政治经济。②诚然，英美危机与伊比利亚美洲危机之间存在着根本性的差别，不只是在时间上相隔 40 年。这无法与拿破仑 1808 年入侵伊比利亚所带来的震惊相比。大都市的君主制并没有改变，从根本上说，政治宪法也没有得到重组。大英帝国并没有解散，事实上大西洋危机比以往任何时候都更强烈、更具全球扩张性。大西洋西边第一个共和国政府创建成功，可这并未马上鼓舞其他美洲人民保护他们的独立，使其免于君主制和帝国的侵害。然而，美国革命首次证明了在现代历史上出现崭新国家的可能性，即使大部分

---

① Armitage (2011).
② 我采用的"大西洋危机"一词来自：Portillo Valdes (2006).

原来的帝国仍然完好无损。回溯 1776 年 7 月的美国《独立宣言》档案文献，似乎证明走向一个更广阔的世界确实是可能的。

美国的《独立宣言》是现代历史上解释最多、争论最激烈的文献：其他的世俗文本，只有引起更多评论的法规和宪法才能与之相比。然而，《独立宣言》既不是一部法规，也不是一部宪法，因此，它一开始就与国内法律无关，可是它的理想却常常被人们援引。③ 它是，"就像葛底斯堡演讲那样，另外一场没有法律效力的战争宣传"④，因此不能成为美国基本法的一部分。它有助于构成"生命权、自由权和追求幸福的权利"之美国理想，但是它却并未打算变成一份宪法性质的文件，尽管它的受欢迎程度（至少可以让人们回想起林肯）与宪法有关，特别是与作为一项基本政治原则声明的《权利法案》相关。因此，称它为"美国最根本性的宪法性文件"，是"美国宪法的真正序文"，或者甚至是美国宪法解释的关键——根据自然权利思想，如果它被理解为在法律地位上相当于宪法本身的文件的话，是不合适的。⑤

《独立宣言》似乎是一个独特且不可归类的文本，它的持久性原则没有历史先例，也几乎没有同时代的文本可以跟它在一种民族神话中的地位媲美。这是一个假象，由并未反映创建者意图的解释传统所导致，并且会在很大程度上不为《独立宣言》最初的受众所理解。一直以来，《独立宣言》的历史研究未曾揭示这些目标和受众，直到 20 世纪初才开始关注。⑥ 对《独立宣言》的接受情况的研究，即研究它在 1776 年的形成及其以后的再形成的各种历史，已经挖掘出《独立宣言》在美国生活中不断变化的地位。⑦ 然而，这些研究几乎没有调查它在美国之外的接受情况，不论是在 1776 年还是此后均如此。已经发现宣言的"独立"是美国过去半个世纪最引人注目的部分——尤其是第二段与个人权利有关的"生命权、自由权和追求幸福的权利"这

③ Reid (1981), pp. 46–89; Larson (2001).

④ Wills (1978), p. 362.

⑤ Mahoney (1987), pp. 54, 65; Gerber (1995), p. 17; C. L. Black, Jr (1997), pp. 6–10.

⑥ Friedenwald (1904); Hazelton (1906); Becker (1922).

⑦ Desbler (1892); Detweiler (1962); *We, the Other People* (1976); Peterson (1991); Jayne (2007); Dyer (2011); Tsesis (2012).

一"不言而喻的真理"——对于起草者而言,已经被当作宣言的核心意义,也被认为是对政治哲学的永久性贡献。这对于生活在自第二次世界大战和1948年《世界人权宣言》之后那个"权利话语"复苏时代的评论家来说,似乎是显而易见或不可避免的,但这并不意味着它历来就如此。[8]事实上,《独立宣言》仅仅变成了19世纪初一个虔诚的注释对象,那时一种民族爱国主义的公民宗教将它神化为"美国的圣经",自美国内战之后,这一地位就未曾发生过变化。[9]它在美国国家生活中的这种地位是独一无二的。当然,《独立宣言》在美国以外的其他地方也被摘录、模仿甚至间或会受到崇敬,但它在其他地方并没有拥有这样一个神圣的光环。

研究《独立宣言》的历史学家们一般认为它的灵感来自欧洲。他们的研究已经在《独立宣言》信条的源泉这个问题上产生了激烈的分歧,不管是来自于反抗的宪政理论、约翰·洛克的自然权利理论、更广泛的自然法传统、苏格兰启蒙运动的常识性认识论、博林布鲁克子爵的非正统神学,还是古典共和主义的英国言说。[10]关于《独立宣言》的形式也有很大的争议。也许它在18世纪中叶的逻辑中是一种典型的情况,感谢威廉·邓肯(William Duncan)的教科书,它几乎肯定地将杰斐逊当作威廉玛丽学院的一位学者来研究。[11]也许它模仿的是民事请求中的起诉书的开端。[12]它可能已经成为一个朗诵脚本,标记和创作好似公共演出的一个乐谱,因此通过修辞来说服而不是通过逻辑证据来使人信服是很重要的,或者说它可能已经形成了一个集体身份在印刷上的表现,是机械复制时代一个真正民主的人工制品。[13]《独立宣言》的语言和体裁事实上均受惠于所有的这些原始资料。就解释

[8] Haskell (1987); Lacey and Haakonssen (1991); Primus (1999), ch. 5, 'Rights after World War II'. 关于这些传统中的关键性断裂,参阅:Moyn (2010).

[9] P. Maier (1997), ch. 4, 'American Scripture'.

[10] Angermann (1965); Becker (1922); White (1978); Gerber (1993); Zuckert (1996); Wills (1978); Hamowy (1979); Reck (1991); Jayne (1998); Alvis (1998).

[11] Howell (1961).

[12] Anastaplo (1965), pp. 391–394; Ferguson (1984), p. 63.

[13] Fliegelman (1993); T. Starr (1998).

和挪用而言，它那持久的吸引力和敏感性并非来自其公开宣称已经发现的不言自明的"真理"，而是来自其折中主义，因此它能够同时吸引许多不同的观众。

对《独立宣言》的原始资料及其特征的不同看法已经导致了混乱——关于它的最初目的——不管是供国内还是国际使用的文本：作为独立法令自身或者事后独立的正当理由；作为一份有条件的、战略性的文件或一份有关全人类"不可剥夺的权利"那"不言自明的真理"的普遍声明。本章提供了一种将《独立宣言》与两个重叠的语境联系起来的解释，大多数评论都稍微倾向于法律和国际关系这两个语境。正如约翰·菲利普·里德（John Phillip Reid）所言，研究《独立宣言》的历史学家通常为了在更需要理性的流行资料中寻找它的意义和起源，而避开它的法律语境。[14] 然而，里德思想意识中的法律是指国内法，由国会制定、法庭判决。本章就《独立宣言》的即时妥协和长期接受提出了一个不同的法律语境。这个语境可以在被称为"自然法和万民法"——正逐渐被称为国际法——的那个时代发现。该法律既为各国行为提供准则，又来源于对各国行为的经验性观察：在第一种模式中，它接近于古典的自然法概念，在第二种模式中，它接近于在国际领域中逐渐被称为"实证"法的概念。本章将《独立宣言》定位于国际法的这两个概念之中，并认为它在这两个概念中的地位从某种程度上可以解释它的形式和它早期在欧洲的接受状况。

《独立宣言》应该由此被解释为"一份在万民法而非公民法话语中完成的文件"，并由此而解释为一份关乎国家权力和职责的声明，就跟个人的权利和责任一样。[15] 对《独立宣言》所提供的这一解释包含四个部分。第一，它探讨《独立宣言》的论点，试图回答这个问题："《独立宣言》宣布了什么？"[16] 第二，它重建了《独立宣言》在欧洲早期的接受状况。第三，它审查了《独立宣言》撰写的语境，并论证它起源于国际法历史中一个过渡的、折中主义的时刻，那时自然法和实

195

---

[14] Reid (1981).

[15] Pocock (1995), p. 281.

[16] Ellis (1999).

证万民法都一样引人瞩目（就像它们在《独立宣言》中那样），回顾
一下，这在国际法领域中逐渐被视为是从自然主义转变到实证主义至
关重要的一个时刻。第四，它以简要评价《独立宣言》的这样一种语
境重构的诸多含义而结束，认为这是对美国革命的一种历史理解。
这样一种方法强调的是自治主张，《独立宣言》对国际秩序中的美国
有利，而不是对代表与政府有关的个人要求有利。以这种方式来阐
释《独立宣言》是为了把它从作为"国家契约"——一个国家的出
生证明或者自我选择的人民的世俗经文——基础的传统美国背景中拉
出来[17]，相反，它进入了国际法和国家间关系那更加国际化的语境中。

　　《独立宣言》的论证结构分为五个部分。[18]第一段概述直接的目的
主张，宣布独立的必然性缘由在于迫使一个民族解除其与另一个民族
之间的政治关联。第二段阐述取决于合法政府的一些原则，如果违
反这些原则，"推翻这样的政府，并为……未来的安全寻求新的保障"
就是无可非议的。第三段的冤情法案（bill of grievances）列举了指称
的乔治三世的"伤害和掠夺"使独立有了正当的理由。[19]第四段叙述
英国方面对殖民地的投诉作出的反应，为了证明冤情并未得到昭雪，
以及美国人的"英国兄弟们"对"这一正义和亲情的呼声置若罔闻"，
"有必要……宣布我们的独立"。在此基础之上，《独立宣言》第五段
的结论称"这些联合起来的殖民地各州，要行使其应有之自由、独立
的权利"：这就是国会在 1776 年 7 月 2 日决定要做的事，一旦国会
将这些话语放进最终稿里，这就是《独立宣言》所宣称的权利。[20]
　　《独立宣言》的逻辑结构提供了一个结论，根据一个大前提、一
个小前提和两个依据。开篇的大前提陈述的是必须宣布独立的原因；

---

⑰　Lutz (1989).

⑱　Jones (1976), p. 55.

⑲　Fisher (1907); Wills (1978), pp. 65–75; . Maier (1997), pp. 105–123.

⑳　'The Declaration of Independence as Adopted by Congress'(4 July 1776), in Jefferson
　　(1950–)，Ⅰ, pp. 429–432. "这些联合起来的殖民地各州，要行使其应有之自由、
　　独立的权利"这句话是国会补充到《独立宣言》最终稿里的：Boyd (1999), p. 35；
　　P. Maier (1997), p. 148.

第二段的小前提陈述的是对各种原则的冒犯，将会证明脱离是有正当理由的。第一个依据存在于证明此类侵犯一再发生的证据中；第二个依据则是此类侵犯并没有得到矫正和缓解。基于这些理由，紧接着的结论便是：根据"人类舆论"，独立可以被证明是一件正当之事。[21] 在这个逻辑结构中，《独立宣言》第二段"不言而喻"的真理这一陈述——毕竟，这一段已经吸引了大多数的现代评论，足以保证《独立宣言》在美国民族神话中的地位——严格服从证明美国的自由与独立之理由的必要性。就像林肯在 1857 年敏锐地指出的那样，"'人人生而平等'的主张对我们脱离大英帝国是没有实际用处的；它存在于《独立宣言》不是为脱离大英帝国之用，而是以备将来使用"。[22]

尽管几乎所有的评论都聚焦于《独立宣言》的第二段及其自然权利哲学。尽管这是事实——它为独立提供了小前提而不是大前提，并且从逻辑上说相当于宣布独立的正当理由之中历数的冤情。在将注意力都集中于这一段的过程中，评论家们通常都忽略了它们一道形成《独立宣言》那不可化约的逻辑框架的第一段和最后一段。[23] 这几个段落包含了大前提和结论；他们由此断言这两个必不可少的陈述构成了《独立宣言》宣称独立的一份声明：美国现在是"世界民族"之一，是"自由独立的国家"之一。这就是证据。

《独立宣言》在三种意义上是一个宣言。第一种意义是威廉·布莱克斯通爵士和其他 18 世纪普通法律师所理解的——"声明、陈述或者指控……原告在其中详尽地阐明他抱怨的理由"：它的第三部分大概就是这样一种阐述。[24] 它也是一份文件，"在宣言作为英国政治

---

[21] 扎克特（Zuckert, 1996, pp. 16–17）同样也这样认为；对比豪威尔（Howell, 1961, pp. 480–481）论述的《独立宣言》的逻辑结构，还有卢卡斯（Lucas, 1989, p. 91）的论述。

[22] Abraham Lincoln, 'Speech at Springfield, Illinois'(26 June 1857), Lincoln (1953–5), II, p. 406.

[23] 持相反意见的是：Dumbauld, (1950), pp. 34–44, 153–15; Marshall (1974), pp. 8–9, 19; Dumbauld (1976); Wills (1978), pp. 325–332; Pocock (1988a), pp. 13–15; Pocock (1988b); Pocock (1995), pp. 280–282；P. Maier (1997), pp. 132–133, 142; P. S. Onuf (1998), pp. 71–72, 82–83.

[24] Blackstone (1765–9), III, p. 293.

话语的一种体裁的传统中……沿袭 17 世纪的革命议会宣言"。㉕ 此外，

198 它也是国际律师们所理解的那种意义上的一个宣言：即，一种"意愿、意图或者——在国际关系领域起作用的意见"的表达，比如一份战争宣言，"要么由一位将军向全世界发表宣言；要么由一位大使递交给特别法庭的照会"。㉖ 这一特殊的"普遍宣言"以宣布国际舞台上一个崭新的行为体的到来为开端，并表达了一种解释它们的出现的职责：

> 在有关人类事务的发展过程中，当一个民族必须解除其与另一个民族相连的政治联系，并在世界各国之间依照自然法则和自然之造物主的意旨，接受独立和平等的地位时，出于对人类舆论的尊重，必须把他们不得不独立的原因予以宣布。㉗

这份《独立宣言》的受众是全"人类"，不仅仅是那些称自己为美国人的人，出于他们不再效忠英国王室这一事实，还有那些自发地使自己成为独立国家公民的人。㉘

《独立宣言》最后的实质性句子现在定义更精确，它将意味着成为"世界民族"的一分子：

> 作为自由独立的国家，他们完全有权宣战、缔和、结盟、通商和独立国家有权去做的一切行动。㉙

国会已经行使了它现在正式提出的大部分权利——跟英国谈判；委派代理人作为其代表到海外工作；与外国列强地位相当；寻求援助——

㉕ Lucas (1998), p. 151.

㉖ Carl-August Fleischhauer, 'Declaration', in Bernhardt (1992–2003), Ⅶ, p. 67; R. R. Ward (1805), p. 3.

㉗ 'The Declaration of Independence', in Jefferson (1950–), Ⅰ, p. 429; "隔离但平等"取代了杰斐逊草稿中的"平等和独立"：Boyd (1999), p. 67.

㉘ Kettner (1978), ch, 7, 'The Idea of Volitional Allegiance'.

㉙ 'The Declaration of Independence', in Jefferson (1950–), Ⅰ, p. 432.

在《独立宣言》发布之前的近两年时间里。[30]在这些权利当中，显示出为"这个公正的世界"制定各种有意义的宣言的才能。《独立宣言》本身正是这样一种法案。它实际上是一种言语行为（speech-act），不仅将美国独立的这一事实传达给世界，而且还通过这样一种行为完成了它所宣布的独立。[31]

回顾过去，《独立宣言》开头和结尾的陈述被认为是理所当然的，因为它们似乎已经成功地、永久地证实了美国的独立——通过执行一份独立宣言。这也许可以解释对这几节的评论为什么相对缺乏。然而，它们毕竟是这份文件里最显著的语句，是对美国未来的陈述——"在世界各国之间依照自然法则和自然之造物主的意旨，接受独立和平等的地位"——以及一旦他们实现了这一目标，他们究竟能干什么的陈述——"宣战、缔和、结盟、通商和独立国家有权去做的一切行动。"《独立宣言》的其余部分只是提供了一种对抽象原则的陈述，而国际秩序中独立身份之主张就取决于这些抽象原则，还提供了一种对强求地位假定之冤情的叙述。

宣布独立的外交、战略和国际之目的，在某种程度上解释了《独立宣言》的逻辑结构，并说明了宣布独立的必要性。正如《独立宣言》的结论句所指出的那样，其明确的意图是要"宣战"和"结盟"，以反抗英国。这两点已经变得越来越紧迫，自从英王宣布殖民者于1775年8月反叛以来，殖民者当时就开始寻求联盟反抗英国。[32]为了把一场内战变成两个国家之间的战争，并由此任命脱离个别反叛者和叛国者的全体合法战士，宣布战争并获取这样一种宣言的合法性之认可是很必要的。1775年10月，约翰·亚当斯想知道独立的美国大使是不是不会受到外国势力的冷落："难道我们的提案和政府代表不会受到藐视吗？"[33]理查德·亨利·李（Richard Henry Lee）同样在1776

199

---

[30] Marston (1987), pp. 206–223.

[31] "言内"（交流的）和"言外"（表述的）力量的言语行为理论，参阅：Austin (1962).

[32] 从殖民者到反叛者的过渡被追踪至在康威的英国方面（2002）。

[33] John Adams to James Warren, 7 October 1775, in Warren ans Adams (1917–1925), I, pp. 127–128.

年 4 月这样写道："没有一个欧洲国家会跟我们做生意，只要我们把自己当作英国的附庸。荣耀、尊严和各国习俗都不允许这些欧洲国家跟我们做生意，直到我们被看成一个独立的民族才有可能。"㉞ 欧洲列强对瓜分协定的担心也使殖民地更加迫切地把想自己组建成国际秩序中的独立行为体。㉟ 潜在的瓜分者是与英国有关系的各位欧洲天主教君主。约翰·迪金森（John Dickinson）警告说："如果大英帝国不能征服我们，瓜分这些殖民地的情况就会发生。"㊱ 回顾过去，根据 1778 年的法国联盟，此类担心似乎毫无根据，但在七年战争之后英国与西班牙分割北美的那几年里却是非常真实的。结果就是 1768 年法国夺取了科西嘉岛；以及 1772 年普鲁士、奥地利和俄国对波兰的第一次瓜分，肢解了这个欧洲最大的国家。正如李所提醒的那样，"稍微关注一下许多欧洲法庭最近的诉讼就足以表明这种瓜分之精神，这种假定的、处置人和国家就像处置生活在农场的牲畜一样的权利……科西嘉和波兰的处境无可辩驳地证明了这一点。"㊲

因此，对于殖民者而言，很有必要创建能够与欧洲列强建立联盟和贸易之司法体系。托马斯·潘恩已经完成的《常识》（Lommon Sense，1776 年 1 月 9 日），以"各国的风俗习惯"（交战国之间通过谈判议和的一个媒介）、国外联盟的必要性和避免反叛罪名的愿望为根据，全面地阐述了这一独立的论点。最重要的是，跟李一样，潘恩指出，需要"发表一个声明，然后派送到外国法庭"；在发表这样一个声明或者宣言之前，潘恩总结道："所有法庭的惯例都对我们不利，直到通过独立使我们拥有与其他国家同样的地位才不至于如此。"㊳ 相同的观点频繁地出现在传达给大陆会议代表们的指示、演说和决议中，"赞同其他殖民地的代表们在宣布独立和形成对外结盟过程中的观点"，"要摆脱不列颠的奴役，与任何一个对我们的事业友好的国

㉞ Richard Henry Lee to Patrick Henry, 20 April 1776, in Lee (1911–1914), I, p. 178.

㉟ Hutson (1971–2); Wandycz (1980).

㊱ Dickinson (1941), p. 478.

㊲ Richard Henry Lee to Patrick Henry, 20 April 1776, in Lee (1911–1914), I, p. 176; Simms (2007), pp. 569–571.

㊳ Paine (1776), pp. 77–78.

家结成商业联盟","要谨防除了商业联盟之外的对外结盟",要表达"我们灵魂热切的愿望,将美洲变成一个自由独立的国家",并由此"要宣布联合起来的殖民地是自由独立的国家"。⑨李6月7日的意愿是宣布"这些联合起来的殖民地是自由独立的各州,并且按照法律应该是自由独立的各州⋯⋯当务之急是要立即采取最有效的结盟策略","准备一个邦联计划,然后提交给各相关殖民地",让大陆会议 201
建立三个交叉委员会:撰写一份独立宣言、起草一个示范条约和邦联条例。⑩在7月1日的讨论中,约翰·迪金森持坚决反对的态度,反对任何一种普遍的宣言,因为"外国列强不会信任这些话语",他建议跟欧洲大国(尤其是法国)私下协商:"我们不必跟所有的欧洲大国协商,只需跟那些我们希望支持我们的国家协商。"然而,特使已经被派往欧洲,大陆会议以压倒性的态度支持《独立宣言》。由于宾夕法尼亚代表团缺席,李的决议在没有一张反对票的情况下,于7月2日通过。⑪

在交叉委员会使用的资源当中,有一些是18世纪国际关系的基本文件。本杰明·富兰克林在1775年12月指出,"一个正在崛起的国家的这种情形,使频繁地查阅国际法成为必要之事"⑫;于是,他将从法国获得的1775年阿姆斯特丹版的瓦泰尔《万国法》(1758)复印本分发到费城图书馆公司、哈佛大学图书馆和大陆会议。⑬他还给约

㊴ North Carolina Instructions (12 April 1776); Instructions for the Delegates of Char-lotte County, Virginia (23 April 1776); Address and Instructions of the Freeholders of [Buckingham] County, Virginia (n. d.); Virginia Instructions (15 May 1776); 'Meeting of the Inhabitants of the Town of Malden' (27 May 1776); Connecticut Instructions (14 June 1776), in *American Archives* (1833–46), Ⅴ, pp. 1322, 1035, 1208; Ⅵ, pp. 461, 602, 868.

㊵ *Journals of the Continental Congress* (1904–6), Ⅴ, pp. 425–426; Wills (1978), pp. 326–329.

㊶ Dickinson (1941), pp. 471, 474; Flower (1983), pp. 161–166; Calvert (2009), ch. 6.

㊷ Benjamin Frankin to Charles Dumas, December 1775, in *Revolutionary Diplomatic Correspondence* (1889), Ⅱ, p. 64.

㊸ Vattel (1775), Library Company of Philadelphia, call-number Rare E. Vatt 303. Q; Houghton Library, Harvard University, call-number* AC7. F8545. Zz775V. 大陆会议的复印件没有找到。

翰·亚当斯提供了"一卷印好的条约集",他用铅笔在上面标记过。[44]
因此,大陆会议的各委员会能够利用这种最新的现代外交工具:瓦泰
尔的《万国法》的法国简本(1758 年一经出版就立即成为经典),以
及自 17 世纪晚期首次汇编以来就成为外交家和政治家必不可少的条
约集之一。[45] 在汇编的条约集中,亚当斯肯定在 1686 年和 1713 年的
英法商业联盟中发现了示范条约模板;在《万国法》的法国简本中,
杰斐逊和他的同僚们拥有 18 世纪中期欧洲外交的共识:"对于每个
国家而言都必要的独立"是为了争取"建立符合自然社会和一般社会
要求的国家"。[46] 这样的材料可以迅速地弥补杰斐逊自身在国际法知识
方面的不足,在 1776 年之前的数十年里,在他的法律摘录本里几乎
找不到这些材料的一点踪迹。[47] 杰斐逊及其委员会成员伙伴,还有大
陆会议本身,创建了一个旨在吸引国内外拥护者的文件。

尽管《独立宣言》是为国内外而谨慎起草的,但来自国外的直接
反应显然是外交上的沉默,在英国、法国乃至整个欧洲均如此。[48] 四
份《独立宣言》的副本在1776年的夏天和秋天在英国的报纸上登载。[49]
豪勋爵的秘书安布罗斯·塞勒(Ambrose Serle),在写于 7 月 13 日的
私人日记里表达了他对《独立宣言》的恐惧——"人的双手永远伪造
不出比这更厚颜无耻、虚伪和邪恶的宣言"——但是当他们将这些副
本送回伦敦之时,他的上司却没有一个人流露出这样的情绪。[50]1776

---

[44] John Adams, *Autobiography*, in Adams (1850–6), Ⅱ, p. 516; Gilbert (1961), p. 50. 条约
的体积是:*Compleat Collection* (1760), Houghton LIbraty, Harvard University, call-
number*EC7Ed596 741; Adams (1977–), Ⅳ, pp. 262–263.

[45] Toscano (1966), Ⅰ, pp. 47–66.

[46] Vattel (1760), p. 11.

[47] LC, Jefferson Papers, ser. Ⅴ, vol. 13; Jefferson (1926).

[48] Van Alstyne (1965), pp. 96, 100, 106, 108–110; Kite (1928); Peckham (1976); Palmer
(1976); Dippel (1977), pp. 29, 36, 100–105, 276, 347; Nordholt (1982); Venturi (1991), pp.
13, 17 (意大利); Melero (1977), pp. 297–298. 更普遍的情况,参阅:Adams (1999);
Armitage (2007a).

[49] TNA, ADM 1/487/34; CO 5/40/252; CO 5/177/29; CO 5/1353/401。这四份副本只有
一本在威尔士有记录 (1949)。

[50] Serle (1940), p. 31.

年 8 月中旬,《独立宣言》出现在伦敦的各大报纸上 ⑤, 8 月 20 日（大卫·休谟去世的五天前）在爱丁堡印发 ⑤, 8 月 24 日在都柏林印发 ⑤, 8 月 30 日在莱顿印发 ⑤, 9 月 2 日在哥本哈根印发 ⑤, 9 月中旬在佛罗伦萨印发 ⑥, 德语翻译（卢梭的瑞士门徒伊萨克·伊瑟琳 [Isaak Iselin] 翻译的）的版本于 10 月出现在巴塞尔 ⑤; 独立的消息也于 9 月 11 日传到了华沙, 虽然《独立宣言》在这些报刊上只是简洁的总结而已。⑤ 沿   203
着《独立宣言》通向欧洲的路线, 英国的激进运动分裂为支持和反对独立的两方（就像支持大臣的作者们已经预料到的那样）;《独立宣言》在爱尔兰受到啧啧称赞但并未曾有仿效; 在苏格兰则理所当然地遭到驳斥; 在意大利、德意志、波兰、瑞士和西班牙几乎不被接受, 没有出现直接的评论。⑤ 对于美国人来说, 最令人担忧的沉默则是来自法国这个美国主动表示结盟的最初对象。《独立宣言》的两个副本中的第一个就送给了在巴黎的美国代表塞拉斯·迪恩（Silas Deane）, 可是丢失了, 而第二个副本则在 1776 年 11 月才送到巴黎, 这是在美国独立的消息至少已经在欧洲其他地方传播了三个月之后。法国最终与美国结盟是在 1778 年 2 月, 在美国击败英国军队的萨拉托加一役

⑤ *Morning Chronicle* (London), 14 August 1776; *British Chronicle* (London), 14–16 August 1776; *St James's Chronicle* (London), *General Evening Post* (London), 15 August 1776; *Annual Register* (London)(1776), pp. 261–264; *The Declaration of Independence* (1898), pp. 127–128; Lutnick (1967), pp. 75–76.

⑤ *Caledonian Mercury* (Edinburgh), 20 August 1776; *Scots Magazine* (Edinburgh), 38 (1776), pp. 433–436; Livingston (1990), p. 133.

⑤ *Freeman's Jounal* (Dublin), 24 August 1776.

⑤ *Gazette de Leyde* (Leiden), 30 August 1776; Popkin (1989), p. 151.

⑤ *Berlingske Tidende* (Copenhagen), 2 September 1776, reproduced in *Independence Documents of the World* (1997), Ⅰ, p. 187.

⑤ *Gazzetta Universale o Sieno Notizie Istoriche, Politiche, di Scienze, Arti, Agricoltura* (Florence) and *Notizie del Monda* (Florence), 14 September 1776; Venturi (1991), Ⅰ, p. 50,

⑤ *Epbemeriden der Menscbbeit* (Basel), October 1776, pp. 96–106; Dippel (1977), p. 29.

⑤ *Gazeta Warszawska* (Warsaw), 11 September 1776; Sokol (1967), p. 8.

⑤ TNA, CO 5/177/113; York (1994), p. 103; 'An Answer to the Declaration of Independence', Scots Magazine, 38 (1776), pp. 652–655; 39(1777), pp. 65–74, 121–128, 177–186, 233–242, 289–293 (再版摘录于: [Lind and Bentham](1776); Swinfen (1976), p. 71; Venturi (1991), Ⅰ, p. 50.

这个分水岭之后，旨在"有效地维护美国上述的绝对的、无限制的自由、自治和独立"。⑥当然，这是大陆会议期待已久的，因为它至少同时创建了起草《独立宣言》的委员会和一份结盟和贸易的示范条约。

英国政府不可能正式回应《独立宣言》，因为这么做"就等于承认了平等和独立，臣服者不能不假装一直坚持在反抗……这就等于承认了其他国家介入的权利，一切来自外国的干涉都应该永远受到阻止"。⑥然而，诺斯勋爵内阁授权对《独立宣言》进行了反驳。这包括大部分针对国王指控的逐一审查和反驳。500份复印件从伦敦送到美国，用来教导英国军队反驳反叛者的论点。⑥《答美国国会宣言》（*Answer to the Declaration of the American Congress*, 1776）的作者是约翰·林德，一位年轻的律师和小册子作者，由于发表了《评论第十三届议会的主要法案》（*Remarks on the Principal Acts of the Thirteenth Parliament*, 1775）和《给普莱斯博士的三封信，包括评论他对公民自由本质、政府原则、正义和与美国交战的政策的观察》（*Three Letters to Dr Price, Containing Remarks on his Observations on the Nature of Civil Liberty, the Principles of Government, and the Justice and Policy of the War with America*, 1776），逐渐引起了内阁的注意。⑥林德否认美国人并非为个别人的背叛，而是各州都背叛，因此是反叛者而不是合法团体好战这种观点。否则将会成为效忠思想的笑柄，就别提合法性了。毕竟，如果承认殖民者是一个外来国家的独立公民，那有什么可以阻止像基德（Kidd）船长那样的海盗通过宣布自己是独立的方式就轻易地使自己免受刑事起诉呢？"如果不是有罪的海盗，他就会成为独立的王子；立于'海上'列强之林——'独立平等的身份'——他也已经发现了——'自然法则和上帝的旨意'。"最后，林德嘲笑殖民者在宣布所有人生来平等却不让他们的奴隶自由

---

⑥ Treaty of Alliance, 6 February 1778, Article 2, in *Treaties and Other International Acts* (1931–48), II, pp. 36–37; Stinchcombe (1969), pp. 8–13.
⑥ [Lind and Bentham](1776), p. 5.
⑥ TNA, CO 5/93/290.
⑥ Lind (1775); Lind (1776); Avery (1978).

时的虚伪嘴脸：这些权利是不可剥夺的，并且显然不是天生的，如果它们不被赋予"这些可怜的人"。⑥

《答美国国会宣言》几乎是评论《独立宣言》的自然权利主张的唯一外国出版物。⑥同时还有一篇《〈独立宣言〉简评》，揭示了美国宣称他们的独立时所依赖的原则之逻辑性谬误，并评价这些原则同义反复、千篇一律、前后矛盾、言不由衷。"如果他们现在需要的是造物主的律法赋予的东西，"这位评论家怒气冲冲，"他们只要显示那样的法律，一切争论就都能终止了。然而，如果是这样的话，他们显示的是什么呢？他们称之为不言而喻的真理这个东西……与此同时，就获取这些权利而言，它们是政府应该制定的内容。他们认识不到，或者说似乎不会认识到，在任何情况下，政府总要以生命权、自由权和追求幸福的权利中的某一个为代价来发挥作用。"⑥

对《答美国国会宣言》中个人自然权利话语的较早抨击，是对反革命话语的一个重要贡献。特别是《〈独立宣言〉简评》，因为其作者不是林德，而是林德的朋友杰里米·边沁，它构成了美国革命与法国革命之间的一个关键。虽然美国历史学家们一直都不知道这一事实，但是自1968年以来就为人所知了，并且已有许多边沁学者进行了充分评论。⑥边沁早先已经跟林德合作了《评论第十三届议会的主要法案》，而且针对林德的《给普莱斯博士的三封信》一文中的"消极自由"（认为他几乎是第一个这么称呼它的）这个概念书写了一份令人印象深刻的评论文章。⑥边沁自始至终都坚持批判支撑美国《独立宣言》的那几条原则。"谁都会禁不住感到惋惜：如此理性的一项事业，

205

---

⑥ [Lind and Bentham](1776), pp. 6–7, 95, 107.

⑥ 与哈钦森（1776, p. 9–10）顺便提到的评论比较，是专门回答《独立宣言》唯一没有删节的英国小册子；Bailyn (1974), pp. 357–359.

⑥ [Jeremy Bentham], 'Short Review of the Declaration', in [Lind and Bentham](1776), p. 120; Armitage (2007a), p. 174.

⑥ BL Add. MS 33551, ff. 359r–60v, in Bentham (1968–), Ⅰ, pp. 341–344; D. G. Long (1977), pp. 51–54; Hart (1982), pp. 63–65; Onuf and Onuf (1990), p. 77.

⑥ Jeremy Bentham, 'Hey'(1776), UCL Bentham LXIX, pp. 57–68; replying to Hey (1776); D. G. Long (1977), pp. 57–59; Molivas (1999); Elazar (2012).

而它所仰仗的理由怎可如此容易产生异议吗？相较于将它们删除而言。"他在 1780 年谈到《弗吉尼亚权利宣言》、《马萨诸塞宣言》和《独立宣言》时抱怨道；半个世纪后，他仍然称《弗吉尼亚权利宣言》是"一个混乱、荒谬的大杂烩，这件事情证明他们一直都在想当然"。⑥⑨他的批判根据依然如故：唯有可确认的立法者的实证法案才能被称为法律，唯有从这样的法律中才能获取辩护权利。将法律归咎于自然，以及从这样的法律中获取自然权利，不仅仅是胡言乱语，而且非常不合逻辑："自然权利简直就是谬论：自然的和不可动摇的权利，简直就是一派胡言，是站在笔杆子顶上的谬论，"在他早先回应美国《独立宣言》之后，当他花费近二十年的时间摧毁法国的《人权宣言》时，他如此说道。⑦⑩

产生于 17 世纪初期的现代自然法传统，主张从自然、上帝或者人性那里获得道德规范和政治规范，而不是从特定的立法者或者人民与君主的契约行为那里获得。这一理论已经成为主导的——即便遭到了挑战——伦理和政治理论至少有一个半世纪之多了，但是它在英国、法国和德国的优势地位，到 18 世纪最后的四分之一时间里已经开始动摇。因此，具有讽刺意味的是，个人自然权利话语的现代形式就源自于该传统，在美国和法国革命时代期间变得异常突出：只有作为哲学基础，才能理解它正在开始的变化：获得了一个临时的——虽然离永久还很遥远——政治话语霸权。⑦⑪

回顾过去，出生于 18 世纪中期的法学家、政治家和哲学家那一代人终身显然都处于国际规则的一个划时代转变当中。到这一代人所度过的那个时代为止这种转变都未完成，但它的进展却很显著，许多人都认为应该加速这一进程。别忘了，杰斐逊在 1784 年就曾经发问：

---

⑥⑨ Bentham (1996), p. 311, n. c.; Bentham (1838–1843), X, p. 63.

⑦⑩ Jeremy Bentham, 'Nonsense upon Stilts' (1972), in Bentham (2002), p. 330.

⑦⑪ 阐述这一传统的历史，特别要参阅：Haakonssen (1996); Haakonssen (1999); Hoch-strasser (2000)；论述它所认知的 18 世纪晚期"危机"，特别是德国的危机，要参阅：Tang (2010).

"为什么不继续改善这种国际法：这一进程已经有好几个时代了；但随着新近知识的迅猛增加，为何还不加快这一进程？"⑫国际法历史的一种标准叙述开始出现于这一时期，它描述了国际法中自然主义的日渐式微和实证主义的高涨。没有一个评论家编辑过讨论这一转变——已经使突如其来的、绝无仅有的实证国际法取代被认为等同于自然法（ius naturae）的万民法（ius gentium）成为必要——的叙述。⑬然而，他们承认，18世纪已经见证了实证法那与日俱增的优势地位。

他们的叙述暗示了来自各国及其统治者同意的国际协定、条约和惯例的最高地位；其原始资料可以在17世纪晚期（持续到今天）开始出版的庞大的条约集中找到，也可以在国家关系史和伟大的国际政论家的著作中找到。格劳秀斯和瓦泰尔一致认为《战争与和平法》或者《万国法》均源自于自然法和各国的承认。可是，认为"朴素的自然法应该就足够了，这几乎是不可能的事，即便是个人之间的贸易往来，更何况是国家之间频繁的贸易往来"；相反，各国不得不调和实践中的自然法与承认这二者："权利和义务的整体就这样确立于两个国家之间，并形成了他们之间的实证国际法。它被称为实证的、特殊的或任意的，与自然的、普世的和必然的法律相反。"⑭杰斐逊亲自概括了同时代人的智慧，他于1793年陈述"国际法……由三个分支构成：1. 我们的本性的道德律。2. 各国惯例。3. 他们的具体协议"。⑮

207

在18世纪中叶以前，国际法几乎已经完全吸收了自然法，就像托马斯·霍布斯和后来追随自然法学传统的学者们所建议的那样。这

---

⑫ Thomas Jefferson, 'Reasons in Support of the New Proposed Articles in the Treaties of Commerce' (10 March 1784), in *Diplomatic Correspondence* (1837), Ⅰ, pp. 532–534, 转引自：Lint (1977), p. 34.

⑬ Moser (1778–80); Neyron (1783); G. F. Martens (1785); Ompteda (1785); Gunther (1787–92); R. Ward (1795); Kluber (1819); Eden (1823); Wheaton (1836), pp. 1–29; Wheaton (1841), English translation: Wheaton (1845).

⑭ G.F. Martens (1795), pp. 3–4.

⑮ Thomas Jefferson, 'Opinions on the French Treaties' (28 April 1793), in Jefferson (1950–), XXV, p. 609.

些普遍的准则，归属于所有理性的生物，平等地适用于个体及其社会。因此，国家不仅类似于个人（就像在后来的国际法概念中那样），而且从道德观点看相当于遵守自然法命令的自治、理性和义务的人们。[76]然而，18世纪欧洲越来越多的血腥战争，以及蔓延至全球其他地区的杀戮，使评论家更加清醒地认识到：源于自然法的国际法并不能担保不发生侵略，反而只会增加国际社会的不稳定和杀戮。正如大卫·休谟在1751年所指出的不祥预示那样，"尊奉正义，尽管在国家间有一定作用，但并不能像在个人之间那样为一种非常强大的必然性所保卫；道德责任只具有一定的有效性"。[77]1795年，罗伯特·沃德曾明确地宣称："关于全人类独有的道德体系这一论点，是自然法所要求的，而它所接纳的普世性则必须放弃。"[78]同年，伊曼努尔·康德谴责现代自然法传统最伟大的代表人物——"胡果·格劳秀斯、普芬道夫、瓦泰尔及其他自然法代表人物"，就跟"无用的安慰者"（Leidige Tröster）一样，因为"他们从哲学和外交角度构想出来的规范并没有，也不可能有丝毫的法律效力"。[79]边沁后来还很尖刻地讽刺"声称自然法的那些人……格劳秀斯和普芬道夫是人类的立法者"，他们想要实现"坐在扶手椅上"的普世主义者亚历山大和帖木儿那样的野心。[80]康德论述永久和平的文章中和边沁长期构想的法律精华"万全法"（Pannomion）中，都提议以国家间实证的、可生效的协议取代国际事务中无效的自然法准则。此类建议是大约19世纪之交那50年的特征，那时从国际法的自然法理基础转向了实证国际法的概念，这一转向变得普遍可见。

208

---

[76] 通常，参阅：Tuck (1999)。

[77] Hume (1998), p. 100.

[78] R.R. Ward (1795), I, p. 63.

[79] Immanuel Kant, 'Zum Ewigen Frieden. Ein philosophischer Entwurf'(1795), in Kant (1964), I, p. 210; English translation in Kant (1991), p. 103.

[80] 'Voila professeurs de la droit naturel qu'ils avoient rêvé voila les Grotius etr les Puffendorf legislateur, et legislateur de genre humain. Ce qui les Alexandres et les Tamerlan voulaiont faire en traversant le globe, les Grotius et le Puffendorf faisaient assis chacun dans son fauteuil': Bentham, 'Pannomial Fragments'(1820s), BL Add. MS 33550, f. 92r, translated in Bentham (1838–1843), III, p. 220.

美国《独立宣言》的国际接受和对美国独立本身的反应是 18 世纪晚期法学折中主义的症候。美国《独立宣言》第二段的自然主义者主张几乎没有引起同时代人的评论,但其本身却成为实证国际法内部争论的核心证据。由美国《独立宣言》所激起的国际法的中心问题表面上看起来很简单,但却带来了令人深思的争议:美国《独立宣言》是如何宣布独立的?边沁已经以他那特有的洞察力在《〈独立宣言〉简评》一文中指出:"对于他们而言,说他们与我们捆绑在一起的联系被解散了是一回事,说要解散又是另外一回事;……要实现他们的独立可不像宣布独立那么容易。"⑧虽然边沁并没有详尽地阐述这一点,但这个问题是关于美国《独立宣言》中国际法论点的要点——或者任何有同样意图的文件——因为它在 1776 年之后就立即呈现在两代人当中:从国际法意义说,要不是一个已经独立的主体,怎么可能宣布独立呢?

一份纯粹的宣言并不等于独立,只是宣告通过其他方式已经实现的一些东西而已。⑧只有通过加入法美联盟,美国才能正式进入国际体系;自此以后美国独立这个问题才能被当作一个实证的国际法事实,尽管是一个有争议的国际法事实。然而,独立这个事实是一回事;美国《独立宣言》开篇已经宣称的依据又是另外一回事,因为只有实证的法案才可能形成国家地位。如果美国《独立宣言》的目的是使反叛的殖民地能够与其他大国结成外交和贸易联盟,就像潘恩、理查德·亨利·李、当地的一些声明和大陆会议起草委员会想达成的目的那样,那么,殖民地在什么情况下能成为国家?在什么情况下反叛才具有合法性?如果只有一份宣言,要英国承认独立是不可想象的,但由像法国这样的第三国所承认的独立就必定可以确保合法性了吗?或者说,事实上,即使是得到第三方的承认就足够吗?就像一直到

209

---

⑧　[Bentham], 'Short Review of the Declaration', in [Lind and Bentham](1776), p. 131; Armitage (2007a), p. 186.

⑧　Derrida (1984), pp. 13–32; English translation, , Derrida (1986); Honig (1991).

1783 年《巴黎条约》签订，宗主国政府才能承认其独立。[83]

这几个关于独立、国家地位和承认的问题是实证国际法，以及美国《独立宣言》——就像美国独立本身一样——在 1783 年之后的欧洲尤为受欢迎的核心。美国《独立宣言》的这些方面成为迅速卷入早期实证主义者争论国家合法承认这一理论的那个时期的焦点。更重要的是要求承认美国在"世界民族之林"的平等地位，而不只是宣称这些州凭借"自然法则和上帝旨意"就有资格获得独立。自然主义的现代阐述者，比如格劳秀斯和瓦泰尔，都同意这些州确实拥有生存、独立和平等的自然权利；然而，这些是新国家获得权利的方式，如果它们之前并未拥有的话，仅仅成为 18 世纪晚期国际法论证的一个核心主题，这在某种程度上回应了由美国《独立宣言》所引起的承认这一议题。[84]

在最早讨论国家承认问题的过程中，美国《独立宣言》成为一个显著的证据。1783 年，德国法学家、纯文学作者 J. C. W. 冯·斯特克（J. C. W. Von Steck）在讨论国家承认这个问题时就曾以美国《独立宣言》作为证据。他的方法很新颖，因为他探讨国家本身的承认与正当化，而不是探讨君主的承认与正当化；在这之前，对承认的讨论一直局限于对个别统治者继承权的确认。他的阐述相应地聚焦于共和国，比如荷兰和美国。对于后者，斯特克否认美国独立有任何国际意味，除非英国正式地、明确地给予承认。他在《巴黎条约》之后写道，1778 年的法国承认为时尚早，缺乏建设性力量，因为英国并没有弃权。[85]在 1789 年，G. F. 冯·马尔顿进一步使用斯特克的观点："一旦服从被正式拒绝了，而且拒绝的一方拥有了所要求的独立，那么争端就会变得跟发生于独立国家间的那些争端一个样"，受到主要限制性条款——冒犯的一方可以合理地将提供给新独立国家的任何援助解

210

---

[83] 关于这些问题的现代背景，参阅：Goebel, Jr (1915), ch, 3, 'Intervention and Recognition in the American Revolution'.

[84] Alexandrowicz (1958); Crawford (2006), pp. 6–14; Grewe (2000), pp. 343–348.

[85] J. C. W. von Steck, 'Versuch von Erkennung der Unabhängigkeit Einer Nation, und eines Staats', in Steck (1783), pp. 49–56; Alexandrowicz (1958), pp. 180–184; Frowein (1971).

释为一种战争行为——的制约:"大不列颠观察到的行为⋯⋯在北美殖民地宣布自身独立之后,可以用来说明这一主题。"[86] 到了 1843 年,由美国独立所引起的承认问题已经成为著名的国际法讼案之一,当它进入一个更加实证主义的阶段时。[87]

美国与法国的成功联盟,以及他们在独立战争中取得的胜利,改变了《独立宣言》作为一份文件的地位。在英国根据《巴黎条约》第一条款正式承认美国独立后不久,国际法学家就承认美国《独立宣言》是现代实证国际法的一部分。例如,查尔斯·詹金森的条约集(1785)就将它列入其中,并且确实用它来标记那个时期国际事务的最新时刻,即,已经开始于 1649 年《明斯特条约》(Treaty of Munster)对荷兰共和国独立的承认:"通过 1783 年在巴黎制订的条约,另一场革命得以承认和确证,这便是美国的独立革命。"美国《独立宣言》作为实证国际法内部一个同等效力的文件,出现在 1771 年西班牙宣称占领福克兰群岛与 1778 年签订法美条约之间的时期。[88] 马尔顿的《现代欧洲国际法概略》(*Précis du droit des gens modern de l'Europe*)将它列入其中,还有联邦条例,上述的这些欧洲评论家也把它们解释为一种国际协定。[89]

到 1783 年,美国独立已经没有什么问题了。《独立宣言》的目的已经达到,就美国而言,争论事实上的独立与法理上的独立之间的差别,现在已经不是重点了。1783 年英国对美国独立的承认意味着美国可以像许多其他自由、独立的国家那样合法地行动了,就像他们至少从 1774 年起就一直有权利行动的那样。他们由此在国际秩序中获得了国家地位;国家地位的获得——被定义为通过共享历史、传统和习俗而形成的一种内在同一性的自我意识——是一个分离的过程,就此而论,对《独立宣言》的最后利用是在内战之后。7 月 4 日可以被

[86] Martens (1795), p. 80 and note; Alexandrowicz (1958), pp. 184–187.

[87] C.Martens (1843),Ⅰ, p. 113–209, 370–498.

[88] Jenkinson (1785),Ⅰ; p. iii;Ⅲ, pp. 237–241.

[89] 'List of the Principal Treaties ... Between the Dfferent Powers of Europe since the Year 1748 down to the Present Time', in G.F.Martens (1795), p. 362; Martens (1791–1807),Ⅰ, p. 580; Martens (1817–35),Ⅱ, pp. 481–485(宣言),486–502(邦联条例).

211

定为国庆日，但是《独立宣言》本身仍然是党派论争和竞相挪用的对象。最早被美国白人引用的《独立宣言》"通常是最后一段"——宣布独立——但是从 19 世纪 20 年代开始，第二段的自然权利主张"与革命权利主张一道渐渐失去了重要性"。[90]似乎只有非裔美国人迅速地吸收了《独立宣言》的自由信息：早在 1776 年，前自由黑人民兵莱缪尔·海恩斯（Lemuel Haynes）就在《独立宣言》的第二段中解读出了废除奴隶制的法令。[91]

新共和国的第一代律师评论说，美国已经在国际法历史上一个特别有利的时代进入了国际体系。例如，当詹姆斯·肯特（James Kent）于 1826 年出版第一部美国法律汇编时，他不仅一开始就评论国际法，而且断言"当美国不再成为大英帝国的一部分，并且具有了一个独立国家的特征时，他们变得服从于理性、道德和习俗的规则体系，而这早已在文明的欧洲国家建立起来了，并以此作为他们的公法。"他承认，在国际法的基础这个问题上有着不同的观点，无论是作为"一种纯粹的实证体系"，还是作为"从根本上说跟自然法一样适用于国家行为"。跟他同时代的大多数人一样，肯特推断两者都不完全真实："存在着一种自然的、实证的国际法。"[92]

《独立宣言》是 18 世纪晚期法学折中主义的一个产物。既不是完全的自然主义，也不是唯一的实证主义，它求助"自然法则和造物主的旨意"授权美国"实施独立国家有权去做的一切行动"。其论点基于自然法，但以声明实在的国家权力范围而结束。《独立宣言》在国际上的接受主要集中于后者，但牺牲了前者；在国内的接受，则

212

[90] L. Travers (1997), pp. 21–23, 161, 206; Waldstreicher (1997), pp. 30–35, 99–102, 206–207, 219–229, 240, 311–313; P. Maier (1997), pp. 160, 191 (quoted).

[91] Bay (2006); Slauter (2009); Lemuel Haynes, 'Liberty Further Extended—'(1776?) Houghton Library, WendellFamily Papers, bMS Am 1907(608); Bogin (1983), pp. 93–105.

[92] Kent (1828), I, p. 2; Janis (1992), pp. 38–39. 论述这一时期美国国内法与国际法的关系，参阅：杰伊（Jay, 1989），以及刘（Yoo, 1999a）与弗拉哈迪（Flaherty, 1999）之间的争论，柳的回复（1999b）。从更普遍的意义说，参阅：Golove and Hulsebosch (2010)。

集中于个人权利而不是国家的职责。在美国之外，自然权利诉求在整个西方世界 19 世纪的大部分时间里与更令人信服的集体政治话语斗争——比如社团主义、社会主义，或者怀疑论的功利主义计划——相竞争。这些话语总是对现代自然权利理论的个人主义充满敌意，并且没有哪一种话语被证明对"生命权、自由权和追求幸福的权利"的自然主义权利要求有好感。功利主义和集体主义在美国知识分子的生活中并没有多大吸引力，这本身或许可以表明欧洲和美国对《独立宣言》的中心思想在认知上存在着分歧。然而，甚至在它被挪用为美国专有的公民宗教之后，《独立宣言》仍然可以被理解为一个实证的国际法文件，详述了国家的集体权利，而不是特有的个人权利。因此，詹姆斯·布朗·斯科特在 1917 年的时候曾经建议，美国的联邦结构可以成为更广大的太平洋世界的一个联合榜样，《独立宣言》则可以作为一种新的国际联盟宪章，以联邦条例作为它的蓝图，美国宪法作为它的指导原则。[93] 这样的一个提议现在看来似乎很古怪，它成为《独立宣言》个人主义和自然权利的解释不可避免的一个信号，而作为国际行为体的国家权利却几乎已经完全被遗忘了。

让《独立宣言》回到它密切相关的国际语境中，可以揭示美国革命本身的两面性。它已经被视为近代反叛史上迟来的一个事件，也被视为现代去殖民化运动的原型，于是让人回想起 16 世纪，也为 20 世纪奠定了基础。[94] 虽然《独立宣言》已经被称作"世界上第一份国家独立文件"，但这荣誉可能更适合颁给荷兰独立宣言（荷兰语称为《誓绝法案》，*Plakkaat van Verlatinge*，1581），荷兰起义的领袖宣布与西班牙哈布斯堡王朝断绝关系。[95] 爱尔兰基尔肯尼联邦已经在 1641 年到 1649 年期间脱离英格兰而获得了事实上的独立（通过教皇

213

---

[93] Scott (1917), pp. 18–19; Scott (1920), pp. 10, 467–469.

[94] 关于前者，可参阅：Clark (1995)；关于后者，可参阅：Lipset (1963); Barrow (1968); Morris (1970); Burrows and Wallace (1972), pp. 167, 279–280; Boyce (1999), pp. 21–28.

[95] *Independence Documents of the World* (1977), Ⅱ, p. 733; *Dutch Declaration* (1896); Coopmans (1983); Lucas (1994); Lucas (1998), pp. 159–169.

的承认）^⑯。时间上更接近美国革命的科西嘉叛军在 1735 年宣布脱离热那亚独立，只是在 1762 年才被法国合并，当克里米亚半岛的鞑靼人在 1762 年断绝了与土耳其的关系时，才发现他们自身几乎就是俄国叶卡捷琳娜大帝的附庸。^⑰ 到 18 世纪晚期，美国革命与荷兰共和国、科西嘉和克里米亚的独立运动和反抗的国际事务史融为一体。^⑱然而，在 代人的时间之内，18 世纪 70 年代表明 "公德的彻底放弃并不亚于作为 18 世纪后半期标记的私德……从这个不幸的时刻可以追溯欧洲国际体系的衰落"，尤其打上了瓜分波兰和 1778 年法美结盟的印记。^⑲

美国殖民者不是被殖民的民族；这一基本事实使得任何将美国革命比作 20 世纪下半叶去殖民化运动的肤浅观点都让人怀疑。^⑳美国革命也不是一场民族主义革命，在这个意义上，一个有自我意识的 "民族" 重新获得了被抑制的集体身份，成为反抗他们的殖民宗主国的动机。美国革命者被迫脱离殖民地创建了国家，当他们也开始认识到自己是同一个民族的一分子时。为了实现他们之间的相互依存，他们不得不独立。他们只能以有效的国际法话语向一个 "公正的世界" 宣布独立；如此，他们成为由共同规范、习俗和协议所创建的国际体系的参与者。跟法国革命不一样，美国革命不是一种对国际稳定的民族主义的冒犯：犹如弗雷德里希·根茨（Friedrich Gentz）在 1800 年时所指出的那样，它的目标较为有限，它的准则对于国际法而言并不具有多大的破坏性，因为美国人已经通过他们的《独立宣言》请求进入国际秩序，而不是以瓦解国际秩序而造成威胁的方式。^㉑美国成功地

---

⑯ Ohlmeyer (1995).

⑰ T. Hall (1971); A.W. Fisher (1970).

⑱ 例如：Moser (1777–80), VI, pp. 126–147 (科西嘉，克里米亚，美国); Steck, 'Versuch von Erkennung der Unabhängigkeit einer Nation, und eines Staats', in Steck (1783), pp. 49–56 (联合省，克里米亚，美国) .

⑲ Eden (1823), pp. 81–82.

⑳ 比较：Greene (2007); Armitage (2007b).

㉑ Rainbolt (1973), pp. 430–433; Gentz (1800). Armstong (1995), pp. 42–112, 204–225, 就这一点而言，有启发性地比较美国革命和法国革命。

并入国际秩序，掩盖了这样一个事实：美国革命不仅仅是国家的创建（在国际意义上），而且还是一个民族的诞生。《独立宣言》旨在达成一个目标，但却逐渐被另一个目标所同化，起源于同一时期国际法折中主义特征的一个文件，反倒成了一个特指的民族神话的护身符。

第十二章　独立宣言（1776-2012）

　　帝国的合法性消亡的过程，大体上说，上演了两个多世纪的"斗争与意外事件"，尽管不是全部。我们的世界仍然留下了后帝国遗产的痕迹：比如，"主权对等的谎言，以及……国家内部和国家之间的不平等事实"。帝国主义惯例依旧存在——例如，在对待土著居民和提倡多元文化主义方面——但它们现在成了国家政策，而不是它们普遍取代的帝国常规。第一次大西洋危机，更为人熟知的叫法是美国革命，是伊比利亚美洲许多复杂情况和冲突斗争的先兆，也是后来创建一个多国世界——现在已囊括全球——的先兆。[①]

　　创建殖民地国家已经成为美国革命最激进的行为：确实，大西洋世界开始转变为一个舞台，它最初愿意接受大西洋西海岸的独立国家，接着愿意接受共和主义（从非君主制政府这个意义上说），最后愿意接受联邦共和国的创建——比如美国、委内瑞拉、墨西哥——这是古典思想家和近代思想家都意想不到的事。因此，这给我们一个启示：不要将美国革命视作一个孤立的过程，以为它与西属美洲和葡属美洲的革命没有什么因果联系，或者说没有什么可比性。而是要将它

---

① Wimmer and Min (2006); Tully (2008); Cooper and Burbank (2010), p. 458 (quoted).

视作大西洋世界的先驱。[②]

在重建主权和自治权的过程中，发表独立宣言为这些革命运动所共有，因而可以为相似之处和差异所在提供一种有用的提喻（synecdoche）[*]。大约在 1809 年到 1830 年的几年里，见证了世界史上最早——但并非最后——宣布独立的伟大时代。几乎所有来自伊比利亚美洲的独立宣言都是在这几十年里发表的。从北部的得克萨斯到南部的智利，审议会（*juntas*）、议会（*congresos*）、普韦布洛人（*pueblos*）和各位君主，宣布他们各自的城市（*cicudades*）、省（*provincias*）、国家（*estados*）、民族（*naciones*）和帝国（*imperios*）的自由和独立。这些权利要求以不尽相同的风格出现：有代表机构正式通过的法案、已印刷好的宣言、声明、公告和计划，还有口头声明和一些呼声。在某些情形下，这些宣言后来被奉为民族史的奠基性文件和关键性事件，直至今日；在某种情形下，它们使一些国家或者民族不复存在，因为这些国家或者民族冲破阻碍创建了一些更小的单元，或被吸收形成了一些更大的联邦。也有许多其他宣言并未促成独立，或者随后就失败或被遗忘了，因而不为人所知。宣布独立的媒介之多样性、陈述宣言的语言之独特性和宣言本身的最终结果之差异性，使得难以对其进行简单的分类。基于这些原因，虽然有过一些选编，却从未有过综合性的文本集。[③]如果没有一个坚实的文献基础，我们就难以对这些独立宣言进行比较的或是集体的分析。[④]

拉丁美洲"独立"两百周年的庆祝活动—— 例如，2010 年时的委内瑞拉、哥伦比亚、阿根廷、墨西哥和智利——都将精力集中在这些奠基性文件上。这些庆典标志着起点和国家的萌芽期，似乎这样的时刻，当回顾过去时，依旧清晰可辨。民族主义历史学家总是以这种

216

[②] 罗德里格兹（Rodríguez O., 2010）断然否定英国的大西洋危机与伊比利亚的大西洋危机之间存在任何关联。

[*] 相当于中文的借代、指代，指以部分代替全体，或以全体代替部分。——译者注

[③] *Las actas de independencia de América* (1955); *Textos fundamentales de la independencia centroamericana*（[1971]）; *Textos insurgentes* (2007); *La Independencia de Hispanoamérica* (2005); *Actas de formación* (2008).

[④] 参阅：Armitage (2007a); Kaempher (2009); Ávila, Dym, Galvarriato and Pani (2012).

全新的突破来建构叙事，紧扣具体的日期或特定的行为，以此表明从殖民依附到国家独立的过渡。后民族主义历史学家，还有那些以大西洋和帝国视角呈现 1808 年拿破仑入侵西班牙从而启动了这个过程的学者，却坚持认为这样的故事全部都是假的，因为帝国的内在爆裂、重建和解体的过程只是意外地、曲折地导致了政治上的独立，并非不可避免的、目的性的。独立，从自治权源于外部势力干预的这个意义上说，仅仅是旨在解决帝国危机的众多方案中的一种："脱离帝国并不是一件那么存亡攸关的事情，当务之急是如何在新的基础上重建，甚至通过给予它一个新的中心，或者多个中心的方式。"在一个"帝国革命的时代"，主权与其说是管辖权确定的一个来源，还不如说是激烈争论的一个场所。⑤ 从 18 世纪 60 年代至今，主权及其场所的讨论在大西洋世界的帝国和殖民地一直都非常激烈："我很厌恶我们的主权这种说法，"早在 1770 年，本杰明·富兰克林就惊叫道。⑥

西半球的多重转变，从帝国到国家（在某些情况下，是从一个帝国到另一个帝国），从来都不是很顺畅或没有争议的过程，在某种程度上是因为主权的、法律的、政治的来源是折中的、多元的。⑦ 就像最近有学者表明的那样，在多数情况下，独立并不是伊比利亚美洲行动者欣然接受的第一选择，而通常是最后一个选择。⑧1808 年之后创立的审议会代表其民族和普韦布洛人发言；他们发言时并未提出脱离西班牙独立的要求，而是支持所有西班牙人脱离拿破仑而获得独立，也支持打一场反抗法国入侵者的西班牙独立战争。面对首都的权力真空，他们表示忠诚于联合大西洋彼岸费迪南德七世的西班牙君主政体。

⑤　Adelman (2008); Adelman (2010), p. 76（quoted）.

⑥　Benjamin Franklin, 'Marginalia in *An Inquiry*, an Anonymous Pamphlet' (1770), quoted in Rothschild (2004), p. 5.

⑦　对于重要的介绍，可参阅：Chiaramonte (2004); Chiaramonte (2010); 更普遍的是：Frederick Cooper, 'States, Empires, and Political Imagination' in Cooper (2005), pp. 153–203; Benton (2010).

⑧　Rodríguez (1996); Guerra (2009); Portillo Valdes (2006); Avila and Pérez Herrero (2008); Paquette (2009); Lucena Giraldo (2010); Pérez Vejo (2010).

只有在 1810 年以后，独立的诸多概念才开始以各种方式出现，这预示着西班牙君主政体各个部分之间的束缚松弛了，而后推动了地方自治的繁荣发展。然而，即使这些要求最初是由忠诚的话语和恢复主权的保守用语汇合而成，比如当基多 * 审议会在 1811 年 12 月宣布其居民"绝对摆脱对任何外国政府的一切依赖、屈从，只服从于国王费迪南德七世那至高无上的、合法的权威"。⑨ 现在也非常清楚，只有到了 18 世纪二三十年代，在伊比利亚美洲的大部分地区才获得了事实上的独立和法律上承认的独立；而在中美洲，这一进程要持续到 1838 年及以后。⑩ 这表明，拉丁美洲最近举行的许多二百周年庆祝活动还为时过早，至少可以这么说。

218

普遍理解的独立（事件）与历史学家理解的独立（过程）之间的差距引出了一系列亟待解决的问题：18 世纪末和 19 世纪初的独立表示的是什么意思？它是如何争取到政治上和法律上的保证的？独立宣言在获得独立的过程之中起到了什么样的作用？认真考察美洲独立的奠基性文本、起源和结果，有助于回答此类问题，因为可以将这些文献放到更宽广的时空比较语境中去。我希望这种更加开阔的视角可以让我们更容易理解这些基础性的伊比利亚美洲文本，以及它们是如何适用于延续至今的较大历史模式的。

1815 年 3 月，当美国前总统约翰·亚当斯回顾他八十年岁月的后半生时，他在大西洋两岸看到了一个空前动荡的世界。这在他那个时代及此后说英语的观察家中是不寻常的，因亚当斯将西属美洲的运动都归入了那个时代的革命。⑪ 确实，对弗朗西斯科·德·米兰达

---

* 　厄瓜多尔首都。——译者注

⑨　'[A]bsolutamente libres de toda dependencia, sujeción y arbitrio de cualquiera otro Gobierno extraño; sujetándose únicamente a la autoridad supreme y legitima de nuestro Rey el Señor Fernando Séptimo de Borbón': 'Acta de del gobierno de Quito en que se constituye soberano y sanciona su independencia de España'(December 1811), quoted in Morelli (2012).

⑩　Fabry (2010), pp. 49–70; Dym (2009); Dym (2012).

⑪　比较：Palmer (1959–64); Albertone and De Francesco 2009); Armitage and Subrah-manyam (2010).

(Francisco de Miranda）统治下的 1789 年那激动人心的回忆激起了他的思考。"上世纪的最后二十五年和本世纪的这十五年，"他写道，"或许可以称之为革命和宪法的时代。我们（美国人）开启了先河，已经制定了十八或二十个宪法模型。"也许，如果突出他的竞争对手托马斯·杰斐逊是美国《独立宣言》的作者（亚当斯亦参与创作）不会刺痛他，那么亚当斯可能会同样公正地称其为"一个革命的、宪法的和独立宣言的时代"。⑫

亚当斯写这封信的时候，美洲已经出现了 20 多篇独立宣言，仅在委内瑞拉和新格拉纳就有 16 篇⑬；在之后的 20 年间发表的就更多了。在 18 世纪晚期和 19 世纪初的大西洋两岸和世界上越来越多的其他地方，爱国者和解放者求助于人民、民族和各种权利概念，以此激励他们的同胞，体现他们的政治主张。⑭他们利用传统的和新颖的政治类型来实现他们的目标，并且巩固他们在帝国内部或者反抗现存帝国的渐进式胜利。在这方面，伊比利亚美洲行动者至少拥有一个美国和法国革命先辈们的主要优势：他们可以混杂地、创造性地利用早期革命的遗产，还有他们自己的政治哲学传统。

例如，在西属美洲反复灌输独立的价值观的一个主要工具就是政治教义问答。这一点在法国大革命中已经很突出，然后成为美洲人政治教育至关重要的一个工具。⑮革命的所有部分的其他特征，从三色旗和共和国节日到联邦主义和帝国君主政体，也都会被驯化和杂交。这并不是说革命的实践和话语是衍生物；反而是说伊比利亚美洲人能够临时凑成，也可以从大量先例中挑选，这取决于他们呼吁的观众和他们希望提出的权利主张。说"既不是美国的独立，也不是法国大革命，说服了西属美洲居民斩断与西班牙君主国的联系"，这确实是真实的，就像杰米·罗德里格斯（Jaime Rodríguez O）论证的那样。然

219

⑫ John Adams to James Lloyd, 29 March 1815, in Adams (1850–6), X, p. 149; McGlone (1998). 关于这一时期的伊比利亚美洲宪法，参阅：Dealy (1968); Gargarella (2010).

⑬ Martinez Garnica (2011); Martinez Garnica (2012).

⑭ Bayly (2004), pp. 106–14; Bayly (2007).

⑮ *De la colonia a la república* (2009); Ocampo López (1988); Tanck de Estrada (1992).

而，如果否认伊比利亚美洲早期革命所有部分的要素——包括独立宣言——的功用和吸引力，那么就如同将婴儿连同洗澡水一起倒掉那样，是一种错误。[16]

独立宣言诞生于美洲。它们比亚当斯所赞美的宪法更具有革命时代的特征。成文宪法的地位变得日益重要，最初是美国各州的宪法洪流，继而延伸到全世界，但它们在18世纪晚期之前经历过一段历史。它们普遍与独立宣言糅合在一起，因为它们的形式吸引了国内外的观众，并且被设计成既能确保内部的认可，又能提升内部的凝聚力。[17] 一些成文宪法合并了独立宣言；另外一些成文宪法，其本身则行使着宣言的功能。例如，1784年富兰克林那流产的"新独立州"（现田纳西州）宪法，在美国革命之后持续了不到五年的时间。[18] 然而，诸多独立宣言最初本来就具有这些功能，并为其他基本的政治和法律文本提供了模型。

第一个此类文件，美国《独立宣言》（1776年7月4日），已经包含了从早期文件传统中得到的各种特征，将在后来的革命文书中重现。首先是第二段列出的"不言而喻的"真理当中著名的不可让予的权利之声明，追求生命权、自由权和幸福权利之声明，以及人们有权推翻一个专制政府之声明。宣言的主要起草人托马斯·杰斐逊，从乔治·梅森（George Mason）为弗吉尼亚起草的权利宣言（1776年5月）中拿来大量词汇，尤以梅森的开篇为甚，其开篇之句就是用类似于自然法传统的术语写就的："人人生而自由、平等、独立，并享有若干固有的自然权利……其中享有生命权和自由权，以获取和拥有财产的诸多方式，追求和获得幸福与安宁。"[19]

美国《独立宣言》在英国"政权更迭"的传统中有一些先例，例如，在14世纪到17世纪之间，颁布君主的废黜、更换和处决的那些

220

---

[16] Rodríguez O. (2010), p. 698 (my emphasis).

[17] Golove and Hulsebosch (2010), pp. 934–946, 1061–1066.

[18] 'The Constitution of the State of Franklin'(17 December 1784), S. C. Williams (1933), p. 339.

[19] George Mason, *First Draft of the Virginia Declaration of Rights* (c. 20–26 May 1776), Mason (1970), I, p. 277.

公开文件。对乔治三世的指控，占据了美国《独立宣言》的大部分，遵循的就是这些早期的模式。㉙具体指控的大部分也出现在杰斐逊的《英属美洲权利概述》(*Summary View of the Rights of British America*, 1774) 及其参与起草的弗吉尼亚宪法的序言中。权利法案和列举冤屈成为后来独立宣言的可选项，而非必备特征。在后来的文献中，列举权利与法国大革命共和主义的联系使它们具有潜在的危险而被回避；在其他地方，它们作为单独的文献保存着，常常隶属于宪法，而不是独立文献。同样，历数的历史恩怨和独立论据常常会出现在单独的声明（*manifiestos*）中，而这种声明在西属美洲比在其他任何一个地方都更为普遍。㉑

221

　　没能在 1776 年之前发现的是，宣言那传统的英国法律及立宪模式与"独立"那相对新颖的政治话语之结合，意指一个国家或民族区别于其他国家和民族的定义属性。"独立宣言"这一语词直到 1776 年才在英国出版物中被使用，即使是其同源词也仅仅出现过两次。其中只有一处的用法是有关政治的，即，(1774 年 9 月 17 日) 对马萨诸塞州的萨福克县 (Suffolk County) 针对英国政府通过的《强制法案》(Coercive Acts) 而发起的激进反抗进行了谴责性的描述。㉒因此，1776 年夏天来自英属美洲殖民地反抗的独立宣言就是一种自觉的新提法。在此之前没有人使用过这种独立语词宣称他们不履行对一个君主国的效忠，或者脱离现行政体。在英国人所了解的各种法令、演说、法案、指控、宣言、请愿和其他正式文件中，没有哪一个曾经被用于宣布一个崭新的国家身份。最近的范例是《荷兰誓绝法案》(1581 年 7 月 26 日)，通过该法案，西属尼德兰摆脱了哈布斯堡王朝的统治，但是该法案并未使用独立这种语词，在其寻求新的统治者方

㉙　P. Maier (1997), pp. 50–59.

㉑　例如：*Manifiesto* (1811); *Bárcena* (1821). 论述声明的这种类型，参阅：Puchner (2006).

㉒　Warburton (1756), p. 312 ("除了社会之外，王国是什么？除了独立宣言之外，这个世界有什么是不存在的？")；Chandler (1775), p. 23 ("萨福克委员会发布的独立宣言").

面，更像是未来的独立宣言。㉓那么，1776 年那前卫的独立语词来自哪里呢？

美国《独立宣言》的作者们从三种来源——当地的、辩论的和法律的——中获得了这一独立用语，从谱系上说，可以追溯到 18 世纪 50 年代后期。通常，他们从地方机构在 1776 年夏天送至大陆会议的各种指令、演说和决议中提取了独立用语。这些英属美洲的文献相当于整个西属美洲地方审议会在 1808 年和 1810 年发布的法案，或者整个中美洲自治市在 1821 年最后几个月发布的法案。㉔这些文本并未宣布城镇或殖民地脱离英国王室而独立，但它们确实强烈要求大陆会议代表们团结起来"宣布独立"，"宣布联合殖民地是自由独立的国家"。㉕

222

在这些激励用语背后的是托马斯·潘恩的那些论据，他在《常识》（1776 年 1 月）中极力劝诫人们，"没有什么能像一份公开的、坚定的独立宣言那样可以迅速地解决我们的问题"，独立宣言通过之后，以前的殖民地，现在的独立国家，完全能够"与其他国家并列"。㉖潘恩坚定地将他的独立论据与最近独立的殖民地非君主制联系在一起。这种将独立与反君主制的共和主义等同起来的思路在后来的斗争中被证明是有条件的，而非必然的。1811 年，曼努埃尔·加西亚·德塞纳（Manuel García de Sena）编辑的潘恩作品的译本，和美国《独立宣言》最早的西班牙译本、不同的州宪法版本一道，激励了委内瑞拉的独立㉗；他列入了潘恩对君主制和世袭政府的抨击，以及摆脱费迪南德七世和波旁王朝的委内瑞拉独立宣言（1811 年 7 月 5 日）。㉘然而，独立在 1804 年之后的海地㉙、1821 年到 1823 年之间的墨西哥帝

㉓ 'Edict of the States General of the United Netherlands'(26 July 1581), in *Texts Concerning the Revolt of the Netherlands* (1974), pp. 216–231.

㉔ P. Maier (1997), pp. 59–90; Dym (2006), pp. 159–193.

㉕ 引自：Armitage (2007a), p. 37.

㉖ Paine (1776), pp. 77, 78.

㉗ Paine (1811); Grases and Harkness (1953).

㉘ 'Acta [de independencia]'(5 July 1811), in *Interesting Official Documents* (1812), pp. 2–20; Leal Curiel (2008); Martinez Garnica (2012).

㉙ Geggus (2012); Cheesman (2007).

国和 1822 年之后佩德罗一世统治下的巴西是可以与君主制和谐相处
的。共和主义主权观的全球化是可以在革命时代找到其开端的一个故
事；独立的国家身份的全球化又是另外一个故事。这两个故事常常有
交叉，但却又截然不同。外部的独立因而并不意味着是对任何特定宪
法和内部权力结构的一种承诺，尽管通常说来需要一种人民主权论主
张归属于一个新兴的或可确认的国家。

18 世纪下半叶，独立之语词的主要来源是瓦泰尔的《万国法》
(1758)，采用了一种类似的宪法不可知论。该书在信奉新教的欧洲和
更广阔的世界发行，使其作者成为大致从 1760 年到 1840 年这几十年
间最具全球影响力的道德和政治家。[30]1776 年，自然法教授华金·马
林·门多萨（Joaquín Marín y Mendoza）在《圣伊西德罗货币研究》
(*Reales Estudios de San Isidro*) 中，称赞瓦泰尔的书是"最优秀的国
际法研究"，因为它的安排"井然有序，且包含了大量的现代案例"。[31]
然而，伊比利亚美洲在很大程度上并没有受到瓦泰尔的直接影响。直
到 1820 年，《万国法》才被翻译成西班牙语，并且委内瑞拉法理学家
安德烈斯·贝洛（Andrés Bello）在 19 世纪 30 年代和 40 年代对他的
尖刻评论，和他对此书的频繁引用，都表明了瓦泰尔在拉美法律文化
当中的暧昧地位。[32]瓦泰尔在其他地方受欢迎，主要是因为他为不同
的受众传达了不同的信息，比如，一方面支持殖民地及对土著居民的
剥夺，另一方面又貌似反对帝国或复合君主制，支持脱离和新国家的
创建。可以以多种方式解读他对共和制和君主政体、宗主国和克里奥
尔人*的支持。[33]然而，使他最初受欢迎的还是他在定义国家身份时
所突出的独立。

瓦泰尔从 17 世纪和 18 世纪的自然法传统中阐释他独立的核心概
念。在自然法传统中，人与人之间的自然状态中的个体身份之诸多概

[30]　关于瓦泰尔的全球发行，参阅：Isabella (2009), pp. 99–100; Ford (2010), pp. 9, 210.

[31]　Marín y Mendoza (1950), p. 48.

[32]　Vattel (1820); Bello (1844), pp. 22–23.

*　这里指拉丁美洲的欧洲移民的后裔。——译者注

[33]　Hunter (2010).

念与国家之间的自然状态中的国家身份重叠。在他的大作开篇，瓦泰尔将国际法定义为国家间的权利和义务的学科，并且直接在生活于自然法之下的人类与处于一种相似条件下的国家的存在之间，提出了一种类比：

> 国家由生而自由独立的民族构成，他们在公民社会建立之前，一起生活在一种自然状态之下，——国家或者主权国家要被视为许许多多自由的人一起生活在自然状态下。㉞

国家具有那些构成它们的人的主要特征：因为人原本是"自由而独立"的，因此他们可以通过协商一致创建他们的政治共同体。如果这些原本是自由而独立的人在他们为自己创建公民社会之前就生活在自然法之下，那么国家也必定存在于非常相似的自然法之下："因此，"瓦泰尔用霍布斯的术语写道，"国际法原本就是自然法适用于多个国家。"㉟ 如果人类是自由而独立的，那么从逻辑上讲，他们创建的国家的本质特征就同样是自由和独立的：像他们所希望的那样自由行动，包括自愿地加入限制他们自己自由的协议（比如通过条约），不依赖任何其他国家和外部势力。

224

17 世纪的这种独立语词有它的根基，尽管大多数时候与不服从和反抗自然等级制度有负面的联系。在这种情况下，《百科全书》的作者们在瓦泰尔出版他的著作前不久曾论证说，独立是"哲学家引以为豪的人类之石，自恋者盲目地追求的痴心妄想"。㊱ 然而，18 世纪晚期，这一独立概念因其拥有首要的政治含义而得到重新评估：一个政治共同体处在其他政治共同体当中的自主权，有时是处在联邦或者邦联当中的自主权。㊲ 独立的这种特质恰好被西班牙法理学家何塞·奥

㉞　Vattel (2008), p. 68 (I. I. 3).

㉟　Vattel (2008), p. 68 (Preliminaries, 6).

㊱　'[L]a pierre philosophale de l'orgeuil humain; la chimere après laquelle l'amour-propre court en aveugle': *Encyclopédie* (1754–72), Ⅷ , p. 671, 'Indépendance'.

㊲　Fernández Sebastian (2012); Fernández Sebastian and Suárez Cabral (2010); Morelli (2012).

尔梅达·利昂（Jose Olmeda y León）在 1771 年的时候捕捉到："独立的权利就是阻止其他国家干涉自己事物和制止侮辱的能力，就是阻止诸如此类损害自己利益的能力。"㊳在随后诸多的独立概念中，荣誉问题不再那么突出，但是奥尔梅达的定义反映了瓦泰尔对该语词的理解。瓦泰尔对积极的独立概念的影响实在太大了，或许我们可以把18 世纪末至 19 世纪初称为"瓦泰尔时代"。

美国《独立宣言》是瓦泰尔时代最不朽的作品。当 1776 年 6 月理查德·亨利·李提出一个议案支持从大英帝国独立出来的时候，他用醒目的瓦泰尔式用语阐述道："这些联合殖民地现在是，也应该是自由而独立的国家。"然后，托马斯·杰斐逊将这些话引入了他的《独立宣言》草稿，后来被列入最终发表的版本中：

> 这些联合的殖民地是而且有权成为自由和独立的国家……作为自由独立的国家，它们有权宣战、缔和、结盟、通商和独立国家有权去做的一切行动。㊴

就是用这些话语，《独立宣言》宣布美国开放通商与可以结盟。因此，它不只是宣布脱离英国而独立的一个宣言，而且还是与其他"世界列强"相互依存的一个宣言。为了打消其他欧洲列强对美国良好意图的疑虑，它用瓦泰尔那熟悉的当代用语把主权阐述为独立。《宣言》的结尾断言独立与依存密不可分：它是一个国家跻身于其他国家的特性，或者一个民族跻身于其他民族的特性，不是处于封闭状态下，而是处于既相互竞争又合作的背景下。

美国革命的胜利和《独立宣言》的发行大大有助于独立语词的驯化和传播。于是，委内瑞拉总督何塞·德·阿瓦洛斯（José de Ábalos）

225

㊳ 'El Derecho de independencia no es otra cosa, que la facultad de impeder à las demàs Naciones el mezclarse en negocios propios, y defenderse de sus insultos, estorvando quanto pueda ser perjudicial à sus interesos': Olmeda y Léon (1771), I, p. 249.

㊴ Richard Henry Lee, 'Resolution of Independence' (7 June 1776), in *Journals of the Continental Congress* (1904–6), V, pp. 425–426; *Declaration of Independence* (1776).

和阿兰达伯爵（Conde de Aranda）分别于 1781 年和 1783 年，用该词描述早期的起义，并预言西班牙君主制在北美的反抗模式中将分崩离析。⑩这便是何塞·马里亚·莫雷洛斯（José María Morelos）在《民族情感》（*Sentimientos de la Nación*，1813 年 9 月）中所使用的独立的含义，他在文中宣布"美洲自由独立于西班牙和其他国家"；几周之后，1813 年 11 月，一篇爱国基本原理在智利的《阿劳堪观察家》（*Monitor Araucano*）上发表，文章同样认为"国家的自由就是独立，即，它不是依赖于西班牙、英国、土耳其等其他的国家，而是依赖自我管理"；一篇后来的墨西哥独立基本原理（1821），将独立解释为"每个人或民族依照自己的法律和习俗管理的权利，而不用屈从于他人或他国"。⑪在这些例子中，我们可以发现，国际法学家认为这一原则初期的巩固是由于独立逐渐成为"国家身份的核心标准"而实现的，它甚至优先于领土的拥有、对一个民族的统治或者治理能力。⑫

　　然而，独立与受欢迎的自决之间的联系在 19 世纪初仍然是视情况而异的。在美洲地区，这不仅是一段重组主权和宣扬各种自由观的运动时代，而且也是一个擅自侵略外国的冒险家和海盗、爱管闲事的自由作家和流动的理想主义者并存的时代。这些自封的解放者和特许的帝国反对者经常把独立宣言和宪法作为削弱西班牙的武器，和扩张美国领土或传播共和主义的武器。以这种方式，美国筹划家在 1810 年之后激励了西属佛罗里达、路易斯安那和得克萨斯的脱离主义浪潮。他们于 1810 年 9 月 26 日宣布西佛罗里达独立，并且作为最早的"孤星州"达 72 天；一位观察家，美国大陆会议的资深成员，广泛引

226

⑩　Ábalos and Aranda (2003), pp. 58, 64, 67 (Ábalos); pp. 75–79 (Aranda).

⑪　José María Morelos, 'Sentimientos de la Nación' (14 September 1813), in *Textos insurgentes* (2007), p. 133; Camilo Henríquez, 'El catecismo de los patriotas', *El Monitor Araucano* (27 November 1813) and *Catecismo de la independencia* (México, 1821), in *De la colonia a la república* (2009), pp. 97, 137; San Francisco (2012).

⑫　Crawford (2006), p. 62.

用瓦泰尔的话语来为西佛罗里达的独立和美国的保护进行辩护。^⑬ 也是仿效北美模式，1817 年最早的委内瑞拉爱国者、苏格兰冒险家格雷戈尔·麦格雷戈（Gregor MacGregor）与法国共和党海盗路易－米歇尔·奥利（Louis-Michel Aury）相继占领了靠近佛罗里达海岸的阿米里亚岛，并在一部宪法草案中宣布"佛罗里达共和国"（República de las Floridas）独立，直至当年 12 月美国侵入为止。^⑭ 五年之后，1822 年 10 月，拿破仑的前将军、后来成为玻利瓦尔传记作者的杜库德雷·荷尔斯坦（H. L. V. Ducoudray Holstein）宣布"波黎根共和国"（*República Boricua* or Republic of Boriguen）独立，即创立于今天的波多黎各。在这些年里，北美筹划家们坚持不懈地宣传脱离西班牙君主国的方案，并声称他们宣布脱离西班牙而独立具有合法性。^⑮

从 19 世纪 10 年代到 30 年代这一时期，在墨西哥湾和加勒比海地区也有许多脱离主义和共和主义的类似范例。^⑯ 这种层出不穷的分离主义是受到了西班牙君主制危机的刺激，并促使拉普拉塔与中美洲的分裂提前发生，例如，墨西哥的不同移民群体运用西班牙的法律和宪法传统在 1813 年 4 月宣布独立，或者运用美国模式，和当地的切罗基人一起，于 1826 年 12 月 21 日宣布短命的弗雷多尼亚共和国，以及后来更为著名的孤星共和国得克萨斯（1836—1845）成立。^⑰ 这些努力，有的真诚，有的怀有敌意，经常被当作 19 世纪头 30 年里出现于中南美洲的独立宣言的背景和结果而被遗忘。无论他们的动机是

227

---

⑬　'The[West Florida] Declaration of Independence' (26 September 1810), in Arthur (1935), pp. 113–114; Gould (2012), pp. 192–195; Thomas Rodney, 'Treatise on Florida and Louisiana' (October 1810), University of Virginia, MS 5178. 罗德尼的兄弟恺撒（Caesar Rodney）是美国《独立宣言》的签署者之一。

⑭　Wyllys (1928); *La República de las Floridas* (1986).

⑮　关于暴力掠夺参阅：Owsley and Smith (1997); Shields (2007); Stagg (2009); 关于在美洲活动的欧洲共和党人，包括奥利和杜考垂·荷尔斯泰，参阅：Mongey (2009)。

⑯　Reséndez (2010).

⑰　Guedea (2001); 'Declaration of the Republic of Fredonia' (21 Decebmer 1826), quoted in Resendez (2005), p. 44; 'The Unaimous Declaration of Independence Mde by the Delegates of the People of Texas' (2 March 1836), in *The Papers of the Texas Revolution* (1973), IV, pp. 493–497.

什么，他们都在这些动荡的岁月里证明了这一独立语词的变革潜能。

独立成了革命时代期间一种起决定性作用的政治价值。但是它为什么必须要宣布呢？为什么有这么多不同形式的政治共同体，从横跨大西洋的西班牙帝国到西属美洲的小镇和自治市，都觉得有必要公开宣布他们的独立？答案是他们的事业需要公开性和合法性以确保成功。18 世纪末与 19 世纪的公开性具有多种形式。在其政治主张来源于自然法传统——尤其是托马斯·阿奎那的自然法——的共同体内部，任何合法宣言的界定性特征就是它必须被宣布出来。此外，共和主义者对内阁政府的讳莫如深，以及君主国的放纵和对角力的日益厌恶，使他们渴望交流与传播旨在国内外公众当中发表他们的主张的信息，特别是以出版物形式出现的信息。

公开宣传使人们确信，同样重要的是，它塑造了民族。观察家变成了新旧政治共同体的参与者，因为主权的恢复和重建将他们变成了权威拥有者和公众舆论持用者。[48]在这种情形之下，便携式印刷机日益成为一种不可或缺的革命引擎。这便是大陆会议命令费城印刷商约翰·邓拉普（John Dunlap）在 1776 年 7 月 4 日和 5 日连夜印刷出至今未知数量的《独立宣言》的原因所在。这便是弗朗西斯科·德·米兰达于 1806 年 9 月为委内瑞拉带去一台印刷机——"一个活动的自由和主权话语工厂"——的原因所在。这便是拉普拉塔诸省联合会议订购 3000 份《独立宣言》（*acta de independencia*）的印刷副本——西班牙语 1500 份、盖亚语 1000 份、艾马拉语 500 份——的原因所在。[49]然而，印刷并不是申明独立的唯一媒介，比如何塞·德·圣马丁（Jose de San Martin）于 1821 年 7 月 28 日进入利马，在口头上宣布秘鲁独立，挥舞着新国家的国旗，率领人们高喊"祖国万岁！独立万岁！自由万岁！"，响彻整个美洲大陆。[50]

公开宣传的渴望伴随着合法性的需要。它最尖锐的形式出现在内

228

---

[48] 参阅：Uribe-Uran (2000); Goldman (2009); Fatima Sá (2009).

[49] Goff (1976); Adelman (2008), p. 319; Ternavasio (2012).

[50] B. Hall (1824), p. 193; Sobrevilla (2012).

战背景之下，例如，出现在 1776 年的大不列颠大西洋帝国、1812 年的新西班牙或者 1816 年的拉普拉塔那样。在每种情况下，如果没有独立及其认可给予的合法性，反叛者就无法要求承认他们的交战国地位。潘恩已经在《常识》中有力地陈述了这一点："在宣布独立之前，我们在其他国家眼里肯定被当作叛乱者。"[51] 1812 年，面对总督的造反指控，何塞·马丁·科斯（José María Cos）同样力图通过主张新西班牙与西班牙的合法平等，以及使他们的争端受制于"国际法与战争法"的方式，将"同胞与公民之间的战争"变成一场独立之战。[52] 四年后的 1816 年 4 月，当圣马丁激励聚集在图库曼的议会赶紧宣布独立时，他引用了潘恩的话："我们的敌人，有充分的理由，把我们当作叛乱分子，而我们又宣布自己是奴仆。在这种情况下，你可以确信没有人会帮助我们。"[53] 转换这些斗争的努力，改变了相关的规范和制裁的来源，从国内法转移到战争法和国际法。然而，只有在其他国家承认交战国地位的情况下才会起作用，这是每个反抗运动在追求合法性的过程中都要面对的问题。

直到 18 世纪晚期，承认的原则仍然主要局限于王朝更迭，而非旨在判断新国家（通常是共和国）的产生。[54] 由于美国《独立宣言》的大胆挑战，独立及其承认已经变成了国际法问题，当处于初期阶段的美国向法国、西班牙和荷兰共和国寻求外援时。1778 年，在法国参与友好通商条约以后，其他欧洲国家一致认为承认还为时过早；其实，承认成了欧洲主要帝国之间的全球战争之起因。英国于 1783 年承认美国独立，为世界上所有国家承认其合法性开辟了通道：就像《巴黎条约》所阐述的那样，"大英帝国国王陛下承认美国……是自由、自主、独立的国家"，在法律上，而不只是在事实上。[55] 从这一刻起一直到 1815 年的维也纳会议，在国际法内部的整体理解是，"新的国家

---

[51] Paine (1776), pp. 77, 78.

[52] José María Cos, 'Plan de guerra' (10 Jne 1812), in *Textos insurgentes* (2007), pp. 52–55.

[53] José de San Martín to Tomás Godoy Cruz (12 April 1816), quoted in Lynch (2009), p.131.

[54] Alexandrowicz (1958).

[55] *The Definitive Treaty of Peace and Friendship* (1783), p. 4.

只能在它们原来的合法宗主国的自由同意下才能产生，不管一个新国家怎样为它的成立辩解"。[56] 当然，这并未阻止单边的独立宣言，但确实使它们在短期内不太可能成功。后来的美国内战将会表明，从历史的角度来说，单边的脱离更容易成为内战的起因，而不是通向成功建国的一条路径。[57]

在英国承认美国独立后的四分之一个世纪里，宣布独立的明确法规的缺乏，可以解释此类宣言的稀少。在那些年里，独立宣言来自佛蒙特（1777）、佛兰德斯（1790）和海地（1803—1804）。跟美国《独立宣言》一样，佛蒙特和佛兰德斯的独立宣言标志着分离过程的开端。佛蒙特的居民在1777年1月宣布脱离纽约州和不列颠独立，但却直到1791年才加入美国。欧洲的第一份独立宣言，是1790年佛兰德斯政治阶层发布的声明，宣布他们脱离哈布斯堡约瑟夫二世的统治而独立，这也是在美洲之外第一份直接借鉴美国《独立宣言》的宣言。[58] 海地的1804年1月1日宣言却在许多方面都是反常的。它标志着独立过程的终结，而非开端；它最初是口头上的宣布，而非通过印刷物的形式宣布[59]；它也是这样一种宣言的第三个实例，前面两个分别是1803年11月以圣多明克（并不是海地）名义发布的宣言，是模仿最接近美国《独立宣言》文件的不合格宣言。[60] 这些对独立的不同重述预示了西属美洲地区多种多样的宣言。让－雅克·德萨林（Jean-Jacques Dessalines）在1804年元旦发表的宣言也预示了1810年墨西哥"多洛雷斯呼声"（*Grito de Dolores*），或者佩德罗一世宣言的口头演讲——他不会在1822年9月从巴西返回葡萄牙。[61]

宣布独立这个事儿在更广阔的世界里逐渐变得常见，这在很大程

230

---

[56] Fabry (2010), p. 41.

[57] Armitage (2010).

[58] *Records of the Governor and Council of the State of Vermont* (1873–80), I, pp. 40–44 (15 Janary 1777); Rohaert (1790); Armitage (2007a), pp. 113–114.

[59] 最近在英国国家档案馆发现了一份独一无二的海地宣言印刷副本：TNA CO 137/111, ff.113–17.

[60] Manigat (2005); Mentor (2003), pp. 168–169; Geggus (2012).

[61] Herrejón Peredo (2009).

度上是因为在伊比利亚美洲发生了许多大事件。一种共同的法律政治文化、新兴的公共领域贯穿整个大陆，政治上效仿的这种经历使得独立之实例成倍增加。当然，宣布独立的事并不总是局限于美洲。在过去的两个世纪里，主权的扩散席卷了整个世界；独立宣言是其主要症候之一。值得注意的是，在 1860 年到 1918 年期间——通常被认为是（至少在欧洲）民族主义的高潮时期——几乎没有独立宣言出现。然而，在整个 20 世纪帝国解体的关键时刻却大量涌现，例如，在第一次世界大战之后，随着奥斯曼帝国、罗曼诺夫王朝、哈布斯堡王朝和霍亨索伦帝国的瓦解而涌现；涌现于 20 世纪五六十年代亚非洲去殖民化的过程当中；涌现于 1989 年之后的苏联和南斯拉夫联邦解体过程中。[62]

独立宣言作为民族自决的工具和国际争议的焦点重新出现在 21 世纪初期。例如，作为南斯拉夫那旷日持久的解体的一部分，黑山共和国于 2006 年 6 月和平地宣布脱离塞尔维亚共和国，但是当 2008 年 2 月科索沃也宣布脱离时，塞尔维亚抗议其行为违法且要求海牙国际法庭进行裁定。科索沃议会的独立宣言（2008 年 2 月 17 日）已经明确否定了把它当作其他脱离行为的先例的看法[63]，但是塞尔维亚及其盟友——尤其是俄罗斯——宣称这只会进一步鼓励这个区域的脱离主义运动，比如南奥塞梯和车臣。2010 年 7 月，海牙国际法庭裁定科索沃宣言是根据国际法制定的，因为"一般国际法并未禁止独立宣言"。[64]

这一裁决肯定了科索沃宣言的合法性，但却无法确保其有效性。到 2011 年 1 月为止，承认科索沃独立的联合国成员国不到半数。科索沃这个案例的教训在于，独立宣言对于获得国家身份是必要的，但却不是充分的。这一事实并不妨碍南苏丹压倒性的多数居民在同一个

---

[62] Armitage (2005); Armitage (2007a), pp. 107–112.

[63] "可以看出科索沃是非自愿脱离南斯拉夫现象中的一个特例，但并不会成为任何其他情形的一个先例"：*Kosovo Declaration of Independence* (2008).

[64] International Court of Justice (2010), § 84; Orakhelashvili (2008); Fierstein (2009); Christakis and Corten (2011).

月中投票脱离目前的苏丹。这为南苏丹的独立宣言（2011年7月9日）铺平了道路[65]，此举表明脱离主义运动席卷了从西撒哈拉到索马里兰德的整个非洲。在不到一年的时间里，2012年4月，阿扎瓦德民族解放运动（NMLA）就宣布在马里北部地区建立一个崭新的独立国家，虽然这一争取国家身份的要求立刻遭到了马里、非洲联盟和国际社会的拒绝。[66]可在巴尔干半岛和非洲却截然不同，这表明世界正在进入一个宣布独立的崭新时代。

最早时期的独立宣言的形式和价值大不相同，跟我们今天所预期的常常很不一样。在过去两个世纪中，最大的变化是这些宣言所诉诸的法律权威的不同来源。1776年在费城召开的第二次大陆会议代表们，首先通过诉诸"自然法则和造物主的旨意"宣布英属美洲"联合殖民地"现在成为"自由独立的国家"。相比之下，当2008年科索沃议会颁布他们的独立宣言时，他们指出"与独立相伴的是负责任的成员国在国际社会中的职责。我们完全接受这种职责，并将遵守联合国宪章、赫尔辛基最后议定书、其他的欧洲安全与合作组织法案，以及标志着国家间关系的国际法律义务和国际礼让原则"。[67]在21世纪，只有按照国际社会的现行准则和惯例制定的宣言，才有希望获得外部的认可或合法性。 232

独立宣言现在与实证国际法的联系更加紧密，并且必须遵守确定的惯例——没有暴力相伴。提出独立要求必须获得该地区绝大多数人的支持（因此南苏丹需要进行全民投票）。它们必须承认（常常是明确地）普遍的国际准则、协议，以及联合国与欧盟的一些惯例（就像科索沃宣言屡次承认的那样）。此外，它们的范围缩小了，一个省、市和城镇是不能宣布独立的（因此阿扎瓦德的建国要求遭到拒绝）。就像美国在向国际法庭呈递的关于科索沃独立问题的意见书中所言说的那样，"独立宣言是一个实体想要成为被国际社会成员国所接纳的

[65] *South Sudan Independence Declaration* (2011).

[66] *Déclaration d'Indépendance dè l'Azawad* (2012).

[67] *Kosovo Declaration of Independence* (2008).

一个国家的一种愿望或渴望的表达"。⑱ 随着宣布独立的实践变得更加广泛，独立的内涵却变得狭窄，结果，独立宣言如今完全地、绝对地等同于国家身份。

尽管有这些新情况，21 世纪初期的独立宣言还是常常追随 18 世纪末和 19 世纪初在美洲首次预演的手稿。耳熟能详的要素为两个时代所共有，包括宣言的正式声明、面向一个更加广阔的世界发表演说、呼吁至高无上的人民主权的权威。⑲ 这些相似之处足以激发将 19 世纪初的世界与 21 世纪初的世界进行比较。因此，关注独立宣言第一波浪潮的构成、传播和反应（接受情况），可以使人们充分理解我们这个时代提出独立要求的成败条件。跟那些标志整个 20 世纪的独立的时刻类似，它们全部都产生于帝国重建或崩溃的时刻。在这一点上，美洲的帝国革命时代预见了现代世界形成中的一些关键进程。⑳

---

⑱　United States of America (2009), p. 51.

⑲　现代的例子参阅：Holland, Williams and Barringer (2010).

⑳　Adelman (2008); 安德森 (1991) 在第四章中，经典地提出了一种非常不一样的西属美洲是"克里奥人先驱（creole pioneers）"观。

参考文献

手稿来源

BAKEWELL, DERBYSHIRE, CHATSWORTH HOUSE

Hardwick MS 51: Francis Bacon, 'Aphorismi de Jure gentium maiore sive de fontibus Justiciae et Juris'

Hobbes MS 73.Aa: Fulgenzio Micanzio, letters to the second Earl of Devonshire on foreign affairs (1615–26), trans. Thomas Hobbes

CAMBRIDGE, MASSACHUSETTS, HARVARD UNIVERSITY ARCHIVES, HARVARD UNIVERSITY

Acs. 14990, box 12: John Rawls, lecture-notes (1968–9)

CAMBRIDGE, MASSACHUSETTS, HOUGHTON LIBRARY, HARVARD UNIVERSITY

Wendell Family Papers, bMS Am 1907 (608): Lemuel Haynes, 'Liberty Further Extended . . .' (1776?)

CHARLOTTESVILLE, VIRGINIA, ALBERT AND SHIRLEY SMALL SPECIAL COLLECTIONS LIBRARY, UNIVERSITY OF VIRGINIA

MS 5178: Thomas Rodney, 'Treatise on Florida and Louisiana' (October 1810)

COLUMBIA, SOUTH CAROLINA, SOUTH CAROLINA DEPARTMENT OF ARCHIVES AND HISTORY

Recital of Grants, AD120, pt. II

Dumont MSS 60: Étienne Dumont, untitled manuscript treatise on international law.

ADM 1/487/34
C 66/3136/45
CO 268/1/11
CO 5/40/252
CO 5/93/290
CO 5/177/29
CO 5/177/113
CO 5/286
CO 5/287, ff. 24–32: 'Fourth' *Fundamental Constitutions of Carolina* (17 August 1682)
CO 5/1116
CO 5/1353/401
CO 137/111, ff. 113–17: Haïtian Declaration of Independence (1803–4)
CO 324/6
CO 388/5
CO 391/9
CO 391/10
CO 391/11
CO 391/12
CO 391/13
PRO 30/24/47
PRO 30/24/47/3: 'The Fundamental Constitutions of Carolina' (21 July 1669)
PRO 30/24/47/35: John Locke, 'Observations on Wine, Olives, Fruit and Silk' (1 February 1680)
PRO 30/24/48
PRO 30/24/49

Add. MS 5253
Add. MS 11309
Add. MS 15640
Add. MS 16272
Add. MS 29125
Add. MS 30151
Add. MS 33550
Add. MS 33551
Add. MS 33564

Add. MS 33564

Add. MS 48190: [Richard Zouche], *Iuris Faecialis. Sive Juris et Judicii inter Gentes Explicatio*

Add. MS 72854: Sir William Petty, 'A Treatise of Navall Philosophy in Three Parts'

Add. MS 78781: James Mackintosh, 'Extracts for Lectures on the Law of Nat: & Nations Begun Cambridge Augt 7th 1799'

Add. MS 78784A

LONDON, UNIVERSITY COLLEGE LONDON
LIBRARY (BENTHAM PAPERS)

XIV

XXV

XXVII

XXXIII

LXIX

XCVII

CIX

NEW YORK, NEW YORK PUBLIC LIBRARY

Ford Collection: 'Coppy Of the modell of Government prepared for the Province of Carolina &c' (21 July 1669)

OXFORD, BODLEIAN LIBRARY

MS Locke b. 2

MS Locke b. 5/9: Locke's landgrave patent (4 April 1671)

MS Locke c. 1

MS Locke c. 25

MS Locke c. 28

MS Locke c. 30

MS Locke c. 34: 'Critical Notes' on Stillingfleet (1681)

MS Locke c. 35

MS Locke d. 3

MS Locke e. 9, ff. 1–39: 'Some of the Cheif Greivances of the present Constitution of Virginia with an Essay towards the Remedies thereof' (1697)

MS Locke e. 9, ff. 39–43: 'Queries to be put to Colonel Henry Hartwell or any other discreet person that knows the Constitution of Virginia' (1697)

MS Locke e. 18

MS Locke f. 2

MS Locke f. 5
MS Locke f. 6
MS Locke f. 9
MS Locke f. 10
MS Locke f. 15
MS Locke f. 17
MS Locke f. 28

SHEFFIELD, SHEFFIELD ARCHIVES

Wentworth-Woodhouse Muniments BkP 10/27

TAUNTON, SOMERSET RECORD OFFICE

Sanford (Clarke) Papers

WASHINGTON, DC, THE LIBRARY OF CONGRESS

Jefferson Papers, ser. V, vol. 13, 'Miscellaneous Papers: Jefferson's [Legal] Common-place Book'
Phillipps MS 8539, pt. 1: Journals of the Council for [Trade and] Foreign Plantations, 1670–4

WINCHESTER, HAMPSHIRE RECORD OFFICE

Malmesbury Papers 7M54/232: Articles of Agreement of the Bahamas Adventurers (4 September 1672)

印刷文献主要来源

Ábalos, José de and Aranda, Conde de (2003). *Premoniciones de la independencia de Iberoamérica. Las reflexiones de José de Ábalos y el Conde de Aranda sobre la situación de la América española a finales del siglo XVIII*, ed. Manuel Lucena Giraldo, Madrid.
Actas de formación (2008). *Actas de formación de juntas y declaraciones de independencia (1809–22), Reales Audiencias de Quito, Caracas y Santa Fé*, ed. Inés Quintero Montiel and Armando Martínez Garnica, 2 vols., Bucaramanga.
Las actas de independencia de América (1955). *Las actas de independencia de América*, ed. Javier Malagón, Washington, DC.
Adams, John (1850–6). *The Works of John Adams*, ed. Charles Francis Adams, 10 vols., Boston.
——— (1977–). *The Papers of John Adams*, gen. ed. Robert J. Taylor, 15 vols. to date, Cambridge, Mass.
D'Aguesseau, Henri François (1771). *Discours et œuvres mêlées de M. Le Chancellier D'Aguesseau*, 2 vols., Paris.
Altera secretissima instructio (1626). *Altera secretissima instructio Gallo-Britanno-*

Batava, The Hague.

American Archives (1833–46). *American Archives: Fourth Series. Containing a Documentary History of the English Colonies in North America, From the King's Message to Parliament, of March 7, 1774, to the Declaration of Independence by the United States*, ed. Peter Force, 6 vols., Washington, DC.

Angell, Norman (1921). *The Fruits of Victory: A Sequel to 'The Great Illusion'*, London.

Ascham, Anthony (1648). *A Discourse: Wherein is Examined What is Particularly Lawful during the Confusions and Revolutions of Government*, London.

— (1689). *A Seasonable Discourse, Wherein is Examined What is Particularly Lawful during the Confusions and Revolutions of Government*, London.

Austin, John (1995). *The Province of Jurisprudence Determined*, ed. Wilfrid E. Rumble, Cambridge.

Bárcena, Manuel de la (1821). *Manifiesto al mundo. La justicia y la necesidad de la independencia de la Nueva España*, Puebla.

Beddoe, John (1872). 'Anniversary Address', *Journal of the Anthropological Institute of Great Britain and Ireland* 1: xxiv–xxvii.

Bello, Andrés (1844). *Principios de derecho de gentes*, new edn, Madrid.

Bentham, Jeremy (1802). *Second Letter to Lord Pelham ... in Continuation of the Comparative View of the System of Penal Colonization in New South Wales, and the Home Penitentiary System*, London.

— (1803). *A Plea for the Constitution: Shewing the Enormities Committed to the Oppression of British Subjects, Innocent as well as Guilty ... in and by the Design, Foundation and Government of the Penal Colony of New South Wales*, London.

— (1830). *Principles of Legislation: From the MS. of Jeremy Bentham ... By M. Dumont*, ed. and trans. John Neal, Boston.

— (1838–43). *The Works of Jeremy Bentham*, ed. John Bowring, 11 vols., Edinburgh.

— ([1842?]). *Auto-Icon; Or, Farther Uses of the Dead to the Living*, n.p., n.d., [London?].

— (1968–). *The Correspondence of Jeremy Bentham*, 12 vols. to date, ed. T. L. S. Sprigge, et al., London and Oxford.

— (1988). *A Fragment on Government*, ed. J. H. Burns and H. L. A. Hart, introd. Ross Harrison, Cambridge.

— (1990). *Securities Against Misrule and Other Constitutional Writings for Tripoli and Greece*, ed. Philip Schofield, Oxford.

— (1996). *An Introduction to the Principles of Morals and Legislation (1780/89)*, ed. J. H. Burns and H. L. A. Hart, introd. F. Rosen, Oxford.

— (1998). *'Legislator of the World': Writings on Codification, Law and Education*, ed. Philip Schofield and Jonathan Harris, Oxford.

— (2002). *Rights, Representation, and Reform: Nonsense upon Stilts and Other Writings on the French Revolution*, ed. Philip Schofield, Catherine Pease-Watkin and Cyprian Blamires, Oxford.

Blackstone, Sir William (1765–9). *Commentaries on the Laws of England*, 4 vols., London.

— (1766–9). *Commentaries on the Laws of England*, 2nd edn, 4 vols., Oxford.

[Blount, Charles] (1689). *The Proceedings of the Present Parliament Justified by the Opinion of the Most Judicious and Learned Hugo Grotius*, London.

Bogin, Ruth (1983). '"Liberty Further Extended": A 1776 Antislavery

Manuscript by Lemuel Haynes', *William and Mary Quarterly*, 3rd ser., 40: 85–105.

Bolingbroke, Henry St John, Viscount (1932). *Bolingbroke's Defence of the Treaty of Utrecht*, ed. G. M. Trevelyan, Cambridge.

Boucher, Jonathan (1797). *A View of the Causes and Consequences of the American Revolution*, London.

Bourne, Randolph (1916). 'Trans-National America', *Atlantic Monthly* 118: 86–97.

[Brown, Robert?] (1790). *An Essay on the Law of Nations as a Test of Manners*, London.

Browne, Sir Thomas (1977). *The Major Works*, ed. C. A. Patrides, Harmondsworth.

Bryce, James (1922). *International Relations*, New York.

Burke, Edmund (1793). *Remarks on the Policy of the Allies*, London.

(1803–27). *The Works of the Right Honourable Edmund Burke*, 16 vols., London.

(1949). *Burke's Politics: Selected Writings and Speeches of Edmund Burke on Reform, Revolution, and War*, ed. Ross J. Hoffman and Paul Levack, New York.

(1958–78). *The Correspondence of Edmund Burke*, ed. Thomas W. Copeland, 10 vols., Cambridge.

(1989). *The Writings and Speeches of Edmund Burke*, VIII: *The French Revolution, 1790–1794*, ed. L. G. Mitchell, Oxford.

(1991). *The Writings and Speeches of Edmund Burke*, IX: *1: The Revolutionary War, 1794–1797; 2: Ireland*, ed. R. B. McDowell, Oxford.

(1992). *Further Reflections on the Revolution in France*, ed. Daniel E. Ritchie, Indianapolis.

(1993). *Burke: Pre-Revolutionary Writings*, ed. Ian Harris, Cambridge.

(1997). *The Writings and Speeches of Edmund Burke*, I: *The Early Writings*, ed. T. O. McLoughlin and James T. Boulton, Oxford.

(1998). *The Writings and Speeches of Edmund Burke*, VII: *India: The Hastings Trial 1789–1794*, ed. P. J. Marshall, Oxford.

(1999). *Empire and Community: Edmund Burke's Writings and Speeches on International Relations*, ed. David P. Fidler and Jennifer M. Welsh, Boulder, Colo.

Burlamaqui, Jean-Jacques (1748). *The Principles of Natural Law*, trans. Thomas Nugent, London.

(1763). *The Principles of Natural and Politic Law*, English translation, 2 vols., London.

[Butel-Dumont, Georges Marie] (1755). *Histoire et commerce des colonies angloises*, London.

Carolina Described (1684). *Carolina Described More Fully than Heretofore* ... , Dublin.

Cases in Equity (1741). *Cases in Equity During the Time of the Late Lord Chancellor Talbot*, The Savoy [London].

Cavendish, William (1620). *Horae Subsecivae. Observations and Discourses*, London.

Chambers, Sir Robert (1986). *A Course of Lectures on the English Law: Delivered at the University of Oxford 1767–1773*, ed. Thomas M. Curley, 2 vols., Madison, Wis.

Chandler, Thomas Bradbury (1775). *What Think ye of the Congress Now? Or, An Inquiry, How Far Americans are Bound to Abide by, and Execute the Decisions of, the Late Congress?*, New York.

Collet, Joseph (1933). *The Private Letter Books of Joseph Collet*, ed. H. H. Dodwell, London.

De la colonia a la república (2009). *De la colonia a la república: los catecismos políticos americanos, 1811–1827*, ed. Rafael Sagredo Baeza, Madrid.

Compleat Collection (1760). *A Compleat Collection of All the Articles and Clauses which Relate to the Marine, in the Several Treaties Now Subsisting Between Great Britain and Other Kingdoms and States*, ed. Henry Edmunds and William Harris, London.

Cooper, Anthony Ashley, Third Earl of Shaftesbury (1981–). *Standard Edition/ Sämtliche Werke*, ed. Wolfram Benda, Christine Jackson-Holzberg, Friedrich A. Uehlein and Erwin Wolff, 2 vols. to date, Stuttgart-Bad Cannstatt.

Cumberland, Richard (2005). *A Treatise of the Laws of Nature*, ed. Jon Parkin, Indianapolis.

Davenant, Charles (1701). *An Essay upon Universal Monarchy*, London.

Déclaration d'Indépendance de l'Azawad (2012): *Mouvement Nationale de libération de l'Azawad, 'Déclaration d'Indépendance de l'Azawad'* (7 April 2012): http:// www.mnlamov.net/component/content/article/169-declaration-dindependance-de-lazawad.html, accessed 15 April 2012.

Declaration of Independence (1776). *Declaration of the Representatives of the United States of America*, Philadelphia.

The Definitive Treaty of Peace and Friendship (1783). *The Definitive Treaty of Peace and Friendship Between His Britannick Majesty, and the United States of America. Signed at Paris, the 3d of September, 1783*, London.

[Defoe, Daniel] (1705). *Party Tyranny, Or An Occasional Bill in Miniature*, London.

Dickinson, Edwin DeWitt (1916–17). 'The Analogy Between Natural Persons and International Persons in the Law of Nations', *Yale Law Journal* 26: 564–91.

Dickinson, John (1941). 'Speech of John Dickinson Opposing the Declaration of Independence, 1 July, 1776', ed. J. H. Powell, *Pennsylvania Magazine of History and Biography* 61: 458–81.

Digest (1985). *The Digest of Justinian*, ed. Theodor Mommsen and Paul Krueger, trans. Alan Watson, 4 vols., Philadelphia.

Diplomatic Correspondence (1837). *Diplomatic Correspondence of the United States from the Signing of the Definitive Treaty of Peace, 10th September 1783, to the Adoption of the Constitution, March 4, 1789*, 3 vols., Washington, DC.

Dumont, Étienne (1829a). Review of Jean Jacques Burlamaqui, *Principes du droit de la nature et des gens*, nouvelle edn. (1820), *Bibliothèque Universelle, des Sciences, Belles-Lettres et Arts* 40, Geneva, pp. 20–29.

(1829b). 'Origine des notions morales, des lois civiles et du droit des gens', *Bibliothèque Universelle, des Sciences, Belles-Lettres et Arts* 40, Geneva, pp. 337–51.

Dutch Declaration (1896). *The Dutch Declaration of Independence, Old South Leaflets* 72, Boston.

Eden, Frederick (1823). *An Historical Sketch of the International Policy of Modern*

Europe, as Connected with the Principles of the Law of Nature and of Nations, London.

Encyclopédie (1754–72). *Encyclopédie, ou Dictionnaire raisonné des sciences, des arts et des métiers*, 28 vols., [Paris and Neuchâtel].

F., R. (1682). *The Present State of Carolina with Advice to the Settlers*, London.

Farr, James and Roberts, Clayton (1985). 'John Locke on the Glorious Revolution: A Rediscovered Document', *Historical Journal* 28: 385–98.

Fox, Charles James (1815). *The Speeches of the Right Honourable Charles James Fox in the House of Commons*, 6 vols., London.

Fundamental Constitutions ([1672?]). *The Fundamental Constitutions of Carolina* (1 March 1670), n. p., [London], n. d.

   (1682). *The Fundamental Constitutions of Carolina* (12 January 1682), n. p.

Galsworthy, John (1923). *International Thought*, Cambridge.

Garner, James W. (1925). 'Limitations on National Sovereignty in International Relations', *American Political Science Review* 19: 1–24.

Gentz, Friedrich (1800). *The Origins and Principles of the American Revolution, Compared with the Origins and Principles of the French Revolution*, trans. John Quincy Adams, Philadelphia.

Goldie Mark, (ed.) (1999). *The Reception of Locke's Politics: From the 1690s to the 1830s*, 6 vols., London.

Gordon, George (1794). *A Sermon, Preached in the Cathedral Church of St. Peter, Exeter, On Friday, February 28, 1794*, Exeter.

Grotius, Hugo (1928–2001). *Briefwisseling van Hugo Grotius*, ed. P. C. Molhuysen, B. L. Meulenbroek and H. J. M. Nellen, 17 vols., The Hague.

   (2004). *The Free Sea*, ed. David Armitage, Indianapolis.

   (2006). *Commentary on the Law of Prize and Booty*, ed. Martine van Ittersum, Indianapolis.

Günther, Karl Gottlob (1787–92). *Europäisches Völkerrecht in Friedenszeiten nach Vernunft, Verträgen und Herkommen*, 2 vols., Altenburg.

Hall, Basil (1824). *Extracts from a Journal, Written on the Coasts of Chili, Peru, and Mexico, in the Years 1820, 1821, 1822*, Philadelphia.

Halsbury's Statutes (1985–). *Halsbury's Statutes of England and Wales*, 4th edn, London.

Hamilton, Alexander, Madison, James and Jay, John (1982). *The Federalist Papers*, ed. Garry Wills, New York.

Hardy, Thomas (1978–88). *The Collected Letters of Thomas Hardy*, ed. Richard Little Purdy and Michael Millgate, 7 vols., Oxford.

Hazlitt, William (1825). *The Spirit of the Age; or, Contemporary Portraits*, London.

Heeren, A. H. L. (1857). *A Manual of the History of the Political System of Europe and Its Colonies*, 5th edn, English translation, New York.

Henry, Jabez (1823). *The Judgment of the Court of Demerara, in the Case of Odwin v. Forbes, On the Plea of the English Certificate of Bankruptcy in Bar, in a Foreign Jurisdiction*, London.

   ([1825?]). *Outline of a Plan of an International Bankrupt Code for the Different Commercial States of Europe*, London.

Hewatt, Alexander (1779). *Historical Account of the Rise and Progress of South Carolina and Georgia*, 2 vols., London.

[Hey, Richard] (1776). *Observations, on the Nature of Civil Liberty, and the Principles of Government*, London.

Hill, David Jayne (1911). *World Organization as Affected by the Nature of the Modern State*, New York.

Hobbes, Thomas (1651). *Leviathan, or the Matter, Form and Power of a Commonwealth, Ecclesiastical and Civil*, London.

(1679). *Behemoth, or, An Epitome of the Civil Wars of England, from 1640 to 1660*, London.

(1969). *The Elements of Law, Natural and Politic*, ed. Ferdinand Tönnies, 2nd edn, introd. M. M. Goldsmith, London.

(1983). *De Cive: The Latin Version*, ed. Howard Warrender, Oxford.

(1995). *Three Discourses: A Critical Modern Edition of a Newly Identified Work of the Young Hobbes*, ed. Noel B. Reynolds and Arlene W. Saxonhouse, Chicago.

(1998). *On the Citizen*, ed. Richard Tuck and Michael Silverthorne, Cambridge.

(2005). *Writings on Common Law and Hereditary Right*, ed. Alan Cromartie and Quentin Skinner, Oxford.

(2012). *Leviathan*, ed. Noel Malcolm, 3 vols., Oxford.

Holland, Thomas Erskine (1874). *An Inaugural Lecture on Albericus Gentilis Delivered at All Souls College November 7, 1874*, Oxford.

Horne, George (1800). *The Scholar Armed Against the Errors of the Time: Or, A Collection of Tracts on the Principles and Evidences of Christianity, the Constitution of the Church, and the Authority of Civil Government*, 2nd edn, 2 vols., London.

Hume, David (1987). *Essays: Moral, Political and Literary*, ed. Eugene F. Miller, Indianapolis.

(1998) *An Enquiry concerning the Principles of Morals*, ed. Tom L. Beauchamp, Oxford.

(2000). *A Treatise of Human Nature*, ed. David Fate Norton and Mary Norton, Oxford.

[Hutchinson, Thomas] (1776). *Strictures upon the Declaration of the Congress at Philadelphia*, London.

Independence Documents of the World (1977). *Independence Documents of the World*, ed. Albert P. Blaustein, Jay Sigler and Benjamin R. Breede, 2 vols., New York.

La Independencia de Hispanoamérica (2005). *La Independencia de Hispanoamérica. Declaraciones y Actas*, ed. Haydée Miranda Bastidas and Hasdrúbal Becerra, Caracas.

Interesting Official Documents (1812). *Interesting Official Documents Relating to the United Provinces of Venezuela*, London.

International Court of Justice (2010). 'Accordance with International Law of the Unilateral Declaration of Independence in Respect of Kosovo' (22 July 2010): www.icj-cij.org/docket/files/141/15987.pdf, accessed 31 January 2012.

Jefferson, Thomas (1926). *The Commonplace Book of Thomas Jefferson: A Repository of His Ideas on Government*, ed. Gilbert Chinard, Johns Hopkins Studies in Romance Literatures and Languages, extra vol. 2, Baltimore.

(1950–). *The Papers of Thomas Jefferson*, gen. ed. Julian P. Boyd, 38 vols. to date, Princeton.

Jenkinson, Charles (1785). *A Collection of All the Treaties of Peace, Alliance, and Commerce between Great-Britain and Other Powers, From the Treaty* and Commerce between Great-Britain and Other Powers, From the Treaty Signed at Munster in 1649, to the Treaties Signed at Paris in 1783, 3 vols., London.

Journals of the Continental Congress (1904–6). Journals of the Continental Congress, 1774–1789, ed. Worthington Chauncey Ford, 5 vols., Washington, DC.

Junius (1978). The Letters of Junius, ed. John Cannon, Oxford.

Kant, Immanuel (1964). Schriften zur Anthropologie, Geschichtsphilosophie, Politik und Pädagogik, ed. Wilhelm Weischedel, 2 vols., Frankfurt.

(1991). Political Writings, ed. Hans Reiss, trans. H. B. Nisbet, 2nd edn, Cambridge.

Kent, James (1828). Commentaries on American Law, 4 vols., New York.

King, Walker (1793). Two Sermons, Preached at Gray's-Inn Chapel; On Friday, April 19, 1793, London.

Klüber, Jean Louis (1819). Droit des gens moderne de l'Europe, 2 vols., Stuttgart.

Knox, Robert (1680). An Historical Relation of the Island of Ceylon, London.

Kosovo Declaration of Independence (2008). Assembly of Kosovo, 'Declaration of Independence' (17 February 2008): http://.news.bbc.co.uk/1/hi/world/europe/7249677.stm, accessed 22 June 2012.

Laski, H. J. (1927). The Problems of Peace, 1st ser., London.

Leacock, Stephen (1906). Elements of Political Science, Boston.

Lederer, John (1672). The Discoveries of John Lederer, trans. Sir William Talbot, London.

[Lee, Arthur] (1764). An Essay in Vindication of the Continental Colonies of America, London.

Lee, Richard Henry (1911–14). The Letters of Richard Henry Lee, ed. James Curtis Ballagh, 2 vols., New York.

Leibniz, G. W. (1988). Leibniz: Political Writings, ed. Patrick Riley, 2nd edn, Cambridge.

Letters Illustrative of Public Affairs (1851). Letters Illustrative of Public Affairs in Scotland, Addressed ... to George, Earl of Aberdeen ... MDCLXXXI–MDCLXXXIV, Aberdeen.

Lincoln, Abraham (1953–5). The Collected Works of Abraham Lincoln, ed. Roy P. Basler, 9 vols., New Brunswick.

[Lind, John] (1775). Remarks on the Principal Acts of the Thirteenth Parliament of Great Britain, London.

(1776). Three Letters to Dr Price, Containing Remarks on his Observations on the Nature of Civil Liberty, the Principles of Government, and the Justice and Policy of the War with America, London.

[Lind, John and Bentham, Jeremy] (1776). An Answer to the Declaration of the American Congress, London.

Lipsius, Justus (1585). Saturnalium Sermonum libri duo, qui de gladiatoribus, Antwerp.

Locke, John (1690). A Second Letter Concerning Toleration, London.

(1698). Two Treatises of Government, 3rd edn, London.

(1720). A Collection of Several Pieces of Mr John Locke, ed. Pierre Desmaizeaux, London.

(1823). The Works of John Locke, 10 vols., London.

(1953). Locke's Travels in France, 1675–9: As Related in his Journals, Correspondence and Other Papers, ed. John Lough, Cambridge.

(1954). Essays on the Law of Nature and Associated Writings, ed. W. von Leyden, Oxford.

(1975). *An Essay Concerning Human Understanding*, ed. Peter H. Nidditch, Oxford.

(1976–). *The Correspondence of John Locke*, ed. E. S. de Beer, 8 vols. to date, Oxford.

(1988). *Two Treatises of Government*, ed. Peter Laslett, rev. edn, Cambridge.

(1989). *Political Writings*, ed. David Wootton, Harmondsworth.

(1990–). *Drafts for the 'Essay Concerning Human Understanding' and Other Philosophical Writings*, ed. Peter H. Nidditch and G. A. J. Rogers, 3 vols. projected, Oxford.

(1991). *Locke on Money*, ed. Patrick Hyde Kelly, 2 vols., Oxford.

(1997). *Political Essays*, ed. Mark Goldie, Cambridge.

(2000). *Of the Conduct of the Understanding*, ed. Paul Schuurman, Keele.

(2002). *John Locke: Selected Correspondence*, ed. and introd. Mark Goldie, Oxford.

(2005). *Carnet de voyage à Montpellier et dans le sud de la France: 1676–1679. Inédit*, ed. Guy Boisson, Montpellier.

(2010). *'A Letter Concerning Toleration' and Other Writings*, ed. Mark Goldie, Indianapolis.

(in press). *Colonial Writings*, ed. David Armitage, Oxford.

[Locke, John] (1766). *Observations upon the Growth and Culture of Vines and Olives*, ed. G. S., London.

[Long, Thomas] (1689). *The Historian Unmask'd*, London.

Mackintosh, James (1799). *A Discourse on the Study of the Law of Nature and Nations, &c.*, London.

(2006). *Vindiciae Gallicae and Other Writings on the French Revolution*, ed. Donald Winch, Indianapolis.

Mackintosh, R. J. (1835). *Memoirs of the Life of the Right Honourable Sir James Mackintosh*, 2 vols., London.

Manifiesto (1811). *Manifiesto que hace al mundo al confederación de Venezuela de las razones en que ha fundado su absoluta independencia de la España*, Caracas.

Marín y Mendoza, Joaquin (1950). *Historia del derecho natural y de gentes*, ed. Manuel García Pelayo, Madrid.

Martens, Charles de (1843). *Nouvelles causes célèbres du droit des gens*, 2 vols., Leipzig.

Martens, Georg Friedrich von (1789). *Précis du droit des gens moderne de l'Europe*, 2 vols., Göttingen.

(1791–1807). *Recueil des principaux traités d'alliance, de paix, de trève, de neutralité, de commerce*, 5 vols., Göttingen.

(1795). *Summary of the Law of Nations, Founded on the Treaties and Customs of the Modern Nations of Europe*, trans. William Cobbett, Philadelphia.

(1817–35). *Recueil de traités d'alliance, de paix, de trève . . . et de plusieurs autres actes servant à la connaissance des relations étrangères des puissances et états de l'Europe*, 2nd edn, 8 vols., Göttingen.

Martyn, Henry (1701). *Considerations upon the East-India Trade*, London.

Marx, Karl and Engels, Friedrich (2002). *The Communist Manifesto*, ed. Gareth Stedman Jones, London.

Mason, George (1970). *The Papers of George Mason, 1725–1792*, ed. Robert A. Rutland, 3 vols., Chapel Hill.

Maurice, F. D. (1862). *Modern Philosophy*, London.

Micanzio, Fulgenzio (1987). *Lettere a William Cavendish (1615–1628) nella versione inglese di Thomas Hobbes*, ed. Roberto Ferrini, Rome.

Mill, James (1825). *Essays on Government, Jurisprudence, Liberty of the Press, and Law of Nations*, London.

Mill, J. S. (1838). 'Bentham', *London and Westminster Review* 29 (August): 467–506.

Montesquieu, Charles-Louis de Secondat, baron de (1973). *L'Esprit des Lois*, ed. Robert Derathé, 2 vols., Paris.

—— (1989). *The Spirit of the Laws*, trans. and ed. Anne Cohler, Basia Miller and Harold Stone, Cambridge.

Moser, Johann Jacob (1777–80). *Versuch des neuesten Europäischen Völkerrechts*, 10 vols., Frankfurt am Main.

—— (1778–80). *Beyträge zu dem neuesten Europäischen Völkerrecht in Friedenszeiten*, 5 vols., Tübingen.

[Murray, William, et al.] (1753). *The Duke of Newcastle's Letter, by His Majesty's Order, to Monsieur Michell*, London.

Neyron, Pierre Joseph (1783). *Principes du droit des gens Européen conventionnel et coutumier*, Brunswick.

Nicole, Pierre (2000). 'Treatise Concerneing the Way of Preserveing Peace with Men', trans. John Locke, in Jean S. Yolton (ed.), *John Locke as Translator: Three of the Essais of Pierre Nicole in French and English*, Oxford, pp. 115–259.

North Carolina Charters and Constitutions (1963). *North Carolina Charters and Constitutions, 1578–1698*, ed. M. E. E. Parker, Raleigh, NC.

[Ogilby, John] (1671). *America: Being the Latest, and Most Accurate Description of the New World*, London.

Old Oligarch (2008). *The 'Old Oligarch': The Constitutions of the Athenians Attributed to Xenophon*, ed. and trans. J. L. Marr and P. J. Rhodes, Oxford.

Olmeda y Léon, José (1771). *Elementos del Derecho público de la paz, y de la guerra*, 2 vols., Madrid.

von Ompteda, D. H. L. (1785). *Litteratur des gesammten sowohl natürlichen als positiven Völkerrechts*, 2 vols., Regensburg.

Paine, Thomas (1776). *Common Sense: Addressed to the Inhabitants of America*, Philadelphia.

—— (1811). *La Independencia de la Costa Firme justificada por Thomas Paine treinta años há*, ed. Manuel García de Sena, Philadelphia.

The Papers of the Texas Revolution (1973). *The Papers of the Texas Revolution, 1835–1836*, ed. John H. Jenkins, 10 vols., Austin, Tex.

Parkes, Joseph and Merivale, Herman (1867). *Memoirs of Sir Philip Francis, K.C. B.*, 2 vols., London.

Parliamentary History (1806–20). *Cobbett's Parliamentary History of England from the Earliest Times to 1803*, ed. William Cobbett, 36 vols., London.

Phipps, Edmund (1850). *Memoirs of the Political and Literary Life of Robert Plumer Ward, Esq.*, 2 vols., London.

[Plowden, Francis] (1784). *An Investigation of the Native Rights of British Subjects*, London.

—— (1785). *A Supplement to the Investigation of the Native Rights of British Subjects*, London.

Poems on Affairs of State (1968). *Poems on Affairs of State: Augustan Satirical Verse, 1660–1714*, III: *1682–1685*, ed. Howard H. Schless, New Haven.

Portalis, Joseph-Marie (1841). 'Rapports sur les mémoires adressés au Concours *royale des sciences morales et politiques de l'Institut de France* 2nd ser., 3, Paris: 399–453.

Pownall, Thomas (1803). *Memorial Addressed to the Sovereigns of Europe and the Atlantic*, London.

Price, Richard (1789). *A Discourse on the Love of our Country*, 3rd edn, London.

Pufendorf, Samuel (1690). *The Present State of Germany*, trans. Edmund Bohun, London.

—— (1729). *Of the Law of Nature and Nations*, trans. Basil Kennett, 4th edn, London.

Rachel, Samuel (1676). *De Jure Naturae et Gentium Dissertationes*, Kiel.

Rawls, John (1993). 'The Law of Peoples', in Stephen Shute and Susan Hurley (eds.), *On Human Rights: The Oxford Amnesty Lectures 1993*, New York, pp. 41–82.

—— (1999a), *The Law of Peoples: with 'The Idea of Public Reason Revisited'*, Cambridge, Mass.

—— (1999b). *A Theory of Justice*, rev. edn, Cambridge, Mass.

—— (2007). *Lectures on the History of Political Philosophy*, ed. Samuel Freeman, Cambridge, Mass.

Raynal, Guillaume-Thomas (1777). *A Philosophical and Political History of the Settlements and Trade of the Europeans in the East and West Indies*, trans. J. Justamond, 5 vols., London.

Records of the Governor and Council of the State of Vermont (1873–80). *Records of the Governor and Council of the State of Vermont*, ed. E. P. Walton, 8 vols., Montpelier, Vt.

Reddie, James (1842). *Inquiries in International Law*, Edinburgh.

Reports of Cases (1771–80). *Reports of Cases Adjudged in the Court of King's Bench Since the Time of Lord Mansfield's Coming to Preside in it*, ed. James Burrow, 5 vols., London.

La República de las Floridas (1986). *La República de las Floridas: Texts and Documents*, ed. David Bushnell, Mexico, DF.

Revolutionary Diplomatic Correspondence (1889). *The Revolutionary Diplomatic Correspondence of the United States*, ed. Francis Wharton, 6 vols., Washington, DC.

[Rivers, W. J.] (1856). *A Sketch of the History of South Carolina to the Close of the Proprietary Government by the Revolution of 1719*, Charleston, SC.

Robertson, George Croom (1886). *Hobbes*, Edinburgh.

Rohaert, J. F. (1790). *Manifeste de la Province de Flandre*, Ghent.

Rousseau, Jean-Jacques (1997). *The Social Contract and Other Later Political Writings*, ed. Victor Gourevitch, Cambridge.

—— (2005). 'The Plan for Perpetual Peace', 'On the Government of Poland', and *Other Writings on History and Politics*, ed. Christopher Kelly, Hanover, NH.

Ryder, Nathaniel (1969). 'Parliamentary Diaries of Nathaniel Ryder, 1764–7', ed. P. D. G. Thomas, *Camden Miscellany*, 23, Camden Society 4th ser., 7: 229–351.

Savile, George, Marquis of Halifax (1989). *The Works of George Savile Marquis of Halifax*, ed. Mark N. Brown, 3 vols., Oxford.

Schmitt, Carl (1942). *Land und Meer, eine weltgeschichtliche Betrachtung*, Leipzig.

—— (1996). *The Leviathan in the State Theory of Thomas Hobbes: Meaning and Failure of a Political Symbol*, trans. George Schwab and Erna Hilfstein, Westport, Conn.

(2003). *The Nomos of the Earth in the International Law of the Jus Publicum Europaeum*, trans. G. L. Ulmen, New York.

Scott, James Brown (1920). *The United States of America: A Study in International Organization*, Washington, DC.

(ed.) (1917). *The Declaration of Independence, The Articles of Confederation, The Constitution of the United States*, New York.

Seeley, J. R. (1883). *The Expansion of England*, London.

Serle, Ambrose (1940). *The American Journal of Ambrose Serle, Secretary to Lord Howe, 1776–1778*, ed. Edward H. Tatum, Jr, San Marino, Calif.

Shaftesbury Papers (2000). *The Shaftesbury Papers, Collections of the South Carolina Historical Society* 5, ed. Langdon Cheves, introd. Robert M. Weir, Charleston, SC.

Sharrock, Robert (1660). *Hypothesis Ethike, De Officiis Secundum Naturae Ius*, Oxford.

Smith, Adam (1976). *An Inquiry into the Nature and Causes of the Wealth of Nations*, ed. R. H. Campbell and A. S. Skinner, 2 vols., Oxford.

(1978). *Lectures on Jurisprudence*, ed. R. L. Meek, D. D. Raphael and P. G. Stein, Oxford.

South Sudan Independence Declaration (2011). *South Sudan Legislative Assembly, 'South Sudan Independence Declaration'* (9 July 2011): http://republicofsouthsudan.blogspot.com/2011/07/south-sudan-independence-declaration.html, accessed 31 January 2012.

Stawell, F. Melian (1929). *The Growth of International Thought*, London.

Steck, J. C. W. von (1783). *Versuche über verschiedene Materien politischer und rechtlicher Kenntnisse*, Berlin.

Stephen, James Fitzjames (1892). *Horae Sabbaticae*, 2nd ser., London.

Stephen, Leslie (1904). *Hobbes*, London.

Suárez, Francisco (1612). *Tractatus de legibus ac Deo legislatore*, Coimbra.

Sutton, Charles Manners (1794). *A Sermon Preached Before the Lords Spiritual and Temporal in the Abbey Church of St Peter, Westminster, on Friday, February 28, 1794*, London.

Textos fundamentales de la independencia centroamericana ([1971]). *Textos fundamentales de la independencia centroamericana*, ed. Carlos Meléndez, San José, Costa Rica.

Textos insurgentes (2007). *Textos insurgentes (1808–1821)*, ed. Virginia Guedea, Mexico, DF.

Texts Concerning the Revolt of the Netherlands (1974). *Texts Concerning the Revolt of the Netherlands*, ed. E. H. Kossman and A. F. Mellink, Cambridge.

Thucydides (1629). *Eight Bookes of the Peloponnesian Warre*, trans. Thomas Hobbes, London.

[Toland, John] (1701). *The Art of Governing by Partys*, London.

Tönnies, Ferdinand (1896). *Hobbes, Leben und Lehre*, Stuttgart.

(1912). *Thomas Hobbes, der Man und der Denker*, Osterwieck.

Treaties and Other International Acts (1931–48). *Treaties and Other International Acts of the United States of America*, ed. Hunter Miller, 8 vols., Washington, DC.

True Description ([1682]). *A True Description of Carolina*, London.

[Tucker, Josiah] (1776). *A Series of Answers to Certain Popular Objections, Against Separating the Rebellious Colonies, and Discarding them Entirely*, Gloucester.

(1781). *A Treatise Concerning Civil Government, In Three Parts*, London.

(1783). *Four Letters on Important National Subjects, Addressed to the Right Honourable the Earl of Shelburne*, Gloucester.

United States of America (2009). 'Advisory Opinion on Accordance with International Law of the Unilateral Declaration of Independence by the Provisional Institutions of Self-Government of Kosovo' (17 April 2009): www.icj-cij.org/docket/files/141/15640.pdf, accessed 31 January 2012.

Vattel, Emer de (1760). *The Law of Nations, or, Principles of the Law of Nature, Applied to the Conduct and Affairs of Nations and Sovereigns*, London.

(1775). *Le Droit des gens*, ed. Charles Dumas, Amsterdam.

(1820). *El Derecho de gentes*, trans. Manuel Maria Pascual Hernández, 4 vols., Madrid.

(2008). *The Law of Nations, or, Principles of the Law of Nature, Applied to the Conduct and Affairs of Nations and Sovereigns, with Three Early Essays on the Origin and Nature of Natural Law and on Luxury*, ed. Béla Kapossy and Richard Whatmore, Indianapolis.

Voltaire, François-Marie Arouet de (2000). *Traité de la tolérance*, ed. John Renwick, Oxford.

Warburton, William (1756). *A View of Lord Bolingbroke's Philosophy, Compleat, In Four Letters to a Friend*, 3rd edn, London.

Ward, Robert [Plumer] (1795). *An Enquiry into the Foundation and History of the Law of Nations in Europe, From the Time of the Greeks and Romans, to the Age of Grotius*, 2 vols., London.

(1805). *An Enquiry into the Manner in which the Different Wars in Europe Have Commenced, During the Last Two Centuries: To which Are Added the Authorities upon the Nature of a Modern Declaration*, London.

Warren, James and Adams, John (1917–25). *The Warren-Adams Letters: Being Chiefly a Correspondence among John Adams, Samuel Adams, and James Warren*, ed. Worthington C. Ford, 2 vols., Boston.

We, the Other People (1976). *We, the Other People: Alternative Declarations of Independence by Labor Groups, Farmers, Woman's Rights Advocates, Socialist, and Blacks, 1829–1975*, ed. Philip S. Foner, Lincoln, Nebr.

Weber, Max (1991). *From Max Weber: Essays in Sociology*, ed. H. H. Gerth and C. Wright Mills, new edn, London.

Wheaton, Henry (1836). *Elements of International Law, with a Sketch of the History of the Science*, Philadelphia.

(1841). *Histoire des progrès du droit des gens en Europe*, Leipzig.

(1845). *History of the Law of Nations in Europe and America; From the Earliest Times to the Treaty of Washington, 1842*, English translation, New York.

Whewell, William (1852). *Lectures on the History of Moral Philosophy in England*, London.

Willoughby, Westel Woodbury (1918). 'The Juristic Conception of the State', *American Political Science Review* 12: 192–208.

Wilson, James (1967). *The Works of James Wilson*, ed. Robert Green McCloskey, 2 vols., Cambridge, Mass.

[Wilson, Samuel] (1682). *An Account of the Province of Carolina in America*, London.

Witsen, Nicolaes (1671). *Aeloude en Hedendaegsche Scheeps-bouwen Bestier: Waer in Wijtloopigh wert Verhandelt, de Wijze van Scheeps-timmeren, by Grieken en Romeynen*, Amsterdam.

Wolcott, Roger (1725). *Poetical Meditations, Being the Improvement of Some Vacant Hours*, New London.

Woolhouse, Roger (2003). 'Lady Masham's Account of Locke', *Locke Studies* 3: 167–93.

Woolsey, Theodore D. (1860). *Introduction to the Study of International Law, Devised as an Aid in Teaching, and in Historical Studies*, Boston.

Zouche, Richard (1650). *Iuris et Iudicii Fecialis, sive, Iuris Inter Gentes*, Oxford.

SECONDARY SOURCES

Abbattista, Guido (2008). 'Edmund Burke, the Atlantic American War and the "Poor Jews at St. Eustatius": Empire and the Law of Nations', *Cromohs* 13: 1–39.

Abulafia, David (2004) 'Mediterraneans', in Harris (2004), pp. 64–93.

Adair, E. R. (1928). 'The Law of Nations and the Common Law of England: A Study of 7 Anne Cap. 12', *Cambridge Historical Journal* 2: 290–97.

Adams, Willi Paul, et al. (1999). 'Round Table: Interpreting the Declaration of Independence by Translation', *Journal of American History* 85, no. 4 (March): 1283–454

Adelman, Jeremy (2008). 'An Age of Imperial Revolutions', *American Historical Review* 113: 319–40.

(2010). 'Iberian Passages: Continuity and Change in the South Atlantic', in Armitage and Subrahmanyam (2010), pp. 59–82.

Agamben, Giorgio (2005). *State of Exception*, trans. Kevin Attell, Chicago.

Ahn, Doohwan (2008). 'Xenophon and the Greek Tradition in British Political Thought', in James Moore, Ian Macgregor Morris and Andrew J. Bayliss (eds.), *Reinventing History: The Enlightenment Origins of Ancient History*, London, pp. 33–55.

(2011). 'From "Jealous Emulation" to "Cautious Politics": British Foreign Policy and Public Discourse in the Mirror of Ancient Athens (ca. 1730–ca. 1750)', in David Onnekink and Gijs Rommelse (eds.), *Ideology and Foreign Policy in Early Modern Europe (1650–1750)*, Farnham, pp. 93–130.

Ahn, Doohwan and Simms, Brendan (2010). 'European Great Power Politics in British Public Discourse, 1714–1763', in William Mulligan and Brendan Simms (eds.), *The Primacy of Foreign Policy in British History, 1660–2000: How Strategic Concerns Shaped Modern Britain*, Basingstoke, pp. 79–101.

Airaksinen, Timo and Bertman, Martin A. (eds.) (1989). *Hobbes: War Among Nations*, Aldershot.

Akashi, Kinji (2000). 'Hobbes's Relevance to the Modern Law of Nations', *Journal of the History of International Law* 2: 199–216.

Albertone, Manuela and De Francesco, Antonino (eds.) (2009). *Rethinking the Atlantic World: Europe and America in the Age of Democratic Revolutions*, Basingstoke.

Alcock, Susan E., D'Altroy, Terence N., Morrison, Kathleen D. and Sinopoli, Carla M. (eds.) (2001). *Empires: Perspectives from Archaeology and History*,

Cambridge.

Alexandrowicz, C. H. (1958). 'The Theory of Recognition *In Fieri*', *British Year Book of International Law* 34: 176–98.

—— (1961). 'Doctrinal Aspects of the Universality of the Law of Nations', *British Year Book of International Law* 37: 506–15.

—— (1967). *An Introduction to the History of the Law of Nations in the East Indies (16th, 17th and 18th Centuries)*, Oxford.

—— (1973). *The European-African Confrontation: A Study in Treaty Making*, Leiden.

Allain, Jean (2007). 'The Nineteenth Century Law of the Sea and the British Suppression of the Slave Trade', *British Yearbook of International Law* 78: 342–88.

Alvis, John (1998). 'Milton and the Declaration of Independence', *Interpretation* 25: 367–405.

Anastaplo, George (1965). 'The Declaration of Independence', *St Louis University Law Journal* 9: 390–415.

Anderson, Benedict (1991). *Imagined Communities: Reflections on the Origin and Spread of Nationalism*, rev. edn, London.

Anderson, M. S. (1993). *The Rise of Modern Diplomacy, 1450–1919*, London.

Andrew, Edward (2009). 'A Note on Locke's "The Great Art of Government"', *Canadian Journal of Political Science/Revue canadienne de science politique* 42: 511–19.

Angermann, Erich (1965). 'Ständische Rechtstraditionen in der Amerikanischen Unabhängigkeitserklärung', *Historische Zeitschrift* 200: 61–91.

Anghie, Anthony (1996). 'Francisco de Vitoria and the Colonial Origins of International Law', *Social and Legal Studies* 5: 321–36.

—— (2005). *Imperialism, Sovereignty and the Making of International Law*, Cambridge.

Anstey, Peter R. (2011). *John Locke and Natural Philosophy*, Oxford.

Anstey, Peter R. and Harris, Stephen A. (2006). 'Locke and Botany', *Studies in History and Philosophy of Biological and Biomedical Sciences* 37: 151–71.

Aravamudan, Srinivas (2009) 'Hobbes and America', in Daniel Carey and Lynn Festa (eds.), *The Postcolonial Enlightenment: Eighteenth-Century Colonialism and Postcolonial Theory*, Oxford, pp. 37–70.

Armitage, David (2000). *The Ideological Origins of the British Empire*, Cambridge.

—— (2004). 'The Fifty Years' Rift: Intellectual History and International Relations', *Modern Intellectual History* 1: 97–109.

—— (2005). 'The Contagion of Sovereignty: Declarations of Independence since 1776', *South African Historical Journal* 52: 1–18.

—— (2007a). *The Declaration of Independence: A Global History*, Cambridge, Mass.

—— (2007b). 'From Colonial History to Postcolonial History: A Turn Too Far?', *William and Mary Quarterly*, 3rd ser., 64: 251–4.

—— (2010). 'Secession and Civil War', in Don H. Doyle (ed.), *Secession as an International Phenomenon: From America's Civil War to Contemporary Separatist Movements*, Athens, Ga., pp. 37–55.

—— (2011). 'The American Revolution in Atlantic Perspective', in Nicholas Canny and Philip Morgan (eds.), *The Oxford Handbook of the Atlantic World, 1450–1850*, Oxford, pp. 516–32.

—— (2012). 'What's the Big Idea? Intellectual History and the *Longue Durée*', *History of European Ideas*, 38.

—— (in press). *Civil War: A History in Ideas*, New York.

(ed.) (1998). *Theories of Empire, 1450–1800*, Aldershot.

(2006). *British Political Thought in History, Literature and Theory, 1500–1800*, Cambridge.

Armitage, David and Subrahmanyam, Sanjay (eds.) (2010). *The Age of Revolutions in Global Context, c. 1760–1840*, Basingstoke.

Armstrong, David (1995). *Revolution and World Order: The Revolutionary State in International Society*, Oxford.

Arneil, Barbara (1996). *John Locke and America: The Defence of English Colonialism*, Oxford.

(2007). 'Citizens, Wives, Latent Citizens and Non-Citizens in the *Two Treatises*: A Legacy of Inclusion, Exclusion and Assimilation', *Eighteenth-Century Thought* 3: 207–33.

Arthur, Stanley Clisby (1935). *The Story of the West Florida Rebellion*, St Francisville, La.

Ashcraft, Richard (1969). 'Political Theory and Political Reform: John Locke's Essay on Virginia', *Western Political Quarterly* 22: 742–58.

(1986). *Revolutionary Politics and Locke's 'Two Treatises of Government'*, Princeton.

Ashworth, Lucian M. (2009). 'Interdisciplinarity and International Relations', *European Political Science* 8: 16–25.

Avery, Margaret E. (1978). 'Toryism in the Age of the American Revolution: John Lind and John Shebbeare', *Historical Studies* 18: 24–36.

Ávila, Alfredo and Pérez Herrero, Pedro (eds.) (2008). *Las Experiencias de 1808 en Iberoamérica*, Madrid.

Ávila, Alfredo, Dym, Jordana, Galvarriato, Aurora Gómez and Pani, Erika (eds.) (2012). *La era de las declaraciónes. Textos fundamentales de las independencias en América*, Mexico, DF.

Austin, J. L. (1962). *How to Do Things with Words*, Oxford.

Aydin, Cemil (2007). *The Politics of Anti-Westernism in Asia: Visions of World Order in Pan-Islamic and Pan-Asian Thought*, New York.

Bailyn, Bernard (1974). *The Ordeal of Thomas Hutchinson*, Cambridge, Mass.

Baker, J. H. (1999). 'The Law Merchant as a Source of English Law', in William Swadling and Gareth Jones (eds.), *The Search for Principle: Essays in Honour of Lord Goff of Chieveley*, Oxford, pp. 79–96.

Baldwin, Thomas (1992). 'The Territorial State', in Hyman Gross and Ross Harrison (eds.), *Jurisprudence: Cambridge Essays*, Oxford, pp. 207–30.

Ballantyne, Tony (2002). *Orientalism and Race: Aryanism in the British Empire*, Basingstoke.

Barrow, Thomas C. (1968). 'The American Revolution as a War of Colonial Independence', *William and Mary Quarterly* 3rd ser., 25: 452–64.

Bartelson, Jens (1995). *A Genealogy of Sovereignty*, Cambridge.

(2009). *Visions of World Community*, Cambridge.

Bay, Mia (2006). '"See Your Declaration Americans!!!": Abolitionism, Americanism, and the Revolutionary Tradition in Free Black Politics', in Michael Kazin and Joseph A. McCartin (eds.), *Americanism: New Perspectives on the History of an Ideal*, Chapel Hill, pp. 25–52.

Bayly, C. A. (1998). 'The First Age of Global Imperialism, c. 1760–1830', *Journal of Imperial and Commonwealth History* 26: 28–47.

(2004). *The Birth of the Modern World, 1780–1914: Global Connections and Comparisons*, Oxford.

(2007). 'Rammohan Roy and the Advent of Constitutional Liberalism in India, 1800–30', *Modern Intellectual History* 4: 25–41.

(2011a). 'European Political Thought and the Wider World during the Nineteenth Century', in Gareth Stedman Jones and Gregory Claeys (eds.), *The Cambridge History of Nineteenth-Century Political Thought*, Cambridge, pp. 835–63.

(2011b). 'History and World History', in Ulinka Rublack (ed.), *A Concise Companion to History*, Oxford, pp. 3–25.

(2012). *Recovering Liberties: Indian Thought in the Age of Liberalism and Empire*, Cambridge.

Bayly, C. A., Beckert, Sven, Connelly, Matthew, Hofmeyr, Isabel, Kozol, Wendy and Seed, Patricia (2006). '*AHR* Conversation: On Transnational History', *American Historical Review* 111: 1441–64.

Bayly, C. A. and Biagini, Eugenio (eds.) (2008). *Giuseppe Mazzini and the Globalization of Democratic Nationalism, 1830–1920*, Oxford.

Beaulac, Stéphane (2004). *The Power of Language in the Making of International Law: The Word 'Sovereignty' in Bodin and Vattel and the Myth of Westphalia*, Leiden.

Becker, Carl (1922). *The Declaration of Independence: A Study in the History of Political Ideas*, New York.

Bederman, David J. (1995–6). 'Reception of the Classical Tradition in International Law: Grotius's *De Jure Belli ac Pacis*', *Grotiana* 16–17: 3–34.

Behr, Hartmut (2010). *A History of International Political Theory: Ontologies of the International*, Basingstoke.

Beitz, Charles R. (1999). *Political Theory and International Relations*, new edn, Princeton.

Bell, David A. (2001). *The Cult of the Nation in France: Inventing Nationalism, 1680–1800*, Cambridge, Mass.

Bell, Duncan (2002a). 'International Relations: The Dawn of a Historiographical Turn', *British Journal of Politics and International Relations* 3: 115–26.

(2002b). 'Language, Legitimacy, and the Project of Critique', *Alternatives* 27: 327–50.

(2005). 'Dissolving Distance: Technology, Space, and Empire in British Political Thought, c. 1770–1900', *Journal of Modern History* 77: 523–63.

(2007a). *The Idea of Greater Britain: Empire and the Future of World Order, 1860–1900*, Princeton.

(2007b). 'Victorian Visions of Global Order: An Introduction', in Duncan Bell (ed.), *Victorian Visions of Global Order: Empire and International Relations in Nineteenth-Century Political Thought*, Cambridge.

(2009a). 'Writing the World: Disciplinary History and Beyond', *International Affairs* 85: 3–22.

(2013). 'Making and Taking Worlds', in Moyn and Sartori (2013).

(ed.) (2007c). *Victorian Visions of Global Order: Empire and International Relations in Nineteenth-Century Political Thought*, Cambridge.

(2009b). *Political Thought and International Relations: Variations on a Realist Theme*, Oxford.

(2010). *Ethics and World Politics*, Oxford.

Bellatalla, Luciana (1983). *Atlantis: Spunti e appunti su un inedito lockiano*, Lucca.

Bély, Lucien (2007). *L'art de la paix en Europe: Naissance de la diplomatie moderne, XVIe–XVIIIe siècle*, Paris.

Ben-Ghiat, Ruth (ed.) (2009). *Gli imperi. Dall'antichità all'età contemporanea*, Bologna.

Benton, Lauren (2002). *Law and Colonial Cultures: Legal Regimes in World History, 1400–1900*, Cambridge.

(2005). 'Legal Spaces of Empire: Piracy and the Origins of Oceanic Regionalism', *Comparative Studies in Society and History* 47: 700–24.

(2010). *A Search for Sovereignty: Law and Geography in European Empires, 1400–1900*, Cambridge.

Bernhardt, Rudolf (gen. ed.) (1992–2003). *Encyclopedia of Public International Law*, 5 vols. Amsterdam.

Bieber, Ralph Paul (1925). 'The British Plantation Councils of 1670–4', *English Historical Review* 40: 93–106.

Black, Antony (2009). 'Toward a Global History of Political Thought', in Takashi Shōgimen and Cary J. Nederman (eds.), *Western Political Thought in Dialogue with Asia*, Lanham, Md., pp. 25–42.

Black, Charles L., Jr (1997). *A New Birth of Freedom: Human Rights, Named and Unnamed*, New York.

Black, Jeremy (1991). 'A Parliamentary Foreign Policy? The "Glorious Revolution" and the Conduct of British Foreign Policy', *Parliaments, Estates and Representation* 11: 69–80.

(1992). 'Parliament and Foreign Policy 1739–1763', *Parliaments, Estates and Representation* 12: 121–42.

(1993). 'Parliament and Foreign Policy 1763–1793', *Parliaments, Estates and Representation* 13: 153–71.

(1994). *British Foreign Policy in an Age of Revolutions, 1783–1793*, Cambridge.

(1997). 'Gibbon and International Relations', in Rosamond McKitterick and Roland Quinault (eds.), *Edward Gibbon and Empire*, Cambridge, pp. 217–46.

(2000). *A System of Ambition? British Foreign Policy 1660–1793*, 2nd edn, Stroud.

(2004). *Parliament and Foreign Policy in the Eighteenth Century*, Cambridge.

(2011). *Debating Foreign Policy in Eighteenth-Century Britain*, Farnham.

Blamires, Cyprian (2008). *The French Revolution and the Creation of Benthamism*, Basingstoke.

Bobbitt, Philip (2002). *The Shield of Achilles: War, Peace, and the Course of History*, New York.

Boralevi, Lea Campos (1984). *Bentham and the Oppressed*, Berlin.

Borgwardt, Elizabeth (2005). *A New Deal for the World: America's Vision for Human Rights*, Cambridge, Mass.

Borschberg, Peter (2011). *Hugo Grotius, the Portuguese and Free Trade in the East Indies*, Singapore.

Borstelmann, Thomas (2012). *The 1970s: A New Global History from Civil Rights to Economic Inequality*, Princeton.

Bose, Sugata (2006). *A Hundred Horizons: The Indian Ocean in the Age of Global Empire*, Cambridge, Mass.

Bose, Sugata and Manjapra, Kris (eds.) (2010). *Cosmopolitan Thought Zones: South Asia and the Global Circulation of Ideas*, Basingstoke.

Boucher, David (1991). 'The Character of the History of Philosophy of International Relations and the Case of Edmund Burke', *Review of International Studies* 17, 127–48.

(1998). *Political Theories of International Relations: From Thucydides to the*

Present, Oxford.

(2006). 'Propriety and Property in International Relations: The Case of John Locke', in Beate Jahn (ed.), *Classical Theory in International Relations*, Cambridge, pp. 156–77.

Bourdieu, Pierre (1990). 'Les conditions sociales de la circulation internationale des idées', *Romanistische Zeitschrift für Literaturgeschichte / Cahiers d'Histoire des Littératures Romanes* 14, 1–10.

Bourguignon, Henry J. (1987). *Sir William Scott, Lord Stowell: Judge of the High Court of Admiralty, 1798–1828*, Cambridge.

Bourke, Richard (2009). 'Edmund Burke and International Conflict', in Hall and Hill (2009), pp. 91–116.

Bourquin, Maurice (1948). 'Grotius est-il le père du droit des gens?', in Bourquin, *Grandes figures et grandes œuvres juridiques*, Geneva, pp. 77–99.

Bowen, H. V. (1991). *Revenue and Reform: The Indian Problem in British Politics 1757–1773*, Cambridge.

(1998). 'British Conceptions of Global Empire, 1756–83', *Journal of Imperial and Commonwealth History* 26: 1–27.

Bowersock, Glen (2004). 'The East-West Orientation of Mediterranean Studies and the Meaning of North and South in Antiquity', in Harris (2004), pp. 167–78.

Boyce, D. George (1999). *Decolonisation and the British Empire, 1775–1997*, Basingstoke.

Boyd, Julian P. (1999). *The Declaration of Independence: The Evolution of the Text*, ed. Gerard W. Gawalt, Washington, DC.

Boyle, Joseph (1992). 'Natural Law and International Ethics', in Terry Nardin and David R. Mapel (eds.), *Traditions of International Ethics*, Cambridge, pp. 112–35.

Brett, Annabel S. (1997). *Liberty, Right and Nature: Individual Rights in Later Scholastic Thought*, Cambridge.

(2002). 'What is Intellectual History Now?', in David Cannadine (ed.), *What is History Now?*, London, pp. 113–31.

(2011). *Changes of State: Nature and the Limits of the City in Early Modern Natural Law*, Princeton.

Brierly, J. L. (1963). *The Law of Nations: An Introduction to the International Law of Peace*, ed. Humphrey Waldock, 6th edn, Oxford.

Brown, Chris, Nardin, Terry and Rengger, Nicholas (eds.) (2002). *International Relations in Political Thought: Texts from the Ancient Greeks to the First World War*, Cambridge.

Brown, Louise Fargo (1933). *The First Earl of Shaftesbury*, New York.

Brubaker, Rogers and Cooper, Frederick (2000). 'Beyond "Identity"', *Theory and Society* 29: 1–47.

Buchanan, J. E. (1989). 'The Colleton Family and the Early History of South Carolina and Barbados', PhD thesis, University of Edinburgh.

Buckle, Stephen (2001). 'Tully, Locke and America', *British Journal for the History of Philosophy* 9: 245–81.

Bull, Hedley (1966). 'Society and Anarchy in International Relations', in Herbert Butterfield and Martin Wight (eds.), *Diplomatic Investigations: Essays in the Theory of International Politics*, London, pp. 35–50.

(1976). 'Martin Wight and the Theory of International Relations', *British Journal of International Studies* 2: 101–16.

(1977). *The Anarchical Society: A Study of Order in World Politics*, New York.

(1981). 'Hobbes and the International Anarchy', *Social Research* 48: 717–38.

Bull, Hedley, Kingsbury, Benedict and Roberts, Adam (eds.) (1990). *Hugo Grotius and International Relations*, Oxford.

Burke, Peter (2002). 'Context in Context', *Common Knowledge* 8: 152–77.

Burrows, Edwin G. and Wallace, Michael (1972). 'The American Revolution: The Ideology and Psychology of National Liberation', *Perspectives in American History* 6: 167–305.

Cairns, John W. (1995). 'Scottish Law, Scottish Lawyers and the Status of the Union', in John Robertson (ed.), *A Union for Empire: Political Thought and the British Union of 1707*, Cambridge, pp. 243–68.

Calvert, Jane (2009). *Quaker Constitutionalism and the Political Thought of John Dickinson*, Cambridge.

Carey, Daniel (1996). 'Locke, Travel Literature, and the Natural History of Man', *The Seventeenth Century* 11: 259–80.

(2006). *Locke, Shaftesbury, and Hutcheson: Contesting Diversity in the Enlightenment and Beyond*, Cambridge.

Carey, Daniel and Trakulhun, Sven (2009). 'Universalism, Diversity, and the Postcolonial Enlightenment', in Daniel Carey and Lynn Festa (eds.), *The Postcolonial Enlightenment: Eighteenth-Century Colonialism and Postcolonial Theory*, Oxford, pp. 240–80.

Carstairs, Charles and Ware, Richard (eds.) (1991). *Parliament and International Relations*, Buckingham.

Castilla Urbano, Francisco (1986). 'El Indio Americano en la Filosofía Política de John Locke', *Revista de Indias* 46: 421–51.

Cavallar, Georg (2002). *The Rights of Strangers: Theories of International Hospitality, the Global Community, and Political Justice since Vitoria*, Aldershot.

(2011). *Imperfect Cosmopolis: Studies in the History of International Legal Theory and Cosmopolitan Ideas*, Cardiff.

Caws, Peter (ed.) (1989). *The Causes of Quarrel: Essays on Peace, War, and Thomas Hobbes*, Boston.

Chakrabarty, Dipesh (2008). *Provincializing Europe: Postcolonial Thought and Historical Difference*, new edn, Princeton.

de Champs, Emmanuelle (2006). 'La postérité des idées de Jeremy Bentham: la notion d'influence à l'épreuve', *Cromohs* 11: 1–17.

de Champs, Emmanuelle and Cléro, Jean-Pierre (eds.) (2009). *Bentham et la France: fortune et infortunes de l'utilitarisme*, Oxford.

Charlesworth, Hilary (1992). 'The Public/Private Distinction and the Right to Development in International Law', *Australian Yearbook of International Law* 12: 190–204.

(1997). 'The Sex of the State in International Law', in Ngaire Naffine and R. J. Owens (eds.), *Sexing the Subject of Law*, North Ryde, NSW, pp. 251–68.

Charlesworth, Hilary and Chinkin, Christine (2000). *The Boundaries of International Law: A Feminist Analysis*, Manchester.

Chase-Dunn, Christopher and Hall, Thomas D. (2002). 'Paradigms Bridged: Institutional Materialism and World-Systemic Evolution', in Sing C. Chew and J. David Knottnerus (eds.), *Structure, Culture, and History: Recent Issues in Social Theory*, Lanham, Md., pp. 197–216.

Cheesman, Clive (ed.) (2007). *The Armorial of Haiti: Symbols of Nobility in the Reign of Henry Christophe*, London.

Cheney, Paul (2010). *Revolutionary Commerce: Globalization and the French*

Monarchy, Cambridge, Mass.

Chiaramonte, José Carlos (2004). *Nación y estado en Iberoamérica: el lenguaje político en tiempos de las independencias*, Buenos Aires.

—— (2010). *Fundamentos intelectuales y políticos de las independencias. Notas para una nueva historia intelectual de Iberoamérica*, Buenos Aires.

Childs, St Julien R. (1942). 'The Petit-Guérard Colony', *South Carolina Historical and Genealogical Magazine* 43: 2–3.

—— (1963). 'Honest and Just at the Court of Charles II', *South Carolina Historical Magazine* 64: 27.

Christakis, Theodore and Corten, Olivier (eds.) (2011). 'Kosovo Symposium: The ICJ Advisory Opinion on the Unilateral Declaration of Independence of Kosovo', *Leiden Journal of International Law* 24: 71–161.

Christov, Theodore (2008). 'Beyond International Anarchy: Political Theory and International Relations in Early Modern Political Thought', PhD thesis, University of California, Los Angeles.

Claeys, Gregory (2010). *Imperial Sceptics: British Critics of Empire, 1850–1920*, Cambridge.

Clark, Ian (1996). 'Traditions of Thought and Classical Theories of International Relations', in Ian Clark and Iver B. Neumann (eds.), *Classical Theories of International Relations*, Basingstoke, pp. 1–19.

Clark, J. C. D. (1995). *The Language of Liberty 1660–1832: Political Discourse and Social Dynamics in the Anglo-American World*, Cambridge.

Clavin, Patricia (2005). 'Defining Transnationalism', *Contemporary European History* 14: 421–39.

Clossey, Luke (2008). *Salvation and Globalization in the Early Jesuit Missions*, Cambridge.

Coates, Benjamin Allen (2010). 'Trans-Atlantic Advocates: American International Law and US Foreign Relations, 1898–1919', PhD thesis, Columbia University.

Coli, Daniela (2009). *Hobbes, Roma e Machiavelli nell'Inghilterra degli Stuart*, Florence.

Colley, Linda (2010). 'Gendering the Globe: The Political and Imperial Thought of Philip Francis', *Past and Present* 209 (November): 117–48.

Cone, Carl B. (1957–64). *Edmund Burke and the Nature of Politics*, 2 vols., Lexington, Ky.

Connery, Christopher L. (2001). 'Ideologies of Land and Sea: Alfred Thayer Mahan, Carl Schmitt, and the Shaping of Global Myth Elements', *Boundary 2* 28: 173–201.

Conway, Stephen (1987). 'Bentham versus Pitt: Jeremy Bentham and British Foreign Policy 1789', *Historical Journal* 30: 791–809.

—— (1989). 'Bentham on Peace and War', *Utilitas* 50: 82–101.

—— (1991). 'John Bowring and the Nineteenth-century Peace Movement', *Historical Research* 64: 344–58.

—— (2002). 'From Fellow-Nationals to Foreigners: British Perceptions of the Americans, circa 1739–1783', *William and Mary Quarterly* 3rd ser., 59: 65–100.

Cook, Harold J. (2007). *Matters of Exchange: Commerce, Medicine, and Science in the Dutch Golden Age*, New Haven.

Cooper, Frederick (2005). *Colonialism in Question: Theory, Knowledge, History*, Berkeley.

Cooper, Frederick and Burbank, Jane (2010). *Empires in World History: Power and the Politics of Difference*, Princeton.

Cooper, Robert (2003). *The Breaking of Nations: Order and Chaos in the Twenty-First Century*, London.

Coopmans, J. P. A. (1983). 'Het Plakkaat van Verlatinge (1581) en de Declaration of Independence (1776)', *Bijdragen en Mededelingen betreffende de Geschiedenis der Nederlanden* 98: 540–67.

Covell, Charles (2004). *Hobbes, Realism and the Tradition of International Law*, Basingstoke.

(2009). *The Law of Nations in Political Thought: A Critical Survey from Vitoria to Hegel*, Basingstoke.

Cox, Richard H. (1960). *Locke on War and Peace*, Oxford.

Cranston, Maurice (1957). *John Locke: A Biography*, London.

Crawford, James (2006). *The Creation of States in International Law*, 2nd edn, Oxford.

Crimmins, James E. (2002). 'Bentham and Hobbes: An Issue of Influence', *Journal of the History of Ideas* 63: 677–96.

Cunliffe, Barry (2001). *Facing the Ocean: The Atlantic and Its Peoples, 8000 BC–AD 1500*, Oxford.

D., D. (1898). 'London Newspapers of 1776 and the Declaration of Independence', *The Nation* 66 (17 February): 127–8.

Darnton, Robert (1980). 'Intellectual History and Cultural History', in Michael Kammen (ed.), *The Past Before Us: Contemporary Historical Writing in the United States*, Ithaca, NY, pp. 327–54.

(2005). 'Discourse and Diffusion', *Contributions to the History of Concepts* 1: 21–28.

Darnton, Robert and Daskalova, Krassimira (1994). 'Book History, the State of Play: An Interview with Robert Darnton', *SHARP News* 3, 3 (Summer): 2–4.

Darwin, John (2007). *After Tamerlane: The Rise and Fall of Global Empire*, London.

Davis, David Brion (1998). *The Problem of Slavery in the Age of Revolution, 1770–1823*, rev. edn, New York.

Dealy, Glen (1968). 'Prolegomena on the Spanish American Political Tradition', *Hispanic American Historical Review* 48: 37–58.

Delbrück, Jost (1993). 'A More Effective International Law or a New "World Law"? Some Aspects of the Development of International Law in a Changing Economic System', *Indiana Law Journal* 68: 705–25.

Derman, Joshua (2011). 'Carl Schmitt on Land and Sea', *History of European Ideas* 37: 181–89.

Derrida, Jacques (1984). *Otobiographies: L'enseignement de Nietzsche et la politique du nom propre*, Paris.

(1986). 'Declarations of Independence', *New Political Science* 15: 7–17.

Desbler, Charles D. (1892). 'How The Declaration Was Received in the Old Thirteen', *Harper's New Monthly Magazine* 85 (July): 165–87.

Detweiler, Philip F. (1962). 'The Changing Reputation of the Declaration of Independence: The First Fifty Years', *William and Mary Quarterly* 3rd ser., 19: 557–74.

Devetak, Richard (2011). 'Law of Nations as Reason of State: Diplomacy and the Balance of Power in Vattel's *Law of Nations*', *Parergon* 28: 105–28.

Dinwiddy, John (1974). 'Utility and Natural Law in Burke's Thought: A Reconsideration', *Studies in Burke and His Time* 16: 105–28.

Dippel, Horst (1977). *Germany and the American Revolution, 1770–1800*, trans. Bernhard A. Uhlendorf, Chapel Hill.

Doyle, Michael W. (1997). *Ways of War and Peace: Realism, Liberalism, and Socialism*, New York.

Doyle, Michael W. and Carlson, Geoffrey S. (2008). 'Silence of the Laws? Conceptions of International Relations and International Law in Hobbes, Kant, and Locke', *Columbia Journal of Transnational Law* 46: 648–66.

Doyle, William (2000). 'The [British-Irish] Union in a European Context', *Transactions of the Royal Historical Society* 6th ser., 10: 167–80.

Drescher, Seymour (1988). 'On James Farr's "So vile and miserable an estate"', *Political Theory* 16: 502–3.

Droit, Roger-Pol (2005). *L'Humanité toujours à construire: regard sur l'histoire intellectuelle de l'UNESCO, 1945–2005*, Paris.

Duara, Prasenjit (1995). *Rescuing History from the Nation: Questioning Narratives of Modern China*, Chicago.

Dumbauld, Edward (1950). *The Declaration of Independence And What It Means Today*, Norman, Okla.

―― (1976). 'Independence under International Law', *American Journal of International Law* 70: 425–31.

Dunn, John (1969). *The Political Thought of John Locke: An Historical Account of the Argument of the 'Two Treatises of Government'*, Cambridge.

―― (2008). 'Why We Need a Global History of Political Thought', unpublished lecture, Helsinki Collegium for Advanced Studies.

Dunne, Timothy (1993). 'Mythology or Methodology? Traditions in International Theory', *Review of International Studies* 19: 305–18.

―― (1998). *Inventing International Society: A History of the English School*, Basingstoke.

Dyer, Justin Buckley (ed.) (2011). *American Soul: The Contested Legacy of the Declaration of Independence*, Lanham, Md.

Dym, Jordana (2006). *From Sovereign Villages to National States: City, State, and Federation in Central America, 1759–1839*, Albuquerque.

―― (2009). 'Actas de independencia: De la Capitanía General de Guatemala a la República Federal de Centroamérica', in Marco Palacios (ed.), *Las independencias hispanoamericanas: interpretaciones 200 años después*, Bogotá, pp. 339–66.

―― (2012). 'Declarando independencia: la evolución de la independencia centroamericana, 1821–1864', in Ávila, Dym, Gómez Galvarriato and Pani (2012), pp. 299–330.

Dziembowski, Edmond (1998). *Un nouveau Patriotisme français, 1750–1770: la France face à la puissance anglaise à l'époque de la guerre de Sept Ans*, Oxford.

Easley, Eric S. (2004). *The War over Perpetual Peace: An Exploration into the History of a Foundational International Relations Text*, Basingstoke.

Elazar, Yiftah (2012). 'The Liberty Debate: Richard Price and His Critics on Civil Liberty, Free Government, and Democratic Participation', PhD thesis, Princeton University.

Elliott, J. H. (2007). *Spain, Europe and the Wider World, 1500–1800*, New Haven.

(2009). 'Atlantic History: A Circumnavigation', in David Armitage and Michael J. Braddick (eds.), *The British Atlantic World, 1500–1800*, 2nd edn, Basingstoke, pp. 253–70.

Ellis, Joseph J. (ed.) (1999). *What Did the Declaration Declare?*, Boston.

Elshtain, Jean Bethke (2008). *Sovereignty: God, State, and Self*, New York.

Enenkel, Karl E. (2001). 'Strange and Bewildering Antiquity: Lipsius' Dialogue *Saturnales Sermones* on the Gladiatorial Games (1582)', in Karl E. Enenkel, Jan L. De Jong and Jeannine De Landtsheer (eds.), *Recreating Ancient History: Episodes from the Greek and Roman Past in the Arts and Literature of the Early Modern Period*, Leiden, pp. 75–99.

Fabry, Mikulas (2010). *Recognizing States: International Society and the Establishment of New States*, Oxford.

Farr, James (1986). '"So vile and miserable an estate": The Problem of Slavery in Locke's Political Thought', *Political Theory* 14: 263–90.

(1989). '"Slaves bought with money": A Reply to Drescher', *Political Theory* 17: 471–4.

(2008). 'Locke, Natural Law, and New World Slavery', *Political Theory* 36: 495–522.

(2009). 'Locke, "Some Americans", and the Discourse on "Carolina"', *Locke Studies* 9: 19–77.

Fatima Sá e Melo Ferreira, Maria de, et al. (2009). 'Pueblo/pueblos', in Javier Fernández Sebastian (gen. ed.), *Diccionario político y social del mundo iberoamericano, 1: La era de las revoluciones, 1750–1850*, Madrid, pp. 1117–250.

Felski, Rita, and Tucker, Herbert F. (eds.) (2011). 'Context?', *New Literary History* 42, no. 4 (Autumn): vii–xii, 557–756.

Ferguson, Niall, Maier, Charles S., Manela, Erez and Sargent, Daniel J. (eds.) (2010). *The Shock of the Global: The 1970s in Perspective*, Cambridge, Mass.

Ferguson, Robert A. (1984). *Law and Letters in American Culture*, Cambridge, Mass.

Fernández-Armesto, Felipe (2002). Review of Hopkins (2002), *History Today* 52, 5 (May): 76.

Fernández-Sebastián, Javier (2012). 'La independencia de España y otras independencias. La transformación radical de un concepto er la crisis del mundo hispano', in Ávila, Dym, Gómez Galvarriato and Pani (2012), pp 41–78.

Fernández Sebastián, Javier and Suárez Cabral, Cecilia (2010). 'El concepto de "independencia" y otras nociones conexas en la España de los siglos XVIII y XIX', *Bicentenario. Revista de historia de Chile y América* 9: 5–26.

Fierstein, Daniel (2009). 'Kosovo's Declaration of Independence: An Incident Analysis of Legality, Policy and Future Implications', *Boston University International Law Journal* 26: 417–42.

Findlen, Paula (ed.) (2004). *Athanasius Kircher: The Last Man Who Knew Everything*, New York.

Finnegan, Diarmid A. (2008). 'The Spatial Turn: Geographical Approaches to the History of Science', *Journal of the History of Biology* 41: 369–88.

Fisher, Alan W. (1970). *The Russian Annexation of the Crimea, 1772–1783*, Cambridge.

Fisher, Sydney George (1907). 'The Twenty-Eight Charges Against the King in the Declaration of Independence', *Pennsylvania Magazine of History and*

Biography 31: 257–303.

Fitzmaurice, Andrew (2009). 'The Resilience of Natural Law in the Writings of Sir Travers Twiss', in Hall and Hill (2009), pp. 137–59.

(2012). 'Liberalism and Empire in Nineteenth-century International Law', *American Historical Review* 117: 122–40.

Flaherty, Martin S. (1999). 'History Right? Historical Scholarship, Original Understanding, and Treaties as "Supreme Law of the Land"', *Columbia Law Review* 99: 2095–153.

Fliegelman, Jay (1993). *Declaring Independence: Jefferson, Natural Language, and the Culture of Performance*, Stanford.

Flower, Milton E. (1983). *John Dickinson, Conservative Revolutionary*, Charlottesville.

Flynn, Dennis O. and Giráldez, Arturo (1995). 'Born with a "Silver Spoon": The Origin of World Trade in 1571', *Journal of World History* 6: 201–21.

(2002). 'Cycles of Silver: Global Economic Unity through the Mid-Eighteenth Century', *Journal of World History* 13: 391–427.

(2010). *China and the Birth of Globalization in the 16th Century*, Farnham.

Flynn, Dennis O., Giráldez, Arturo and von Glahn, Richard (eds.) (2003). *Global Connections and Monetary History, 1470–1800*, Aldershot.

Force, Pierre (1997). 'Self-love, Identification, and the Origin of Political Economy', *Yale French Studies* 92: 45–64.

Ford, Lisa (2010). *Settler Sovereignty: Jurisdiction and Indigenous Peoples in America and Australia, 1788–1836*, Cambridge, Mass.

Foreign and Commonwealth Office (2004). Departmental Report, 1 April 2003–31 March 2004: www.fco.gov.uk/resources/en/pdf/departmental-report-04, accessed 31 January 2012.

Forsyth, Murray (1979). 'Thomas Hobbes and the External Relations of States', *British Journal of International Studies* 5: 196–209.

Fortier, John C. (1997). 'Hobbes and "A Discourse of Laws": The Perils of Wordprint Analysis', *Review of Politics* 59: 861–87.

Foucault, Michel (1976). 'Questions à Michel Foucault sur la géographie', *Hérodote* 1: 71–85.

Francis, Mark (1980). 'The Nineteenth-Century Theory of Sovereignty and Thomas Hobbes', *History of Political Thought* 1: 517–40.

Franck, Thomas M. (2001). 'Are Human Rights Universal?' *Foreign Affairs*, 80, 1 (January–February): 191–204.

Frey, Linda S. and Frey, Marsha L. (1999). *The History of Diplomatic Immunity*, Columbus, OH.

Friedenwald, Herbert (1904). *The Declaration of Independence, An Interpretation and an Analysis*, New York.

Friedrich, Carl (1957). *Constitutional Reason of State: The Survival of the Constitutional Order*, Providence, RI.

Frowein, J. A. (1971). 'Transfer or Recognition of Sovereignty – Some Early Problems in Connection with Dependent Territories', *American Journal of International Law* 65: 568–71.

Fryer, Linda (1998). 'Documents Relating to the Formation of the Carolina Company in Scotland, 1682', *South Carolina Historical Magazine* 99: 110–34.

Fuerst, James W. (2000). 'Mestizo Rhetoric: The Political Thought of El Inca

Garcilaso de la Vega', PhD thesis, Harvard University.

Galgano, Francesco (2007). 'John Locke azionista delle compagnie coloniali (una chiave di lettura del *Secondo trattato del governo*)', *Contratto e impresa* 23: 327–41.

Gallie, W. B. (1978). *Philosophers of Peace and War: Kant, Clausewitz, Marx, Engels and Tolstoy*, Cambridge.

Games, Alison, Horden, Peregrine, Purcell, Nicholas, Matsuda, Matt and Wigen, Kären (2006). 'AHR Forum: Oceans of History', *American Historical Review* 111: 717–80.

Gargarella, Roberto (2010). *The Legal Foundations of Inequality: Constitutionalism in the Americas, 1776–1860*, Cambridge.

Garton Ash, Timothy (2007). 'Commentary', in Anthony Seldon (ed.), *Blair's Britain, 1997–2007*, Cambridge, pp. 633–8.

Gauthier, David (1969). *The Logic of 'Leviathan': The Moral and Political Theory of Thomas Hobbes*, Oxford.

Geggus, David (2012). 'La declaración de independencia de Haití', in Ávila, Dym, Gómez Galvarriato and Pani (2012), pp. 121–33.

Gellner, Ernest (1996). 'Reply: Do Nations Have Navels?', *Nations and Nationalism* 2: 365–70.

Gerber, Scott D. (1993). 'Whatever Happened to the Declaration of Independence: A Commentary on the Republican Revisionism in the Political Thought of the American Revolution', *Polity* 26: 214–19.

(1995). *To Secure These Rights: The Declaration of Independence and Constitutional Interpretation*, New York.

Geyer, Michael and Bright, Charles (1995). 'World History in a Global Age', *American Historical Review* 100: 1034–60.

Gibbs, G. C. (1970). 'Laying Treaties before Parliament in the Eighteenth Century', in Ragnhild Hatton and M. S. Anderson (eds.), *Studies in Diplomatic History: Essays in Memory of David Bayne Horn*, London, pp. 118–37.

Gilbert, Felix (1961). *To the Farewell Address: Ideas of Early American Foreign Policy*, Princeton.

Glausser, Wayne (1990). 'Three Approaches to Locke and the Slave Trade', *Journal of the History of Ideas* 51: 199–216.

Glaziou, Yves (1993). *Hobbes en France au XVIIIᵉ siècle*, Paris.

Gluck, Carol and Tsing, Anne Lowenhaupt (eds.) (2009). *Words in Motion: Toward a Global Lexicon*, Durham, NC.

Goebel, Julius, Jr (1915). *The Recognition Policy of the United States*, New York.

Goff, Frederick R. (1976). *The John Dunlap Broadside: The First Printing of the Declaration of Independence*, Washington, DC.

Goldie, Mark (1977). 'Edmund Bohun and *Jus Gentium* in the Revolution Debate, 1689–1693', *Historical Journal* 20: 569–86.

(1978a). 'Charles Blount's Intention in Writing *King William and Queen Mary Conquerors* (1693)', *Notes and Queries* 223: 527–32.

(1978b). 'Tory Political Thought, 1689–1714', PhD thesis, Cambridge University.

Goldman, Noemí, et al. (2009). 'Opinión pública', in Javier Fernández Sebastian (gen. ed.), *Diccionario político y social del mundo iberoamericano*, I: *La era de las revoluciones, 1750–1850*, Madrid, pp. 981–1113.

Goldstein, Thomas (1972). 'The Renaissance Concept of the Earth in Its Influence upon Copernicus', *Terrae Incognitae* 4: 19–51.

Golove, David and Hulsebosch, Daniel J. (2010). 'A Civilized Nation: The Early American Constitution, the Law of Nations, and the Pursuit of International Recognition', *New York University Law Review* 85: 932–1066.

Gong, Gerrit W. (1984). *The Standard of 'Civilization' in International Society*, Oxford.

Gordon, Peter E. (2013). 'Contextualism and Criticism in the History of Ideas', in McMahon and Moyn (2013).

Goto-Jones, Chris (2009). 'The Kyoto School, the Cambridge School, and the History of the Political Philosophy in Wartime Japan', *Positions: East Asia Cultures Critique* 17: 13–42.

Gould, Eliga H. (1997). 'American Independence and Britain's Counter-Revolution', *Past and Present* 154 (February): 107–41.

(1999). 'A Virtual Nation: Greater Britain and the Imperial Legacy of the American Revolution', *American Historical Review* 104: 476–89.

(2012). *Among the Powers of the Earth: The American Revolution and the Making of a New World Empire*, Cambridge, Mass.

Grafton, Anthony (2006). 'The History of Ideas: Precept and Practice, 1950–2000 and Beyond', *Journal of the History of Ideas* 67: 1–32.

(2009). *Worlds Made by Words: Scholarship and Community in the Modern West*, Cambridge, Mass.

Graham, David (2001). 'Discovering Jabez Henry: Cross-Border Insolvency Law in the 19th Century', *International Insolvency Review* 10: 153–66.

(2005). 'In Search of Jabez Henry – Part II: The Readership of *Foreign Law*', *International Insolvency Review* 14: 223–34.

Grases, Pedro and Harkness, Albert (1953). *Manuel García de Sena y la independencia de Hispanoamérica*, Caracas.

Gray, Lewis Cecil and Thompson, Esther Katherine (1941). *History of Agriculture in the Southern United States to 1860*, 2 vols., New York.

Greene, Jack P. (2007). 'Colonial History and National History: Reflections on a Continuing Problem', *William and Mary Quarterly* 3rd ser., 64: 235–50.

(ed.) (2010). *Exclusionary Empire: English Liberty Overseas, 1600–1900*, Cambridge.

Greengrass, Mark (1991). 'Introduction: Conquest and Coalescence', in Mark Greengrass (ed.), *Conquest and Coalescence: The Shaping of the State in Early Modern Europe*, London, pp. 1–24.

Greenleaf, W. H. (1975). 'Burke and State Necessity: The Case of Warren Hastings', in Roman Schnur (ed.), *Staatsräson: Studien zur Geschichte eines politischen Begriff*, Berlin, pp. 549–67.

Greer, Allan (2012). 'Commons and Enclosure in the Colonization of North America', *American Historical Review* 117: 365–86.

Grew, Raymond (2006). 'Expanding Worlds of World History', *Journal of Modern History* 78: 878–98.

Grewe, Wilhelm G. (1984). 'Grotius – Vater der Völkerrechts?', *Der Staat* 23: 161–78.

(1988). *Epochen der Völkerrechtsgeschichte*, 2nd edn, Baden-Baden.

(2000). *The Epochs of International Law*, rev. and trans. Michael Byers, Berlin.

Gruzinski, Serge (2004). *Les Quatre Parties du monde. Histoire d'une mondialisation*, Paris.

Guedalla, Philip (1931). *The Duke*, London.

Guedea, Virginia (2001). 'Autonomía e independencia en la provincia de Texas', in Virginia Guedea (ed.), *La independencia de México y el proceso autonomista novohispano, 1808–1824*, Mexico, DF, pp. 135–83.

Guerra, François-Xavier (2009). *Modernidad e independencias: ensayos sobre las revoluciones hispánicas*, Madrid.

Guha, Ranajit (1996). *A Rule of Property for Bengal: An Essay on the Idea of Permanent Settlement*, 2nd edn., Durham, NC.

Guilhot, Nicolas (ed.) (2011). *The Invention of International Relations Theory: Realism, the Rockefeller Foundation, and the 1954 Conference on Theory*, New York.

Guillot, Armand (2011a). 'Jeremy Bentham et la théorie des relations internationales', in Malik Bozzo-Rey and Guillaume Tusseau (eds.), *Bentham juriste: L'utilitarisme juridique en question: actes du colloque international des 5 et 6 février 2009*, Paris, pp. 213–28.

(2011b). 'Bentham et le droit international', in Malik Bozzo-Rey and Guillaume Tusseau (eds.), *Bentham juriste: L'utilitarisme juridique en question: actes du colloque international des 5 et 6 février 2009*, Paris, pp. 229–49.

Guldi, Jo (2011). 'What is the Spatial Turn?': http://spatial.scholarslab.org/ spatial-turn, accessed 31 January 2012.

Gunn, J. A. W. (1999). 'Eighteenth-Century Britain: In Search of the State and Finding the Quarter Sessions', in John Brewer and Eckhart Hellmuth (eds.), *Rethinking 'Leviathan': The Eighteenth-Century State in Britain and Germany*, Oxford, pp. 99–125.

Haakonssen, Knud (1996). *Natural Law and Moral Philosophy: From Grotius to the Scottish Enlightenment*, Cambridge.

(ed.) (1999). *Grotius, Pufendorf and Modern Natural Law*, Aldershot.

Haley, K. H. D. (1968). *The First Earl of Shaftesbury*, Oxford.

Hall, Catherine (1994). 'Rethinking Imperial Histories: The Reform Act of 1867', *New Left Review* 208: 3–29.

Hall, Catherine, McClelland, Keith and Rendall, Jane (2000). *Defining the Victorian Nation: Class, Race, Gender and the Reform Act of 1867*, Cambridge.

Hall, Ian (2006). *The International Thought of Martin Wight*, Basingstoke.

Hall, Ian and Hill, Lisa (eds.) (2009). *British International Thinkers from Hobbes to Namier*, Basingstoke.

Hall, Thadd E. (1971). *France and the Eighteenth-Century Corsican Question*, New York.

Halliday, Fred (1994). *Rethinking International Relations*, London.

Hallmark, Terrell L. (1998). 'John Locke and the Fundamental Constitutions of Carolina', PhD thesis, Claremont Graduate University.

Hamowy, Ronald (1979). 'Jefferson and the Scottish Enlightenment: A Critique of Garry Wills's *Inventing America: Jefferson's Declaration of Independence*', *William and Mary Quarterly* 3rd ser., 36: 503–23.

Hampsher-Monk, Iain (1998). 'Burke and the Religious Sources of Skeptical Conservatism', in Johan Van der Zande and Richard H. Popkin (eds.), *The Skeptical Tradition Around 1800: Skepticism in Philosophy, Science, and Society*, Dordrecht, pp. 235–59.

(2005). 'Edmund Burke's Changing Justification for Intervention', *Historical Journal* 48: 65–100.

(2010). 'Rousseau, Burke's *Vindication of Natural Society*, and Revolutionary Ideology', *European Journal of Political Theory* 9: 245–66.

Hampton, Timothy (2009). *Fictions of Embassy: Literature and Diplomacy in Early Modern Europe*, Ithaca, NY.

Hanson, Donald W. (1984). 'Thomas Hobbes's "Highway to Peace"', *International Organization* 38: 329–54.

Harle, Vilho (1990). 'Burke the International Theorist – or the War of the Sons of Light and the Sons of Darkness', in Vilho Harle (ed.), *European Values in International Relations*, London, pp. 58–79.

Harris, Steven J. (1998). 'Long-Distance Corporations, Big Sciences, and the Geography of Knowledge', *Configurations* 6: 269–304.

Harris, W. V. (ed.) (2004). *Rethinking the Mediterranean*, Oxford.

Hart, H. L. A. (1982). 'The United States of America', in Hart, *Essays on Bentham: Jurisprudence and Political Theory*, Oxford, pp. 53–78.

Harvey, David (1990). *The Condition of Postmodernity: An Enquiry into the Origins of Cultural Change*, Oxford.

Haskell, Thomas (1987). 'The Curious Persistence of Rights Talk in the "Age of Interpretation"', *Journal of American History* 74: 984–1012.

Hazelton, John (1906). *The Declaration of Independence: Its History*, New York.

Head, J. W. (1994). 'Supranational Law: How the Move Toward Multilateral Solutions is Changing the Character of "International Law"', *University of Kansas Law Review* 42: 606–66.

Headley, John M. (2007). *The Europeanization of the World: On the Origins of Human Rights and Democracy*, Princeton.

Heller, Mark A. (1980). 'The Use and Abuse of Hobbes: The State of Nature in International Relations', *Polity* 13: 21–32.

Henning, Basil Duke (ed.) (1983). *The House of Commons, 1660–1690*, 3 vols., London.

Hepp, John (2008). 'James Brown Scott and the Rise of Public International Law', *Journal of the Gilded Age and Progressive Era* 7: 151–79.

Herrejón Peredo, Carlos (2009). 'Versiones del grito de dolores y algo más', *20/10. Memoria de las revoluciones de México* 5: 39–53.

Hevia, James L. (1995). *Cherishing Men from Afar: Qing Guest Ritual and the Macartney Embassy of 1793*, Durham, NC.

Hexter, J. H. (1952). *More's 'Utopia': The Biography of an Idea*, Princeton.

Hill, Christopher L. (2008). *National History and the World of Nations: Capital, State, and the Rhetoric of History in Japan, France, and the United States*, Durham, NC.

Hilliard, Chris (2006). *To Exercise Our Talents: The Democratization of Writing in Britain*, Cambridge, Mass.

Hinshelwood, Bradley A. (in press). 'The Carolinian Context of John Locke's Theory of Slavery', *Political Theory*.

Hinsley, F. H. (1986). *Sovereignty*, 2nd edn, Cambridge.

Hobsbawm, Eric (1992). *Nations and Nationalism since 1780: Programme, Myth, Reality*, 2nd edn, Cambridge.

Hochstrasser, T. J. (2000). *Natural Law Theories in the Early Enlightenment*, Cambridge.

Hoekstra, Kinch (2007). 'The Natural Condition of Mankind', in Patricia Springborg (ed.), *The Cambridge Companion to Hobbes's 'Leviathan'*, Cambridge, pp. 109–27.

Hoekstra, S. J. (1998). 'The Savage, the Citizen, and the Foole: The Compulsion for Civil Society in the Philosophy of Thomas Hobbes', DPhil. thesis, University of Oxford.

Hoffmann, Stanley (1977). 'An American Social Science: International Relations', *Daedalus* 106: 41–60.

Hoffmann, Stefan-Ludwig (ed.) (2010). *Human Rights in the Twentieth Century*, Cambridge.

Hofman, Amos (1988). 'The Origins of the Theory of the *Philosophe* Conspiracy', *French History* 2: 152–72.

Holdsworth, Sir William (1937–72). *A History of the English Law*, ed. A. L. Goodhart and H. G. Hanbury, 17 vols., London.

Holland, Robert, Williams, Susan and Barringer, Terry A. (eds.) (2010). *The Iconography of Independence: 'Freedoms at Midnight'*, London.

Holland, Thomas Erskine (1898). *Studies in International Law*, Oxford.

Holmes, Geoffrey (1973). *The Trial of Dr Sacheverell*, London.

Holzgrefe, J. L. (1989). 'The Origins of Modern International Relations Theory', *Review of International Studies* 15: 11–26.

Honig, Bonnie (1991). 'Declarations of Independence: Arendt and Derrida on the Problem of Founding a Republic', *American Political Science Review* 85: 97–113.

Hont, Istvan (2005). *Jealousy of Trade: International Competition and the Nation-State in Historical Perspective*, Cambridge, Mass.

Hoogensen, Gunhild (2005). *International Relations, Security and Jeremy Bentham*, Abingdon.

Hooker, William (2009). *Carl Schmitt's International Thought: Order and Orientation*, Cambridge.

Hopkins, A. G. (ed.) (2002). *Globalization in World History*, London.

(2006). *Global History: Interactions between the Universal and the Local*, Basingstoke.

Horden, Peregrine and Purcell, Nicholas (2000). *The Corrupting Sea: A Study of Mediterranean History*, Oxford.

Howell, Wilbur Samuel (1961). 'The Declaration of Independence and Eighteenth-Century Logic', *William and Mary Quarterly* 3rd ser., 18: 463–84.

Howsam, Leslie and Raven, James (2011). 'Introduction', in Leslie Howsam and James Raven (eds.), *Books between Europe and the Americas: Connections and Communities, 1620–1860*, Basingstoke, pp. 1–22.

Hsueh, Vicki (2010). *Hybrid Constitutions: Challenging Legacies of Law, Privilege, and Culture in Colonial America*, Durham, NC.

Hundert, E. J. (1972). 'The Making of *Homo Faber*: John Locke between Ideology and History', *Journal of the History of Ideas* 33: 3–22.

Hüning, Dieter (1999). '"Inter arma silent leges": Naturrecht, Staat und Völkerrecht bei Thomas Hobbes', in Rüdiger Voigt (ed.), *Der Leviathan*, Baden-Baden, pp. 129–63.

Hunt, Lynn (2007). *Inventing Human Rights: A History*, New York.

Hunt, Peter (2006). 'Arming Slaves and Helots in Classical Greece', in Christopher L. Brown and Philip D. Morgan (eds.), *Arming Slaves: From Classical Times to the Modern Age*, New Haven, pp. 14–39.

Hunter, Ian (2010). 'Vattel's Law of Nations: Diplomatic Casuistry for the Protestant Nation', *Grotiana* 31: 108–40.

Hurst, Ronald (1996). *The Golden Rock: An Episode of the American War of Independence, 1775–1783*, London.

Hutson, James H. (1971–2). 'The Partition Treaty and the Declaration of

American Independence', *Journal of American History* 58: 875–96.

Huxley, Andrew (2004). 'The *Aphorismi* and *A Discourse of Laws*: Bacon, Cavendish, and Hobbes 1615–1620', *Historical Journal* 47: 399–412.

Innes, Joanna (2003). 'Legislating for Three Kingdoms: How the Westminster Parliament Legislated for England, Scotland and Ireland, 1707–1830', in Julian Hoppit (ed.), *Parliaments, Nations and Identities in Britain and Ireland, 1660–1850*, Manchester, pp. 15–47.

Iriye, Akira (2002a). *Global Community: The Role of International Organizations in the Making of the Contemporary World*, Berkeley.

(2002b). 'Internationalizing International History', in Thomas Bender (ed.), *Rethinking American History in a Global Age*, Berkeley, pp. 47–62.

Iriye, Akira, Goedde, Petra and Hitchcock, William I. (eds.) (2011). *The Human Rights Revolution: An International History*, Oxford.

Isabella, Maurizio (2009). *Risorgimento in Exile: Italian Émigrés and the Liberal International in the Post-Napoleonic Era*, Oxford.

Israel, Jonathan (2006a). *Enlightenment Contested: Philosophy, Modernity, and the Emancipation of Man, 1670–1752*, Oxford.

(2006b). 'Enlightenment! Which Enlightenment?', *Journal of the History of Ideas* 67: 523–45.

Ivison, Duncan (2002). *Postcolonial Liberalism*, Cambridge.

(2003). 'Locke, Liberalism and Empire', in Peter R. Anstey (ed.), *The Philosophy of John Locke: New Perspectives*, London, pp. 86–105.

(2006). 'The Nature of Rights and the History of Empire', in David Armitage (ed.), *British Political Thought in History, Literature and Theory, 1500–1800*, Cambridge, pp. 191–211.

Jackson, Robert (2005). *Classical and Modern Thought on International Relations: From Anarchy to Cosmopolis*, Basingstoke.

Jahn, Beate (ed.) (2006). *Classical Theory in International Relations*, Cambridge.

James, Harold (2001). *The End of Globalization: Lessons from the Great Depression*, Cambridge, Mass.

Janis, Mark Weston (1984). 'Jeremy Bentham and the Fashioning of "International Law"', *American Journal of International Law* 78: 405–18.

(1992). 'American Versions of the International Law of Christendom: Kent, Wheaton and the Grotian Tradition', *Netherlands International Law Review* 39: 37–61.

(2010). *America and the Law of Nations, 1776–1939*, Oxford.

Jay, Stewart (1989). 'The Status of the Law of Nations in Early American Law', *Vanderbilt Law Review* 42: 819–49.

Jayne, Allen (1998). *Jefferson's Declaration of Independence: Origins, Philosophy and Theology*, Lexington, Ky.

(2007). *Lincoln and the American Manifesto*, Amherst, NY.

Jeffery, Renée (2005). 'Tradition as Invention: The "Traditions Tradition" and the History of Ideas in International Relations', *Millennium* 34: 57–84.

(2009). 'Moral Sentiment Theory and the International Thought of David Hume', in Hall and Hill (2009), pp. 49–69.

Jessup, Philip (1956). *Transnational Law*, New Haven.

Johnson, Laurie M. (1993). *Thucydides, Hobbes, and the Interpretation of Realism*, DeKalb, Ill.

Jolly, Richard, Emmerij, Louis and Weiss, Thomas G. (2009). *UN Ideas that*

Changed the World, Bloomington.

Jones, Howard Mumford (1976). 'The Declaration of Independence: A Critique', *Proceedings of the American Antiquarian Society* n. s., 85: 55–74.

Jouannet, Emmanuelle (1998). *Emer de Vattel et l'émergence doctrinale du droit international classique*, Paris.

Kaempfer, Alvaro (2009). *Relatos de soberanía, cohesión y emancipación: las declaraciones de las Provincias Unidas en Sud-America (1816), Chile (1818) y Brasil (1822)*, Santiago de Chile.

Kaino, Michihiro (2008). 'Bentham's Concept of Security in a Global Context: The Pannomion and the Public Opinion Tribunal as a Universal Plan', *Journal of Bentham Studies* 10 (2008): http://discovery.ucl.ac.uk/1322984/1/010_Kaino__2008_.pdf, accessed 31 January 2012.

Kalmo, Hent and Skinner, Quentin (eds.) (2010). *Sovereignty in Fragments: The Past, Present and Future of a Contested Concept*, Cambridge.

Kammen, Michael (1966). 'Virginia at the Close of the Seventeenth Century: An Appraisal by James Blair and John Locke', *Virginia Magazine of History and Biography* 74: 141–69.

Kapila, Shruti (ed.) (2010). *An Intellectual History for India*, Cambridge.

Kapila, Shruti and Devji, Faisal (eds.) (2010). 'Forum: The Bhagavad Gita and Modern Thought', *Modern Intellectual History* 7: 269–457.

Karsten, Peter (1975–76). 'Plotters and Proprietaries, 1682–83: The "Council of Six" and the Colonies: Plan for Colonization or Front for Revolution?', *Historian* 38: 474–84.

Kaser, Max (1993). *Ius gentium*, Cologne.

Kayaoğlu, Turan (2010). *Legal Imperialism: Sovereignty and Extraterritoriality in Japan, the Ottoman Empire, and China*, Cambridge.

Keene, Edward (2002). *Beyond the Anarchical Society: Grotius, Colonialism and Order in World Politics*, Cambridge.

(2005). *International Political Thought: A Historical Introduction*, Cambridge.

(2007). 'A Case Study of the Construction of International Hierarchy: British Treaty-Making Against the Slave Trade in the Early Nineteenth Century', *International Organization* 61: 311–39.

Kelley, Donald R. (1987). 'Horizons of Intellectual History: Retrospect, Circumspect, Prospect', *Journal of the History of Ideas* 48: 143–69.

(2002). *The Descent of Ideas: The History of Intellectual History*, Aldershot.

Kelley, Donald R., Levine, Joseph, Megill, Allan, Schneewind, J. B. and Schneider, Ulrich Johannes (2005). 'Intellectual History in a Global Age', *Journal of the History of Ideas* 66: 143–200.

Kennedy, David (1986). 'Primitive Legal Scholarship', *Harvard International Law Journal* 27: 1–98.

Kettner, James H. (1976). 'Subjects or Citizens: A Note on British Views Respecting the Legal Effects of American Independence', *Virginia Law Review* 22: 945–67.

(1978). *The Development of American Citizenship, 1608–1870*, Chapel Hill.

Kidd, Colin (1999). *British Identities Before Nationalism: Ethnicity and Nationhood in the Atlantic World, 1600–1800*, Cambridge.

Kidder, Frederick E. (1965). 'The Fundamental Constitutions in the Light of John Locke's Political Theory', *Atenea* (Mayaguez, P.R.) 2: 47–60.

Kingsbury, Benedict and Straumann, Benjamin (eds.) (2010). *The Roman Foundations of the Law of Nations: Alberico Gentili and the Law of Nations*, Oxford.

Kinsella, Helen (2011). *The Image before the Weapon: A Critical History of the Distinction between Combatant and Civilian*, Ithaca, NY.

Kite, Elizabeth S. (1928). 'How the Declaration of Independence Reached Europe', *Daughters of the American Revolution Magazine* 62 (July): 405–13.

Klausen, Jimmy Casas (2007). 'Room Enough: America, Natural Liberty, and Consent in Locke's *Second Treatise*', *Journal of Politics* 69: 760–9.

Klein, Bernhard and Mackenthun, Gesa (eds.) (2004). *Sea Changes: Historicizing the Ocean*, New York.

Knutsen, Torbjørn L. (1992). *A History of International Relations Theory: An Introduction*, Manchester.

Koselleck, Reinhart (1988). *Critique and Crisis: Enlightenment and the Pathogenesis of Modern Society*, English translation, Cambridge, Mass.

(2004). '*Neuzeit*: Remarks on the Semantics of Modern Concepts of Movement', in Reinhart Koselleck, *Futures Past: On the Semantics of Historical Time*, trans. Keith Tribe, New York, pp. 222–54.

Koskenniemi, Martti (2002). *The Gentle Civilizer of Nations: The Rise and Fall of International Law, 1870–1960*, Cambridge.

(2005). *From Apology to Utopia: The Structure of International Legal Argument*, reissue with a new epilogue, Cambridge.

(2008). 'Into Positivism: Georg Friedrich Martens (1756–1821) and Modern International Law', *Constellations* 15: 189–207.

(2009). 'The Advantage of Treaties: International Law in the Enlightenment', *Edinburgh Law Review* 13: 27–67.

(2010a). 'Colonization of the "Indies": The Origin of International Law?', in Yolanda Gamarra Chopo (ed.), *La idea de América en el pensamiento ius internacionalista del siglo XXI*, Zaragoza, pp. 43–63.

(2010b). 'International Law and *raison d'état*: Rethinking the Prehistory of International Law', in Kingsbury and Straumann (2010), pp. 297–339.

Krasner, Stephen D. (1999). *Sovereignty: Organized Hypocrisy*, Princeton.

Kratochwil, Friedrich (1989). *Rules, Norms and Decisions: On the Conditions of Practical and Legal Reasoning in International Relations and Domestic Affairs*, Cambridge.

Lacey, Michael J. and Haakonssen, Knud (eds.) (1991). *A Culture of Rights: The Bill of Rights in Philosophy, Politics, and Law, 1791 and 1991*, Cambridge.

LaCroix, Alison (2010). *The Ideological Origins of American Federalism*, Cambridge, Mass.

Lang, Michael (2003). 'Mapping Globalization or Globalizing the Map: Heidegger and Planetary Discourse', *Genre: Forms of Discourse and Culture* 36: 239–50.

(2006). 'Globalization and Its History', *Journal of Modern History* 78: 899–931.

Larson, Carlton F. (2001). 'The Declaration of Independence: A 225th Anniversary Re-Interpretation', *Washington Law Review* 76: 701–91.

Laslett, Peter (1969). 'John Locke, the Great Recoinage and the Origins of the Board of Trade, 1695–1698', in John Yolton (ed.), *John Locke: Problems and Perspectives*, Cambridge, pp. 137–64.

(ed.) (1956). *Philosophy, Politics, and Society*, 1st ser., Oxford.

Lauterpacht, Hersh (1940). 'Is International Law a Part of the Law of England?', *Transactions of the Grotius Society* 25: 51–88.

Lazier, Benjamin (2011). 'Earthrise; or, The Globalization of the World Picture', *American Historical Review* 116: 602–30.

Leal Curiel, Carole, (2008). '¿Radicales o timoratos? La declaración de la Independencia absoluta como una acción teórica-discursiva (1811)', *Politeia. Revista de la Facultad de Ciencias Jurícas y Polícas de la Universidad Central de Venezuela* 31, 40: 1–18.

Lebovics, Herman (1986). 'The Uses of America in Locke's Second Treatise on Government', *Journal of the History of Ideas* 47: 567–82.

Lebow, Richard Ned (2008). *A Cultural Theory of International Relations*, Cambridge.

Legg, Stephen (ed.) (2011). *Spatiality, Sovereignty and Carl Schmitt: Geographies of the Nomos*, London.

Leng, Tom (2011). 'Shaftesbury's Aristocratic Empire', in John Spurr (ed.), *Anthony Ashley Cooper, First Earl of Shaftesbury, 1621–1683*, Aldershot, pp. 101–25.

Lesaffer, Randall (ed.) (2004). *Peace Treaties and International Law in European History: From the Late Middle Ages to World War One*, Cambridge.

Lesser, Charles H. (1995). *South Carolina Begins: The Records of a Proprietary Colony, 1663–1721*, Columbia, SC.

Leung, Man To (1998). 'Extending Liberalism to Non-European Peoples: A Comparison of John Locke and James Mill', DPhil. thesis, University of Oxford.

Liddel, Peter (2008). 'William Young and the *Spirit of Athens*', in James Moore, Ian Macgregor Morris and Andrew J. Bayliss (eds.), *Reinventing History: The Enlightenment Origins of Ancient History*, London, pp. 57–85.

Lieberman, David (1989). *The Province of Legislation Determined: Legal Theory in Eighteenth-Century Britain*, Cambridge.

(1999a). 'Codification, Consolidation, and Parliamentary Statute', in John Brewer and Eckhart Hellmuth (eds.), *Rethinking Leviathan: The Eighteenth-Century State in Britain and Germany*, Oxford, pp. 359–90.

(2000). 'Economy and Polity in Bentham's Science of Legislation', in Stefan Collini, Richard Whatmore and Brian Young (eds.), *Economy, Polity and Society: British Intellectual History, 1750–1950*, Cambridge.

Lieberman, Victor (2003). *Strange Parallels: Southeast Asia in Global Context, c. 800–1830*, I: *Integration on the Mainland*, Cambridge.

Lint, Gregg L. (1977). 'The American Revolution and the Law of Nations, 1776–1789', *Diplomatic History* 1: 20–34.

Lintott, Andrew (1981). 'What Was the "Imperium Romanum"?', *Greece and Rome* 28: 53–67.

Lipset, Seymour Martin (1963). *The First New Nation: The United States in Historical and Comparative Perspective*, New York.

Liu, Lydia H. (1999a). 'Legislating the Universal: The Circulation of International Law in the Nineteenth Century', in Liu (1999b), pp. 127–64.

(2004). *The Clash of Empires: The Invention of China in Modern World Making*, Cambridge, Mass.

(ed.) (1999b). *Tokens of Exchange: The Problem of Translation in Global*

Circulations, Durham, NC.

Livingston, Donald W. (1990). 'Hume, English Barbarism and American Independence', in Richard B. Sher and Jeffrey R. Smitten (eds.), *Scotland and America in the Age of Enlightenment*, Princeton, pp. 133–47.

Livingstone, David and Withers, Charles W. J. (eds.) (1999). *Geography and Enlightenment*, Chicago.

Lodge, Paul (ed.) (2004). *Leibniz and His Correspondents*, Cambridge.

Long, David and Wilson, Peter (eds.) (1995). *Thinkers of the Twenty Years' Crisis: Inter-War Idealism Reassessed*, Oxford.

Long, Douglas G. (1977). *Bentham on Liberty: Jeremy Bentham's Idea of Liberty in Relation to his Utilitarianism*, Toronto.

Long, Philip (1959). *A Summary Catalogue of the Lovelace Collection of the Papers of John Locke in the Bodleian Library*, Oxford.

Lorca, Arnulf Becker (in press). *Mestizo International Law: A Global Intellectual History, 1850s–1950s*, Cambridge.

Lovejoy, Arthur O. (1940). 'Reflections on the History of Ideas', *Journal of the History of Ideas* 1: 3–23.

(1948). 'The Historiography of Ideas', in Lovejoy, *Essays in the History of Ideas*, Baltimore, pp. 1–13.

Lucas, Stephen E. (1989). 'Justifying America: The Declaration of Independence as a Rhetorical Document', in Thomas W. Benson (ed.), *American Rhetoric: Context and Criticism*, Carbondale, pp. 67–130.

(1994). 'The *Plakkaat van Verlatinge*: A Neglected Model for the American Declaration of Independence', in Rosemarijn Hoefte and Johanna C. Kardux (eds.), *Connecting Cultures: The Netherlands in Five Centuries of Transatlantic Exchange*, Amsterdam, pp. 187–207.

(1998). 'The Rhetorical Ancestry of the Declaration of Independence', *Rhetoric and Public Affairs* 1: 143–84.

Lucena Giraldo Manuel, (2010). *Naciones de Rebeldes. Las revoluciones de independencia latinoamericanos*, Madrid.

Lutnick, Solomon (1967). *The American Revolution and the British Press, 1775–1783*, Columbia, Mo.

Lutz, Donald S. (1989). 'The Declaration of Independence as Part of an American National Compact', *Publius: The Journal of Federalism* 19: 41–58.

Lynch, John (2009). *San Martín. Soldado argentino, héroe americano*, trans. Alejandra Chaparro, Barcelona.

Macalister-Smith, Peter and Schweitzke, Joachim (1999). 'Literature and Documentary Sources relating to the History of Public International Law: A Bibliographical Survey', *Journal of the History of International Law* 1: 136–212.

Mack, Mary P. (1963). *Jeremy Bentham: An Odyssey of Ideas, 1748–1792*, New York.

Macmillan, Ken (2011). 'Benign and Benevolent Conquest?: The Ideology of Elizabethan Atlantic Expansion Revisited', *Early American Studies* 9: 59–99.

Mahoney, Dennis J. (1987). 'The Declaration of Independence as a Constitutional Document', in Leonard W. Levy and Dennis J. Mahoney (eds.), *The Framing and Ratification of the Constitution*, New York, pp. 54–68.

Maier, Charles S. (1980). 'Marking Time: The Historiography of International Relations', in Michael Kammen (ed.), *The Past Before Us: Contemporary*

(2000). 'Consigning the Twentieth Century to History: Alternative Narratives for the Modern Era', *American Historical Review* 105: 807–31.

(2006). *Among Empires: American Ascendancy and its Predecessors*, Cambridge, Mass.

Maier, Pauline (1997). *American Scripture: Making the Declaration of Independence*, New York.

Maitland, F. W. (1908). *The Constitutional History of England*, ed. H. A. L. Fisher, Cambridge.

Malcolm, Noel (2002). *Aspects of Hobbes*, Oxford.

Malnes, Raino (1993). *The Hobbesian Theory of International Conflict*, Oslo.

Mandler, Peter (2006). 'What is "National Identity"? Definitions and Applications in Modern British Historiography', *Modern Intellectual History* 3: 271–97.

Manela, Erez (2007). *The Wilsonian Moment: Self-Determination and the International Origins of Anticolonial Nationalism*, Oxford.

Manigat, Leslie F. (2005). 'Une brève analyse-commentaire critique d'un document historique', *Revue de la Société haïtienne d'histoire et de géographie* 221: 44–56.

Manning, Susan and Cogliano, Frank D. (eds.) (2008). *The Atlantic Enlightenment*, Aldershot.

Mantena, Karuna (2010). *Alibis of Empire: Henry Maine and the Ends of Liberal Imperialism*, Princeton.

de Marchi, Ernesto, (1955). 'Locke's *Atlantis*', *Political Studies* 3: 164–5.

Marino, James F. (1998). 'Empire and Commerce: A History of the Modern States-System', PhD thesis, Johns Hopkins University.

Marks, Susan (2000). *The Riddle of All Constitutions: International Law, Democracy, and the Critique of Ideology*, Oxford.

Marshall, Charles Burton (1974). *American Foreign Policy as a Dimension of the American Revolution*, Washington, DC.

Marshall, John (1994). *John Locke: Resistance, Religion and Responsibility*, Cambridge.

(2006). *John Locke, Toleration and Early Enlightenment Culture: Religious Intolerance and Arguments for Religious Toleration in Early Modern and 'Early Enlightenment' Europe*, Cambridge.

Marshall, P. J. (1998). 'Britain and the World in the Eighteenth Century: I, Reshaping the Empire', *Transactions of the Royal Historical Society*, 6th ser., 8: 1–18.

Marshall, P. J. and Williams, Glyndwr (1982). *The Great Map of Mankind: British Perceptions of the World in the Age of Enlightenment*, London.

Marston, Jerrilyn Greene (1987). *King and Congress: The Transfer of Political Legitimacy, 1774–1776*, Princeton.

Martin, T. S. (1991). '*Nemo potest exuere patriam*: Indelibility of Allegiance and the American Revolution', *American Journal of Legal History* 35: 205–18.

Martinez, Jenny S. (2012). *The Slave Trade and the Origins of International Humanitarian Law*, Oxford.

Martínez Garnica, Armando (2012). 'Las declaraciones de independencia en Venezuela y la Nueva Granada', in Ávila, Dym, Gómez Galvarriato and Pani (2012), pp. 155–82.

et al. (2011). 'Simposio sobre la Declaracion de Independencia de Cartagena',

Economía & Región (Cartagena, Colombia) 5: 201–72.

Masters, Roger D. (1967a). 'The Lockean Tradition in American Foreign Policy', *Journal of International Politics* 21: 253–77.

(1967b). *The Nation Is Burdened: American Foreign Policy in a Changing World*, New York.

Mattingly, Garrett (1955). *Renaissance Diplomacy*, New York.

Mazlish, Bruce (1993). 'An Introduction to Global History', in Bruce Mazlish and Ralph Buultjens (eds.), *Conceptualizing Global History*, Boulder, Colo., pp. 1–26.

Mazower, Mark (2009). *No Enchanted Palace: The End of Empire and the Ideological Origins of the United Nations*, Princeton.

McClure, Ellen M. (2006). *Sunspots and the Sun King: Sovereignty and Mediation in Seventeenth-century France*, Urbana.

McCormick, Ted (2009). *William Petty and the Ambitions of Political Arithmetic*, Oxford.

McGlone, Robert E. (1998). 'Deciphering Memory: John Adams and the Authorship of the Declaration of Independence', *Journal of American History* 85: 411–38.

McGuinness, Celia (1989). 'The *Fundamental Constitutions of Carolina* as a Tool for Lockean Scholarship', *Interpretation* 17: 127–43.

McMahon, Darrin M. (2001). *Enemies of the Enlightenment: The French Counter-Enlightenment and the Making of Modernity*, Oxford.

(2013). 'The Return of the History of Ideas?', in McMahon and Moyn (2013).

McMahon, Darrin M. and Moyn, Samuel (eds.) (2013). *Rethinking Modern European Intellectual History*, New York.

Mehta, Uday Singh (1990). 'Liberal Strategies of Exclusion', *Politics and Society* 18: 427–54.

(1999). *Liberalism and Empire: A Study in Nineteenth-Century British Liberal Thought*, Chicago.

Meinecke, Friedrich (1970). *Cosmopolitanism and the Nation State*, trans. Robert B. Kimber, Princeton.

(1998). *Machiavellism: The Doctrine of Raison d'État and Its Place in Modern History*, trans. Douglas Scott, introd. Werner Stark, New Brunswick.

Melero, Luis Ángel García (1977). *La Independencia de los Estados Unidos de Norteamérica a través de la Prensa Española . . . Los Precedentes (1763–1776)*, Madrid.

Ménager, Daniel (2001). *Diplomatie et théologie à la Renaissance*, Paris.

Menozzi, Luciano (1974). *Studi sul pensiero etico politici di Locke. Le relazioni internazionali*, Rome.

Mentor, Gaétan (2003). *Les Fils noir de la veuve. Histoire de la franc-maçonnerie en Haïti*, Pétionville.

Michael, Mark A. (1998). 'Locke's *Second Treatise* and the Literature of Colonization', *Interpretation* 25: 407–27.

Middleton, Richard (1985). *The Bells of Victory: The Pitt-Newcastle Ministry and the Conduct of the Seven Years' War, 1757–1762*, Cambridge.

Miller, Peter N. (1994). *Defining the Common Good: Empire, Religion and Philosophy in Eighteenth-Century Britain*, Cambridge.

Milton, J. R. (1990). 'John Locke and the Fundamental Constitutions of Carolina', *Locke Newsletter* 21: 111–33.

(1995). 'Dating Locke's *Second Treatise*', *History of Political Thought* 16: 356–90.

Milton, Philip (2000). 'John Locke and the Rye House Plot', *Historical Journal* 43: 647–68.

(2007a). 'Locke the Plotter? Ashcraft's *Revolutionary Politics* Reconsidered', *Locke Studies* 7: 51–112.

(2007b). 'Pierre Des Maizeaux, *A Collection of Several Pieces of Mr. John Locke*, and the Formation of the Locke Canon', *Eighteenth-Century Thought* 3: 255–91.

Mishra, Pramod Kumar (2002). '"[A]ll the World was America": The Transatlantic (Post)Coloniality of John Locke, William Bartram, and the Declaration of Independence', *CR: The New Centennial Review* 2: 215–58.

Molivas, G. I. (1999). 'A Right, Utility and the Definition of Liberty as a Negative Idea: Richard Hey and the Benthamite Conception of Liberty', *History of European Ideas* 25: 75–92.

Moloney, Pat (2011). 'Hobbes, Savagery, and International Anarchy', *American Political Science Review* 105: 189–204.

Momigliano, Arnaldo (1944). 'Sea-Power in Greek Thought', *Classical Review* 58: 1–7.

Mongey, Vanessa (2009). 'Les vagabonds de la république: les révolutionnaires européens aux Amériques, 1780–1820', in Federica Morelli, Clément Thibaud and Geneviève Verdo (eds.), *Les Empires atlantiques des Lumières au libéralisme (1763–1865)*, Rennes, pp. 67–82.

Moore, John Alexander (1991). 'Royalizing South Carolina: The Revolution of 1719 and the Evolution of Early South Carolina Government', PhD thesis, University of South Carolina.

Morefield, Jeanne (2005). *Covenants without Swords: Idealist Liberalism and the Spirit of Empire*, Princeton.

Morelli, Federica (2012). 'Las declaraciones de independencia en Ecuador: de una Audiencia a múltiples Estados', in Ávila, Dym, Gómez Galvarriato and Pani (2012), pp. 135–54.

Morris, Ian and Scheidel, Walter (eds.) (2009). *The Dynamics of Ancient Empires: State Power from Assyria to Byzantium*, Cambridge.

Morris, Richard B. (1970). *The Emerging Nations and the American Revolution*, New York.

Moseley, Alexander (2005). 'John Locke's Morality of War', *Journal of Military Ethics* 4: 119–28.

Moyn, Samuel (2010). *The Last Utopia: Human Rights in History*, Cambridge, Mass.

Moyn, Samuel and Sartori, Andrew (eds.) (2013). *Global Intellectual History*, New York.

Murison, Barbara C. (2007). 'The Talented Mr Blathwayt: His Empire Revisited', in Nancy L. Rhoden (ed.), *English Atlantics Revisited: Essays Honouring Professor Ian K. Steele*, Montreal and Kingston, pp. 33–58.

Muthu, Sankar (2003). *Enlightenment Against Empire*, Princeton.

(2008) 'Adam Smith's Critique of International Trading Companies: Theorizing Globalization in the Age of Enlightenment', *Political Theory* 36: 185–212.

(2011). 'Diderot's Theory of Global (and Imperial) Commerce: An Enlightenment Account of "Globalization"', in Jacob T. Levy and Iris

Marion Young (eds.), *Colonialism and its Legacies*, Lanham, Md., pp. 1–19.

(ed.) (2012). *Empire and Modern Political Thought*, Cambridge.

Nadelmann, Kurt H. (1961). 'An International Bankruptcy Code: New Thoughts on an Old Idea', *International and Comparative Law Quarterly* 10: 70–82.

Nakhimovsky, Isaac (2007). 'Vattel's Theory of the International Order: Commerce and the Balance of Power in the *Law of Nations*', *History of European Ideas* 33: 157–73.

Nardin, Terry and Mapel, David R. (eds.) (1992). *Traditions of International Ethics*, Cambridge.

Navari, Cornelia (1982). 'Hobbes and the "Hobbesian Tradition" in International Thought', *Millennium: Journal of International Studies* 11: 203–22.

Neem, Johann N. (2011). 'American History in a Global Age', *History and Theory* 50: 41–70.

Neustadt, Mark S. (1987). 'The Making of the Instauration: Science, Politics, and Law in the Career of Francis Bacon', PhD thesis, Johns Hopkins University.

Niesen, Peter (2006). 'Varieties of Cosmopolitanism: Bentham and Kant on International Politics', in Luigi Caranti (ed.), *Kant's Perpetual Peace: New Interpretive Essays*, Rome, pp. 247–88.

(2007). 'The "West Divided"? Bentham and Kant on Law and the Ethics in Foreign Policy', in David Chandler and Volker Heins (eds.), *Rethinking Ethical Foreign Policy: Pitfalls, Possibilities and Paradoxes*, London, pp. 93–115.

Nordholt, J. W. Schulte (1982). *The Dutch Republic and American Independence*, trans. Herbert R. Rowen, Chapel Hill.

Novick, Peter (1988). *That Noble Dream: The 'Objectivity Question' and the American Historical Profession*, Cambridge.

Nussbaum, Arthur (1947). *A Concise History of the Law of Nations*, New York.

Nys, Ernest (1885). 'Notes inédites de Bentham sur le droit international', *Law Quarterly Review* 1: 225–31.

O'Brien, Conor Cruise (1972). *The Suspecting Glance*, London.

(1992). *The Great Melody: A Thematic Biography and Commented Anthology of Edmund Burke*, London.

O'Brien, Karen (1997). *Narratives of Enlightenment: Cosmopolitan History from Voltaire to Gibbon*, Cambridge.

Ocampo López, Javier (1988). *Los catecismos políticos en la independencia de hispanoamerica: de la monarquía a la república*, Tunja.

Odysseos, Louiza and Petito, Fabio (eds.) (2007). *The International Political Thought of Carl Schmitt: Terror, Liberal War and the Crisis of Global Order*, London.

Ohlmeyer, Jane (1995). 'Ireland Independent: Confederate Foreign Policy and International Relations during the Mid-Seventeenth Century', in Jane Ohlmeyer (ed.), *Ireland from Independence to Occupation, 1641–1660*, Cambridge, pp. 89–112.

O'Keefe, Roger (2008). 'The Doctrine of Incorporation Revisited', *British Yearbook of International Law* 79: 7–85.

Olivieri, Marco (2006). 'Bentham, Lind e il dibattito sulla Dichiarazione d'Independenza degli Stati Uniti', *Il Pensiero Politico* 39: 36–48.

Onuf, Nicholas G. (1989). *World of Our Making: Rules and Rule in Social Theory and International Relations*, Columbia, SC.

Onuf, Peter S. (1998). 'A Declaration of Independence for Diplomatic

Historians', *Diplomatic History* 22: 71–83.

Onuf, Peter S. and Onuf, Nicholas G. (1990). 'American Constitutionalism and the Emergence of a Liberal World Order', in George Athan Billias (ed.), *American Constitutionalism Abroad: Selected Essays in Comparative Constitutional History*, Westport, Conn., pp. 65–90.

(1993). *Federal Union, Modern World: The Law of Nations in an Age of Revolutions, 1776–1814*, Madison, Wis.

Onuma, Yasuaki (2000). 'When was the Law of International Society Born? – An Inquiry of the History of International Law from an Intercivilizational Perspective', *Journal of the History of International Law* 2: 1–66.

Ophir, Adi and Shapin, Steven (1991). 'The Place of Knowledge: A Methodological Survey', *Science in Context* 4: 3–21.

Orakhelashvili, Alexander (2006). 'The Idea of European International Law', *European Journal of International Law* 17: 315–47.

(2008). 'Statehood, Recognition and the United Nations System: A Unilateral Declaration of Independence in Kosovo', *Max-Planck Yearbook of United Nations Law* 12: 1–44.

(ed.) (2011). *Research Handbook on the Theory and History of International Law*, Cheltenham.

O'Rourke, Kevin H. and Williamson, Jeffrey G. (1999). *Globalization and History: The Evolution of a Nineteenth-Century Atlantic Economy*, Cambridge, Mass.

(2002). 'When Did Globalisation Begin?', *European Review of Economic History* 6: 23–50.

(2004). 'Once More: When did Globalisation Begin?', *European Review of Economic History* 8: 109–17.

Osiander, Andreas (2001). 'Sovereignty, International Relations, and the Westphalian Myth', *International Organization* 55: 251–87.

Owens, Patricia (2007). *Between War and Politics: International Relations and the Thought of Hannah Arendt*, Oxford.

Owsley, Frank Lawrence and Smith, Gene A. (1997). *Filibusters and Expansionists: Jeffersonian Manifest Destiny, 1800–1821*, Tuscaloosa.

Pagden, Anthony (1986). *The Fall of Natural Man: The American Indian and the Origins of Comparative Ethnology*, rev. edn, Cambridge.

(1995). *Lords of All the World: Ideologies of Empire in Spain, Britain and France c. 1500–c. 1800*, New Haven.

(1998). 'The Struggle for Legitimacy and the Image of Empire in the Atlantic to c. 1700', in Nicholas Canny (ed.), *The Oxford History of the British Empire*, 1: *The Origins of Empire*, Oxford, pp. 34–54.

(2000). 'Stoicism, Cosmopolitanism, and the Legacy of European Imperialism', *Constellations* 7: 3–22.

(2003). 'Human Rights, Natural Rights, and Europe's Imperial Legacy', *Political Theory* 31: 171–99.

(2008). *Worlds at War: The 2,500-Year Struggle between East and West*, New York.

(2010). 'Gentili, Vitoria, and the Fabrication of a "Natural Law of Nations"', in Kingsbury and Straumann (2010), pp. 340–61.

Palmer, R. R. (1959–64). *The Age of the Democratic Revolution: A Political History of Europe and America, 1760–1800*, 2 vols., Princeton.

(1976). 'The Declaration of Independence in France', *Studies on Voltaire and the Eighteenth Century* 154: 1569–79.

Pangle, Thomas L. and Ahrensdorf, Peter J. (1999). *Justice Among Nations: On the Moral Basis of Power and Peace*, Lawrence, Kans.

Panizza, Diego (1997). *Genesi di una ideologia. Il conservatorismo moderno in Robert Ward*, Milan.

Paquette, Gabriel (2009). 'The Dissolution of the Spanish Atlantic Monarchy', *Historical Journal* 52: 175–212.

Parekh, Bhikhu (1994a) 'Decolonizing Liberalism', in Aleksandras Shtromas (ed.), *The End of 'Isms'?: Reflections on the Fate of Ideological Politics after Communism's Collapse*, Oxford, pp. 85–103.

(1994b). 'Superior People: The Narrowness of Liberalism from Mill to Rawls', *Times Literary Supplement* 4743 (25 February): 11–13.

(1995). 'Liberalism and Colonialism: A Critique of Locke and Mill', in Jan Nederveen Pieterse and Bhikhu Parekh (eds.), *The Decolonization of Imagination: Culture, Knowledge and Power*, London, pp. 81–98.

Parkin, Jon (2007). *Taming the Leviathan: The Reception of the Political and Religious Ideas of Thomas Hobbes in England, 1640–1700*, Cambridge.

Patapan, Haig (2009). 'The Glorious Sovereign: Thomas Hobbes on Leadership and International Relations', in Hall and Hill (2009), pp. 11–31.

Peckham, Howard H. (1976). 'Independence: The View from Britain', *Proceedings of the American Antiquarian Society* n. s. 85: 387–403.

Pérez Vejo, Tomás (2010). *Elegía Criolla. Una reinterpretación de las guerras de independencia hispanoamericanas*, Mexico, DF.

Pérotin-Dumont, Anne (1991). 'The Pirate and the Emperor: Power and Law on the Seas, 1450–1850', in James D. Tracy (ed.), *The Political Economy of Merchant Empires: State Power and World Trade, 1350–1750*, Cambridge, pp. 196–227.

Peterson, Merrill D. (1991). *'This Grand Pertinacity': Abraham Lincoln and the Declaration of Independence*, Fort Wayne.

Picciotto, Cyril M. (1915). *The Relation of International Law to the Law of England and of the United States*, London.

Piirimäe, Pärtel (2010). 'The Westphalian Myth of Sovereignty and the Idea of External Sovereignty', in Hent Kalmo and Quentin Skinner (eds.), *Sovereignty in Fragments: The Past, Present and Future of a Contested Concept*, Cambridge, pp. 64–80.

Pitts, Jennifer (2005a). *A Turn to Empire: The Rise of Imperial Liberalism in Britain and France*, Princeton.

(2005b). 'Jeremy Bentham: Legislator of the World?', in Bart Schultz and Georgios Varouxakis (eds.), *Utilitarianism and Empire*, Lanham, Md., pp. 57–91.

(2007). 'Boundaries of Victorian International Law', in Duncan Bell (ed.), *Victorian Visions of Global Order: Empire and International Relations in Nineteenth-Century Political Thought*, Cambridge, pp. 67–88.

(2010). 'Political Theory of Empire and Imperialism', *Annual Review of Political Science* 13: 211–35.

(2011). '"Great and Distant Crimes": Empire in Bentham's Thought', in Jeremy Bentham, *Selected Writings*, ed. Stephen G. Engelmann, New Haven, pp. 478–99.

(2012). 'Empire and Legal Universalisms in the Eighteenth Century', *American Historical Review* 117: 92–121.

Pocock, J. G. A. (1985). 'Josiah Tucker on Burke, Locke, and Price: A Study in the Varieties of Eighteenth-Century Conservatism', in J. G. A. Pocock, *Virtue, Commerce, and History: Essays on Political Thought and History, Chiefly in the Eighteenth Century*, Cambridge, pp. 157–92.

(1987). *The Ancient Constitution and the Feudal Law: A Reissue with Retrospect*, Cambridge.

(1988a). *The Politics of Extent and the Problems of Freedom*, Colorado College Studies 25, Colorado Springs.

(1988b). 'States, Republics, and Empires: The American Founding in Early Modern Perspective', in Terence Ball and J. G. A. Pocock (eds.), *Conceptual Change and the Constitution*, Lawrence, Kans., pp. 55–77.

(1995). 'Political Thought in the English-Speaking Atlantic: I, The Imperial Crisis', in J. G. A. Pocock (ed.), *The Varieties of British Political Thought, 1500–1800*, Cambridge, pp. 246–82.

(1996). *La ricostruzione di un impero: sovranità britannica e federalismo Americano*, Manduria.

(1999a). *Barbarism and Religion*, I: *The Enlightenments of Edward Gibbon, 1737–1764*, Cambridge.

(1999b). *Barbarism and Religion*, II: *Narratives of Civil Government*, Cambridge.

(2005). *Barbarism and Religion*, IV: *Savages and Empires*, Cambridge.

Popkin, Jeremy D. (1989). *News and Politics in the Age of Revolution: Jean Luzac's 'Gazette de Leyde'*, Ithaca, NY.

Porter, Andrew (1999). 'From Empire to Commonwealth of Nations', in Franz Bosbach and Hermann Hiery (eds.), *Imperium / Empire / Reich. Ein Konzept politischer Herrschaft im deutsch-britischen Vergleich*, Munich, pp. 167–78.

Porter, Brian (1978). 'Patterns of Thought and Practice: Martin Wight's "International Theory"', in Michael Donelan (ed.), *The Reason of States: A Study in International Political Theory*, London, pp. 64–74.

Portillo Valdes, José M. (2006). *Crisis atlántica. Autonomia e independencia en la crisis de la monarquía hispana*, Madrid.

Powell, William S. (1964). 'Carolina in the Seventeenth Century: An Annotated Bibliography of Contemporary Publications', *North Carolina Historical Review* 41: 74–104.

Prest, Wilfrid (2008). *William Blackstone: Law and Letters in the Eighteenth Century*, Oxford.

Primus, Richard A. (1999). *The American Language of Rights*, Cambridge.

Prokhovnik, Raia and Slomp, Gabriella (eds.) (2011). *International Political Theory after Hobbes: Analysis, Interpretation and Orientation*, Basingstoke.

Puchner, Martin (2006). *Poetry of the Revolution: Marx, Manifestos, and the Avant-Gardes*, Princeton.

Putterman, Ethan (2010). *Rousseau, Law and the Sovereignty of the People*, Cambridge.

Rainbolt, John C. (1973). 'Americans' Initial View of Their Revolution's Significance for Other Peoples, 1776–1788', *Historian* 35: 418–33.

Reck, Andrew J. (1991). 'The Enlightenment in American Law: I, The Declaration of Independence', *Review of Metaphysics* 44: 549–73.

Reid, John Phillip (1981). 'The Irrelevance of the Declaration', in Hendrik

Hartog (ed.), *Law in the American Revolution and the American Revolution in the Law*, New York, pp. 46–89.

Reinert, Sophus (2011). *Translating Empire: Emulation and the Origins of Political Economy*, Cambridge, Mass.

Reséndez, Andres (2005). *Changing National Identities at the Frontier: Texas and New Mexico, 1800–1850*, Cambridge.

(2010). 'Texas and the Spread of the Troublesome Secessionist Spirit through the Gulf of Mexico Basin', in Don H. Doyle (ed.), *Secession as an International Phenomenon: From America's Civil War to Contemporary Separatist Movements*, Athens, Ga., pp. 193–213.

Reynolds, Noel B. and Hilton, John L. (1993). 'Thomas Hobbes and the Authorship of the *Horae Subsecivae*', *History of Political Thought* 14: 361–80.

Richards, Peter G. (1967). *Parliament and Foreign Affairs*, London.

Richardson, John (2008). *The Language of Empire: Rome and the Idea of Empire from the Third Century BC to the Second Century AD*, Cambridge.

Ritchie, Robert C. (1986). *Captain Kidd and the War Against the Pirates*, Cambridge, Mass.

Roberts, Sir Ivor (ed.) (2009). *Satow's Guide to Diplomatic Practice*, 6th edn, Oxford.

Roberts, J. M. (1971). 'The Origins of a Mythology: Freemasons, Protestants and the French Revolution', *Bulletin of the Institute of Historical Research* 44: 78–97.

Robertson, John (1993). 'Universal Monarchy and the Liberties of Europe: David Hume's Critique of an English Whig Doctrine', in Nicholas Phillipson and Quentin Skinner (eds.), *Political Discourse in Early Modern Britain*, Cambridge, pp. 349–76.

(1995a). 'Empire and Union: Two Concepts of the Early Modern European Political Order' in John Robertson (ed.), *A Union for Empire: Political Thought and the British Union of 1707*, Cambridge, pp. 3–36.

(1995b). 'An Elusive Sovereignty: The Union Debate in Scotland 1698–1707', in John Robertson (ed.), *A Union for Empire: Political Thought and the British Union of 1707*, Cambridge, pp. 198–227.

Rodríguez O., Jaime E. (1996). *La independencia de la América española*, Mexico, DF.

(2010). 'Sobre la supuesta influencia de la independencia de los Estados Unidos en las independencias hispanoamericanas', *Revista de Indias* 70: 691–714.

Rodrik, Dani, Obstfeld, Maurice, Feenstra, Robert C. and Williamson, Jeffrey G. (1998). 'Globalization in Perspective', *Journal of Economic Perspectives* 12: 1–72.

Roper, L. H. (2004). *Conceiving Carolina: Proprietors, Planters, and Plots, 1662–1729*, Basingstoke.

Rose, Jonathan (2010). *The Intellectual Life of the British Working Classes*, 2nd edn, New Haven.

Rosen, Frederick (1992). *Bentham, Byron, and Greece: Constitutionalism, Nationalism, and Early Liberal Political Thought*, Oxford.

Rothschild, Emma (1999). 'Globalization and the Return of History', *Foreign Policy* 115 (Summer): 106–16.

(2001). 'The Politics of Globalization circa 1773', *The OECD Observer* 228 (September): 12–14.

(2004). 'Global Commerce and the Question of Sovereignty in the Eighteenth-Century Provinces', *Modern Intellectual History* 1: 3–26.

(2005). 'Language and Empire, *c.* 1800', *Historical Research* 78: 208–29.

(2006). 'Arcs of Ideas: International History and Intellectual History', in Gunilla Budde, Sebastian Conrad and Oliver Janz (eds.), *Transnationale Geschichte: Themen, Tendenzen und Theorien*, Göttingen, pp. 217–26.

(2008). 'The Archives of Universal History', *Journal of World History* 19: 375–401.

(2009). 'The Atlantic Worlds of David Hume', in Bernard Bailyn and Patricia L. Denault (eds.), *Soundings in Atlantic History: Latent Structures and Intellectual Currents, 1500–1830*, Cambridge, Mass., pp. 405–48.

(2011a). *The Inner Life of Empires: An Eighteenth-Century History*, Princeton.

(2011b). 'Political Economy', in Gareth Stedman Jones and Gregory Claeys (eds.), *The Cambridge History of Nineteenth-Century Political Thought*, Cambridge, pp. 748–79.

Rudan, Paola (2007). 'Dalla constituzione al governo. Jeremy Bentham e le Americhe', PhD thesis, Università di Bologna.

Rumble, Wilfrid E. (2005). *Doing Austin Justice: The Reception of John Austin's Philosophy of Law in Nineteenth-Century England*, London.

Runciman, David (1997). *Pluralism and the Personality of the State*, Cambridge.

Ryan, Dermot (2010). '"A New Description of Empire": Edmund Burke and the Regicide Republic of Letters', *Eighteenth-Century Studies* 44: 1–19.

Sachsenmaier, Dominic (2011). *Global Perspectives on Global History: Theories and Approaches in a Connected World*, Cambridge.

San Francisco, Alejandro (2012). 'Chile y su independencia. Los hechos, los textos y la declaración de 1818', in Ávila, Dym, Gómez Galvarriato and Pani (2012), pp. 183–214.

Sartori, Andrew (2006). 'The British Empire and Its Liberal Mission', *Journal of Modern History* 78: 623–42.

(2008). *Bengal in Global Concept History: Culturalism in the Age of Capital*, Chicago.

Saunier, Pierre-Yves (2009). 'Transnational', in Akira Iriye and Pierre-Yves Saunier (eds.), *The Palgrave Dictionary of Transnational History*, Basingstoke, pp. 1047–55.

Scattola, Merio (2003). 'Before and After Natural Law: Models of Natural Law in Ancient and Modern Times', in T. J. Hochstrasser and Peter Schröder (eds.), *Early Modern Natural Law Theories: Contexts and Strategies in the Early Enlightenment*, Dordrecht, pp. 1–30.

Schaffer, Simon (2009). 'Newton on the Beach: The Information Order of *Principia Mathematica*', *History of Science* 47: 243–76.

Schaffer, Simon, Roberts, Lissa, Raj, Kapil and Delbourgo, James (eds.) (2009). *The Brokered World: Go-Betweens and Global Intelligence, 1780–1820*, Sagamore Beach, Calif.

Schmidt, Brian C. (1998). *The Political Discourse of Anarchy: A Disciplinary History of International Relations*, Albany, NY.

(2002). 'Together Again: Reuniting Political Theory and International Relations Theory', *British Journal of Politics and International Relations* 4: 115–40.

Schofield, Philip (2006). *Utility and Democracy: The Political Thought of Jeremy Bentham*, Oxford.

Schröder, Peter (1999). 'The Constitution of the Holy Roman Empire after 1648: Samuel Pufendorf's Assessment in his *Monzambano*', *Historical Journal* 42: 961–83.

(2002). 'Natural Law, Sovereignty and International Law: A Comparative Perspective', in Ian Hunter and David Saunders (eds.), *Natural Law and Civil Sovereignty: Moral Right and State Authority in Early Modern Political Thought*, Basingstoke, pp. 204–18.

Schroeder, Paul W. (1994). *The Transformation of European Politics, 1763–1848*, Oxford.

Schwarzenberger, Georg (1948). 'Bentham's Contribution to International Law and Organisation', in George W. Keeton and Georg Schwarzenberger (eds.), *Jeremy Bentham and the Law: A Symposium*, London, pp. 152–84.

Scott, James Brown (1928). *The Spanish Origin of International Law*, Washington, DC.

Scott, Jonathan (2010). 'Maritime Orientalism, or the Political Theory of Water', Inaugural Lecture, University of Auckland, www.artsfaculty.auckland.ac.nz/special/lectures/?view=1#JohnathanScott, accessed 31 January 2012.

(2011). *When the Waves Ruled Britannia: Geography and Political Identities, 1500–1800*, Cambridge.

Shapin, Steven (1998). 'Placing the View from Nowhere: Historical and Sociological Problems in the Location of Science', *Transactions of the Institute of British Geographers* n. s. 23: 5–12.

Shields, David (2007). '"We declare you independent whether you wish it or not": The Print Culture of Early Filibusterism', in Caroline Fuller Sloat (ed.), *Liberty! Égalité! ¡Independencia!: Print Culture, Enlightenment, and Revolution in the Americas, 1776–1838*, Worcester, Mass., pp. 13–39.

Simms, Brendan (2007). *Three Victories and a Defeat: The Rise and Fall of the First British Empire, 1714–1783*, London.

(2011). '"A False Principle in the Law of Nations": Burke, State Sovereignty, [German] Liberty, and Intervention in the Age of Westphalia', in Brendan Simms and D. J. B. Trim (eds.), *Humanitarian Intervention: A History*, Cambridge, pp. 89–110.

Simons, Penelope (2003). 'The Emergence of the Idea of the Individualized State in the International Legal System', *Journal of the History of International Law* 5: 293–335.

Sirmans, Eugene M. (1966). *Colonial South Carolina: A Political History, 1663–1763*, Chapel Hill, NC.

Skinner, Quentin (1969). 'Meaning and Understanding in the History of Ideas', *History and Theory* 8: 3–53.

(1978). *The Foundations of Modern Political Thought*, 2 vols., Cambridge.

(1998). *Liberty before Liberalism*, Cambridge.

(2002a). 'Classical Liberty and the Coming of the English Civil War', in Martin van Gelderen and Quentin Skinner (eds.), *Republicanism: A Shared European Heritage*, II: *The Values of Republicanism in Early*

Modern Europe, Cambridge, pp. 9–28.

(2002b). *Visions of Politics*, 3 vols., Cambridge.

(2005). 'On Intellectual History and the History of Books', *Contributions to the History of Concepts* 1: 29–36.

(2007). 'Hobbes on Persons, Authors and Representatives', in Patricia Springborg (ed.), *The Cambridge Companion to Hobbes's 'Leviathan'*, Cambridge, pp. 157–80.

Slate, Nico (2011). *Colored Cosmopolitanism: The Shared Struggle for Freedom in the United States and India*, Cambridge, Mass.

Slauter, Eric (2009). 'The Declaration of Independence and the New Nation', in Frank Shuffelton (ed.), *The Cambridge Companion to Thomas Jefferson*, Cambridge, pp. 12–34.

Sluga, Glenda and Amrith, Sunil (2008). 'New Histories of the United Nations', *Journal of World History* 19: 251–74.

Smith, Steve, Booth, Ken and Zalewski, Marysia (eds.) (1996). *International Theory: Positivism and Beyond*, Cambridge.

Smith, T. B. (1962). 'The Union of 1707 as Fundamental Law', in T. B. Smith, *Studies Critical and Comparative*, Edinburgh, pp. 1–27.

Sobrevilla Perea, Natalia (2012). 'Entre proclamas, actas y una capitulación: la independencia peruana vista en sus actos de fundación', in Ávila, Dym, Gómez Galvarriato and Pani (2012), pp. 243–76.

Sokol, Irene M. (1967). 'The American Revolution and Poland: A Bibliographical Essay', *Polish Review* 12: 3–17.

Sorell, Tom (2006). 'Hobbes on Trade, Consumption and International Order', *Monist* 89: 245–58.

de Sousa, Norberto (1992). 'Societas civilis: Classical Roman Republican Theory on the Theme of Justice', PhD thesis, Cambridge University.

Stagg, J. C. A. (2009). *Borderlines in Borderlands: James Madison and the Spanish-American Frontier, 1776–1821*, New Haven.

Stanlis, Peter J. (1953). 'Edmund Burke and the Law of Nations', *American Journal of International Law* 67: 397–413.

Stanton, Tim (2003). 'John Locke, Edward Stillingfleet, and Toleration', PhD thesis, University of Leicester.

(2011). 'Hobbes and Schmitt', *History of European Ideas* 37: 160–67.

Starobinski, Jean (1993). 'The Word *Civilization*', in Starobinski, *Blessings in Disguise: On the Morality of Evil*, Cambridge, Mass., pp. 1–35.

Starr, Chester G. (1978). 'Thucydides on Sea Power', *Mnemosyne* 31: 343–50.

Starr, Thomas (1998). 'American Relations: Fabricating the Image of the Declaration of Independence', *AIGA Journal of Graphic Design* 16, no. 3 (December): 18–23.

Steinberg, Philip E. (2001). *The Social Construction of the Ocean*, Cambridge.

Stern, Philip J. (2011). *The Company-State: Corporate Sovereignty and the Early Modern Foundations of the British Empire in India*, Oxford.

Stinchcombe, William C. (1969). *The American Revolution and the French Alliance*, Syracuse, NY.

Strang, David (1991). 'Global Patterns of Decolonization, 1500–1987', *International Studies Quarterly* 35: 429–54.

Straumann, Benjamin (2007). *Hugo Grotius und die Antike: römisches Recht und römische Ethik im frühneuzeitlichen Naturrecht*, Baden-Baden.

(2008). 'The Peace of Westphalia as a Secular Constitution', *Constellations* 15: 173–88.

Strauss, Barry S. (1996). 'The Athenian Trireme, School of Democracy', in Josiah Ober and Charles Hedrick (eds.), *Demokratia: A Conversation on Democracies, Ancient and Modern*, Princeton, pp. 313–25.

Subrahmanyam, Sanjay (2005). 'On World Historians in the Sixteenth Century', *Representations* 91: 26–57.

Suganami, Hidemi (1978). 'A Note on the Origin of the Word "International"', *British Journal of International Studies* 4: 226–32.

(2002). 'On Wendt's Philosophy: A Critique', *Review of International Studies* 28: 23–37.

Surkis, Judith, Wilder, Gary, Cook, James W., Ghosh, Durba, Thomas, Julia Adeney and Perl-Rosenthal, Nathan (2012). '*AHR* Forum: Historiographic "Turns" in Critical Perspective', *American Historical Review* 117: 698–813.

Sutherland, Lucy S. (1968). 'Edmund Burke and the Relations Between Members of Parliament and Their Constituents', *Studies in Burke and His Time* 10: 1005–21.

Swinfen, D. B. (1976). 'The American Revolution in the Scottish Press', in Owen Dudley Edwards and George Shepperson (eds.), *Scotland, Europe and the American Revolution*, Edinburgh, pp. 66–74.

Sylvest, Casper (2008). '"Our Passion for Legality": International Law and Imperialism in Late Nineteenth-Century Britain', *Review of International Studies* 34: 403–23.

(2009). *British Liberal Internationalism, 1880–1930: Making Progress?*, Manchester.

Talbot, Ann (2010). *'The Great Ocean of Knowledge': The Influence of Travel Literature on the Work of John Locke*, Leiden.

Tanck de Estrada, Dorothy (1992). 'Los catecismos políticos: de la revolución francesa al México independiente', in Solange Alberro, Alicia Hernández Chévez and Elías Trabulse (eds.), *La revolución francesa en México*, Mexico, DF, pp. 65–80.

Tang, Chenxi (2008). *The Geographic Imagination of Modernity: Geography, Literature, and Philosophy in German Romanticism*, Stanford.

(2010). 'Re-imagining World Order: From International Law to Romantic Poetics', *Deutsche Vierteljahrsschrift für Literaturwissenschaft und Geistesgeschichte* 84: 526–79.

Taylor, Charles (1989). *Sources of the Self: The Making of the Modern Identity*, Cambridge, Mass.

Taylor, Miles (2003a). 'Colonial Representation at Westminster, 1800–60', in Julian Hoppit (ed.), *Parliaments, Nations and Identities in Britain and Ireland, 1660–1850*, Manchester, pp. 206–19.

(2003b). 'Empire and Parliamentary Reform: The 1832 Reform Act Reconsidered', in Arthur Burns and Joanna Innes (eds.), *Rethinking the Age of Reform: Britain and Ireland c. 1780–1850*, Cambridge, pp. 295–311.

Ternavasio, Marcela (2012). 'Los laberintos de la libertad. Revolución e independencias en el Río de la Plata', in Ávila, Dym, Gómez Galvarriato and Pani (2012), pp. 215–42.

Teschke, Benno (2003). *The Myth of 1648: Class, Geopolitics and the Making of Modern International Relations*, London.

Thompson, Kenneth W. (1994). *Fathers of International Thought: The Legacy of Political Theory*, Baton Rouge.

Thompson, Martyn P. (1977). 'The Idea of Conquest in the Controversies over the 1688 Revolution', *Journal of the History of Ideas* 38: 33–46.

Tierney, Brian (1997). *The Idea of Natural Rights: Studies on Natural Rights, Natural Law, and Church Law, 1150–1625*, Atlanta.

Todd, David (2008). 'John Bowring and the Global Dissemination of Free Trade', *Historical Journal* 51: 373–97.

Tombs, Robert and Tombs, Isabelle (2006). *That Sweet Enemy: The French and the British from the Sun King to the Present*, London.

Toscano, Mario (1966). *The History of Treaties and International Politics*, 2 vols., Baltimore.

Travers, Len (1997). *Celebrating the Fourth: Independence Day and the Rites of Nationalism in the Early Republic*, Amherst.

Travers, Robert (2007). *Ideology and Empire in Eighteenth Century India: The British in Bengal*, Cambridge.

Tresch, John (2013). 'Bringing Back the Lovejoy: History of Science and Intellectual History', in McMahon and Moyn (2013).

Trevor-Roper, H. R. (1957). *Historical Essays*, London.

Tricaud, François (1969). '"Homo homini Deus", "Homo homini Lupus": Recherche des Sources des deux Formules de Hobbes', in Reinhart Koselleck and Roman Schnur (eds.), *Hobbes-Forschungen*, Berlin, pp. 61–70.

Tsesis, Alexander (2012). *For Liberty and Equality: The Life and Times of the Declaration of Independence*, New York.

Tsing, Anna (2000). 'The Global Situation', *Cultural Anthropology* 15: 327–60.

Tuck, Richard (1979). *Natural Rights Theories: Their Origin and Development*, Cambridge.

(1987). 'The "Modern" Theory of Natural Law', in Anthony Pagden (ed.), *The Languages of Political Theory in Early-Modern Europe*, Cambridge, pp. 99–119.

(1989). *Hobbes*, Oxford.

(1993). *Philosophy and Government, 1572–1651*, Cambridge.

(1994). 'Rights and Pluralism', in James Tully (ed.), *Philosophy in an Age of Pluralism: The Philosophy of Charles Taylor in Question*, Cambridge, pp. 159–70.

(1999). *The Rights of War and Peace: Political Thought and the International Order from Grotius to Kant*, Oxford.

Tuckness, Alex (2008). 'Punishment, Property, and the Limits of Altruism: Locke's International Asymmetry', *American Political Science Review* 102: 467–79.

Tully, James (1993). 'Rediscovering America: The *Two Treatises* and Aboriginal Rights', in James Tully, *An Approach to Political Philosophy: Locke in Contexts*, Cambridge, pp. 137–76.

(1995). *Strange Multiplicity: Constitutionalism in an Age of Diversity*, Cambridge.

(2009). 'Lineages of Contemporary Imperialism', in Duncan Kelly (ed.), *Lineages of Empire: The Historical Roots of British Imperial Thought*, Oxford, pp. 3–29.

Turner, Frederick Jackson (1938). 'The Significance of History', in *The Early Writings of Frederick Jackson· Turner*, ed. Everett E. Edwards, Madison, Wis., pp. 41–68.

Turner, Jack (2011). 'John Locke, Christian Mission, and Colonial America', *Modern Intellectual History* 8: 267–97.

Twining, William (2000). *Globalisation and Legal Theory*, London.

Unwin, Tim (1998). 'Locke's Interest in Wine', *Locke Newsletter* 29: 119–51.

(2000). 'The Viticultural Geography of France in the 17th Century according to John Locke', *Annales de Géographie* 614–15: 395–414.

(2001). 'From Montpellier to New England: John Locke on Wine', in Iain Black and Robin A. Butlin (eds.), *Place, Culture and Identity: Essays in Historical Geography in Honour of Alan R. H. Baker*, Saint-Nicholas, pp. 69–90.

Uribe-Uran, Victor M. (2000). 'The Birth of a Public Sphere in Latin America during the Age of Revolution', *Comparative Studies in Society and History* 42: 425–57.

Uzgalis, William (1998). '"... the Same Tyrannical Principle": Locke's Legacy on Slavery', in Tommy Lee Lott (ed.), *Subjugation and Bondage: Critical Essays on Slavery and Social Philosophy*, Lanham, Md., pp. 49–77.

Vagts, Alfred and Vagts, Detlev F. (1979). 'The Balance of Power in International Law: A History of an Idea', *American Journal of International Law* 73: 555–80.

Valentini, Monica (1993). 'Bentham sull'independenza delle colonie americane', *Il Pensiero Politico* 26: 356–81.

Van Alstyne, Richard W. (1965). *Empire and Independence: The International History of the American Revolution*, New York.

van Ittersum, Martine Julia (2006). *Profit and Principle: Hugo Grotius, Natural Rights Theories and the Rise of Dutch Power in the East Indies, 1595–1615*, Leiden.

(2010). 'The Long Goodbye: Hugo Grotius and the Justification of Dutch Expansion Overseas (1604–1645)', *History of European Ideas* 36: 386–411.

Varouxakis, Georgios (2009). 'The International Political Thought of John Stuart Mill', in Hall and Hill (2009), pp. 117–36.

Vaughan, Alden T. (2006). *Transatlantic Encounters: American Indians in Britain, 1500–1776*, Cambridge.

Venturi, Franco (1972). *Italy and the Enlightenment: Studies in a Cosmopolitan Century*, trans. Susan Corsi, ed. S. J. Woolf, London.

(1991). *The End of the Old Regime in Europe, 1776–1789, 1: The Great States of the West*, trans. R. Burr Litchfield, Princeton.

Vigezzi, Brunello (2005). *The British Committee on the Theory of International Politics (1954–1985): The Rediscovery of History*, Milan.

Vincent, R. J. (1984). 'Edmund Burke and the Theory of International Relations', *Review of International Studies* 10: 205–18.

Vincitorio, Gaetano L. (1969). 'Edmund Burke and the First Partition of Poland: Britain and the Crisis of 1772 in the "Great Republic"', in Gaetano L. Vincitorio (ed.), *Crisis in the 'Great Republic': Essays Presented to Ross J. Hoffman*, New York, pp. 14–46.

Viroli, Maurizio (1992). *From Politics to Reason of State: The Acquisition and Transformation of the Language of Politics 1250–1600*, Cambridge.

Wahrman, Dror (2004). *The Making of the Modern Self: Identity and Culture in Eighteenth-Century England*, New Haven.

Waldron, Jeremy (2002). *God, Locke, and Equality: Christian Foundations in Locke's Political Thought*, Cambridge.

Waldstreicher, David (1997). *In the Midst of Perpetual Fetes: The Making of American Nationalism, 1776–1820*, Chapel Hill.

Walker, R. B. J. (1993). *Inside/Outside: International Relations as Political Theory*, Cambridge.

(2010). *After the Globe, Before the World*, London.

Wallace, John M. (1968). *Destiny His Choice: The Loyalism of Andrew Marvell*, Cambridge.

Walsh, M. J. (1949). 'Contemporary Broadside Editions of the Declaration of Independence', *Harvard Library Bulletin* 3: 31–43.

Walzer, Michael (2006). *Just and Unjust Wars: A Moral Argument with Historical Illustrations*, 4th edn, New York.

Wandycz, Piotr S. (1980). 'The American Revolution and the Partitions of Poland', in Jaroslaw Pelenski (ed.), *The American and European Revolutions, 1776–1848: Sociopolitical and Ideological Aspects*, Iowa City, pp. 95–110.

Ward, Lee (2006). 'Locke on the Moral Basis of International Relations', *American Journal of Political Science* 50: 691–705.

(2009). 'A Note on a Note on Locke's "Great Art of Government"', *Canadian Journal of Political Science/Revue canadienne de science politique* 42: 521–3.

(2010). *John Locke and Modern Life*, Cambridge.

Warren, Christopher N. (2009). 'Hobbes's Thucydides and the Colonial Law of Nations', *The Seventeenth Century* 24: 260–86.

Welchman, Jennifer (1995). 'Locke on Slavery and Inalienable Rights', *Canadian Journal of Philosophy* 25: 67–81.

Wellek, René (1955). *A History of Modern Criticism, 1750–1950*, IV: *The Later Nineteenth Century*, New Haven.

Welsh, Jennifer M. (1995). *Edmund Burke and International Relations*, London.

(1996). 'Edmund Burke and the Commonwealth of Europe: The Cultural Bases of International Order', in Ian Clark and Iver B. Neumann (eds.), *Classical Theories of International Relations*, Basingstoke, pp. 173–92.

Wendt, Alexander (1999). *Social Theory of International Politics*, Cambridge.

Weston, J. C., Jr (1958). 'The Ironic Purpose of Burke's *Vindication* Vindicated', *Journal of the History of Ideas* 19: 435–41.

Whatmore, Richard (2007). 'Étienne Dumont, the British Constitution and the French Revolution', *Historical Journal* 50: 23–47.

Whelan, Frederick G. (1995). 'Robertson, Hume, and the Balance of Power', *Hume Studies* 21: 315–32.

(1996). *Edmund Burke and India: Political Morality and Empire*, Pittsburgh.

White, Morton (1978). *The Philosophy of the American Revolution*, New York.

Whitehead, Judith (2012). 'John Locke, Accumulation by Dispossession and the Government of Colonial India', *Journal of Contemporary Asia* 42: 1–21.

Wight, Martin (1966). 'Why Is There No International Theory?', in Herbert Butterfield and Martin Wight (eds.), *Diplomatic Investigations: Essays in the Theory of International Politics*, London, pp. 17–34.

(1987). 'An Anatomy of International Thought', *Review of International Studies* 13: 221–7.

(1991). *International Theory: The Three Traditions*, ed. Gabriele Wight and Brian Porter, Leicester.

Williams, Howard (1990). *International Relations in Political Theory*, Basingstoke.

(1996). *International Relations and the Limits of Political Theory*, New York.

(2003). *Kant's Critique of Hobbes: Sovereignty and Cosmopolitanism*, Cardiff.

Williams, Michael C. (2006). 'The Hobbesian Theory of International Relations: Three Traditions', in Beate Jahn (ed.), *Classical Theory in International Relations*, Cambridge, pp. 253–76.

Williams, Samuel Cole (1933). *History of the Lost State of Franklin*, New York.

Wills, Garry (1978). *Inventing America: Jefferson's Declaration of Independence*, New York.

Wilson, Jon (2008). *The Domination of Strangers: Modern Governance in Eastern India, 1780–1835*, Basingstoke.

Wimmer, Andreas and Schiller, Nina Glick (2003). 'Methodological Nationalism, the Social Sciences, and the Study of Migration: An Essay in Historical Epistemology', *International Migration Review* 37: 576–610.

Wimmer, Andreas and Min, Brian (2006). 'From Empire to Nation-State: Explaining Wars in the Modern World, 1816–2001', *American Sociological Review* 71: 867–97.

Winch, Donald (1996). *Riches and Poverty: An Intellectual History of Political Economy in Britain, 1750–1834*, Cambridge.

Winterbottom, Anna (2009). 'Producing and Using the *Historical Relation of Ceylon*: Robert Knox, the East India Company and the Royal Society', *British Journal for the History of Science* 42: 515–38.

Winterer, Caroline (2010). 'Model Empire, Lost City: Ancient Carthage and the Science of Politics in Revolutionary America', *William and Mary Quarterly*, 3rd ser., 67: 3–30.

Withers, Charles W. J. (2007). *Placing the Enlightenment: Thinking Geographically about the Age of Reason*, Chicago.

(2009). 'Place and the "Spatial Turn" in Geography and in History', *Journal of the History of Ideas* 70: 637–58.

Wood, Neal (1984). *John Locke and Agrarian Capitalism*, Berkeley.

Woolhouse, Roger (2007). *Locke: A Biography*, Cambridge.

Wootton, David (1992). 'John Locke and Richard Ashcraft's *Revolutionary Politics*', *Political Studies* 40: 79–98.

(2000). 'Unhappy Voltaire, or "I Shall Never Get Over It as Long as I Live"', *History Workshop Journal* 50: 137–55.

Wyllys, Rufus Kay (1928). 'Filibusters of Amelia Island', *Georgia Historical Quarterly* 12: 297–325.

Yirush, Craig (2011). 'Claiming the New World: Empire, Law, and Indigenous Right in the Mohegan Case, 1704–1743', *Law and History Review* 29: 333–73.

Yoo, John C. (1999a). 'Globalism and the Constitution: Treaties, Non-Self-Execution, and the Original Understanding', *Columbia Law Review* 99: 1955–2094.

(1999b). 'Treaties and Public Lawmaking: A Textual and Structural Defense of Non-Self-Execution', *Columbia Law Review* 99: 2218–58.

York, Neil Longley (1994). *Neither Kingdom nor Nation: The Irish Quest for Constitutional Rights, 1698–1800*, Washington, DC.

Zehfuss, Maja (2002). *Constructivism in International Relations: The Politics of Reality*, Cambridge.

Zeiler, Thomas W. (2009). 'The Diplomatic History Bandwagon: A State of the Field', *Journal of American History* 95: 1053–73.

Zuckert, Michael P. (1996). *The Natural Rights Republic: Studies in the Foundation of the American Political Tradition*, Notre Dame.

Zurbuchen, Simone (2010). 'Vattel's "Law of Nations" and the Principle of Non-Intervention', *Grotiana* 31: 69–84.

索　引

（条目后数字为英文原书页码，即本书页边码）

图书在版编目（CIP）数据

现代国际思想的根基 /（美）大卫·阿米蒂奇著；
陈茂华译 . —杭州：浙江大学出版社，2017. 11
书名原文：Foundations of Modern International Thought
ISBN 978-7-308-17283-7

I.①现… Ⅱ.①大… ②陈… Ⅲ.①政治思想—研究—世界
Ⅳ.① D091.5

中国版本图书馆 CIP 数据核字（2017）第 199499 号

现代国际思想的根基

［美］大卫·阿米蒂奇 著 陈茂华 译

责任编辑	王志毅
文字编辑	王 雪
营销编辑	杨 硕
装帧设计	骆 兰
出版发行	浙江大学出版社
	（杭州天目山路 148 号 邮政编码 310007）
	（网址：http:// www.zjupress.com）
制 作	北京大有艺彩图文设计有限公司
印 刷	浙江印刷集团有限公司
开 本	640mm×960mm 1/16
印 张	20.5
字 数	316 千
版 印 次	2017 年 11 月第 1 版 2017 年 11 月第 1 次印刷
书 号	ISBN 978-7-308-17283-7
定 价	65.00 元

浙江省版权局著作权合同登记图字：11-2016-417 号